国家新型城镇化报告
2015

主　编：徐绍史
副主编：胡祖才

国家发展和改革委员会
2016 年 3 月

图书在版编目（CIP）数据

国家新型城镇化报告. 2015 / 徐绍史主编. -- 北京:
中国计划出版社, 2016.3
ISBN 978-7-5182-0392-5

Ⅰ. ①国… Ⅱ. ①徐… Ⅲ. ①城市化—研究报告—中
国—2015 Ⅳ. ①F299.21

中国版本图书馆CIP数据核字(2016)第059024号

国家新型城镇化报告（2015）
主　编：徐绍史
副主编：胡祖才

中国计划出版社出版
网址：www.jhpress.com
地址：北京市西城区木樨地北里甲 11 号国宏大厦 C 座 3 层
邮政编码：100038　电话：(010) 63906433（发行部）
新华书店北京发行所发行
北京汇瑞嘉合文化发展有限公司印刷

889mm × 1194mm　1/16　30 印张　526 千字
2016 年 3 月第 1 版　2016 年 3 月第 1 次印刷

ISBN 978-7-5182-0392-5
定价：128.00 元

主　　编：徐绍史　　**副主编：胡祖才**

编写人员（按姓氏笔画排序）：

王大伟　王文学　王俊沣　王群会　文　辉　孔翠芳
冯　波　冯　奎　乔润令　邬　曦　刘春雨　刘　悦
许景权　李　可　李　铁　杨　倩　邱爱军　谷宇辰
汪　丽　沈　迟　张惠强　张新民　陈立群　陈亚军
陈迪宇　陈　雷　范　毅　岳修虎　周　南　郑明媚
荣西武　相　伟　徐　林　徐勤贤　涂圣伟　黄　欢
黄　跃　盛思鑫　韩柯子　曾　宇　窦　红　戴　璐
魏劭琨

序 言

城镇化是现代化的必由之路，是我国最大的内需潜力和发展动能所在。改革开放以来，我国经历了世界历史上规模最大、速度最快的城镇化进程，城市发展波澜壮阔，取得了举世瞩目的成就。从1978年到2014年，我国城镇化率年均提高约1个百分点，城镇常住人口由1.7亿人增加到7.5亿人，城市数量由193个增加到653个，城市建成区面积从1981年的0.7万平方公里增加到2014年的4.9万平方公里。城市基础设施明显改善，公共服务水平不断提高，城市功能不断完善。2015年，城镇化率进一步提高到56.1%。我国城镇化发展的历史性巨变，改变了亿万农民的命运，为经济发展注入了强大动力，有效地支撑了工业化快速发展，有力地推动了国家现代化进程。

当前，世界经济在深度调整中曲折复苏，增长动力不足。我国经济进入新常态，经济增速换挡、结构调整阵痛、动能转换困难相互交织，全面建成小康社会、加快推进社会主义现代化建设，既需要我们不断发掘新的增长动能，保持经济中高速增长，更需要我们推动经济结构战略性调整，促进产业迈上中高端水平。新型城镇化是消费需求的“倍增器”，是投资需求的“加速器”，也是促进创新创业、深化改革的综合平台。要充分发挥新型城镇化稳增长与调结构的黄金结合点作用，把推进新型城镇化摆在更加突出的位置，用好新型城镇化这个重要抓手，更好发挥新型城镇化对稳增长、调结构、促改革、惠民生的积极作用。

党中央国务院高度重视新型城镇化工作：2013年专门召开中央城镇化工作会议；2014年党中央国务院印发《国家新型城镇化规划（2014—2020年）》；2015年专门召开中央城市工作会议；今年2月初国务院印发《关于深入推进新型城镇化建设的若干意见》。习近平总书记、李克强总理多次就新型城镇化工作发表重要讲话，作出重要指示批示。推进新型城镇化，必须全面贯彻党中央国务院决策部署，按照“五位一体”总体布局和“四个全面”战略布局，牢固树立创新、协调、绿色、开放、共享的发展理念，坚持走以人为本、四化同步、优化布局、生态文明、文化传承的中国特色新型城镇化道路，以人的城镇化为核心，以提高质量为关键，以体制机制改革为动力，紧紧围绕国家新型城镇化规划确定的目标任务，加快推进户籍制度改革，提升城市综合承载能力，制定完善土地、财政、投融资等配套政策，充分释放新型城镇化蕴藏的巨大内需潜力，为经济持续健康发展提供持久强劲动力。

深入推进新型城镇化，必须大力促进产业支撑、就业转移与城镇发展相统一，避免“新城”变成“鬼城”“空城”。加快东部地区的产业升级，增强中小城市和小城镇容纳就业的能力，引导人口和产业由特大城市主城区向周边和其他城镇疏散转移。在严格保护中西部地区生态环境的基础上，引导有市场、有效益的劳动密集型产业优先向中西部转移，吸纳东部返乡和就近转移的农民工。鼓励各地根据比较优势发展特色产业，加强城市间的产业分工协作，营造良好就业创业环境，以创新创业驱动产业发展和扩大就业容量。

深入推进新型城镇化，要采取上下结合、广泛试点的工作方法。既加强顶层设计，发挥制度的整体力量，又善用“摸着石头过河”，激发基层实践热情。顶层设计自上而下，各地区和各部门应根据党中央和国务院的统一部署，认真落实《中华人民共和国国民经济和社会发展第十三个五年规划纲要》《国家新型城镇化规划（2014—2020年）》《国务院关于深入推进新型城镇化建设的若干意见》等重要规划和文件的要求，因地制宜地开展和推进新型城镇化工作。基层探索自下而上，应鼓励各地区大胆改革创新，突出特色，不断积累和完善各地的发展经验。对于推进新型城镇化过程中的一些重点和难点问题，应继续坚持试点的办法，特别是通过国家新型城镇化综合试点，积极探索和及时总结可供在全国推广的做法、经验与模式，为新型城镇化的全面推进铺平道路。

2015年是“十二五”收官之年，也是我们贯彻党中央国务院部署，用新发展理念引领城镇化发展的一年，更是新型城镇化在改革发展各个方面扎实有序推进的一年。各地区各部门认真贯彻落实党中央国务院决策部署，按照推进新型城镇化工作部际联席会议确定的工作重点，扎实推进以促进农民工融入城镇为核心，以加快新生中小城市培育发展和新型城市建设为重点的“一融双新”工程，新型城镇化建设各项工作迈出了新步伐。为总结各地区、各部门在新型城镇化工作中取得的进展和经验，国家发展和改革委员会决定自2015年开始组织编写年度《国家新型城镇化报告》。每年的报告都将聚焦新型城镇化领域的若干重大议题，汇总新型城镇化关键领域的主要进展，反映新型城镇化政策的观点和共识，介绍国际合作的领域和成果，努力发挥政策解读、引导发展的作用，同时也希望报告成为社会各界沟通和交流新型城镇化的一个平台，深入推进新型城镇化在全国各地的建设与发展。

今年是“十三五”开局之年，推进新型城镇化建设一定要站在新起点，取得新进展。我们要坚持以创新、协调、绿色、开放、共享的发展理念为引领，以人的城镇化为核心，认真学习贯彻习近平总书记、李克强总理重要讲话和指示批示精神，坚持不懈地用改革的办法和创新的精神推动新型城镇化取得新进展，为经济保持中高速增长、迈向中高端水平注入强劲动力。在中国特色新型城镇化道路的探索过程中，我们愿意倾听来自各方面的建议，借鉴各国的有益经验。同时也欢迎更多国家、城市、企业、机构和人员参与我国的新型城镇化建设，开展不同层次、不同形式的交流与合作，共同分享发展机遇，共同促进中国特色新型城镇化持续健康发展！

徐绍史

国家发展和改革委员会主任

2016年3月

[illegible]

[illegible]

[illegible]

编者

[illegible]

2016年[illegible]月

目录

坚定不移走中国特色新型城镇化道路

国家发展和改革委员会主任　徐绍史
2014年3月17日

城镇化是现代化的必由之路，是解决农业农村农民问题的重要途径，是推动区域协调发展的有力支撑，是扩大内需和促进产业升级的重要抓手。中共中央、国务院刚刚颁布的《国家新型城镇化规划（2014—2020年）》（以下简称《规划》），是今后一个时期指导全国城镇化健康发展的宏观性、战略性、基础性规划。《规划》主要阐明新型城镇化的发展路径、主要目标和战略任务，统筹相关领域制度和政策创新。全面实施好《规划》，努力走出一条中国特色新型城镇化道路，对全面建成小康社会、加快推进社会主义现代化、实现中华民族伟大复兴的中国梦，具有重大现实意义和深远历史意义。

一、深刻认识走中国特色新型城镇化道路的必要性

改革开放以来，我国城镇化经历了一个起点低、速度快的发展过程。1978—2013年，城镇化率年均提高1.02个百分点；2000年以来，城镇化率年均提高1.35个百分点，“十二五”以来分别提高了1.32、1.3和1.16个百分点，2013年城镇化率达到53.73%，超过世界平均水平。城镇数量和规模不断扩大，一批辐射带动力强的城市群正在成长壮大，京津冀、长江三角洲、珠江三角洲三大城市群以2.8%的国土面积集聚了18%的人口，创造了36%的国内生产总值，成为拉动我国经济快速增长和参与国际经济合作与竞争的主要平台。城市综合服务能力明显提升，基础设施和人居环境明显改善。城镇化吸纳了大量农业劳动力转移就业，改变了亿万人民的生产生活条件，取得了举世瞩目的成就。

在城镇化快速发展的同时，质量不高的问题也日益突出。被统计为城镇人口的2.34亿农民工及随迁家属难以融入城市社会，市民化进程滞后。“土地城镇化”

快于人口城镇化，城镇用地粗放低效，新城新区、开发区和工业园区占地过多。城镇空间分布和规模结构不合理，与资源环境承载能力不匹配。城市管理服务水平不高，“城市病”问题日益突出。自然历史文化遗产保护不力，城乡建设缺乏特色。现行户籍管理、土地管理、社会保障、财税金融、行政管理等制度，固化着已经形成的城乡利益失衡格局，阻碍了城镇化健康发展。

展望未来，城镇化转型发展的要求更加迫切。我国未来城镇化的外部环境和内在条件正在发生深刻变化，随着国际金融危机以来全球经济再平衡和产业格局再调整，国际能源资源和市场空间争夺更加激烈，传统高投入、高消耗、高排放的工业化城镇化发展模式难以为继；随着我国农业富余劳动力减少和人口老龄化程度提高、资源环境瓶颈制约日益加剧、城市内部二元结构矛盾日益凸显，主要依靠劳动力廉价供给、土地等资源粗放消耗、压低公共服务成本推动城镇化快速发展的模式不可持续，城镇化发展由速度型向质量型转型的要求日益迫切。

二、准确把握中国特色新型城镇化道路的丰富内涵

我国城镇化是在人口多、资源相对短缺、生态环境比较脆弱、城乡区域发展不平衡的背景下推进的，这决定了必须从社会主义初级阶段这个最大实际出发，遵循城镇化发展规律，走出一条以人为本、四化同步、优化布局、生态文明、文化传承的中国特色新型城镇化道路。

第一，中国特色新型城镇化是以人为本的城镇化。这是中国城镇化的本质属性。我国一些地区城镇化过程中，不同程度地存在“重物轻人”“见物不见人”的现象，由此产生一系列问题。不能把城镇化简单等同于城市建设，而是要围绕人的城镇化这一核心，实现产业结构、就业方式、人居环境、社会保障等一系列由“乡”到“城”的转变。

坚持以人为本，就是要合理引导人口流动，有序推进农业转移人口市民化，稳步推进城镇基本公共服务常住人口全覆盖，不断提高人口素质，在城镇化过程中促进人的全面发展和社会公平正义，使全体居民共享现代化建设成果。

第二，中国特色新型城镇化是四化同步的城镇化。这是中国城镇化的时代特色。工业化是主动力，信息化是融合器，城镇化是大平台，农业现代化是根本支撑。城镇化与工业化、信息化和农业现代化同步发展，是现代化建设的核心内容，彼此相

辅相成。坚持四化同步，就是要推动信息化和工业化深度融合、工业化和城镇化良性互动、城镇化和农业现代化相互协调，促进城镇发展与产业支撑、就业转移和人口集聚相统一，促进城乡要素平等交换和公共资源均衡配置，形成以工促农、以城带乡、工农互惠、城乡一体的新型工农、城乡关系。

第三，中国特色新型城镇化是优化布局的城镇化。这是中国城镇化的内在要求。我国城镇化布局与资源环境承载力之间的矛盾日渐突出，面临可持续发展的严峻挑战。我国人均耕地仅为世界平均水平的40%，宜居程度较高的地区只占陆地国土面积的19%，水资源、能源资源等人均水平低、空间分布不均，生态环境总体脆弱，这对城镇化空间布局提出了更高要求。

坚持优化布局，就是要根据资源环境承载能力构建科学合理的城镇化宏观布局，以综合交通网络和信息网络为依托，科学规划建设城市群，严格控制城镇建设用地规模，严格划定永久基本农田，合理控制城镇开发边界，优化城市内部空间结构，促进城市紧凑发展，提高国土空间利用效率。

第四，中国特色新型城镇化是生态文明的城镇化。这是中国城镇化的必然选择。实现可持续发展是世界各国的共同追求，更是建设美丽中国的内在要求，成功的城镇化必须是人与自然和谐相处的城镇化。但目前，我国一些城市重经济发展、轻环境保护，导致大气、水、土壤等环境污染加剧，生态环境受到破坏。推进城镇化不能造成水体污染、雾霾频发，而是要节能减排、绿色低碳，使城市成为天蓝、地绿、水净的美好家园。

坚持生态文明，就是要把生态文明理念全面融入城镇化进程，着力推进绿色发展、循环发展、低碳发展，节约集约利用土地、水、能源等资源，强化环境保护和生态修复，减少对自然的干扰和损害，推动形成绿色低碳的生产生活方式和城市建设运营管理模式。

第五，中国特色新型城镇化是传承文化的城镇化。这是中国城镇化的应有之义。当今世界正处于大发展大变革大调整时期，各种思想文化交流交融交锋更加频繁，文化在综合国力竞争中的地位和作用更加凸显。中华文化源远流长，是无比珍贵的财富，也是我们屹立世界民族之林的重要支撑。城市是文化融合的平台，是人们的精神家园，城镇化过程中要创造性地保护和传承好历史文化。

坚持文化传承，就是要根据不同地区的自然历史文化禀赋，体现区域差异性，提倡形态多样性，防止千城一面，发展有历史记忆、文化脉络、地域风貌、民族特点的美丽城镇，形成符合实际、各具特色的城镇化发展模式。

三、全面落实推进中国特色新型城镇化的战略任务

新型城镇化是综合性系统工程，涉及方方面面，核心是以人为本，关键是提升质量，需要全面落实好四大战略任务，着力解决好农业转移人口落户城镇、城镇棚户区和城中村改造、中西部地区城镇化等问题。

第一，有序推进农业转移人口市民化，统筹推进户籍制度改革和基本公共服务均等化。按照尊重意愿、自主选择，因地制宜、分步推进，存量优先、带动增量的原则，以农业转移人口为重点，兼顾高校和职业技术院校毕业生、城镇间异地就业人员和城区城郊农业人口，促进有能力在城镇稳定就业和生活的常住人口有序实现市民化。全面放开建制镇和小城市落户限制，有序放开城区人口 50 万—100 万的城市落户限制，合理放开城区人口 100 万—300 万的大城市落户限制，合理确定城区人口 300 万—500 万的大城市落户条件，严格控制城区人口 500 万以上的特大城市人口规模，到 2020 年努力实现 1 亿左右农业转移人口和其他常住人口在城镇落户。加快推进基本公共服务均等化，努力实现城镇义务教育、就业服务、基本养老、基本医疗、保障性住房等基本公共服务覆盖城镇常住人口。

第二，优化城镇化布局和形态，以城市群为主体形态，促进大中小城市和小城镇协调发展。优化提升东部地区城市群，培育发展中西部地区城市群，构建以陆桥通道、沿长江通道为两条横轴，以沿海、京哈京广、包昆通道为三条纵轴，以轴线上城市群和节点城市为依托、其他城镇化地区为重要组成部分的“两横三纵”城镇化战略格局。在发挥中心城市辐射带动作用基础上，强化中小城市和小城镇的产业功能、服务功能和居住功能，把有条件的县城、重点镇和重要边境口岸逐步发展成为中小城市。

第三，提高城市可持续发展能力，增强城市经济、基础设施、公共服务和资源环境对人口的承载能力。加快转变城市发展方式，有效预防和治理“城市病”。加快产业转型升级，强化城市产业支撑，营造良好创业环境，增强城市经济活力和竞争力。优化城市空间结构和管理格局，完善基础设施和公共服务设施，增强对人

口集聚和服务的支持能力。提高城市规划科学性，健全规划管理体制机制，提高城市规划管理水平和建筑质量。推进创新城市、绿色城市、智慧城市和人文城市建设，全面提升城市内在品质。完善城市治理结构，创新城市管理方式，提升城市社会治理水平。

第四，推动城乡发展一体化，让广大农民平等参与现代化进程、共同分享现代化成果。坚持工业反哺农业、城市支持农村和多予少取放活方针，着力在城乡规划、基础设施、公共服务等方面推进一体化。完善城乡发展一体化体制机制，加快消除城乡二元结构的体制机制障碍。牢牢守住18亿亩耕地红线，确保国家粮食安全。加快推进农业现代化，建设农民幸福生活的美好家园。

四、统筹推进城镇化相关体制机制改革和政策创新

新型城镇化涉及人、地、钱、房和生态环境等诸多重点领域的体制机制改革，需要加强顶层设计，尊重市场规律，统筹推进相关领域改革。

一是推进人口管理制度改革。在加快改革户籍制度的同时，全面推行流动人口居住证制度，建立健全与居住年限等条件相挂钩的基本公共服务提供机制。健全人口信息管理制度，加快推进跨部门、跨地区的人口相关信息整合和共享，建设覆盖全国、安全可靠的国家人口综合信息库和信息交换平台，实行以公民身份号码为唯一标识，依法记录、查询和评估人口信息的制度，为流动更加频繁的人口服务和管理提供支撑。

二是深化土地管理制度改革。提高土地利用效率，根本上要靠制度改革。要按照管住总量、严控增量、盘活存量的原则，严格控制新增城镇建设用地规模，严格执行城市用地分类与规划建设用地标准，探索实行城镇建设用地增加规模与吸纳农业转移人口落户数量挂钩、与城镇低效用地再开发挂钩的激励约束机制。在坚持和完善最严格的耕地保护制度前提下，赋予农民对承包地占有、使用、收益、流转及承包经营权抵押、担保权能。要进一步改革完善农村宅基地制度。

三是创新城镇化资金保障机制。财力是城市发展的生命线，推进城镇化必须建立多元可持续的资金保障机制。加快完善财政转移支付体系，建立财政转移支付同农业转移人口市民化挂钩机制。培育地方主体税种，增强地方政府提供基本公共服务能力。加快建立规范透明的城市建设投融资机制，在完善法律法规和健全地方

政府债务管理制度基础上，建立健全地方债券发行管理制度和信用评级制度，研究建立城市基础设施、住宅政策性金融机构，通过 PPP 等多种渠道吸引社会资本参与城市建设。

四是健全城镇住房制度。解决好住有所居问题是实现居民安居乐业的重要前提。要加快构建以政府为主提供基本保障、以市场为主满足多层次需求的住房供应体系；要建立各级财政保障性住房稳定投入机制，不断完善租赁补贴制度；要通过调整完善住房、土地、财税、金融等方面政策，构建房地产市场调控长效机制。

五是强化生态环境保护制度。要实现城市让生活更美好，就必须改善生态环境质量，完善推动城镇化绿色循环低碳发展的体制机制，形成节约资源和保护环境的空间格局、产业结构、生产方式和生活方式。要建立健全生态文明考核评价机制、国土空间开发保护制度、资源有偿使用制度和生态补偿制度、资源环境产权交易机制。实行最严格的环境监管制度，建立区域间环境联防联控机制，健全生态环境保护责任追究制度和环境损害赔偿制度。

点面结合　真抓实干
推进新型城镇化尽快取得新突破

——在2015年深入实施《国家新型城镇化规划》重点工作电视电话会上的讲话

国家发展和改革委员会主任　徐绍史

2015年5月13日

同志们：

我们今天召开这个会议，是为了深入贯彻落实中央城镇化工作会议精神和《国家新型城镇化规划》部署，总结交流新型城镇化工作推进情况，明确今年工作重点，发挥发改委的协调作用，凝聚各方面力量，扎实推进《国家新型城镇化规划》实施，更好发挥新型城镇化对稳增长、促改革、调结构、惠民生的积极作用。刚才，祖才同志简要通报了推进新型城镇化工作部际联席会第二次会议的情况，江苏省、安徽省和重庆市3个省市发改委主任，贵州省安顺市、福建省晋江市的市委书记分别作了工作交流，大家都很受启发。下面，我简要讲五点意见，供大家参考。

一、新型城镇化工作取得新的进展

中央城镇化工作会议以来，特别是《国家新型城镇化规划》出台后，各地区各部门积极行动，做了大量卓有成效的工作，中央财经领导小组第9次会议专门听取了我委关于推进新型城镇化工作主要情况的汇报。从初步成果形式上看，这些工作可以概括为“五个一批”：

一是出台了一批重大政策意见。这些政策涉及推进新型城镇化相关的人、地、钱等多个领域，在有序推进农业转移人口市民化方面，印发实施了《推进“三个1亿人”城镇化实施方案》，出台了推进户籍制度改革、做好为农民工服务工作、建立统一的城乡居民养老保险制度等多项政策意见，居住证管理办法也将很快出台。

同时，在土地集约节约利用、地方政府性债务管理、政府和社会资本合作等领域也出台了许多政策措施。

二是启动了一批关键领域改革试点。 这些试点既有覆盖全面的综合试点，也有聚焦某一领域的专项试点，目的都是为体制机制创新提供可复制可推广的经验。如，国家新型城镇化综合试点，就是力图在农业转移人口市民化成本分担机制、多元化可持续城镇化投融资机制、降低行政成本的新型设市模式等事关全局的多个环节取得突破；市县空间规划改革试点，就是要在推动经济社会发展规划、城乡规划、土地利用规划、生态环境保护规划等“多规合一”上取得突破；特大城市划定城市开发边界试点，就是要在推动城市集约紧凑发展上取得突破；农村三项土地制度改革试点，就是要在农村土地征收、集体经营性建设用地入市、宅基地制度改革方面取得突破。

三是研究制定了一批新的标准规范。 推进新型城镇化既需要有政策的引导，更需要有标准的引领。目前，宏观层面的新型城镇化标准体系编制工作已经启动，中观层面新的城市规模划分标准已经出台、新的设市设区标准已上报待批，微观层面的绿色建筑评价标准也已经出台、城市规划建设管理等方面的具体标准正在修订完善中。

四是编制了一批重点城市群规划。 城市群是新型城镇化的主体形态，也是区域发展的重要增长极。目前跨省级行政区城市群规划编制正有序推进，《京津冀协同发展规划纲要》已经中央政治局会议讨论通过，《长江中游城市群发展规划》已经颁布实施，长三角、成渝、哈长等城市群规划编制的前期工作也已基本完成。省级层面城市群规划编制工作也在积极推进。同时，积极引导教育医疗等公共资源在中小城市合理布局，结合推进内陆边境口岸城镇建设增设沿边重点开发开放实验区，促进大中小城市和小城镇协调发展。

五是实施了一批重大工程项目。 加大了城市轨道交通等市政基础设施项目建设力度，开展了城市地下综合管廊建设试点和海绵城市建设试点。实施了农民工职业技能提升计划，2014 年培训农民工大约 2300 万人次。加强了保障性安居工程建设，2014 年开工建设 740 万套，基本建成 511 万套。

以上这些工作是各地区各部门共同努力的结果，为新型城镇化良好开局奠定了基础。

二、把推进新型城镇化摆到更加突出位置

当前经济走势变化处于敏感阶段，宏观调控也处于关键时期，我们既要保持战略定力，又不可掉以轻心。刚才在稳定投资推进重大工程建设电视电话会上，我向大家通报了四月份的经济运行特别是投资增长的情况，下行压力依然不小。稳投资稳增长，发改系统责无旁贷，要选准点、探好路、用好抓手。除了要加快实施 7 大投资工程包、6 大消费工程、3 大战略、装备走出去和国际产能合作外，还要用好新型城镇化这个重要抓手。城镇化是稳增长与调结构的黄金结合点，只要抓得准、抓得好、抓得紧，完全可以成为当前稳增长的一把利器。

一方面，新型城镇化既是消费需求的“倍增器”，也是投资需求的“加速器”。推进农业转移人口市民化，有利于扩大城镇消费群体，推动消费结构升级和消费潜力释放，也会带来城市基础设施、公共服务设施和住宅建设等巨大投资需求，这是保持消费和投资稳定增长的重要基础。今年，要满足 1000 多万农村人口进城、1000 多万农业转移人口落户、更多农业转移人口享有城镇基本公共服务的需要，市政公用设施、公共服务体系、保障性住房等还有许多“缺口”要补。比如，今年要开工建设 740 万套保障性安居工程，据测算棚改投资将比去年增加 600 多亿元；又如，城市正规停车位缺口高达 5000 多万个，仅这一项就可能会带动 3 万亿左右的投资；再如，我国现在平均网速在世界排名 80 位左右，有些发展中国家网速都比北京快，信息基础设施的投资潜力很大。加大城市基础设施、公共服务设施建设，既不会造成重复建设，更有利于提高城市管理运行效率。

另一方面，新型城镇化既是增强创新活力的重要平台，也是释放改革红利的综合平台。城市是创业创新的“摇篮”，城镇化有利于创新要素集聚和知识传播扩散，有利于大众创业、万众创新，打造经济发展的新引擎。新型城镇化涉及的改革领域众多，推进户籍、土地、财税等领域改革有利于优化生产要素配置，不断提高经济增长质量和效益。

总之，城镇化在扩大消费、拉动投资、富裕农民、造福人民等方面有着不可替代的重要作用，尤其是新型城镇化有利于促进农业生产规模化和机械化，推动农业现代化。我们必须点面结合，紧紧抓住重点领域和关键环节，尽快取得突破，带

动面上发展，为稳增长注入新活力、增添新动力。

三、扎实做好新型城镇化年度重点工作

城镇化是自然历史过程，是个慢变量，城镇化率也就每年提高一个多百分点，但这并不意味着可以坐观其变、无所作为，要有明确的年度目标、切实的工作措施、取得看得见的成效。今年，要围绕解决好“三个 1 亿人”问题，以人的城镇化为核心，以中小城市发展和新型城市建设为重点，实施“一融双新”工程、抓好20项重点工作。其中，“一融”，就是促进农民工融入城镇，这是推进农业转移人口市民化的重要一步，也是新型城镇化的主体和核心，有利于释放蕴藏的巨大内需潜力；“双新”，就是培育新生中小城市、建设新型城市，这是优化城镇规模结构的重要途径，是提升居民生活品质、增强城市可持续发展能力的关键，有利于形成促进区域协调发展的重要增长极、拉动经济的新增长点。具体来说，就是要加快在三个方面取得新突破。

（一）加快在促进农民工融入城镇上取得新突破

国务院出台户籍制度改革意见以来，已有 16 个省区制定了贯彻落实文件，进展总体良好，但一些人口流入较多、农民工落户意愿较强的地区还没有制定具体的户改方案。各地区各城市要加快户籍制度改革步伐，制定公开透明的落户标准，推动户籍制度改革意见落地。要使这项改革效果不打折扣，必须加快研究制定财政转移支付同农业转移人口市民化挂钩机制、财政建设资金对城市基础设施补贴数额与城市吸纳农业转移人口落户数量挂钩机制、城镇建设用地增加规模与农业转移人口落户数量挂钩机制，通过“三挂钩”更好调动各方面的积极性。

逐步提高农业转移人口享有城镇基本公共服务水平，也是今年推进人口市民化的重点工作。一方面要“建机制”，出台居住证管理办法，督促各地制定以居住证为载体、与居住年限等条件相挂钩的城镇基本公共服务提供办法。另一方面要“做实事”，加快保障性安居工程建设，实施好农民工职业技能提升计划，有序扩大社会保障覆盖面，逐步提高基本公共服务水平。

（二）加快在新生中小城市培育上取得新突破

县城和重点镇是城镇体系的薄弱环节，是城镇化发展的潜力所在，也是促进人口市民化的重要平台、培育形成中小城市的主要载体。要通过提升功能、拓宽通道，将一些具备条件的特大镇尽快发展成为中小城市，具体工作可概括为“双提、双拓、双协调”。

"双提"就是，一方面，要提升县城和重点镇基础设施水平，增强产业发展和要素集聚的承载力；另一方面，要结合"一带一路"建设，提升陆路边境口岸城镇功能。"双拓"就是，一方面，要拓宽县城基础设施建设融资渠道，鼓励社会资本参与城市（镇）公用设施投资运营；另一方面，要拓宽中小城市设置通道，加快出台设市设区标准，抓紧启动设市工作，增加中小城市数量。"双协调"就是，一方面，要以城市群为主体形态促进大中小城市和小城镇协调发展，加快编制实施长三角、长江中游、成渝、哈长等城市群规划，配套出台城镇化地区综合交通网规划；另一方面，要推动城市发展与产业就业支撑和人口集聚相协调，促进国家级新区健康发展，加快产城融合示范区发展，推动符合条件的开发区向城市功能区转型。

（三）加快在新型城市建设上取得新突破

以"创新、绿色、智慧、人文"为方向，加快建设和谐宜居城市，是时代潮流，也是提升我国城市品质的客观需要。

创新，就是要发挥城市创新资源密集优势，出台深入实施创新驱动发展战略加快建设创新型城市的意见，推动城市创新创业。绿色，就是要发展绿色能源、推广绿色建筑，加快分布式太阳能、风能、生物质能、地热能多元化规模化应用，推进建筑工业化，实施绿色建筑认证制度和建筑能效提升工程。智慧，就是要加快落实促进智慧城市健康发展的意见，出台信息化促进新型城镇化发展的意见，在城市建设管理服务中创新应用移动互联网、云计算、大数据、物联网等新一代信息技术。人文，就是要"擦亮"自然和人文两张"名片"，通过建立名城名镇名村、历史文化街区的定期评估和监督管理制度，凸显各个城市的特色。

四、用好新型城镇化综合试点这个重要抓手

推进新型城镇化工作，要把综合试点作为重要抓手，主要有三方面的考虑：一是，如果试点中的省会城市、中小城市和小城镇这些龙头、龙尾都舞起来，就能带动新型城镇化整体发展；二是，今年的一些重点工作，比如前面提到的"三挂钩"机制，如果一下子推开有难度，可以考虑在试点地区先行落地；三是，新型城镇化试点的核心是体制机制改革创新，在这些试点地区率先取得突破，可以为全国提供可复制可推广的经验。

去年印发的新型城镇化综合试点方案，确定在 2 个省和 62 个城市（镇）开展试点，其中地级以下城市（镇）有 52 个，发展潜力和空间都很大。目前试点正在

积极有序推进，大部分地区成立了由“一把手”担任组长的工作领导小组，有的地区对试点任务进行了分解落实，制定了包括几十项工作的年度任务清单，建立了含有数十个指标的考核评价体系。很多地区在户籍制度改革、基本公共服务均等化、政府和社会资本合作、“多规合一”等方面已经做了一些工作，也遇到了一些难题，有些是体制机制方面的共性问题，有些是对试点作用和方向认识还不到位的问题，有些是部门工作不平衡带来的问题，需要进一步解放思想、统一认识，统筹协调、加快解决。

下一步，我们将优化资源配置，将一些重大项目、重大工程和重大政策向试点地区倾斜。一方面，我们将会同有关部门和金融机构，抓紧出台支持试点的政策文件，为试点地区尽快突破提供有力支撑。另一方面，按照今年的政府工作报告要求，充分尊重地方和发挥地方党委和政府的作用，会同有关部门开展试点扩围工作。各省级发展改革部门，要加强对试点地区的指导，帮助试点地区编制好实施方案、解决好试点过程中遇到的困难和问题。各试点地区要强化责任意识，按照试点目标和任务要求，大胆探索、闯出新路，确保试点经验能出得来、推得开。同时，要鼓励未列入试点的地区主动作为，在推进新型城镇化方面积极探索、作出贡献。

五、高标准严要求快节奏做好各项工作

今年是推进新型城镇化集中攻坚、重点突破的关键一年，要继续强化统筹协调，推动相关政策和改革举措形成合力、落到实处，确保推进新型城镇化取得新的突破。我再强调三方面工作要求。

第一，要主动作为、勇于担当。新型城镇化是党中央国务院确定的一项重要任务，发改系统一定要当好“排头兵”，有的地方城镇化工作由发改部门牵头，这责无旁贷，有的地方由其他部门牵头，发改部门要积极配合、主动作为。各级发改部门都要增强责任意识，发扬担当精神，按照职责分工，聚焦、聚神、聚力加快推进各项工作，做到新常态下有新状态、新作为、新气象。要直面问题和矛盾，不回避、不推诿，敢于啃硬骨头，敢于涉险滩，敢于过深水区，确保新型城镇化工作取得更大实效。需要特别强调的是，要鼓励地方积极探索，尊重地方首创精神，充分调动地方积极性。

第二，要统筹协调、通力协作。城镇化是综合系统工程，发改部门要发挥综

合协调的作用，加强与相关部门的协调，按时高质量完成各项重点工作，确保国家出台的政策能够真正落地生根，确保推进新型城镇化有新突破、新进展。发改系统内部要互通工作进展情况，协同解决重点难点问题，形成上下联动、共同推动的生动局面。国家发改委要加强指导，委内相关司局和直属的城市和小城镇中心将配合并服务相关地方做好工作。

第三，要加快进度、狠抓落实。昨天部际联席会议确定的 2015 年 20 项重点工作，很快会印发实施。这些工作，有的是地方作为主体的，比如户改和居住证的落地、县城和重点镇基础设施提升、新城新区健康发展等；有的是部门出政策、地方来落实，比如新型城市建设等，从这一角度来说，这些重点工作要真正见到实效，主要还得靠地方。各地要加快节奏，尽量往前赶，力争尽快见实效，为后续工作腾出空间、争取主动。各级发改部门对各项任务完成情况要建立台账制度，按照目标导向倒排时间，按照问题导向倒排任务，制定年度行动计划，明确近期可突破的重点区域和重点领域，用钉钉子精神，集中攻关，扎实抓出成效。

第一篇

总 报 告

城镇化是现代化的必由之路。推进城镇化是解决农业、农村、农民问题的重要途径，是推动区域协调发展的有力支撑，是扩大内需和促进产业升级的重要抓手，对全面建成小康社会、加快推进社会主义现代化具有重大现实意义和深远历史意义。

2013 年 12 月 12 日至 13 日，中央城镇化工作会议在北京举行。习近平总书记发表重要讲话，分析城镇化发展形势，明确推进城镇化的指导思想、主要目标、基本原则、重点任务。李克强总理在讲话中论述了当前城镇化工作的着力点，提出了推进城镇化的具体部署，并作总结讲话。

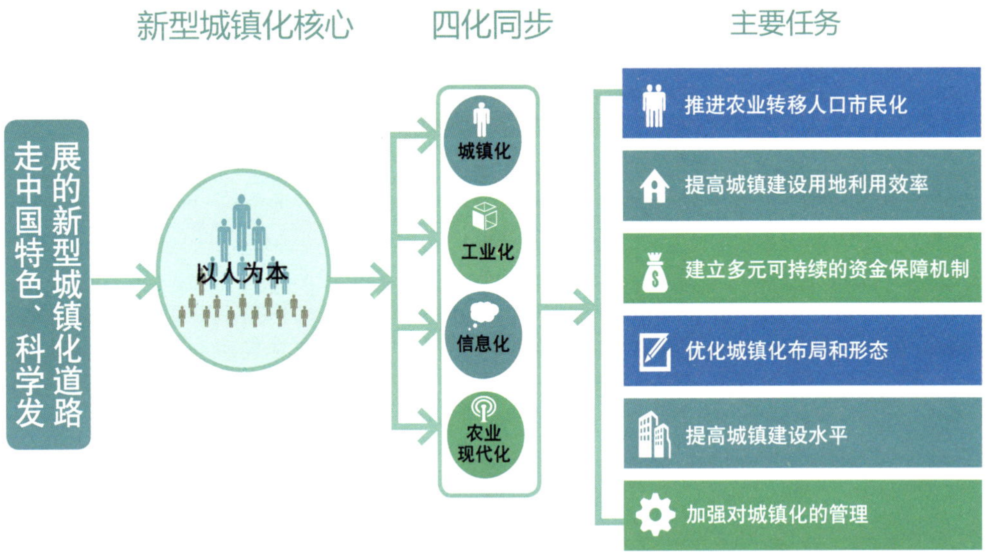

图 1　中央城镇化工作会议明确的主要任务

中央城镇化工作会议之后，党中央、国务院就深入推进新型城镇化建设做出了一系列重大决策部署。经中央财经领导小组第 3 次会议、中央政治局常委会、中央城镇化工作会议审议，2014 年 3 月 12 日，党中央国务院印发《国家新型城镇化规划（2014—2020 年）》（以下简称“《国家新型城镇化规划》”）。2014 年 9 月 16 日，李克强总理主持召开了推进新型城镇化建设试点工作座谈会并作重要讲话，对落实和完善各项政策措施提出具体要求，为扎实推进以人为核心的新型城镇化，深入开展国家新型城镇化综合试点指明了方向。

2015 年 12 月 20 日至 21 日，中央城市工作会议在北京举行。习近平总书记发表重要讲话，分析城市发展面临的形势，明确做好城市工作的指导思想、总体思路、重点任务。李克强总理在讲话中论述了当前城市工作的重点，提出了做好城市工作的具体部署，并作总结讲话。

各地区各部门认真贯彻落实党中央国务院重大决策部署，围绕《国家新型城镇化规划》提出的五大发展目标和四大战略任务，扎实有序推进各项工作，在农业转移人口市民化、新生中小城市培育和特色镇发展、新型城市建设等方面取得显著成效，新型城镇化得到全面深入推进。

一、城镇化发展总体情况

中央城镇化工作会议和《国家新型城镇化规划》确定的各项重点工作扎实有序推进，重点领域和关键环节的改革探索取得实质性突破，城镇化水平持续快速提升，新型城镇化总体进展情况良好。

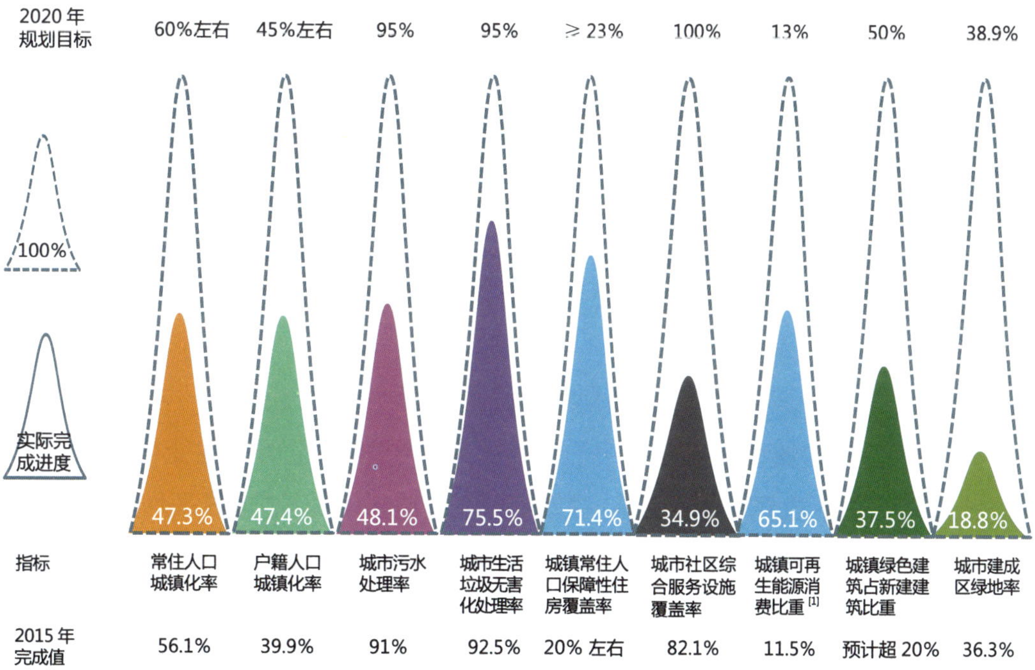

图 2　2015 年《国家新型城镇化规划》主要指标完成情况

[1] 城镇可再生能源消费比重为抽样调查数据。

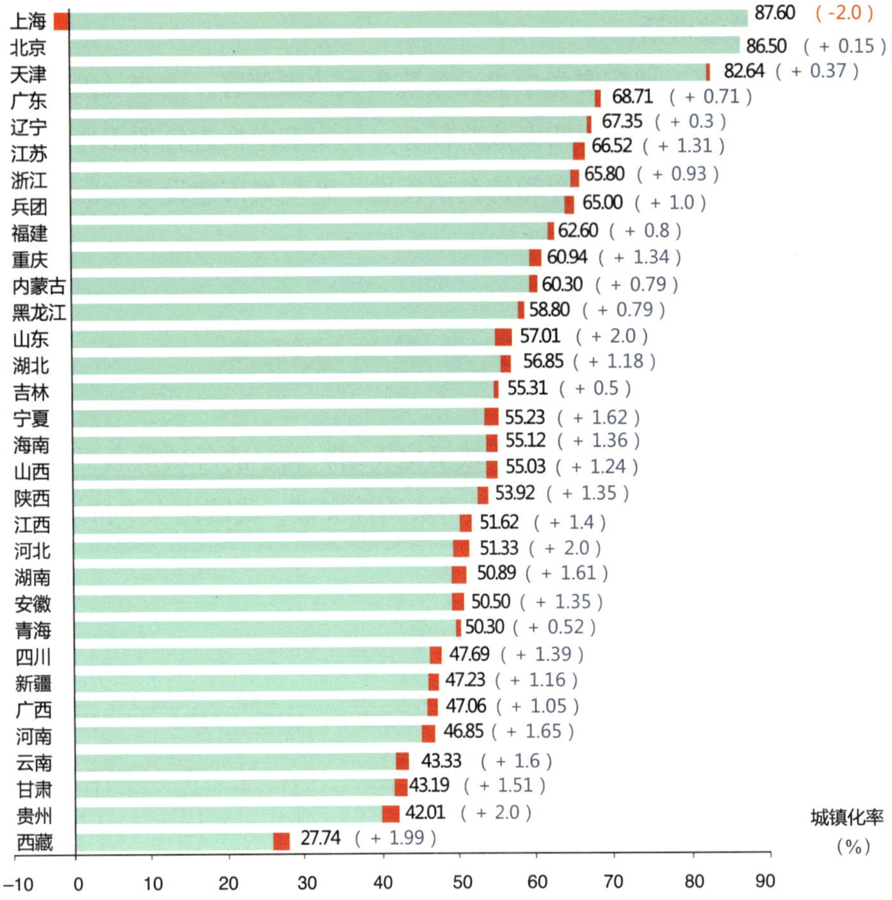

图3 2015 年各省区市城镇化率[1]

(一)城镇化发展概况

1. 城镇化快速发展，农业转移人口规模不断增大

2011 年，我国城镇化率首次突破 50%，城乡结构发生历史性变化。2015 年，我国城镇人口总量达到 77116 万人，城镇化率达到 56.1%，比世界平均水平高约 1.2 个百分点[2]，比 2010 年提高了 6.15 个百分点，年均提高 1.23 个百分点。五年间城镇人口增长了 10137 万人，年均增长 2028 万人，比欧洲一个中等人口规模国家的总人口还要多。

城镇化的快速发展，吸纳了大量农村劳动力转移就业。2015 年农民工总量达 27747 万人，比 2010 年增长了 3524 万人，是同期城镇人口总量的 34.8%。其中，

[1] 国家统计局根据 1% 抽样调查得出的初步数据，最终数据以《中国统计年鉴 2016》公布的数据为准。

[2] 联合国《2014 世界城市化展望》中预测世界 2015 年城市化率为 54.9%。

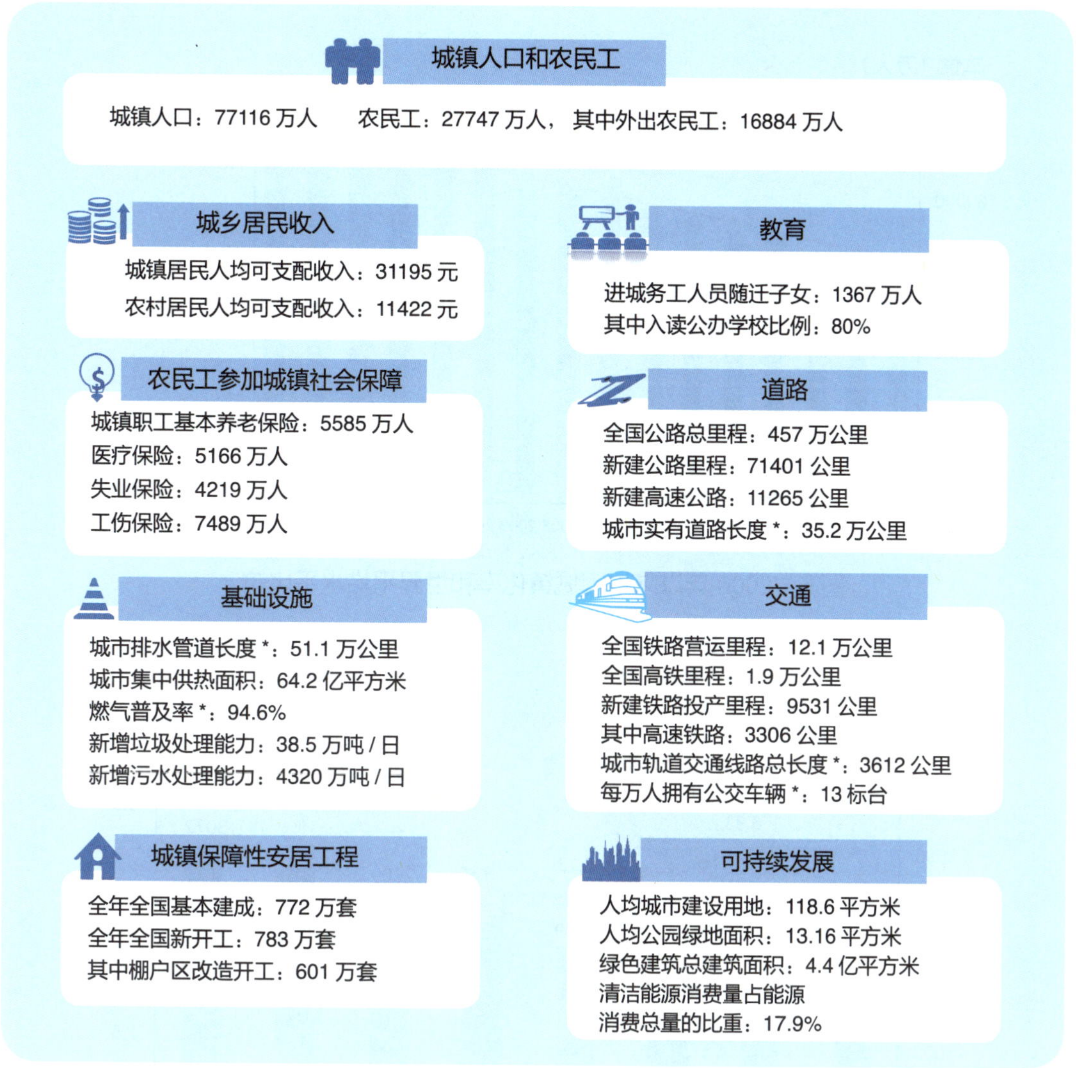

图 4　城镇化取得的主要进展[1]

外出农民工 16884 万人，比 2010 年增长 1549 万人，年均增长 1.9%；在本地就业的农民工 10863 万人，比 2010 年增长 1975 万人，年均增长 4.1%，本地就业农民工增速明显快于外出农民工增速。农民工收入呈快速增长态势，2015 年农民工月均收入为 3072 元，比 2010 年提高了 1382 元，年均增长 12.7%，远快于同期我国城镇居民收入增速。农民工收入的快速提高，带动农村居民收入增速连续多年超过城镇居民，城乡居民收入差距不断缩小。

[1] 图中标有“*”的为 2014 年数据，其余为 2015 年数据。

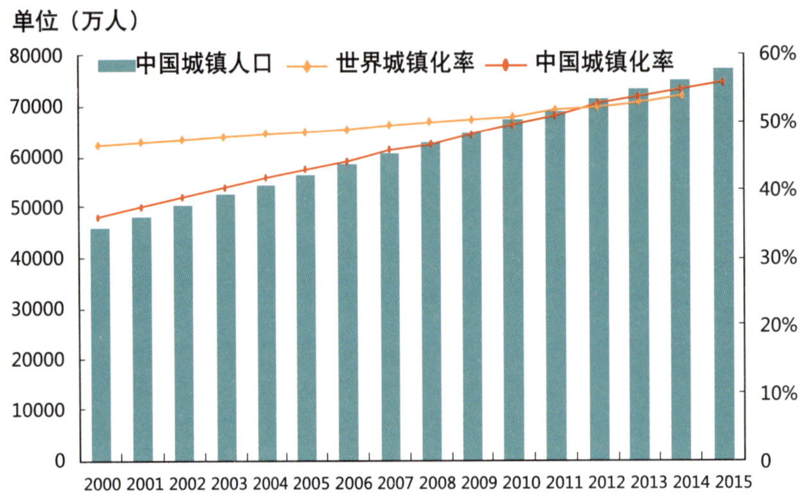

图 5 2000 年以来中国城镇化率和世界平均水平比较

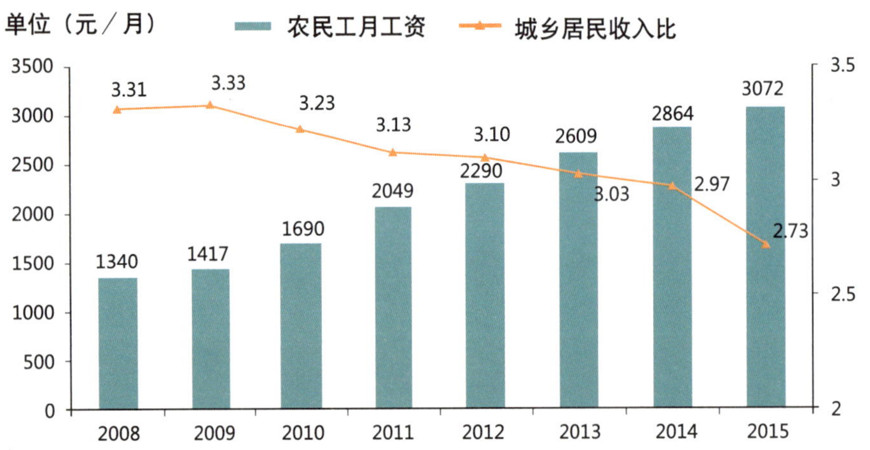

图 6 我国历年农民工收入与城乡居民收入差距对比

2. 中西部地区城镇化加速发展，区域间城镇化水平趋于缩小

2014 年，我国东部地区城镇化率为 63.6%，东北地区为 60.8%，中部地区为 49.8%，西部地区为 47.4%。东部地区分别比中部、西部地区高 13.8 个百分点和 16.2 个百分点，中部地区相当于东部地区 2004 年的水平，西部地区相当于东部地区 2003 年的水平。分省区市来看，2015 年，在 4 个直辖市中，上海市城镇化率最高为 87.60%；在 27 个省区中，广东最高为 68.70%，西藏和贵州仅为 27.74% 和 42.01%。

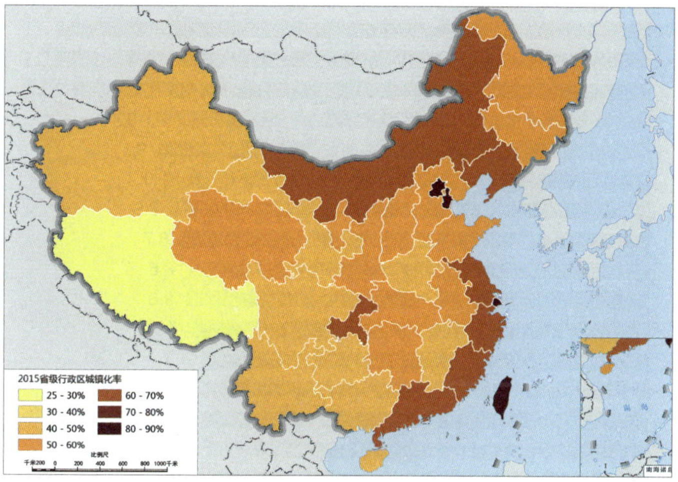

图 7　2015 年全国分省城镇化率

从发展速度来看，中西部地区城镇化率提升最快。相比 2010 年，东部地区城镇化率提高了 3.9 个百分点，年均提高 0.95 个百分点；东北地区城镇化率提高最慢，仅提高 3.2 个百分点，年均提高 0.8 个百分点；而中部、西部地区分别提高 5.6 个百分点和 6.0 个百分点，年均提高了 1.55 个百分点和 1.48 个百分点。

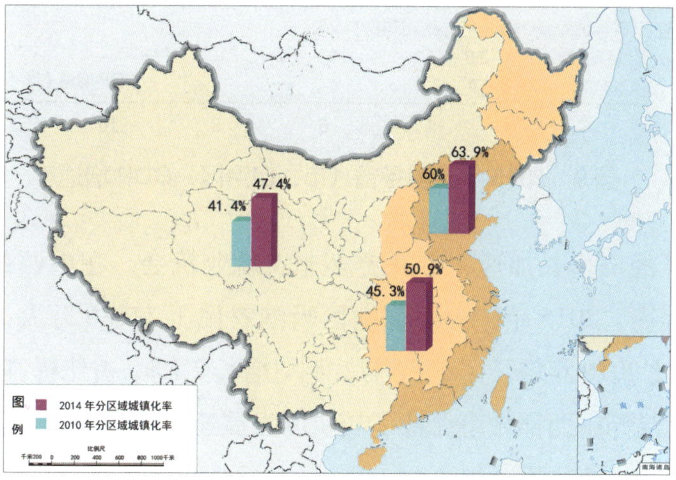

图 8　2010 年和 2014 年全国分区域城镇化率

综合来看，东部地区和东北地区城镇化正向成熟阶段迈进，中西部地区城镇化还处于快速发展阶段。区域之间城镇化水平存在较大差距，使得我国发展具有较大的回旋空间。中西部地区城镇化的快速发展与经济增长互为支撑。2015 年，我国经济增速达到两位数的省份全部在西部地区，增长速度在 8.5%—10% 之间的省份有 8 个，其中中部 4 个，东部 3 个。

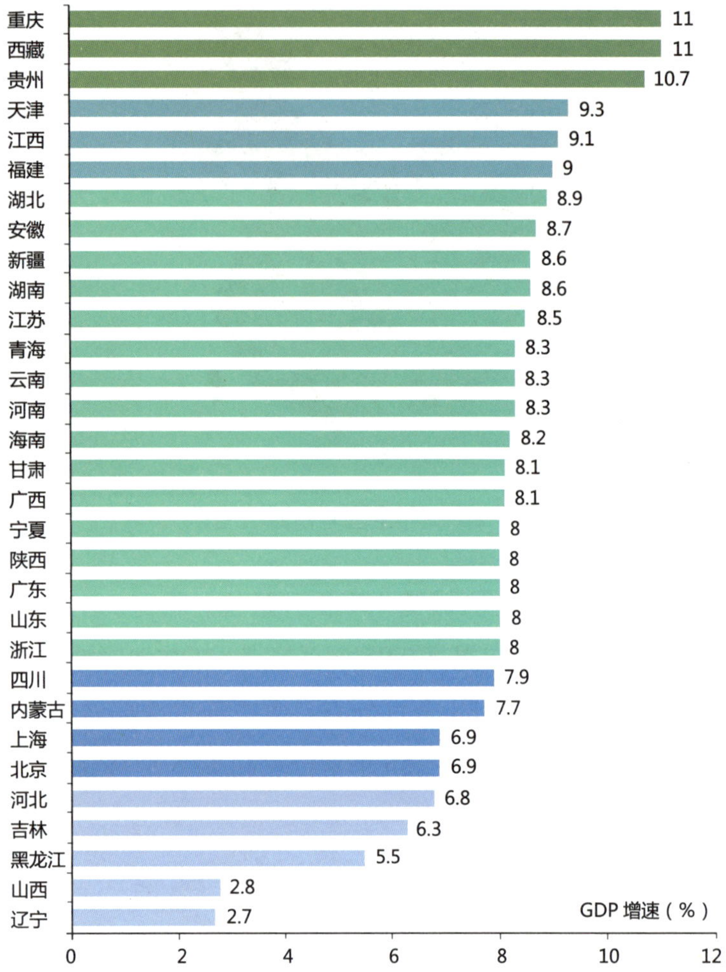

图 9　2015 年全国各省（市、自治区）GDP 增速

中西部地区经济增长加速，带来更多非农就业机会，在中西部地区就业的农民工比重持续提高。2015 年，中西部地区吸纳农民工 11186 万人，占全国农民工总量的 40.4%，比 2010 年增长了 3236 万，年均增长 7.1%，占比提高 7.51 个百分点。重庆、成都、武汉等中西部城市保持了较快的发展速度，在全国经济版图中的地位逐步提升，吸纳人口能力不断提高。

3. 城镇人口经济集聚能力增强，城市群作用愈加重要

大中小城市和小城镇发展协调性增强，城镇综合功能得到提升，集聚人口和经济的支撑能力提高。截至 2015 年底，我国共有 656 个城市，创造了全国 80% 的经济总量。同时，城镇建成区人口在 10 万人以上的特大镇有 238 个，5 万人以上的镇有 885 个，这些特大镇在吸纳人口、集聚经济等方面充满活力，发挥了重要作用，成为事实上的城市。从各类城镇吸纳外出农民工的数量来看，省内流动的农民

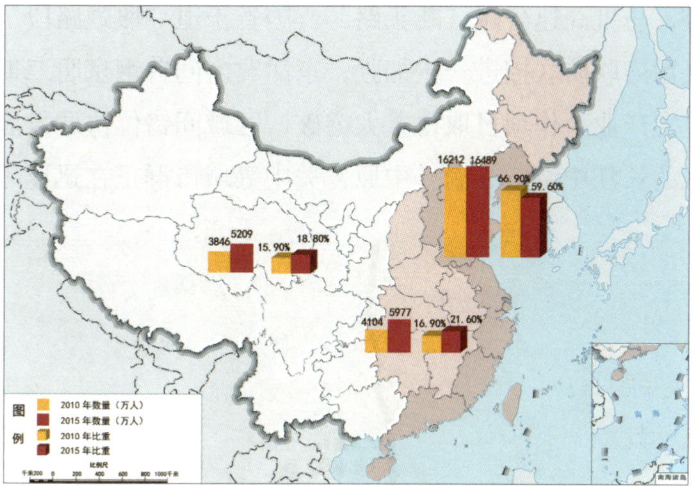

图 10　我国东中西部地区农民工数量和占比

工主要流向小城镇，跨省流动的农民工更倾向于流向地级以上大中城市，如跨省流动农民工 77% 流入地级以上大城市。直辖市吸纳外出农民工的比重在下降，2014 年吸纳外出农民工的比重为 8.1%，比 2010 年下降 0.7 个百分点。2015 年，上海市外来常住人口 981.65 万人，比 2014 年减少约 15 万人，同比下降 1.5%；北京市外来常住人口也仅比 2014 年增加 3.9 万人，增长 0.5%，远低于 2013 年之前的增速，超大城市人口规模控制的政策效应正在逐步显现。

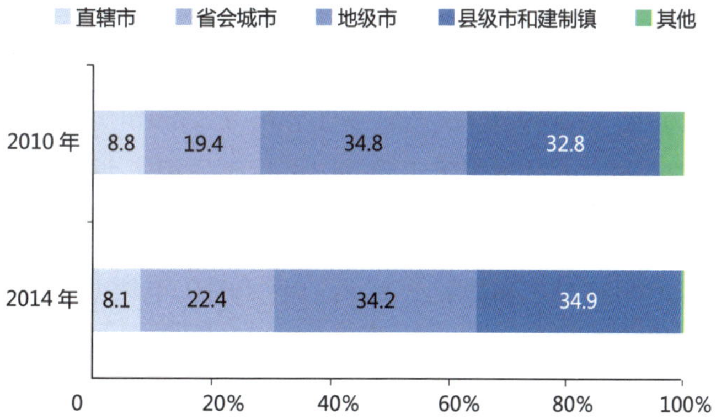

图 11　外出农民工流向地区构成图

城市群主体形态更加鲜明，已经成为带动我国经济增长和参与国际经济合作与竞争的重要平台。京津冀、长三角、珠三角等东部三大城市群加快发展。城市群发展协调机制逐步建立，京津冀协同发展顺利推进，在交通一体化、生态环保、产业升级转移等方面率先取得实质性突破。京张、京霸、京唐等一批城际间基础设施项目加快推进，一批高速公路“断头路”、国省干道“瓶颈路段”打通或扩容。京津冀区域大气污染联防联控进一步加强，京津冀之间首钢京唐二期、张北云联数据中心等一批重大产业合作项目取得重大突破，区域间错位协调发展的格局逐步建立。中西部地区的长江中游、成渝、中原、关中等城市群正在迅速崛起。

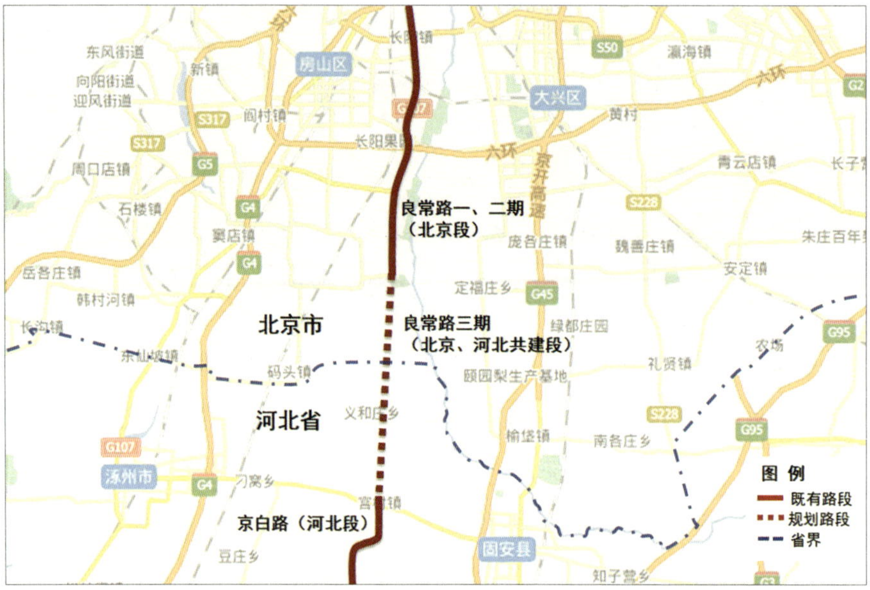

图 12　正在打通的断头路[1]

4. 城市基础设施水平不断提升，居民生活质量得到改善

城市市政设施水平不断提升，2014 年末我国城市实有道路长度 35.2 万公里，道路面积 68.3 亿平方米，比 2010 年分别增加 5.8 万公里和 16.2 亿平方米；城市排水管道长度达 51.1 万公里，比 2010 年增加 14.1 万公里；城市集中供热面积 64.2 亿平方米，增长 5.1%。城市公共交通不断完善，2014 年城市公共交通车辆运营数达 47.6 万辆，每万人拥有公交车辆 13 标台，比 2010 年增加了 1.8 标台。城市轨道交通快速发展，2015 年已有 26 个城市建成投运了 116 条轨道交通线路，总长度达 3612 公里，在建线路 3000 公里左右。城市环境基础设施建设加速，2015 年，城市污水处理厂日处理能力达到 13784 万立方米，比上年末增长 5.3%；城市污水处理率达到 91.0%，比 2010 年提高了 8.7 个百分点，生活垃圾无害化处理率达到 92.5%，比 2010 年提高了 14.6 个百分点。城镇绿色可持续发展平稳推进，2015 年

[1] 北京市交通委与河北省交通运输厅签署道路对接协议，推动两地交通一体化发展。其中，房山良常路三期南延 5.9 公里，河北京白路北延 4 公里，将实现房山与白沟连通。线路打通后，从南六环良常路出口到河北白沟约 68 公里，最高时速可达 80 公里。

水电、风电、核电、天然气等清洁能源消费量占能源消费总量的 17.9%，全国万元国内生产总值能耗下降 5.6%，绿色建筑总建筑面积达 4.4 亿平方米。城市建成区绿地面积 189 万公顷，比 2014 年增长 3.7%；建成区绿地率达到 36.3%，比 2014 年提高 0.05 个百分点；人均公园绿地面积 13.16 平方米，比 2014 年增加 0.08 平方米。海绵城市、人文城市、智慧城市等新型城市建设顺利推进，成为城市现代化、智能化、便利化的重要标志。

图 13—1 贵州二十四道拐公路

图 13—2 青藏铁路

城镇保障性安居工程进展顺利，“十二五”时期，计划开工建设保障性安居工程 3826 万套，实际完成城镇保障性安居工程住房建设 4013 套，累计完成投资 6 万多亿元，上亿群众喜迁新居。棚户区、城中村改造成为推进新型城镇化的重要抓手和稳定经济增长的重要手段。到 2015 年，我国城镇保障性住房常住人口覆盖率达到 20% 左右，城镇中低收入人口获得保障性住房的门槛逐步降低。

5. 市民化制度性障碍逐步消除，城市包容性得到提高

《国家新型城镇化规划》发布实施以来，户籍、公共服务、土地等重点领域改革持续推进，有力保障了农业转移人口市民化。户籍制度改革不断深入，各地普遍放宽了农业转移人口落户城镇的限制，落户通道更加顺畅。居住证制度全面实施，推动常住人口基本公共服务全覆盖迈出坚实一步，城镇大多数基本公共服务在制度上已对农业转移人口放开。农业转移人口参保和转移接续的社会保障政策措施陆续出台，城乡社会保障逐步实现制度性并轨。在义务教育方面，国家财政性经费保障义务教育阶段随迁子女就学比例达到 90%。在社会保障方面，2015 年参加基本养老保险、医疗保险、失业保险、工伤保险的农民工数量分别为 5585 万人、5166 万人、

4219 万人、7489 万人，分别比 2010 年增长 4420 万、4001 万、3054 万和 6324 万人。在职业技能培训方面，农民工基本可以与城镇居民享受同等权利。以土地征收、农村集体经营性建设用地流转和宅基地制度为主要内容的改革试点正在推进，城乡二元土地制度改革正在“破冰”。

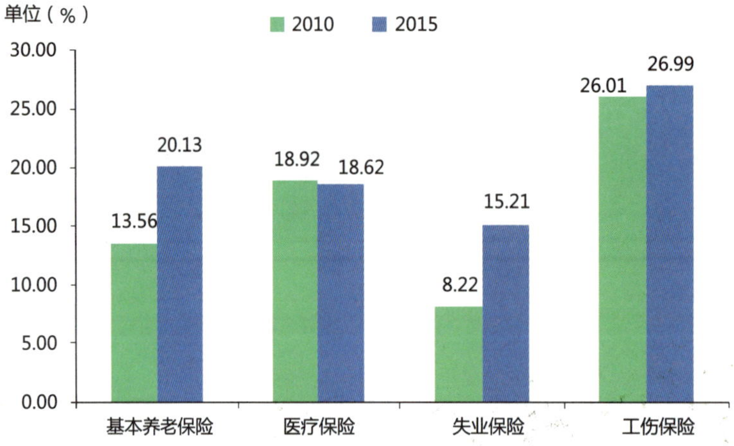

图 14　2010 年和 2015 年全国农民工参加四项社会保险的比重

6. 因地制宜推进城镇化效果初显，特色城镇化亮点纷呈

近年来，各地结合自然资源禀赋、产业发展基础和历史文脉传承，科学规划布局、积极探索创新，形成了一些地方特色比较鲜明的城镇建设模式，如浙江的“特色小镇”、贵州的“示范小城镇”、江苏的“强富美高”小镇建设等，为提高城镇宜居水平、优化城镇体系结构、强化人口集聚，加快推进新型城镇化建设积累了一些好的经验。

特色小镇是浙江省遵循经济社会发展规律、审时度势做出的决策，是新常态下创新发展的战略选择。特色小镇有三个突出特点：一是“非镇非区”，没有行政建制，也不是一个产业园区或开发区、高新区，而是融合文化、旅游、社区功能的创新创业发展平台，规划面积约为 3 平方公里，建设面积控制在 1 平方公里左右；二是产业定位“一镇一业”，每个小镇主攻信息、环保等七大新兴产业以及浙江的茶叶、丝绸、黄酒等十大历史经典产业中的一个产业；三是特色小镇功能齐全，聚集产业、文化、旅游和社区四大功能，所有特色小镇都要建成 3A 级以上景区，旅游类特色小镇按照 5A 级景区标准建设，文化旅游社区功能从产业中延伸和挖掘。此外，特色小镇采用“宽进严定”的创建制，不搞审批制，政策上实施期权激励制和追惩制，建设上采用政府引导、企业主导、市场化运作的机制。

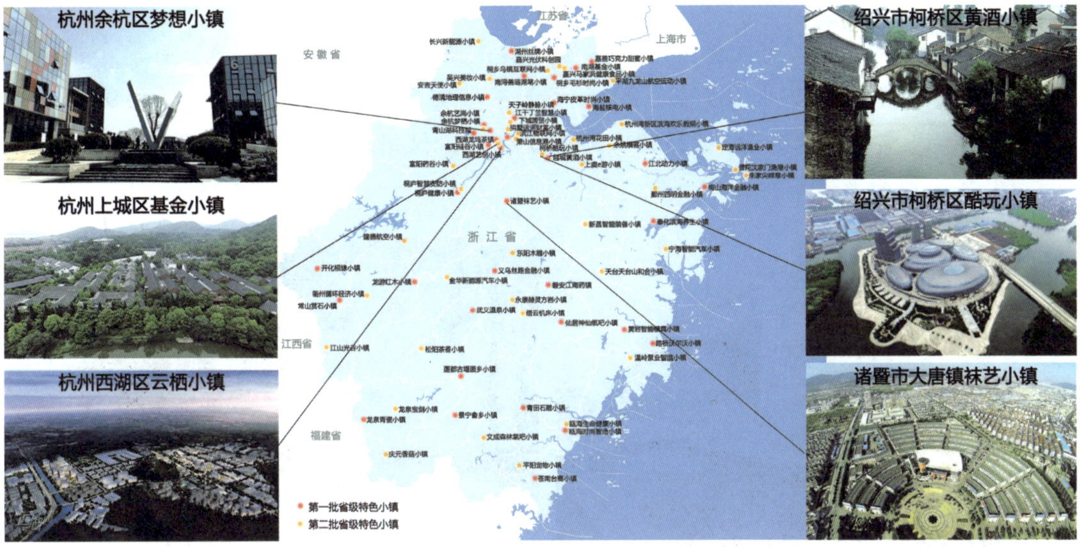

图 15　浙江省特色小镇示意图

经过一年左右的培育，特色小镇已成为吸纳创新创业人才的重要平台和拉动有效投资的新引擎，首批 37 个特色小镇吸引了 3300 多家企业，完成投资 480 亿元。

专栏 1

浙江省特色小镇典型案例

梦想小镇　由以互联网创业企业为重点的互联网村和以培育科技金融为重点的天使村组成。开张仅半年时间，已完成投资 17 亿元，入驻创业项目 350 多个，融资总额超过 7 亿元，集聚创业人才近 4000 名，集聚 80 余家金融机构，管理资本逾 300 亿元。

云栖小镇　以大数据、云计算为核心产业的科技型特色小镇。目前小镇已集聚各类涉云企业 185 家，2015 年上半年实现产值 9.81 亿元、税收 9414 万元。其中，一家名为“12308”的创业公司，仅用半年多时间，就实现全国 61 个城市长途汽车票预订。

袜艺小镇　坐落在诸暨大唐镇，是全球最大的袜子生产基地。2015 年以来，小镇积极打造个性化袜业工场、袜业工业旅游线路和袜业文化展示区，努力提升袜业发展层次。前 7 个月已有 137 家企业入驻，完成投资 5 亿元。

贵州山地多、平地少，是全国唯一没有平原支撑的山区省份，也是贫困人口最多的省份，城镇化发展相对滞后，常住人口城镇化率只有 40%。2013 年，贵州省依托生态资源和民族文化，提出建设 100 个示范小城镇的战略，出台《关于加快 100 个示范小城镇改革发展的 10 条意见》和 29 项配套措施，实施示范镇“8 个 1”工程[1]，推进小城镇“8+X”项目建设和美丽乡村“6+X”项目建设[2]，下放 195

[1] “8 个 1”工程指的是，建设或完善 1 个路网、1 个标准卫生院、1 个社区服务中心、1 个农贸市场、1 个市民广场或公园、1 个敬老院，启动 1 个污水处理设施或垃圾处理设施项目，建设 1 个城镇保障性安居工程。下文中的“8+3”即上述“8 个 1”工程再加上 1 个体育场、1 个有机农产品生产基地和 1 个产业园区；各地州“8+X”的内容各不相同，包括风貌建设、环境整治以及各种公共服务设施建设。

[2] 美丽乡村“6+X”中的“6”即“小康路、小康水、小康电、小康房、小康讯、小康寨”6 个行动计划；“X”是指基础设施建设之外的其他社会民生项目，如“关怀幸福工程”“文化幸福工程”“健康幸福工程”“环境幸福工程”等。

项县级经济管理权限，实施千名干部助阵工程，与高校、职校进行合作，订单培养示范小城镇建设紧缺人才，取得一定成效，形成了一个小城镇带动多个美丽乡村建设的镇村联动发展模式，建设了一批旅游小镇、白酒小镇、茶叶小镇等各具特色的小城镇。2015 年，100 个示范小城镇新增城镇人口 10 万人，新增城镇就业人口 8.3 万人，累计完成项目建设资金 1000 亿元，建成“8+X”项目 4000 多个，2013—2014 年示范镇工业总产值、旅游总收入、财政总收入分别增长了 18.5%、21.4%、39%。

专栏 2

贵州省遵义县枫香镇示范镇建设

枫香镇地处遵义县西部，辖 10 个行政村（居），总人口 38913 人，农业人口约占 90%，森林覆盖率达 68%。年均温度约为 17℃，气候温凉湿润，是一个典型的绿色生态小城镇。近年来，枫香镇依托山水资源和红色长征文化、土陶文化、农耕文化等人文历史，以打造特色旅游集镇为抓手，坚守生态底线，坚持镇村联动发展，推动了集镇建设和旅游发展。

大力发展旅游。投入资金 3 亿元，打造红色旅游文化，挖掘地方特色，打造花茂村陶艺文化创意一条街，充分发挥枫香花茂村新农村建设示范效应，推动乡村旅游。利用举办遵义市第三届旅游发展大会契机，邀请 30 余位著名党史专家学者对苟坝会议的重要性和会议精神进行了深入研讨，做好全方位媒体宣传报告和城镇品牌推广，有效提高了枫香苟坝的知名度。2013 年苟坝红色创新区列入全省五个 100 工程建设，2014 年苟坝被列入全国传统村落。

坚持镇村联动发展。累计投资 3600 万元，对镇村道路进行高标准改造。2009—2015 年，投资 2 亿元进行棚户区改造和黔北民居风貌整治，共改造 1356 栋约 46 万平方米。

完善集镇配套设施。以基础设施和公共服务设施建设为重点，加快实施示范镇“8 个 1”工程，启动“8+3”和“8+X”工程项目。规划建设三角水体公园、集镇文体广场、花茂文化中心、苟坝文化中心等公共服务设施，加大集镇茶场公园的改造，提升服务能力。

坚守生态底线。退耕还林 5000 亩，人工造林 6200 亩，营造优美自然环境。投资 1200 万元，建成日处理污水 2800 吨的污水处理厂，启动苟坝、花茂、土坝、青坑污水处理厂及配套设施建设。

枫香镇基础设施得到明显改善，城镇功能进一步完善，城乡一体化公路网络初步形成，乡村旅游业得到快速发展，已成为重庆、遵义、贵阳等地游客的重要旅游目的地。2015 年 6 月 16 日，习近平总书记亲临枫香镇花茂村指导新农村建设，对集镇建设和发展给予了高度评价。

（二）开展的主要工作

中央城镇化工作会议以来，特别是《国家新型城镇化规划》出台后，各地区各部门积极稳妥、扎实有序地开展了一系列工作，2014 年建机制、打基础，新型城镇化实现良好开局；2015 年抓重点、提水平，"一融双新"工程顺利实施[1]，各项工作稳中有进、亮点纷呈，新型城镇化建设持续深入推进。

1. 建立贯彻落实《国家新型城镇化规划》的长效机制

通过建立滚动实施、分步推进的新型城镇化规划目标任务落实机制，形成合力推进新型城镇化的良好氛围。

（1）**广泛宣传解读《国家新型城镇化规划》统一思想认识。**为使社会各界对新型城镇化有更深入全面的了解，国务院新闻办组织有关部门负责同志共同召开新闻发布会，在国家行政学院举办省部级专题研讨班，在中央党校举行专题报告会，

[1] "一融双新"指的是，促进农民工融入城镇、培育新生中小城市和建设新型城市。

利用人民日报、中央电视台、中国政府网等主流媒体，对《国家新型城镇化规划》进行宣传解读，产生了广泛社会影响。

（2）**建立推进新型城镇化工作部际联席会议制度。**为加强工作统筹协调，国务院批复同意建立由国家发展改革委牵头、14个部门参加的“推进新型城镇化工作部际联席会议制度”。2014年10月8日，以电视电话会议方式召开了第一次面向全国的部际联席会，传达“国务院推进新型城镇化建设试点工作座谈会”精神，部署了2014—2015年推进新型城镇化的重点任务，并对下一步工作提出了具体要求。2015年5月12日，召开推进新型城镇化工作部际联席会议第二次会议，总结前一阶段推进城镇化工作进展，研究部署了2015—2016年推进新型城镇化的重点工作。

（3）**制定目标任务落实责任清单。**为确保《国家新型城镇化规划》主要目标和重点任务顺利完成，按照统筹规划、分步推进、滚动实施的原则，中共中央办公厅、国务院办公厅印发《关于落实〈国家新型城镇化规划（2014—2020年）〉主要目标和重点任务的分工方案》和《2014—2015年推进新型城镇化工作重点》，将规划主要目标任务分解为91项，包括183项预期成果，责任落实到54个中央国家部门和单位，明确了每项任务的时间进度和预期成果，为各部门推进实施《国家新型城镇化规划》提供重要指南和依据。

（4）**制定“三个1亿人”城镇化实施方案。**推进“三个1亿人”城镇化，是党中央国务院从新型城镇化建设全局出发作出的重大战略部署。为促进1亿左右农业转移人口和其他常住人口在城镇落户、改造约1亿人居住的城镇棚户区和城中村、引导约1亿人在中西部地区就近城镇化，推进新型城镇化部际联席会议相关部门联合印发了《推进“三个1亿人”城镇化实施方案》，包括三个专项方案，明确了相关领域的工作重点和政策措施。

2. 有序推进农业转移人口市民化

统筹推进户籍制度改革和基本公共服务均等化，重点领域和关键环节改革取得实质性进展，农业转移人口市民化推进有序。

（1）**深化户籍制度改革。**户籍制度是推进以人为核心的城镇化的重要环节，加快户籍制度改革，是惠及亿万农业转移人口的一项重大举措。为促进有能力在城镇稳定就业和生活的常住人口有序市民化，国务院印发《关于进一步推进户籍制度改革的意见》，明确了户籍制度改革的指导思想、基本原则、发展目标和主要政策，国务院办公厅印发重点工作分工方案，明确各部门的职责分工和工作要求。有关部门在贯彻落实中，进一步明确了合法稳定就业和合法稳定住所（含租赁）的范围，细化了城区人口统计口径。各地区抓紧制定实施意见，27 个省区市和新疆生产建设兵团已经出台户籍制度改革实施方案，普遍放宽了农业转移人口和其他常住人口落户条件。部分省份如四川省、安徽省等除省会城市外，其他城市已基本放开落户限制。2016 年 2 月，国务院发布《关于深入推进新型城镇化建设的若干意见》，再次明确要求“加快落实户籍制度改革政策，促进有能力在城镇稳定就业和生活的农业转移人口举家进城落户，加快提高户籍人口城镇化率”。

（2）**全面推行居住证制度**。居住证制度是创新和完善人口服务和管理的重要内容。为推进城镇基本公共服务和便利常住人口全覆盖，国务院出台《居住证暂行条例》，提出全面实施居住证制度，将居住证作为提供基本公共服务和便利的主要载体，申请登记居住地常住户口的重要依据。居住证持有人可以享有义务教育、基本公共就业服务、基本公共卫生服务和计划生育服务、公共文化体育服务、法律援助和其他法律服务、国家规定的其他基本公共服务等六项基本公共服务，以及办理出入境证件、换领、补领居民身份证、机动车登记、申领机动车驾驶证、报名参加职业资格考试、申请授予职业资格、办理生育服务登记和其他计划生育证明材料、国家规定的其他便利等七项办事便利，与户籍人口公共服务差距缩小。

（3）**调整城市规模划分标准**。为适应国情和城镇化发展需要，更好地实施城市人口分类管理，有关部门研究提出了城市规模划分标准调整方案，国务院印发了《关于调整城市规模划分标准的通知》，将城市类型由原来的四类调整为五类七档，并相应调整了城镇人口统计口径，为实施差别化落户政策奠定更好的基础。

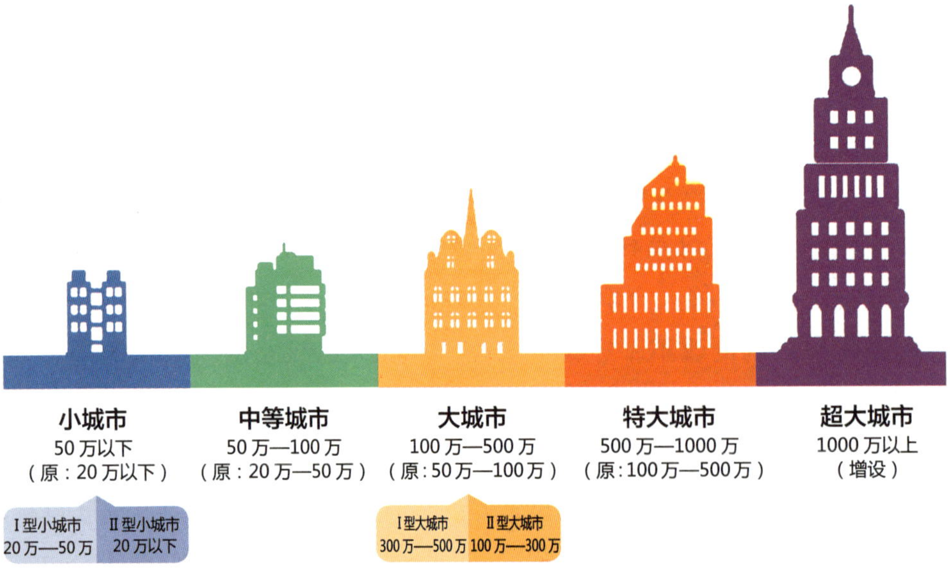

图 16　城市规模划分新标准

（4）**推进农业转移人口享有城镇基本公共服务**。为逐步解决在城镇就业居住的农业转移人口享有城镇基本公共服务问题，国务院印发《关于进一步做好为农民工服务工作的意见》。全面开展农民工职业技能提升计划，2014 年培训 1069 万人次，2015 年培训 2000 万人次以上。切实做好随迁子女教育工作，实现“两免一补”和生均公用经费基准定额资金可携带，国家财政性经费保障义务教育阶段随迁子女就学比例达到 90%，全国除陕西、西藏外的 29 个省区市开始解决随迁子女在当地参加高考问题，共有近 8 万名符合条件的随迁子女在当地参加高考。在国家中职免学费政策的基础上，共有 11 个省区市将免学费政策扩大至中等职业学校全日制正式学籍一、二、三年级全体在校生。加快推进城乡社会保障体系建设，国务院印发《关于建立统一的城乡居民基本养老保险制度的意见》《关于整合城乡居民基本医疗保险制度的意见》，有关部门启动实施了以养老和医疗保险参保为重点的全民参保登记计划，“四统一”的城乡居民基本养老保险制度基本建立，全国 32 个省级单位均已完成城乡居民养老保险信息系统整合，覆盖 2755 个区县。9 个省级地区和其他 39 个地市全面开展城乡医保统筹工作。

全国所有省区市均完善了就业失业登记管理办法，取消与户籍相关的限制性要求。加强农民工公共卫生服务，将农民工及其随迁家属纳入社区卫生服务范围，参合农民跨省就医费用结报流程得到优化。加强农民工住房保障，《城镇住房保障条例（草案）》已报请国务院常务会议审议。人口统计制度和基础信息库建设取得积极进展，跨地区社会保险关系转移系统和异地就医结算系统建立，截至 2015 年 10 月底，全国 30 个省份的 348 个地市、2948 个经办机构实现了城镇职工养老保险关系转移系统入网，全国 29 个省份已建立省内异地就医结算系统。创新公共服务供给方式，支持和规范社会组织承接政府购买服务，一些地方开展了政府购买服务试点。

3. 优化城镇化布局和形态

京津冀协同发展、“一带一路”、长江经济带等建设进展顺利，新生中小城市培育取得积极进展，以城市群为主体形态、大中小城市和小城镇协调发展的格局正在逐步形成。

（1）**推进京津冀地区协同发展**。京津冀是我国在更高层次上推进城镇化的重点区域。为将京津冀地区建设成世界级城市群，按照党中央国务院要求，在京津冀协同发展领导小组的直接领导下，研究制定了《京津冀协同发展规划纲要》。研究制定了交通、生态环保、产业三个重点领域率先突破的工作方案，研究起草

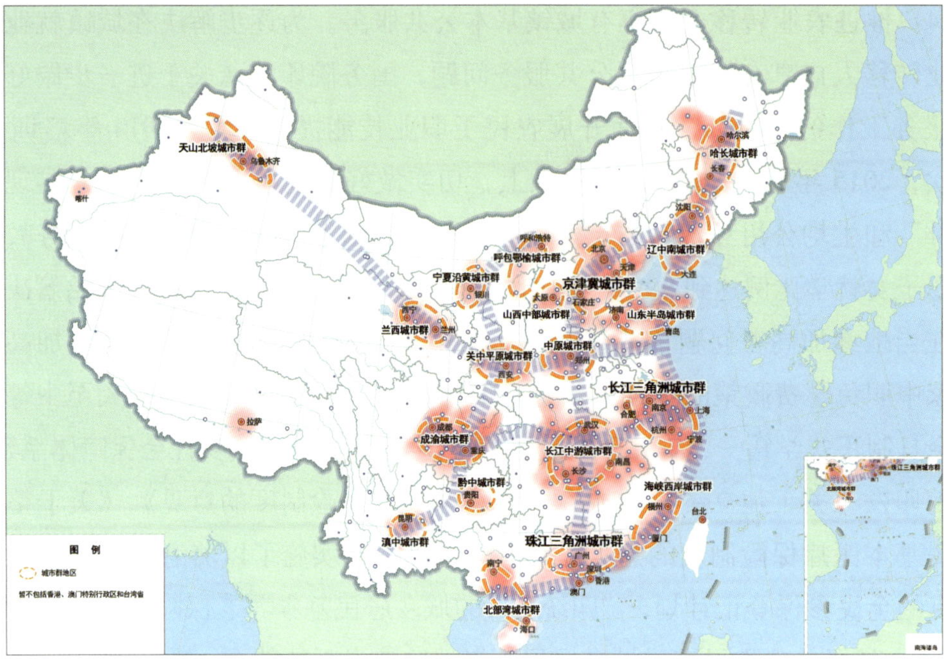

图 17　构建“两横三纵”的城镇化格局

了《关于京津冀协同发展体制改革的意见》。61 项重点工作按进度要求推进实施。三省市分别制定重点领域率先突破工作落实方案，签订合作发展协议及备忘录，一批产业合作园区取得实质性进展，区域大气联防联控继续强化。印发《京津冀协同发展交通一体化规划》《京津冀协同发展生态环境保护规划》《“十三五”时期京津冀国民经济和社会发展规划》，北京非首都功能疏解有序展开，一批示范项目顺利启动，京津冀协同发展逐步迈向纵深。

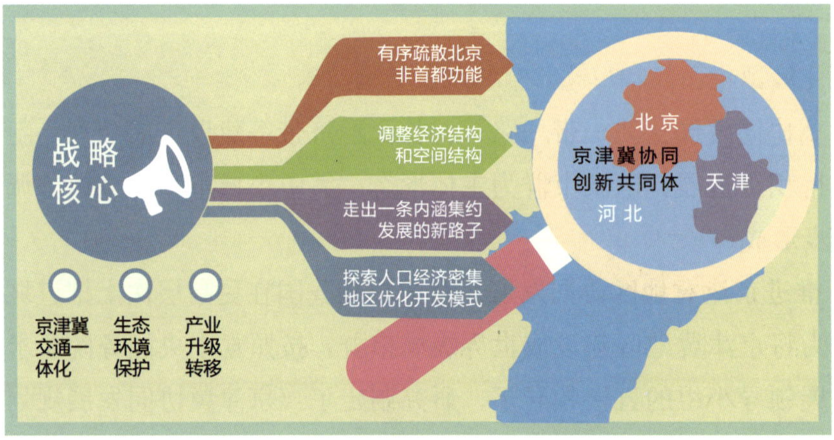

图 18　京津冀协同发展主要任务

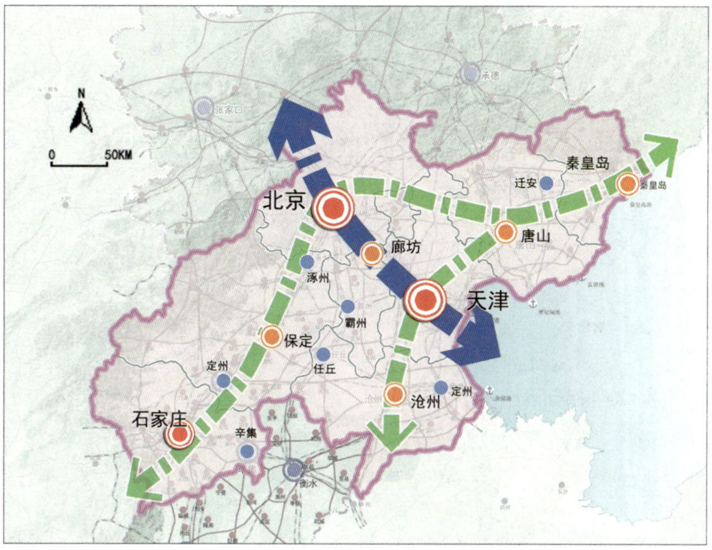

图 19　京津冀城市群空间示意图

（2）**加快跨省区城市群建设**。城市群是城镇人口布局的主要载体。按照中央政府负责跨省级行政区的城市群规划编制和组织实施的要求，印发《关于开展跨省级行政区城市群规划编制工作的通知》。《长江中游城市群发展规划》《哈长城市群发展规划》《成渝城市群发展规划》已印发实施，长三角城市群规划已上报国务院。启动海峡西岸等其他重点地区城市群规划编制前期研究。长三角、珠三角、京津冀等东部沿海城市群进一步优化提升，中西部地区逐步培育形成一批新的城市群，如长江中游、成渝、中原、关中平原等城市群在迅速崛起。印发实施了《城镇化地区综合交通网规划》，有效推动城市群交通基础设施一体化发展。

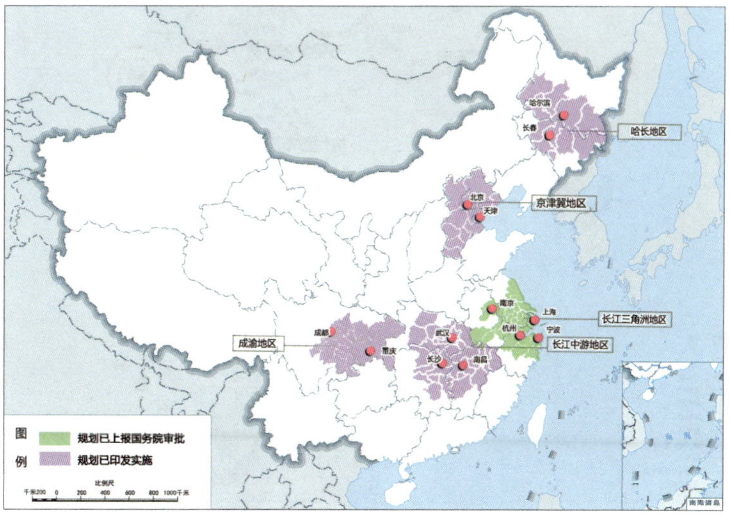

图 20　编制实施城市群规划

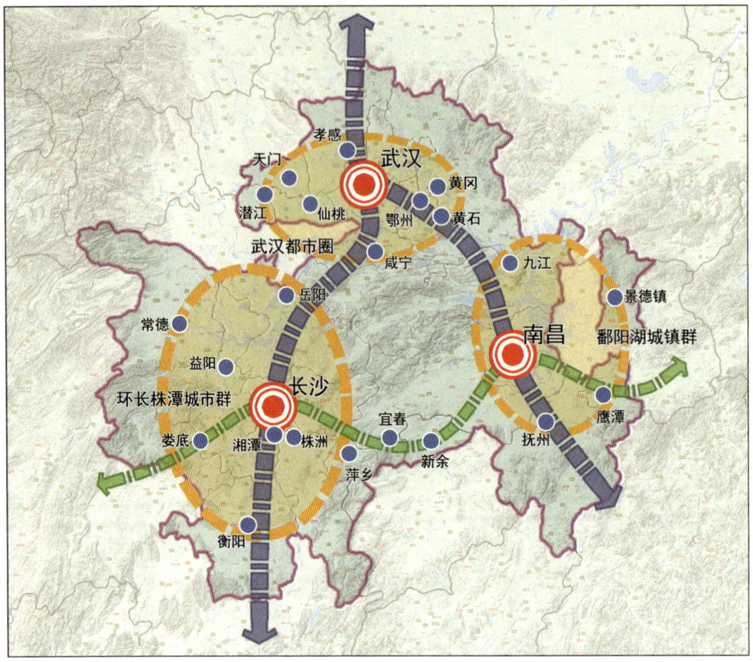

图 21　长江中游城市群空间示意图

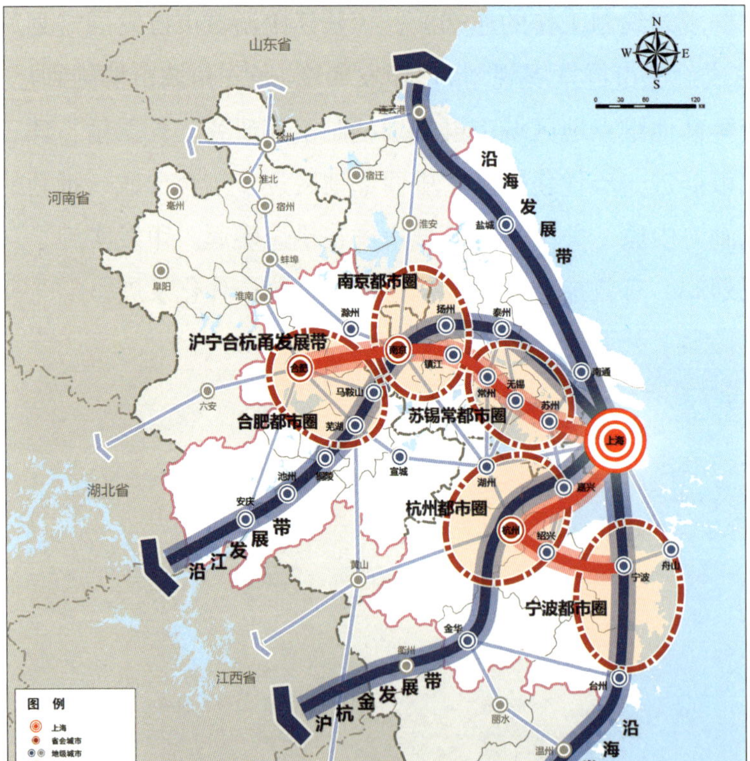

图 22　长三角城市群空间示意图

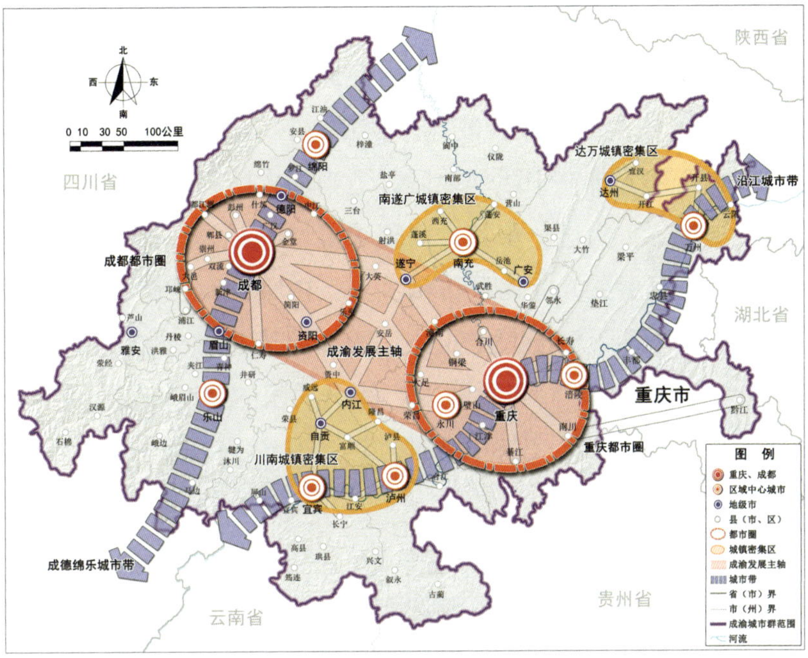

图 23 成渝城市群空间示意图

(3) **积极培育新生中小城市**。中小城市和小城镇是吸纳农业转移人口的重要载体，是完善城镇规模结构的重要内容。为加快发展中小城市和小城镇，完善设市设区标准，研究制定《市（县级）设置标准》《市辖区设置标准》《行政区划调整审核审批程序》《特大县城镇区划及扩权改革试点方案》并上报国务院。积极引导高等学校和医疗机构在中小城市布局，2014 年批准设立在中小城市的本科学校占全国的 25%。组织开展中小城市综合改革试点，启动建制镇示范试点工作，印发全国重点镇名单，确定了 3675 个全国重点镇。县城高等级公路连通和重点城镇道路客运公交化改造进展较快，新增 36 个通高等级公路县城，县城高等级公路连通率达到 96%。推进县城和重点镇天然气管网、集中供热、公共供水、污水处理、垃圾处理等基础设施建设。2015 年，安排中央财政专项资金 87 亿元支持县城污水管网建设，县城生活垃圾无害化处理率超过 70%。加快拓展特大镇功能，部分特大镇在完善社区自治、推动公共服务供给由“花钱养人”向“花钱办事”转变等方面迈出了重要步伐。印发《关于促进具备条件的开发区向城市功能区转型的指导意见》，推动城市功能区与行政区融合发展。

(4) **促进中西部地区城镇化发展**。为鼓励中西部地区产业发展和承接产业转移，印发实施《西部地区鼓励类产业目录》《关于重点产业布局调整和产业转移的指导意见》，新增了西部地区按省分列的鼓励类产业，引导东部部分产业向中西部转移。

加大对中西部地区一般转移支付，继续实施西部大开发税收优惠政策，安排社保等有关资金向中西部倾斜。加大对中西部地区交通、水利、能源、市政等基础设施建设支持力度，2015 年中央基建投资安排中西部地区资金占比达 60% 以上，中央预算内铁路建设资金全部安排在中西部地区。适当加大西部地区特别是集中连片贫困地区新增用地计划指标。为进一步壮大内陆边境口岸城镇，批准设立了广西东兴、云南瑞丽、云南勐腊（磨憨）、内蒙古满洲里、内蒙古二连浩特等 5 个重点开发开放试验区。大力推进电子商务进社区、进村，2015 年安排中央财政专项资金 37 亿元，支持中西部 25 个省（区、市）和新疆生产建设兵团的 200 个县开展电子商务进农村示范。安排中央预算内资金支持中西部地区 220 个县、916 个乡镇，开展基层就业和社会保障服务设施建设。

4. 提高城市可持续发展能力

加快转变城市发展方式，优化城市空间结构，强化人口集聚和服务的支撑能力，预防和治理“城市病”，城市可持续发展能力增强。

（1）**加快推进棚户区改造**。棚户区改造寄托着千万住房困难家庭改善居住条件的希望，是推进以人为核心的新型城镇化的重要内容和抓手。为加强棚户区改造工作，印发《关于进一步加强棚户区改造工作的通知》《关于加快推进国有企业棚户区改造工作的指导意见》《国务院关于进一步做好城镇棚户区和城乡危房改造及配套基础设施建设有关工作的意见》，完善棚户区改造计划，有关部门和金融机构不断加大资金支持力度，将城乡危房改造纳入棚改政策范围，城镇棚户区和城市危房改造有序推进。2014 年，保障性安居工程开工建设 740 万套，其中棚户区改造开工 509 万套，基本建成 510 万套，均超额完成年度目标任务。2015 年，保障性安居工程基本建成住房 772 万套，新开工 783 万套，其中棚户区改造开工 601 万套。

（2）**加强城镇基础设施建设**。基础设施是城市正常运行和健康发展的物质基础。为加强和改进城市基础设施，加快落实国务院《关于加强城市基础设施建设的意见》，印发《关于加强城市地下管线建设管理的指导意见》《关于推进城市地下综合管廊建设的指导意见》《关于推进海绵城市建设的指导意见》和《关于加强城市停车设施建设的指导意见》等，推动上海、浙江、广西、吉林、河北、河南、山东、安徽 8 个省（区、市）城市地下空间规划、建设和管理研究与试点工作，开展了城市地下综合管廊和海绵城市试点。创新性地运用专项建设基金、政府和社会资本合作等方式，有效缓解城市基础设施建设资金压力。加强城市防灾减灾能力建设，制定实施《关于加快发展现代保险服务业的若干意见》《特别重大自然灾害损失统计制度》，推进救灾物资储备体系和基层救灾装备建设，积极创建全国综合减灾示范区和地震安全示范社区。

（3）**开展新型城市建设**。以创新、绿色、智慧、人文城市建设为方向，积极开展新型城市建设。印发《关于发展众创空间推进大众创新创业的指导意见》《关于加快新能源汽车推广应用的指导意见》《促进智慧城市健康发展的指导意见》《国家文化和自然遗产保护设施建设专项规划》，发布实施《关于加快电动汽车充电基础设施的指导意见》《促进绿色建材生产和应用行动方案》《建筑产业现代化国家建筑标准设计体系》《工业化建筑评价标准》等国家标准，出台智慧城市评价指标体系和一系列支持政策，积极推动城市创新创业，推广绿色交通和绿色建筑，推进智慧城市建设，加强国家历史文化名城名镇保护。目前全国有超过3600个项目获得绿色建筑评价标识，总建筑面积4.4亿平方米；建成分布式光伏发电装机750万千瓦，新增地热能供暖（制冷）面积1亿平方米。全国历史文化名城、历史文化名镇名村、历史文化街区和历史建筑等基础信息采集工作有序开展，安排28.7亿元支持了900个中国传统村落保护。

（4）**加强城市规划建设管理**。为提高城镇规划管理的科学性，实现城市有序建设、适度开发、高效运行，2015年专门召开中央城市工作会议，印发《中共中央国务院关于进一步加强城市规划建设管理工作的若干意见》《中共中央国务院关于深入推进城市执法体制改革改进城市管理工作的指导意见》。加强城乡规划综合调控，开展城市总体规划编制审批办法制定工作，加快城镇体系和城市总体规划审查、审批和报批进度。强化建筑工程质量管理。制定《关于推进城乡社区治理现代化的指导意见》，起草形成《关于改革社会组织管理制度促进社会组织健康有序发展的意见》，支持社会组织发展，增强社区自治和服务功能。出台《关于支持和规范社会组织承接政府购买服务的通知》，指导地方开展政府购买服务试点。起草形成《关于推进网格化服务管理 健全基层综合服务管理平台的指导意见》，加强社会治安综合治理。

5.研究出台系列配套政策

持续加大政策扶持和改革推进力度，不断优化城镇化健康发展的制度环境。

（1）**创新城市建设投融资机制**。为保障城镇化建设资金需求，国务院印发《关于加强地方政府性债务管理的意见》，推动建立规范的地方政府举债融资机制。有关部门积极创新城市基础设施投融资机制，扩大地方政府债券发行规模，创新债券品种，在上海、浙江等10个省市开展地方政府债自发自还试点。推动政府和社会资本合作，相关部门印发《关于开展政府和社会资本合作的指导意见》《政府和社会资本合作项目通用合同指南》《基础设施和公用事业特许经营管理办法》。适当调整和放宽企业债券发行条件，鼓励城市停车场、地下综合管廊、电网改造等专项债券发行，出台项目收益债券管理暂行办法，拓宽重点领域重点项目融资渠道。

（2）**推进集约节约利用土地**。为优化土地利用结构，提高土地利用效率，印发《关于推进土地节约集约利用的指导意见》《关于强化管控落实最严格耕地保护制度的通知》，实施城乡建设用地总量控制制度，建立健全存量建设用地挖潜机制。出台减免土地出让金、灵活供地方式等一系列支持政策，鼓励盘活存量土地。开展低效工业用地调查清理，规范节地评价考核制度体系。印发《关于支持新产业新业态发展促进大众创业万众创新用地的意见》《关于支持旅游业发展用地政策的意见》《关于进一步鼓励和扩大社会资本投资建设铁路的实施意见》，加大对新产业新业态和经济发展用地的支持力度。

（3）**加强城镇化统计和人口信息管理**。为健全人口信息管理制度，下发《关于加强和改进城镇化统计工作的意见》，完善了城乡划分方法。相关部门正在加快推进国家人口基础信息库建设，建成后将覆盖全国人口、以公民身份证号为唯一标识。

（4）**强化生态环境保护**。为形成节约资源和保护环境的空间格局、产业结构和生产生活方式，印发《关于加快推进生态文明建设的意见》《生态文明体制改革总体方案》，起草《关于加快建立健全生态补偿机制的若干意见》《生态补偿条例》，目前共开展了两批国家生态文明先行示范区建设，深圳市探索核算生态系统生产总值，浙江湖州开展自然资源资产负债表编制试点，江苏镇江推进“生态云”信息化管理平台建设，都取得了积极进展。印发《水污染防治行动计划》，系统推进水污染防治、水生态保护和水资源管理。2015年水污染防治专项资金规模增加至130亿元。

6. 推进城乡发展一体化

统筹城乡发展力度不断加大，城镇化和新农村建设实现“双轮”协调推进，农业农村发展活力进一步增强。

（1）**大力发展现代农业**。加快划定永久基本农田，106 个重点城市周边永久基本农田划定取得积极进展。加强高标准农田和农业基础设施建设，粮食等重要农产品综合生产能力稳步提高，粮食产量实现“十二连增”。推进主要农作物全程机械化推进行动和信息进村入户试点，农业机械化、信息化进程加快，全国深耕整地作业面积超过 2 亿亩，建成并运行村级信息服务站 7000 多个。积极培育新型农业经营主体，家庭农场、合作社、龙头企业等新型农业经营主体达到 250 万家，多种形式的适度规模经营加快发展。推进新型职业农民培育工程，全国1500多个农业县引进开展新型职业农民示范培育工作。启动现代青年农场主计划，确定12200多人次列入2015年培训计划。调整完善农业支持保护政策，推动种粮直补、良种补贴和农资综合补贴整合为农业支持保护补贴，启动实施了牧草业发展、东北黑土地保护利用、马铃薯主食开发、农村一二三产业融合发展等补贴补助项目，扩大了财政促进金融支农试点范围，出台农业保险覆盖主要风险和物化成本政策。

（2）**推进农村“三权”改革**。启动农村土地承包法修改完善工作，继续扩大承包地确权登记颁证试点，2015年新增江苏、江西等9个全省范围试点，试点范围扩大到2246个县（市、区），土地承包经营权登记面积超过3亿亩。巩固农村宅基地使用权，在33个市县开展三项土地制度改革试点。强化集体收益分配权，在29个省份各选择一个县（市、区）启动集体资产股份权能改革试点。印发农村土地承包经营权、农民住房财产权抵押试点相关文件。地方改革探索加快推进，如浙江省推进“三权到人（户）、权跟人（户）走”，使农民产权能流转、能抵押、可有偿退出、可转让，建成市级农村产权流转交易市场6家、县级64家，29个县（市、区）开展了土地经营权抵押贷款、45个县（市、区）开展了农房抵押贷款。嘉兴市推进农村“三权三抵押”贷款，2015年累计发放农村土地流转经营权贷款1.08亿元、农房财产所有权抵押贷款754万元、农村集体经济组织股权质押11万元。江苏省积极推进农村土地承包经营权、林权、农业知识产权等流转，56个县（市、区）建成了农村产权交易信息服务平台，累计成交金额37亿元。

（3）**加强新农村建设**。农村公路建设加快，总里程突破397万公里，西部地区81%的建制村实现通畅，集中连片特困地区86.5%的建制村实现通畅。推进农村危房改造，农村困难群众住房条件得到改善。2015年中央安排365亿元补助资金，支持432万贫困农户改造危房。实施农村节水供水重大工程，农村居民和农村学校师生饮水安全得到有效解决。加强农村环境综合整治，在23个省（区、市）开展农村环境连片整治示范，支持7万个村庄实施环境综合整治，惠及1亿多农村人口。

7. 扎实推进新型城镇化综合试点

加大政策支持力度，统筹推进新型城镇化综合试点和相关领域改革试点，带动全国新型城镇化体制机制创新。

（1）**联合开展试点工作**

试点先行是我国改革开放顺利推进的一条宝贵经验。2014年9月16日，李克强总理主持召开推进新型城镇化建设试点工作座谈会，参会地区覆盖全国31个省区市，层级覆盖省、市、县、镇四级，座谈会对落实和完善各项政策措施提出了具体要求，为推进新型城镇化试点指明了方向。11 个部门联合制定《国家新型城镇化综合试点方案》，重点围绕农业转移人口市民化成本分担机制、多元化可持续的城镇化投融资机制、改革完善农村宅基地制度、行政管理创新和行政成本降低的新型管理模式、综合开展体制机制创新等试点任务，确定在安徽、江苏两省和宁波等 62 个城市（镇）开展国家新型城镇化综合试点。在抓好第一批试点的同时，积极推进试点扩围，按照优先考虑改革意愿强、发展潜力大、具体措施实的中小城市、县、建制镇及符合条件的开发区和国家级新区的原则，2015 年确定了 59 个国家新型城镇化综合试点地区，考虑到农村土地制度改革试点与国家新型城镇化综合试点联系紧密，将 14 个未纳入第一批综合试点的农村土地制度改革试点一并确定为第二批国家新型城镇化综合试点地区，试点地区数量增加至两个省和 135 个城市（县、镇、区），试点内容进一步拓宽。

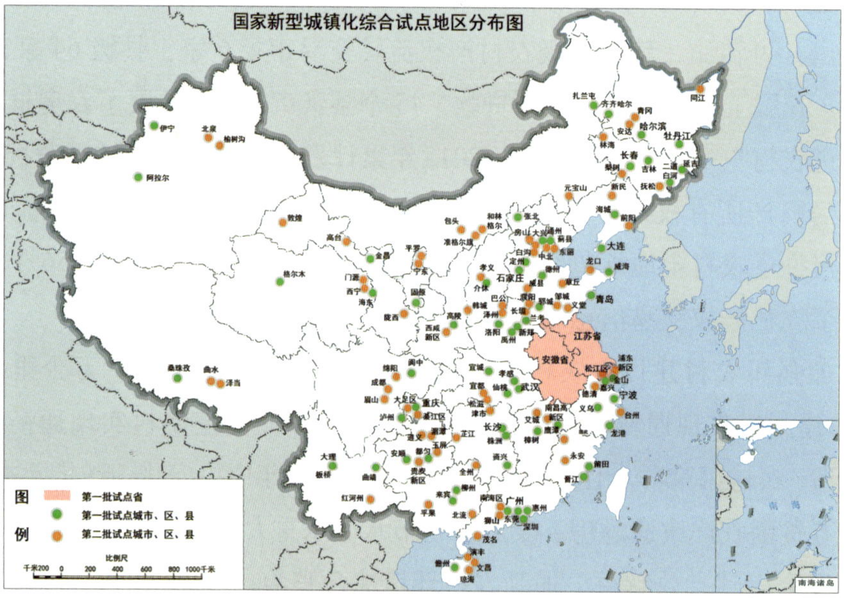

图 24　两批国家新型城镇化综合试点地区分布图

（2）综合试点取得积极进展

试点地区普遍建立了试点工作推进机制。按照批复的试点工作方案要点，成立了试点工作领导小组，落实了责任机构，制定了具体实施方案，明确了推进试点工作的时间表和路线图。有关部门加大了对试点地区的指导和支持力度。建立了试点工作指导、交流和进展报告的常态化机制，委托第三方开展 36 个试点地区进展情况评估。国家发展改革委还联合有关金融机构制定专门的政策性文件，加大资金支持力度。各项试点任务得到积极推进。试点地区通过发挥政府和市场“两个作用”，利用改革和创新“两大手段”，统筹点上突破和面上推进“两个关系”，开展了大量工作。部分试点地区改革意识强、创新力度大，积累了不少有益经验，取得了比较明显的成效。

一是大幅降低落户门槛，提升了人力资本红利。部分试点地区以较国家要求更加宽松的条件，大幅放宽外来人口落户限制，吸引外来人口落户，获得了更多人力资本红利。安徽省已基本放开全省落户限制，合肥市规定凡有合法稳定工作3年、社保缴纳2年的外来人口均可落户，截至2015年6月已办理落户14.4万人。重庆市设置梯度落户条件，本地农民工在主城区累计工作满5年且有稳定合法住所就可落户，2014年底之前，主城九区已累计落户70.7万人。重庆市户籍制度改革提高了企业劳动力返岗率，使产业生产周期更加连续，吸引了大量沿海地区的出口订单，带动了进出口的快速增长。

二是居住证覆盖全部流动人口，提高了城市管理服务水平。部分试点地区积极推进面向全部流动人口的居住证制度，并以居住证为载体，为外来流动人口提供公共服务，城市管理服务水平得到提高。福建省晋江市规定居住证持有人可享有社会保险、医疗互助、义务教育等30项市民化待遇，办理人口达到110万人。江苏、安徽两省在全省全面推进流动人口居住证制度，明确流动人口持有居住证能享受的公共服务项目，建立了以居住证为载体的基本公共服务提供机制。

三是推进城镇基本公共服务覆盖全部常住人口，促进了外来人口融入城镇。部分试点地区积极推进基本公共服务由主要对户籍人口提供向对常住人口提供转变。安徽省大力推进农民工随迁子女入学“零门槛”，省内农民工随迁子女90%以上实现在公办中小学就读。重庆市公共租赁住房覆盖“有工作、无住房”的常住人口，目前主城区申请入住的农民工达9.7万户，占配租总量的44%。晋江市与重庆市相关县市合作，开通了新晋江人新农合异地结报服务，覆盖近3万名在晋江市的农民工。

四是推进政府和社会资本合作，创新城镇化资金保障机制。部分试点地区通过放宽市场准入，创新运用政府和社会资本合作（PPP）模式，有效解决了城镇化建设“钱从哪里来”的问题。重庆市在城市基础设施和公共服务设施建设领域集中签约PPP项目39个，涉及总投资约2600亿元。广州市推出的40个PPP合作项目，总投资达到2200亿元。

五是设立专门性政府投资基金，有效撬动了社会投资。部分试点地区利用财政投入杠杆效应，有效激活了社会投资，减轻了政府财政支出压力。湖南省株洲市设立5.3亿元新型城镇化专项发展基金和6亿元偿债基金，形成了财政资金—信贷资金—社会资金逐级放大投入模式，城镇化建设融资规模近600亿元。武汉市通过财政资金“拨改租”、股权投资等方式充实资本金，设立了城镇化投资基金。

六是开展城镇低效用地再开发，缓解了城镇建设用地瓶颈制约。广东、浙江、辽宁等省加强城镇低效用地再开发，积极推进“三旧”（旧城镇、旧厂房、旧村庄）改造，促进了土地集约节约利用。广东省已完成的改造项目平均容积率由0.66提高到1.5。东莞市采取多元化模式推进“三旧”改造，促进了城市更新，提高了土地产出效率，东坑镇三甲工业城改造前后年产值从不足亿元增加到20亿元。

七是推动城乡建设用地增减挂钩，盘活了农村建设用地资源。部分试点地区利用城乡建设用地增减挂钩机制，优化城乡土地资源配置，改善了农村生产生活条件，促进了新农村建设和城乡统筹发展。重庆市通过实施“地票”制度，有效推动了农村宅基地的有偿退出，“地票”累计交易16.26万亩，交易金额326.36亿元，11.16万亩“地票”落地使用，农民户均获得“地票”收益10万元左右。浙江省嘉兴市姚庄镇开展农房改造工作，累计完成农村土地整治823.4亩，土地开发2081.9亩。

八是特大镇行政体制改革取得积极进展。试点地区在扩大特大镇经济社会管理权限、创新行政管理、加大财力倾斜和保障等方面进行了改革探索，在完善社区自治、推动公共服务供给由“花钱养人”向“花钱办事”转变等方面迈出重要步伐。浙江省苍南县龙港镇、广东省东莞市虎门镇和长安镇，按照试点方案要求，对撤镇设市、撤镇设区进行研究论证，为下一步区划调整做了前期准备。

（3）**总结推广试点经验**

统筹做好新型城镇化试点“回头看”和“向前推”，总结并向全国推广10条综合试点地区可复制可推广的政策。

一是落户条件可大幅放宽。各地可进一步放宽农业转移人口落户条件，除少数超大城市外，其他试点地区都要全面放开对吸收高校毕业生落户的限制，大幅降低对中高级技能工人的落户限制。

二是全面实行流动人口居住证制度。根据《居住证暂行条例》，加快清理和修订各地区现行居住证管理办法。丰富居住证内涵，保障居住证持有人在居住地享有免费义务教育、基本公共就业服务、社会保险、公共卫生等基本公共服务，并作为申请登记居住地常住户口的重要依据。

三是社会保险关系跨区域转移接续。允许在农村参加的养老保险和医疗保险规范接入城镇社保体系，有条件的地方要加快实现外来人口在输入地办理新型农村合作医疗异地结报。

四是住房保障覆盖农业转移人口。将符合住房保障条件的、有稳定就业的农业转移人口纳入当地住房保障范围，逐步实行实物保障与货币补贴并举，满足农业转移人口的基本居住需求。有条件的地方可以比照经济适用房建设的相关优惠政策，建设符合农民工特点的住房，以农民工可承受的合理租金向农民工出租。

五是深化政府和社会资本合作。进一步放宽市政公用事业准入条件，广泛吸引社会资本参与城市基础设施项目建设和运营。根据市场定价类、价格调整类、购买服务类、资源配置类、收益约束类等项目不同特点，采取更具针对性的政府和社会资本合作模式，加快城市基础设施和公共服务设施建设。

六是发挥好政策性金融和开发性金融作用。有条件的地区编制城市基础设施建设规划和融资规划，针对不同项目性质设计差别化融资模式与偿债机制。开发银行、农业发展银行要创新信贷模式和相关产品，加大对试点地区城镇化建设支持力度。

七是规范推进城乡建设用地增减挂钩。总结完善“地票”经验模式，在更大范围内推广使用。高标准、高质量推进农村村庄整治，在规范管理、规范操作、规范运行的基础上，扩大城乡建设用地增减挂钩规模和范围。运用现代信息手段强化土地利用变更情况监测监管。

八是加快推进城镇低效用地再开发。允许存量土地使用权人在不违反法律法规的原则下，按照规划对土地进行再开发。完善集体土地权能，促进集体建设用地流转。集体土地经农民自愿申请可以征为国有，并交由集体经济组织使用。完善城镇存量土地出让制度，原土地使用权人自行改造若涉及划拨土地使用权，可采取协议方式补办出让手续。在国家、改造者、土地权利人之间合理分配“三旧”改造的土地收益，照顾被改造地块单位和个人的利益。

九是因地制宜推进低丘缓坡地开发。在资源环境承载力适宜的地区，允许通过科学调规、整体整治、分批供应，适度开展低丘缓坡地开发。合理确定低丘缓坡地开发的用途、规模和布局，合理确定项目用地准入门槛。统筹推进低丘缓坡地开发、地质灾害防治和生态环境保护。

十是加快拓展特大镇功能。以下放事权、扩大财权、改革人事权、保障用地权为重点，赋予镇区人口 10 万人以上的特大镇部分县级市功能，允许按照相同人口规模的城市市政设施建设标准进行建设发展。同步推进特大镇行政管理体制改革，减少行政管理层级、推行大部门制，降低行政成本、提升行政效率。

（4）**统筹推进相关领域改革试点**

下发《关于开展市县“多规合一”试点工作的通知》，在28个市县开展空间规划改革试点，推动经济社会发展规划、城乡规划、土地利用规划、生态环境保护规划“多规合一”。制定《城市开发边界划定工作方案》，在14个特大城市开展划定城市开发边界试点，推动城市规划由扩张性规划转向限定城市边界、优化空间结构的规划，形成阶段性成果。在8个省（区、市）开展城市地下空间规划建设管理试点，推进地下空间综合利用。下发《关于农村土地征收、集体经营性建设用地入市、宅基地制度改革试点工作的意见》，启动北京大兴区等33个农村土地制度改革试点。下发《关于开展建制镇示范试点工作的通知》，在全国选择90个试点镇，探索支持建制镇发展的有效途径。21个省份的21处国际重点湿地、国家级湿地自然保护区启动了湿地生态效益补偿试点，7个先期开展碳排放权交易试点的省（市），有6个相继开始交易。

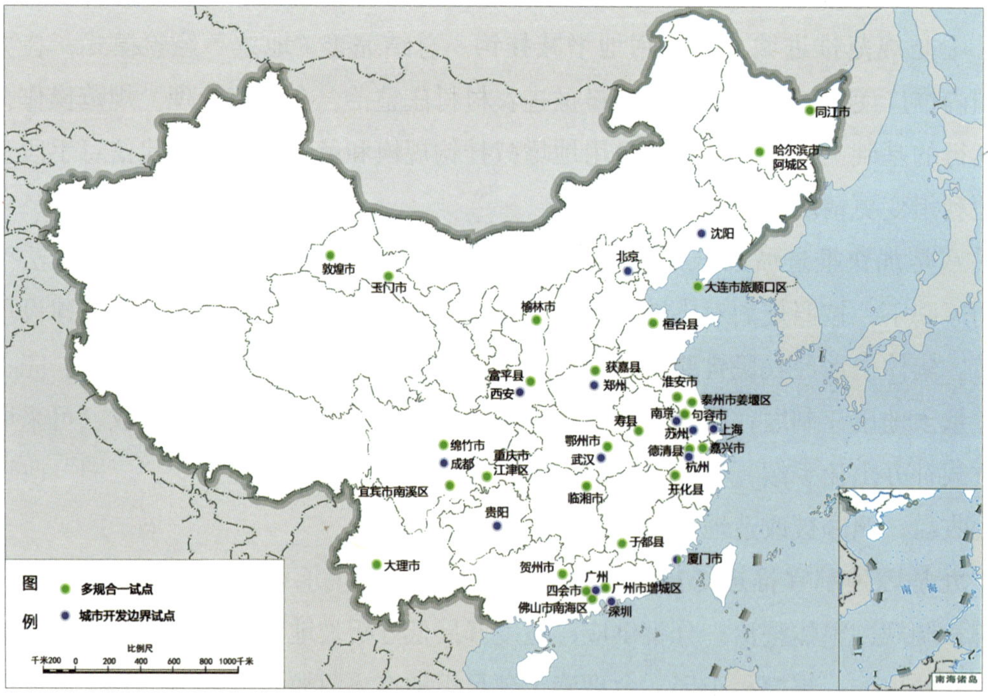

图25 “多规合一”试点和城市开发边界试点分布图

（三）取得的成效

城镇化的快速发展，释放出巨大的消费潜力和投资潜力，拓展了发展新空间，促进了大众创业、万众创新，为稳增长、调结构、促改革、惠民生提供了重要支撑。

1. 城镇化成为稳增长的重要支撑

新型城镇化的持续推进过程，也是内需加快释放的过程。一方面，城镇化释放出巨大的消费潜力。统计表明，2015 年，全年最终消费支出对国内生产总值增长的贡献率为 66.4%，比上年提高 15.4 个百分点，消费已成为经济增长的主要动力。全国城镇居民人均可支配收入 31195 元，相当于农村居民人均纯收入的 2.73 倍，消费支出 21392 元，相当于农村居民的 2.3 倍。在农民变市民过程中，消费将成倍增长。目前我国每年有 1000 多万农村人口进入城市，随着农业转移人口市民化各项政策的落实，农民工在城镇的消费潜力不断释放。如果农民工的消费率达到城镇居民的水平，每年可增加消费规模超过万亿元。

专栏 3

城镇化对农民工消费需求影响的判断

2014 年我国外出农民工人均月收入达 2864 元，月均生活消费支出 944 元，支出占收入的比重仅为 33%，远低于城镇居民（61%）的水平。如果通过户籍管理制度改革和农民工市民化政策，使农民工的消费行为转为城镇居民的消费行为，农民工月均消费支出将增加 802 元。按照 2014 年外出农民工年从业时间平均为 10 个月计算，那么每个农民工全年将增加消费支出 8020 元。据此测算，全部外出农民工当年将增加消费支出 1.35 万亿元，占我国 2014 年居民消费支出的 4.1%，占 GDP 的 2.12%。

另一方面，城镇化成为拉动有效投资的重要载体。随着城市居民的增加，基础设施和公共服务需求大幅增加。目前，我国基础设施和公共服务设施与发达国家相比，还存在着较大的差距，公共设施存量仅为西欧国家的 38%，北美国家的 23%，这当中蕴藏着公共产品的巨大投资空间。2015 年，我国新增污水处理能力 4320 万吨 / 日、污水管网 8.59 万公里、中水回用能力 2.5 万吨 / 年，新增污泥无害化处置能力 4 万吨 / 日，新增垃圾处理能力 38.5 万吨 / 日。一些城市基础设施项目也在加快推进，如城市轨道交通项目，目前在建地铁里程达 3000 公里，直接投资 2.1 万亿元。在全国经济增速总体下滑的形势下，城镇基础设施投资对稳增长起到了重要作用。按照 2020 年我国城镇化率达到 60% 的目标测算，仅基础设施投资的需求总量就达到 40 多万亿。

专栏 4

城镇化对市政基础设施建设投资的影响

从城市基础设施投资来看，城镇化发展可以带来巨大的投资需求。2000—2014 年我国城市建成区面积从 2.24 万平方公里增长到 4.98 万平方公里，14 年增长了 121%。城市面积的扩大，必然带来城市市政公用设施建设及相应投资的增长。2000—2014 年，我国城市市政公用设施固定资产建设投资从 1890 亿元增长到 1.63 万亿元，增长了 7.59 倍，累计投资已达 12.1 万亿元，占同期我国 GDP 的比重达 2.77%（见图 26）。总之，随着城镇化的继续发展，在城市基础设施、市政设施等方面的建设和维护必将带来巨大的投资需求。

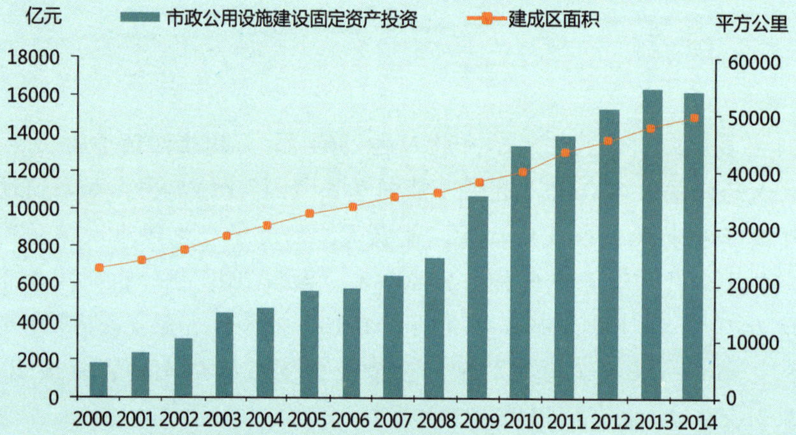

图 26　我国 2000 年以来建成区面积与市政设施固定资产投资

此外，新型城镇化的有序推进，也蕴含着巨大的市场机遇，带动了民间资本参与城市建设，优化了城市建设投资结构，这在国家新型城镇化综合试点地区得到了很好的体现。例如，重庆市加大政策创新力度，将交通基础、能源设施、公共服务、农业水利、生态环保、信息基础等六大基础设施领域面向社会资本全面放开，2015 年全市民间投资完成 7731 亿元，增长 17.9%，对全市投资的贡献率为 55%，拉动投资增长 9 个百分点。长沙市与上海浦发银行共同设立长沙城市发展基金，规模达到 180 亿元，已投入近 80 亿元用于产业园区建设、新区建设、农民补偿等。

2. 城镇化推动了产业结构优化升级

城镇化与服务业发展密切相关，城镇化过程中的人口集聚、生活方式变革、生活水平提高以及社会分工细化，能够扩大生活性服务和生产性服务需求，推动现代服务业发展。世界各国发展规律表明，随着城镇化的发展，服务业在国民经济中的占比将会逐步提高。2011 年我国城镇人口占比超过农村人口，第三产业比重开始快速提高，2013 年第三产业占比超过第二产业。2015 年第三产业占比达 50.5%，首次超过 50%，比上年提高了 2.4 个百分点，高于第二产业 10 个百分点。相比第二产业，服务业对资源环境影响较小，能源消耗较少，服务业占比的不断提高使我国单位能耗不断下降，优化了经济结构，提升了发展质量。2015 年前三个季度，单位国内生产总值能耗下降 5.7%，化学需氧量、二氧化硫、氨氮、氮氧化物排放量分别减少 3%、5%、3% 和 9%。通过横向对比可以发现，我国服务业发展水平仍比同等发展水平国家低约 10 个百分点，比发达国家低约 30 个百分点，这表明我国经济及服务业发展还有较大空间。

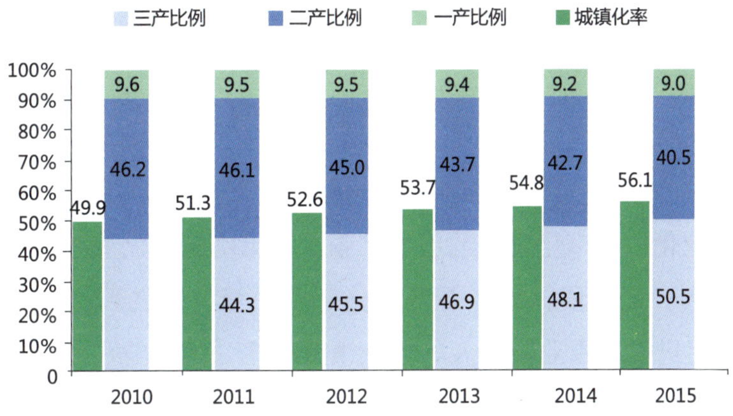

图 27　2010 年以来我国城镇化率与三次产业结构

3. 城镇化成为全面建成小康社会的有力保障

“小康不小康，关键看老乡”，过去三十多年的发展经验表明，减少农民才能富裕农民。当前我国农村常住人口还有 6 亿多，按常住人口计算的农村户均经营规模约为 0.5 公顷，而韩国和日本的户均经营规模分别在 1.5 公顷和 2 公顷，远超我国农户经营规模。仅靠农村难以满足我国农民致富的需求，如果户均经营规模提高到 2 公顷左右，还需要再减少三分之二以上的农户。近年来，随着城镇化的发展，农村人口不断减少，农村土地流转规模扩大，目前全国农村土地流转规模约占农村耕地总规模的 30%，提高了农业生产率，促进了农民增收。

随着城镇化发展，人口在城市特别是县城和小城镇集聚，为农村一二三产业融合发展和农民就近务工提供了平台，辐射带动了农民增收。目前工资性收入已经成为农村居民收入的主要组成部分，2014 年，农村居民人均可支配收入中，工资性收入和经营性收入的比重达到 80%，在收入增长中两者占比为 75.7%。此外，农民进城落户带来城镇建设用地需求增加，为农民获取土地资产收益创造了条件。在上海、温州、深圳、广州等部分地区，农民收入中来自土地等财产性收入的比重约占 20% 以上，财产性收入成为农民收入增长的重要组成部分。

我国还有 1.69 亿外出农民工在城乡间流动，没有完全融入城镇，不解决这些人在城镇的公共服务问题，全面建成小康社会无从谈起。近年来，随着市民化政策的实施，农民工基本公共服务状况得到了较大的改善。广东省发放社会保障卡 8228 万张，基本实现异地务工人员社会保障卡全覆盖，建立异地务工人员失业保险待遇领取和医疗保险参保就医费用结算“绿色通道”，实现了基本养老保险关系省内顺畅转移接续。浙江省将农民工公寓建设纳入住房保障年度目标考核体系，截至 2014 年底，共开工建设农民工公寓 38.5 万套（间），解决近 260 万外来务工人员住房问题。天津市积极推进实现城乡一体化的“三改一化”改革，推动农民就近城镇化，目前近三分之一的农民搬入城镇居住，四分之一农民成了拥有“股金、薪金、租金、保障金”的新市民。

4. 城镇化有力推动了大众创业、万众创新

从世界工业化、城市化发展的历程来看，城市历来是创业和创新的主要平台，在城镇化发展到一定阶段，城乡要素充分自由平等交换之后，农村的活力将被激发。一方面，促进大量农业转移人口在城镇的集聚，为创业和创新提供了必要的人流、物流和信息流。近年来，我国各类城市创新创业孵化平台快速增长，创新工场、创客空间、天使汇等各类新型孵化器以及企业孵化平台不断涌现，并以每年超过 20% 的速度增长。另一方面，农民工返乡创业也取得积极成效，通过加快培育具有区域特色优势的返乡创业产业集群，引导返乡人员围绕龙头产业、龙头企业集群创业。“互联网 + 城市”计划的实施和城市转型发展，也降低了创业和创新的各类成本，推动社会纵向流动，激发了各类市场主体的活力，大批小微企业涌现。2015 年全国新注册企业增长 21.6%，平均每天新增 1.2 万户。在“双创”的有效带动下，我国全年城镇新增就业人员 1312 万人，超额完成全年 1000 万人的目标任务。

二、当前推进新型城镇化存在的主要问题

由于新型城镇化系统推进时间尚短，相关体制机制还不完善，特别是相关配

套政策还不到位，各地推进新型城镇化工作不平衡，一些长期存在的问题没有根本解决，一些新问题也在凸显。

（一）外来人口较多地区户籍制度改革进展较慢

《国家新型城镇化规划》明确提出，到2020年户籍人口城镇化率达到45%左右，常住人口城镇化率达到60%左右，十八届五中全会也明确提出了加快提高户籍人口城镇化率的要求。2015年常住人口城镇化率达到56.1%，但是户籍人口城镇化率仅为39.9%，两者之间仍存在着16.2个百分点以上的差距。户籍人口城镇化率提高不快，主要是由于“两个积极性”不高。一方面，地方政府积极性不高。由于跨省、跨地区转移人口尚未出台统一的政策安排，外来人口特别是跨省市农业转移人口市民化进展缓慢。一些人口流入较多、农民工落户意愿较强的地区还没有制定具体的户改方案；一些地方对制定相关配套政策方面重视不够；一些地方在制定具体落户条件时对本地人宽、对外来人口严。部分地区虽然降低了落户和外来人口享有公共服务的门槛，但农业转移人口进城落户仍存在“玻璃门”现象。另一方面，农村相关权益保障机制不健全，农民对进城落户存在担忧，落户的积极性不高。

（二）城镇化质量还不够高

主要表现在：一是城市粗放发展问题依然突出，城市建设用地增长快于人口增长的势头仍在进一步放大。2010—2014年，城镇人口年均增长2.84个百分点，城市建设用地面积年均增长5.89个百分点，两者相差3.05个百分点。二是城市建设重外延轻内涵，重外表轻功能，重地上轻地下，“逢雨必涝”“马路拉链”等现象屡见不鲜。2013年有234座城市发生内涝，2014年有125座城市发生内涝，甚至一些现代化大都市也发生这些现象，“到城市看海”成为网友调侃的流行段子。三是城镇建设内容与居民需求错位，老城区以及城乡结合部居民区的道路交通、垃圾处理、上下水等基本生活设施条件相对较差，与城市新区形成鲜明对照，形成了城市内部“二元结构”。四是城市环境污染、交通拥堵、出行难、停车难等“城市病”依然突出。

（三）城市数量总体偏少，特大镇设市的通道不畅

我国城镇人口有7.7亿，但城市只有656个。2014年，我国城镇建成区人口超过10万的镇有238个、建成区人口超过5万的镇有885个，这些特大镇已经具备了城市的人口规模、经济规模和基本形态，但囿于行政体制束缚不能撤镇设市，仍受限于乡镇管理体制和行政框架限制，用“建设农村、管理农民”的方式来“建设城市、管理市民”，城镇管理建设运行不堪重负，发展活力和增长潜力得不到充分释放。

专栏 5

国外城市的设立标准

国际上对城市设立没有统一的标准，多数国家都规定了城市必须达到的人口下限。

美国各州对城市设立标准的规定不一致，多数州规定，凡欲设立城市至少须有一定数量的人口，有的州还规定至少须有一定数量的面积。比如：伊利诺伊州规定人口至少须有 1000 人，面积须 4 平方英里，始准申请设市；而印第安纳州规定了五等城市的人口标准，最低的五等城市为 2000—10000 人，而人口 2000 以下为小市镇。

加拿大设市的人口标准在不同省份和地区也往往不同，如安大略省设市人数下限为 1000 人，而艾伯塔省仅为 100 人。

日本《地方自治法》规定了町村要改为市必须具备定性和定量两方面的标准，比如：人口须在 5 万以上（但政府为推动町村合并，也作出过 3 万人即可设市的特例），市区户数和工商业人口均占 60% 以上，以及具备所在都道府县条例规定的城市设施及其他作为城市所必须的条件。1999 年以来，日本中央政府为了进一步推进地方社区的合并，不断降低设市条件。例如，2004 年修改的《市町村合并特例法》规定：如果 2010 年 3 月 31 日之前合并成市，只要人口达到 3 万就可以设市，其他条件可以不考虑。

资料来源：刘君德等，中外行政区划比较研究，上海：华东师范大学出版社；李燕、顾朝林，日本当代城市制度研究，日本研究，2013 年第 2 期。

（四）关键配套政策尚未出台

新型城镇化要取得实质性进展，必须理顺人、地、钱之间的关系。目前涉及人的户籍制度改革进展相对较快，但涉及地和钱的改革进展相对滞后。人口转移与土地、资金等要素保障不匹配，导致地方缺乏动力承担市民化成本，城镇化合理用地需求得不到有效满足。再如，30 多年前制定的《国务院关于行政区划管理的规定》已难以适应当前行政区划设置与调整的需要，需要尽快加以修订。

（五）农村“三权”改革有待加快推进

近年来农村产权制度改革有所加快，农民土地承包经营权、宅基地使用权和集体收益分配权得到强化。但由于关键的体制障碍没有根本消除，农村资产的资本化通道尚未打通，财产性价值无法实现，不仅制约了城乡要素的自由流动和平等交换，削弱了农民带资进城的能力，也影响了农民转户积极性。

三、新型城镇化发展趋势

（一）城镇化速度将从高速增长转向中高速增长

随着我国发展进入新常态，城镇化速度会有所放缓，但仍处在 30%—70% 的快速发展区间，内在动力依然强劲，将从过去高速增长阶段进入中高速增长阶段。

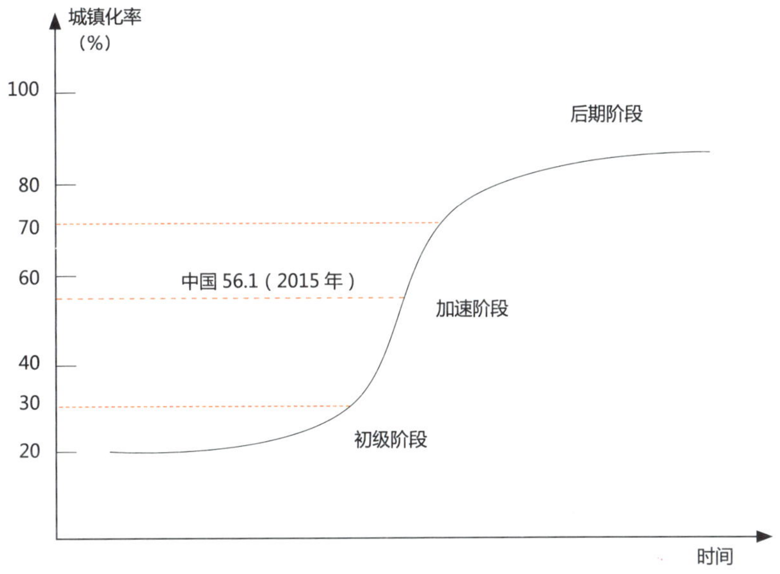

图 28　城镇化发展阶段 S 曲线（诺瑟姆曲线）

(1) **经济持续增长奠定城镇化较快发展的基础**。国际经验表明，在各国城镇化快速发展阶段，往往伴随着经济的快速发展，我国过去十多年来的发展历程也验证了这一点。在 20 世纪 90 年代中期之前，经济增长每提高 1 个百分点，城镇化率提高 0.07 个百分点；1996 年以后，经济增长每提高 1 个百分点，城镇化率提高 0.14 个百分点。未来一段时期，我国经济增速与城镇化率之间的比值有望继续保持在 0.14 左右并上下波动。随着经济从高速增长向中高速增长转变，城镇化发展速度会随之减缓，但我国经济长期向好的趋势并未改变，仍具有巨大的韧性、潜力和回旋余地，经济潜在增长率能够支撑中高速增长，城镇化实现中高速增长有基础。“十三五”期间，如果我国经济年均增长 6.5%，城镇化率年均可以提高 0.9 个百分点左右。

专栏 6

城镇化与经济增长的国际经验

二战以后，一些发达国家也经历了一段城镇化快速增长时期[1]，这段时间也是这些国家经济增长速度较快的时期[2]（见下方，图 29—1 至图 29—3）。法国 1954[3]—1970 年城镇化率年均提高将近一个百分点，GDP 年均增长 5.3%，远高于此后 40 年的增速（2.33%）；日本 1950—1975 年城镇化率年均提高 1.56 个百分点，GDP 年均增长 8.6%，此后 15 年增速下降一半；韩国 1960—1991 年城镇化率年均提高 1.5 个百分点，GDP 年均增长 8.63%，而 1992—2008 年均 GDP 增速下滑至 5.08%。

图 29—1 法国

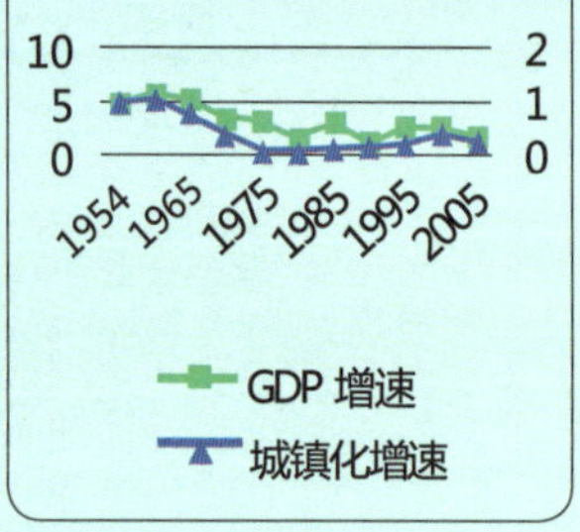

图 29—2 日本

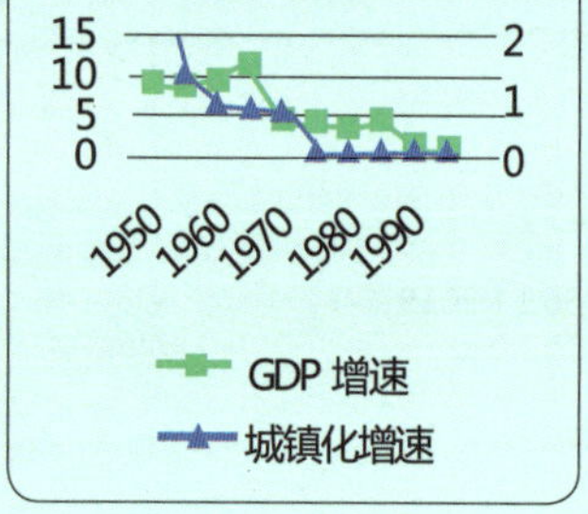

图 29—3 韩国

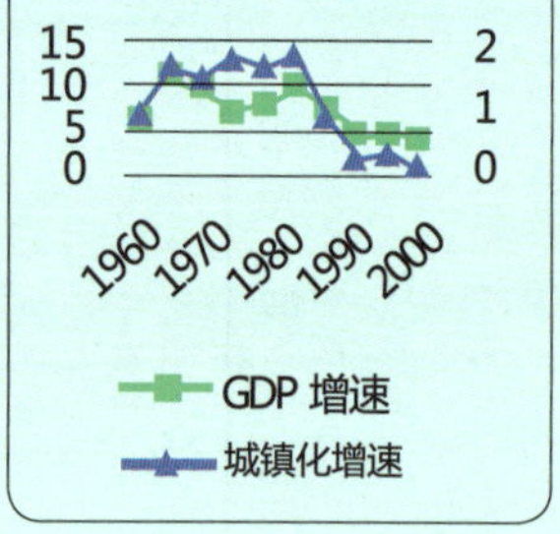

在城镇化进入成熟阶段以后，经济增长与城镇化率之间的关系并不明显（见下方，图 29—4 与图 29—5）。比如：英国 1950 年的城镇化率[4]为 79%，2005 年为 79.9%，城镇化提高有限。然而，这段时间的 GDP 仍保持年均 2.51% 的增速。德国 1960 年城镇化率是 71.4%，一直到 2000 年才提高到 73.9%，此间 GDP 年均增长 2.6%。美日韩等国在城镇化成熟阶段也是如此。

图 29—4 英国

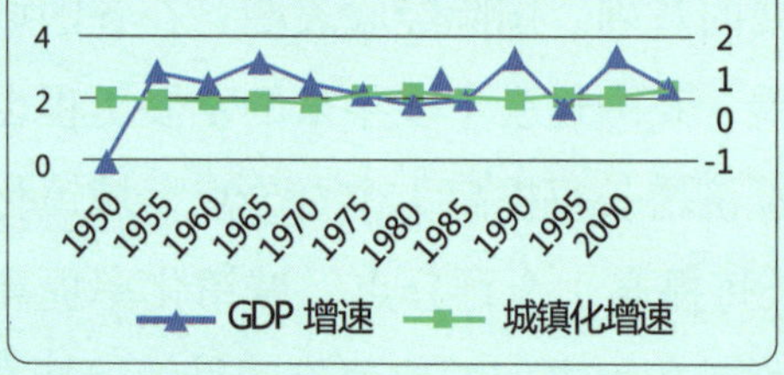

图 29—5 德国

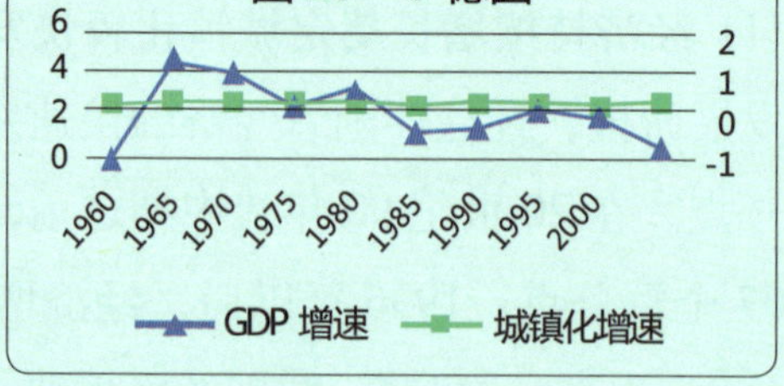

[1]1960 年以后的城镇化率数据来自 World Development Index, World Bank。

[2]GDP 数据来自 Historical National Accounts，按照 1990 million Geary—Khamis Dollar 计算。

[3] 法国 1954 年城镇化率来自 1966 年法国人口普查摘要。

[4] 英国 1950 年与德国 1950 年城镇化率来自 world urbanization prospects（2005 version）。

(2) **产业结构调整升级将助推城镇化发展。**国际经验表明，在城镇化发展初期和中期，服务业发展水平随城镇化发展而逐步提高，城镇化对服务业带动作用更大。进入城镇化中后期，服务业成为经济发展主动力，对城镇化的带动作用更加明显。2015 年我国第三产业增加值占 GDP 比重超过 50%，产业结构加快从工业主导向服务业主导转变，经济增长的就业弹性趋于提高，这意味着每增加单位 GDP 会创造更多就业机会，在一定程度上，将冲减经济增速下滑对城镇就业的影响。未来我国服务业就业水平还有较大增长潜力，服务业发展加速将会继续带动城镇就业增长，持续推动城镇化发展。

专栏 7

中国与典型发达国家服务业就业情况对比

欧美主要发达国家的服务业就业占比基本都在 70% 以上，东亚地区的日本、韩国服务业就业比例分别为 69.7%、76.4% [1]。而中国大陆 2014 年仅有 40.6%，远远滞后于欧美发达国家和日韩。

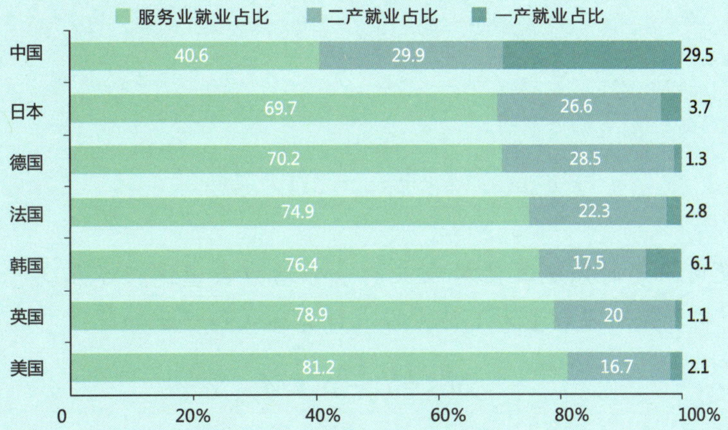

图 30　各国服务业就业比例对比

需要特别指出的是，随着信息科技等现代化要素不断植入，新的服务业业态、模式将不断衍生，服务业门类将不断增多，服务业就业比重将持续提升。但是，这并不意味着传统服务业会逐步消失，典型国家和地区占比都在 30% 以上，这说明在城镇化进程中对传统服务业的认知和包容十分重要。

---

[1] 数据来源于《中国统计年鉴 2014》。

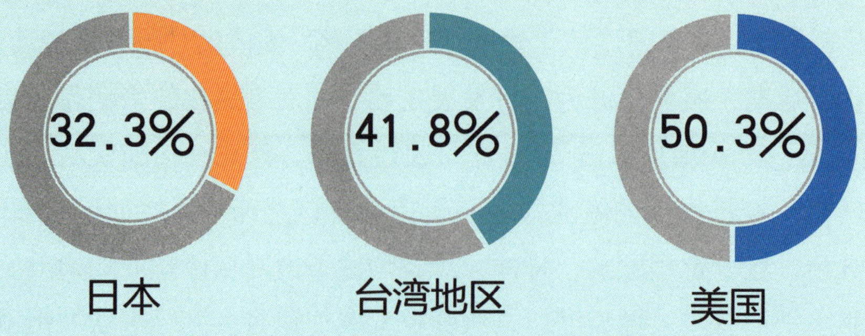

图 31　美日和台湾地区传统服务业占总就业的比例

数据来源：美国数据来源于美国经济分析局（BEA），日本数据来源于《2013 年劳动力调查年报》，台湾地区数据来源于《台湾统计年鉴 2014》。

(3) **农业劳动力总量和结构变化对城镇化影响凸显。**过去我国农民工数量增长主要依赖两个渠道，一是农村存量劳动力转移，二是农村新增劳动力转移。未来随着农业技术进步和农村制度改革的推进，部分劳动力将从农业生产中进一步释放出来，农业劳动力转移仍具有一定潜力。

专栏 8

中国农村剩余劳动力测算

我们采用固定时期测算法对农业剩余劳动力数量进行了估算，到 2015 年我国农业剩余劳动力数量为 1 亿左右。计算公式和步骤如下：

$$SL_t = L_t - S_t / M_t$$
$$M_t = \alpha \times (1+\beta)^{(t-1952)}$$

上式中，SL_t表示第 t 年的农业剩余劳动力，L_t表示第 t 年第一产业从业人员数，S_t表示第 t 年的耕地总面积，M_t表示第 t 年的劳动耕地面积，α表示假定农业劳动力充分就业时的劳均耕地面积，β表示经营耕地变动率。要估算每年的劳均耕地面积M_t，首先需要确定α和β的数值。

假定 1952 年我国不存在农业剩余劳动力，按照当年数据可得到劳均耕地面积为α=0.6237公顷。据国家统计局测算，农业初期集约化经营水平可以达到劳均耕地 0.67—1.0 公顷。为估算经营耕地变动率β，我们使用 1996—2008

年的劳均耕地面积构建预测模型：

$$M_t = 0.39830 + 0.00121(t-1995)^2 - 0.01586(t-1995)$$

(7.7011)　　　(−7.0128)

判定系数（R^2）=0.8642　P 值 =0.0000

根据预测结果计算，劳均耕地面积为 0.67 公顷时，β=0.00109。通过对 2009—2015 年耕地面积和第一产业从业人员数量的模型预测，到 2015 年我国农业剩余劳动力数量仍有 10581 万人。

年份	耕地面积（千公顷）	劳均耕地面积（公顷 / 人）	农业劳动力实际需要量（万人）	第一产业从业人员数（万人）	农业剩余劳动力（万人）
1990	95672.9	0.6501	14717.52	38914.00	24196.48
1991	95653.6	0.6508	14698.53	39098.00	24399.47
1992	95425.8	0.6515	14647.56	38699.00	24051.44
1993	95101.4	0.6522	14581.87	37680.00	23098.13
1994	94906.7	0.6529	14536.17	36628.00	22091.83
1995	94973.9	0.6536	14530.62	35530.00	20999.38
1996	130039.2	0.6543	19873.81	34820.00	14946.19
1997	129903.1	0.6550	19831.39	34840.00	15008.61
1998	129642.1	0.6558	19770.00	35177.00	15407.00
1999	129205.5	0.6565	19681.97	35768.00	16086.03
2000	128243.1	0.6572	19514.09	36043.00	16528.91
2001	127615.8	0.6579	19397.50	36513.00	17115.50
2002	125929.6	0.6586	19120.35	36870.00	17749.65
2003	123392.2	0.6593	18714.69	36546.00	17831.31
2004	122444.3	0.6601	18550.71	35269.00	16718.29
2005	122082.7	0.6608	18475.78	33970.00	15494.22
2006	121775.9	0.6615	18409.29	32561.00	14151.71
2007	121735.2	0.6622	18383.10	31444.00	13060.90
2008	121715.9	0.6629	18360.17	30654.00	12293.83
2009	119889.3	0.6637	18064.95	31535.00	13470.01
2010	119163.5	0.6644	17936.02	30983.00	13047.36
2011	118457.6	0.6651	17810.37	30412.00	12601.17
2012	117771.7	0.6658	17687.97	29819.00	12131.47
2013	117105.9	0.6666	17568.81	29207.00	11638.27
2014	116460.1	0.6673	17452.90	28574.00	11121.57
2015	115834.2	0.6680	17340.22	27922.00	10581.39

注：a.1995 年以前的耕地资源数据为国家统计局年报数据；1996—2008 年耕地资源数据根据国土资源部各年国土资源公报整理，2009 年以后的耕地资源数据是根据 1996—2008 年的数据，采用预测模型 $S_t = 132153.5 + 10.008(t-1995)^2 - 1016.122(t-1995)$ 估算得到。

b. 劳均耕地面积根据公式 $M_t = \alpha \times (1+\beta)^{(t-1952)}$ 计算得到。

c.1990—2008 年第一产业从业人员数来源于《中国统计年鉴 2009》，2009 年以后的数据采用预测模型 $L_t = 38312.75 - 10.1283(t-1989)^2 - 136.323(t-1989)$ 估算得到。

但是，这些劳动力年龄结构偏大，继续转移难度增加，农民工数量增加将由过去的双轮驱动变为单轮驱动。2010 年以来，我国劳动力总量连续 4 年下降，农民工平均年龄由 35.5 岁上升到 38.3 岁。另据统计，2015 年我国外出农民工 1.69 亿，仅增长 0.4%，是新世纪以来外出农民工数量增长最慢的一次。农民工供给数量和结构的重要变化，决定我国人口城镇化将很难继续保持高增长，增速趋缓将是必然趋势。

专栏 9

中国农民工的年龄结构特征

农民工并非一个整体概念，其流动特征与年龄结构之间存在明显的关联。

1. 农民工随着年龄的增长外出比重在不断下降。如图 32 所示，农民工的主体在 20—45 岁之间，在该年龄段农民工的比重在 70% 左右，随着年龄的增长，农民工退出非农就业的比例越来越高。虽然近年来 40 岁以上农民工的比重呈现上升趋势，但是并未改变农民工年龄结构的总体趋势。

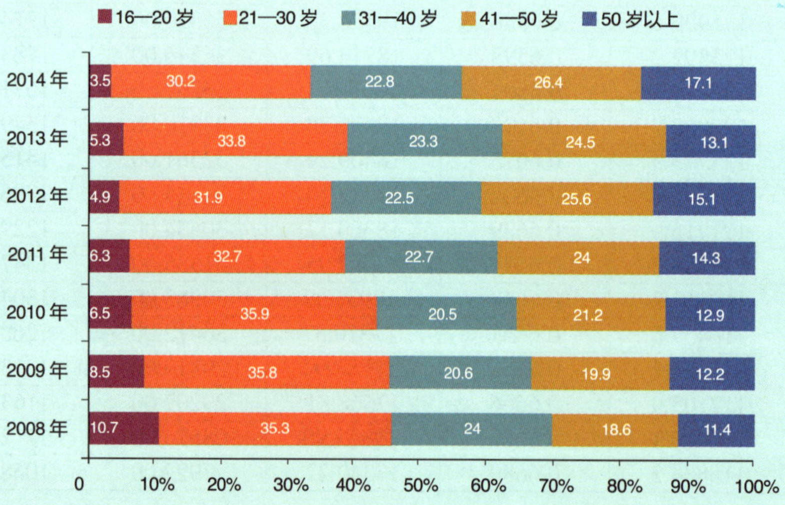

图 32　2008—2014 年农民工年龄构成变化

资料来源：国家统计局历年农民工监测调查数据。

2. 外出农民工年龄结构与本地农民工年龄结构存在着明显的差异。如图 33 所示，外出农民工的年龄集中在 21—40 岁之间，该年龄段的外出农民工占总量的73.1%。而本地农民工则集中在40岁以上，该年龄段的本地农民工占总量的比重达56.3%。

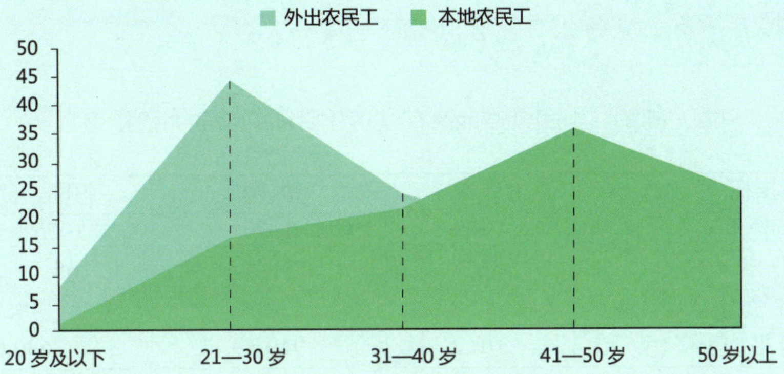

图33 外出农民工和本地农民工年龄结构图（2013年）

资料来源：根据国家统计局2013年农民工监测调查数据推算，后续数据无更新。

此外，近几年来，我国劳动力价格不断提高，与印度、菲律宾、越南、泰国等亚洲发展中国家相比，中国劳动力低成本优势已经消失，低成本推进城镇化的模式迫切需要改变。

专栏10

中国城镇化进程中劳动力成本的变化

在我国工业化和城镇化的起步阶段，大量农村剩余劳动力从农村转移到城市，为工业发展提供了大量廉价劳动力，这也是中国成为“世界工厂”的关键原因。在20世纪90年代到21世纪初，农民工工资上涨缓慢，如珠三角地区的农民工工资在1992—2004年间只提高了68元（不考虑物价上涨因素）[1]。2004年以来，我国农民工工资快速增长，但是相对城镇居民收入水平相对还不高。到2013年外出农民工人均月收入2609元，也仅为城镇单位就业人员平均月工资的61%[2]。

---

[1] 国务院研究室课题组，《中国农民工调研报告》，中国言实出版社，2006（3）：214。

[2] 外出农民工收入数据来源于国家统计局《2013年中国农民工监测调查报告》，城市单位就业人员平均月工资根据《中国统计年鉴2014》城镇单位就业人员平均工资除以12计算得出。

低劳动力成本是推动城镇化和工业化快速发展的重要因素。以日韩和台湾地区为例。日本在 1955 年前后的月平均工资为 58.58 美元，大约是同期美国非农平均工资的 19%；韩国 1980 年左右月平均工资为 220.12 美元，大约是同期美国月平均工资的 23%；台湾地区也是如此。

日本、韩国、中国台湾地区在城镇化同期的劳动力价格表

指标	日本	韩国	中国台湾地区
年份	1955	1979	1975—1980
城镇化率（%）	56.3	54.98	65.3—70.3
月平均工资（美元）	58.58	220.12	148.38
同时期美国月平均工资(美元)	310.2	940.39	639.64

然而，最近几年来中国劳动力价格不断提高，2015 年中国农民工的月平均收入已经达 3072 元，5 年来增长了 80%。与印度、菲律宾、越南、泰国等亚洲发展中国家相比，中国劳动力低成本优势已经消失。

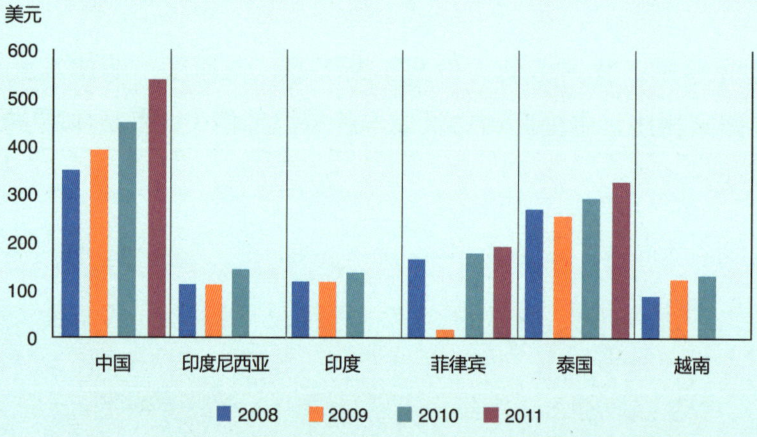

图 34　中国与印度及东南亚国家的名义月平均工资比较

数据来源：国际劳工组织《Key Indicatoes in Labor Market》。

（二）城镇化发展将转向规模扩张和质量提升并重阶段

今后一个时期，我国城镇化发展将在内外部条件变化产生的“倒逼压力”和政策“累积效应”的共同作用下，经历一个发展模式转型过程，在规模继续扩张的同时，城镇化质量也会同步提升，突出表现为“三个提升”，即户籍人口城镇化率提升、城镇综合承载能力提升、城乡居民获得感和幸福感提升。

一方面，国内外环境条件变化倒逼城镇化模式转型。当前，国际金融危机的负面影响尚未消除，国内劳动力、土地等要素成本不断提高，能源和资源瓶颈制约

日益加剧。近年来，我国区域性空气污染现象加重，部分地区环境承载能力已达到或接近上限，能源资源保障压力不断加大。2015 年，74 个重点城市中仅有 11 个城市空气质量平均值达标[1]，有近 2/3 的城市存在不同程度的缺水问题[2]。城市内部形成新的二元结构，群体性突发性事件日益增多。社科院的一份报告指出，十多年来，我国发生千人至万人群体性事件的起因，劳动纠纷占 28.3%，执法不当占 18.8%，征地拆迁占 18.85%；发生万人以上群体性事件的起因，环境污染占 50%[3]。外部条件和内在动力的深刻变化，要求城镇化必须转变发展方式。

专栏 11

西方发达国家发展中的污染

西方发达国家在工业化进程中，也曾经走过一条“先污染后治理”的发展道路。从 18 世纪下半叶起，经过整个 19 世纪到 20 世纪初，首先是英国，之后是欧洲其他国家、美国及日本相继经历了工业革命。伴随煤炭、冶金、化学等重工业的发展，以及城镇化的推进，出现了很多烟囱林立的城镇，并发生烟雾中毒事件，伦敦在很长一段时期是著名的“雾都”。20 世纪初，西方发达国家煤炭的产量和消耗量逐年上升，酿成多起严重的大气污染事件，如 1930 年比利时的马斯河谷事件和 1948 年美国的多诺拉事件等。20 世纪 50 年代起，西方大国经济持续高速增长，环境污染事件频繁发生，不仅影响经济发展，而且污染人居环境，损害了人们的身体健康。1972 年联合国召开“人类环境会议”，把环境与和发展联系在一起。会后，西方发达国家制定和实施了一系列政策措施，发达国家的环境由此逐渐好转。

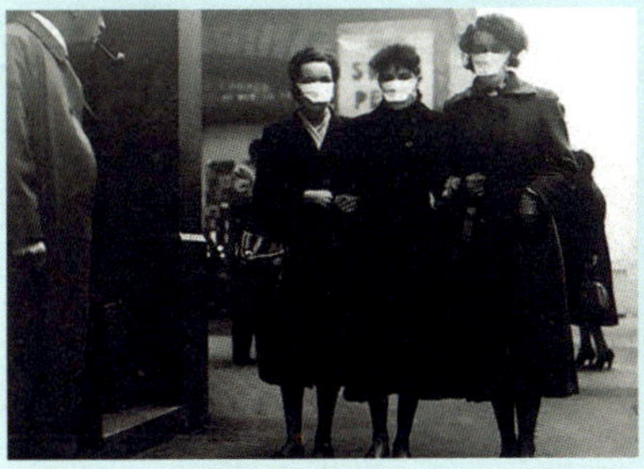

雾都伦敦

美国大气污染

[1]《2015 年全国城市空气质量状况》，环保部网站。

[2] 陈雷，《实行最严格的水资源管理制度》，《〈中共中央关于制定国民经济和社会发展第十三个五年规划的建议〉辅导读本》，人民出版社，2015 年 11 月。

[3] 徐宪平，《中国经济的转型升级—从“十二五”看“十三五”》，北京大学出版社，2015 年 9 月。

另一方面，制度改革深化推动城镇化质量提升。随着户籍制度改革不断深化、居住证制度的全面实施以及相关配套政策的陆续出台，农业转移人口落户通道更加顺畅，享有的城镇基本公共服务逐步增加，户籍人口城镇化率有望加快提高，土地城镇化快于人口城镇化的局面将得到扭转。同时，随着城镇基础设施和公共服务设施建设的持续推进，以及一批具备条件的县和特大镇有序设置为市，城市数量增长和综合功能提升有望同步推进。此外，随着充分发挥改革、科技、文化三大动力；统筹空间、规模、产业三大结构和生产、生活、生态三大布局；加强规划、建设、管理三大环节；调动政府、社会、市民三大主体等城市建设新理念的深入贯彻落实，以及绿色、智慧、人文等新型城市建设的推进，城市的可持续发展能力将进一步提高。城镇化实现质量提升将具备更多的基础和条件。

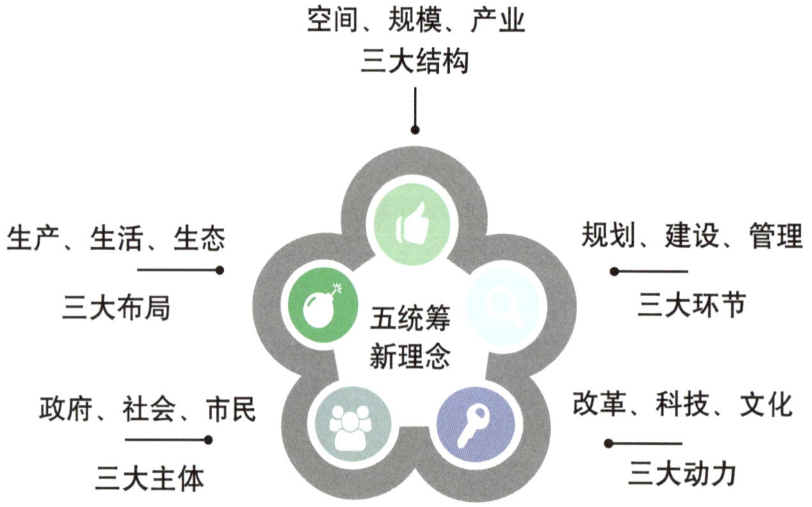

图 35　城市工作统筹新理念

（三）中西部地区城镇化发展将快于东部地区，区域间差距将进一步缩小

中西部地区经济增长对城镇化的带动效应更加显著。从城镇化率变化与 GDP 增速之间的比值来看，东部地区 2010 年以前 GDP（名义）每增长 1 个百分点，城镇化率可以提高 0.1 个百分点，2010 年后该比率降为 0.08；而中西部地区，则从 2010 年之前的 0.08 提高为 2010 年以后的 0.09。这说明东部地区经济增长对城镇化的影响在下降，而中西部地区经济增长对城镇化的影响在提高。随着西部大开发、

中部崛起等重大战略的深入实施，国土开发空间继续向中西部拓展，中西部地区产业发展、基础设施建设等综合承载能力将进一步加强，有望支撑经济继续实现较快发展，即便增速与东部地区持平，城镇化率也会有更大幅度的提高。

从近年外出农民工流向来看，农民工回流趋势已经越来越明显，中西部本地就业农民工比重不断上升。2011 年中部、西部地区外出农民工在省内就业的农民工比重分别为 32.8% 和 43%，到 2014 年提高到 37.2% 和 46.1%，分别比 2011 年提高了 4.4 和 3.1 个百分点。未来随着地方经济发展，中西部越来越多的农村劳动力将选择在家门口创业或就业，在更低的落户门槛下，中西部地区城镇化发展与东部地区的差距将会缩小。

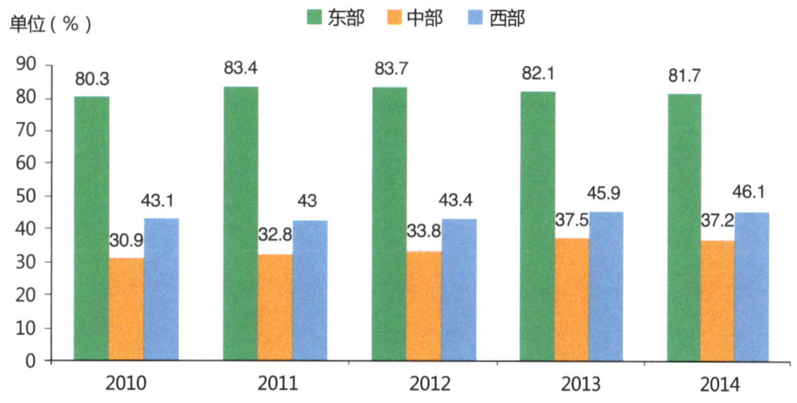

图 36　近年来我国东中西部地区农民工省内就业比例变化

数据来源：2010—2014 年全国农民工监测报告。

（四）大城市是吸纳外出人口的主要载体，中小城市和小城镇是就近城镇化的重要渠道，城市群主体形态特征将更加鲜明

大城市在创造就业、集聚人口方面比中小城市具有更高的效率，仍将是吸纳外来人口的主要载体。世界银行报告指出，城市规模每扩大一倍，生产率将增加 3%—8%。通过联合国对全球各规模城市吸纳人口的比重进行分析，可以发现从 1970 年到 2014 年，生活在 1000 万人以上城市的人口占全部城市人口的比重从 2.88% 提高到 12%，比重提高了近 10 个百分点。与此同时，生活在 100 万—500 万、50 万—100 万规模城市的人口所占比重也分别提高了 3.87 和 0.14 个百分点。而生活在 50 万以下人口的城市的比重却在持续下降，总计下降了 13 个百分点。

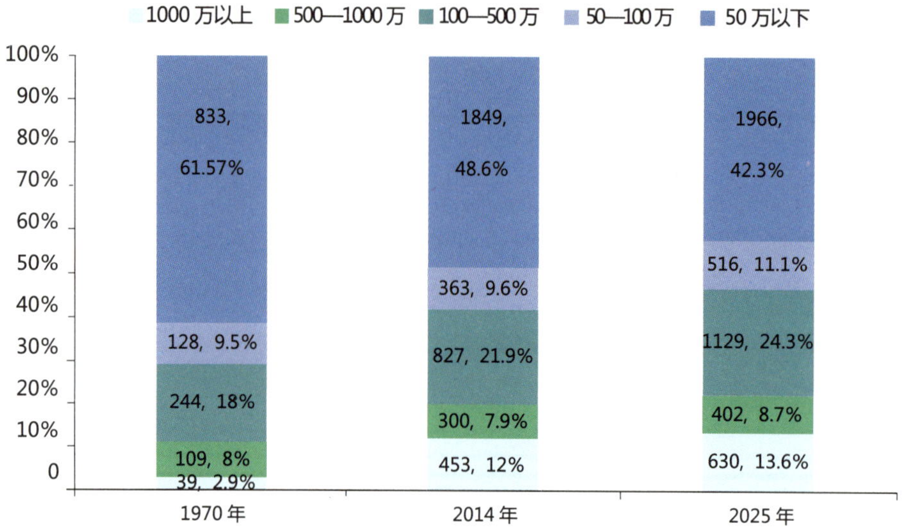

图 37　世界不同规模城市吸纳人口数量和占比变化（百万人）

资料来源：世界数据来自于 United Nations, World Urbanization Prospects：The 2014 Revision, New York, 2014。

同时，中小城市和小城镇在就近城镇化方面将发挥更大作用。随着国家不断加大县城、重点镇基础设施建设和公共产品供给，中小城市和小城镇综合服务功能会持续增强，由于进入门槛较低，居民生活成本和就业成本不高，中小城市和小城镇对人口和要素的吸引力会不断提高，将成为就近城镇化的重要渠道。从农民工就业地来看，随着农民工年龄的增长，在本乡镇就业农民工的比重在不断上升。调研发现，80% 的农民工将返乡，其中的 80% 将进入县城。

此外，城市群作为城镇化主体形态的特征将更加鲜明。德国地理学家弗里德曼（J.Friedman）通过分析经济增长阶段与空间演化的关系，将城市群的形成发展分为工业化以前的农业社会、工业化初期、工业化的成熟期、工业化后期四个阶段，其中在工业化阶段，城市间的边缘地区发展很快，区域性基础设施以及卫星城发展较快，城市之间的经济、文化、科技联系比较广泛，从而产生城市相互吸引和反馈作用，形成一体化的网络即城市群。未来一个时期，随着我国经济持续发展、中心城市建设加快以及跨省级行政区城市群规划的编制和实施等，城市群建设将进入加速阶段，城市群集聚经济和人口的能力将进一步增强，进而推动城镇化整体发展格局的优化。

四、2016 年推进新型城镇化的工作考虑

2016 年是“十三五”开局之年，新型城镇化建设一定要站在新起点、取得新进展。要坚持以创新、协调、绿色、开放、共享的发展理念为引领，以人的城镇化为核心，切实贯彻落实党中央国务院决策部署，实施好《国家新型城镇化规划》和《国务院关于深入推进新型城镇化建设的若干意见》，突出抓好农业转移人口市民化这一首要任务，有效带动消费需求和投资需求，推进供需两端一起发力；突出抓好新生中小城市培育和特色镇发展这一重点，着力补齐城镇体系短板，开拓内生增长空间；突出抓好提升城市功能这一关键，着力补齐市政基础设施和公共服务设施短板，带动有效投资增长和宜居城市建设；突出抓好体制机制创新这一保障，推动“人”“地”“钱”“房”等领域改革，优化资源配置，加快推进供给侧结构性改革，提高全要素生产率。鼓励各地因地制宜、突出特色、大胆创新，促进中国特色新型城镇化持续健康发展。

图 38　2016 年推进新型城镇化工作思路

第一，努力推进非户籍人口落户城镇。 加快实施 1 亿非户籍人口在城市落户方案，一要突出政策引导，全面实施财政资金、建设资金、用地指标与农业转移人口落户数量挂钩的“三挂钩”政策。二要拓宽落户通道，强化地方主体责任，促进具备条件的农业转移人口进城落户。三要全面落实居住证制度，加快建立健全以居住证为载体的基本公共服务提供机制，鼓励各地提高公共服务覆盖范围和服务标准，缩小与当地户籍人口差距。

第二，加快新生中小城市培育和特色镇建设。一方面，把加快发展中小城市作为优化城镇规模结构的主攻方向，完善设市标准和市辖区设置标准，将具备条件的县和特大镇有序设置为市，赋予镇区人口 10 万以上的特大镇部分县级管理权限。提升边境口岸城镇功能。实施县城和重点镇基础设施提升工程，大幅改善水电路气网和教育医疗等市政公共服务设施。另一方面，把发展特色小城镇作为统筹城乡发展的重要抓手，鼓励各地区因地制宜培育发展一批功能各异、特色鲜明、环境优美的魅力小镇，带动电商下乡、快递下乡、农网改造升级、易地扶贫搬迁和农村一二三产业融合发展。

第三，切实提升城市功能。一是完善市政基础设施，大力推进棚户区和危房改造。加快城市综合交通网络建设和换乘枢纽、停车场等设施建设，畅通进出城市交通通道。加快实施城市地下管网改造和海绵城市建设工程，推动地下综合管廊开工建设。二是建设新型智慧城市，实施“互联网 +”城市计划。三是建设宜居城市，加强城市雾霾、污水、垃圾治理，实施生态廊道建设和生态系统修复工程。四是建设绿色城市，推广应用绿色新型建材、装配式建筑和钢结构建筑。五是促进具备条件的开发区向城市综合功能区转型，促进国家级新区健康发展。

第四，努力促进城市群发展。一方面，抓好城市群规划的编制实施。全面实施长三角、长江中游、成渝、哈长城市群规划，编制完成中原、北部湾等城市群规划，以城市群为主体形态促进各类城市和小城镇协调发展。另一方面，加快城市群交通网络建设。完善城市群之间快速便捷互联互通交通网络，建设以高速铁路、城际铁路、高速公路为骨干的城市群内部交通网络。统筹推进信息、能源和水利基础设施等建设。

第五，推进重点领域改革。一是完善土地利用机制，全面实行城乡建设用地增减挂钩政策，建立城镇低效用地再开发激励机制，因地制宜推进低丘缓坡地开发。二是创新投融资机制，深化政府和社会资本合作，允许有条件的地区通过发行地方政府债券等多种方式拓宽城市建设融资渠道，鼓励金融机构开发面向新型城镇化的金融服务和产品。三是推进城镇住房制度改革，以满足新市民的住房需求为主要出发点，建立租购并举的城镇住房制度。

第六，持续深化新型城镇化综合试点。鼓励试点地区勇于探索、先行先试，力争在三个方面取得实质性突破，一是建立人口市民化成本分担机制、可持续城镇化投融资机制、新型设市设区模式。二是建立进城落户农民农村“三权”依法自愿有偿退出机制。三是推进农村土地征收、集体经营性建设用地入市、宅基地制度改革试点。要运用试点地区的突破，为全国提供经验和借鉴，对形成共识、效果明显的改革措施，要加快复制推广，把新型城镇化建设的各项工作深入推进好、落实好。

五、“十三五”时期新型城镇化工作展望

“十三五”时期，新型城镇化工作要继续强化统筹协调，紧紧抓住人的城镇化这个核心和提高质量这个关键，用改革的办法和创新的精神，推动相关政策和改革举措形成合力、落到实处，确保如期完成《国家新型城镇化规划》提出的主要目标和战略任务，为促进经济中高速增长、产业迈向中高端水平注入强劲动力。

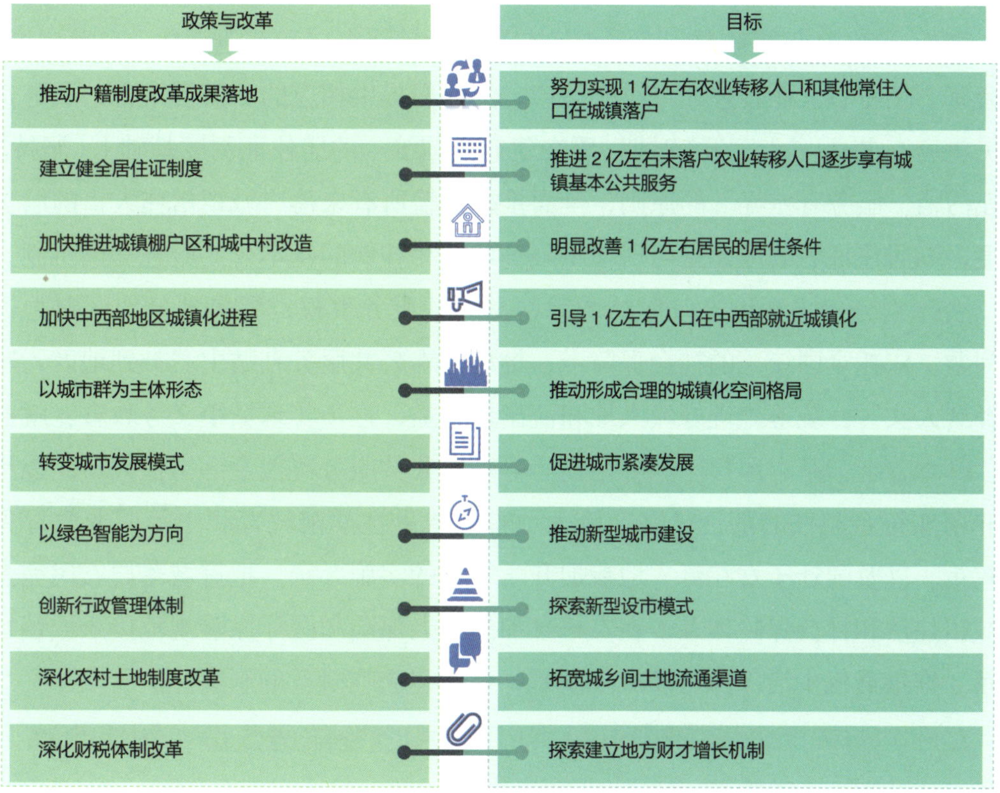

图39 “十三五”时期新型城镇化工作展望

（一）推进户籍制度改革成果落地，努力实现1亿左右农业转移人口和其他常住人口在城镇落户

推进农业转移人口市民化是新型城镇化的首要任务。“十三五”时期，要按照《国家新型城镇化规划》要求和国务院印发的户籍制度改革意见，全面实施差别化落户政策，鼓励各地区进一步放宽落户条件。各城市要根据资源环境承载能力，制定公

开透明的落户标准，并向全社会公布。

统筹推进相关改革和制定配套政策是实现落户的关键。要以户籍制度改革为引领，以财税、土地制度改革、农村集体产权制度改革为支撑，制定相关配套政策，消除影响落户的政策障碍，推动农民工放心落户城镇。在总结新型城镇化综合试点经验基础上，全面推行财政转移支付同农业转移人口市民化挂钩政策、城镇建设用地增加规模与吸纳农业转移人口落户数量挂钩政策，建立起完善的市民化成本分担机制，全面调动地方政府推动落户的积极性。加快农村集体产权制度、土地管理制度等改革，拓宽农村资产处置渠道，进一步调动农业转移人口落户的积极性。

（二）建立健全居住证制度，推进 2 亿左右未落户农业转移人口逐步享有城镇基本公共服务

即使到 2020 年能够顺利实现 1 亿左右农业转移人口和其他常住人口落户城镇，还会有 2 亿左右农业转移人口没有落户，为他们提供相应的城镇基本公共服务，是市民化应有之义。“十三五”时期，要在建立全国统一的居住证制度基础上，坚持“领取无门槛、服务有差异”的原则，全面推行覆盖所有未落户城镇常住人口的居住证制度，以居住证为载体建立与居住年限等条件相挂钩的基本公共服务提供机制。

合理划分中央和地方政府的城镇基本公共服务事权，解决部分地区财力不足的问题。依托全国统一的社会保障卡，推动基本公共服务补贴由“补到地区”转为“补到人头”，统筹处理好流入地和流出地利益，逐步实现城镇义务教育、就业服务、基本养老、基本医疗、保障性住房等基本公共服务覆盖全部常住人口。逐步完善并落实符合条件的随迁子女在流入地享受普惠性学前教育和中等职业教育免学费政策，以及随迁子女在流入地参加升学考试的实施办法。把进城落户农民完全纳入城镇住房和社会保障体系，在农村参加的养老保险和医疗保险规范接入城镇社保体系。推进最低生活保障制度城乡统筹，全面建立临时救助制度。

（三）加快推进城镇棚户区、城中村和城乡危房改造，明显改善 1 亿左右居民的居住条件

推进城镇棚户区、城中村改造和城乡危房改造，是消除城市内部二元结构的主要途径，是避免大规模“贫民窟”的必然要求。“十三五”时期，推进棚户区、城中村和城乡危房改造，要坚持政府主导、市场运作，充分调动各方力量共同参与。开拓资金来源渠道，加大各级政府资金支持，落实税费减免政策，进一步发挥开发性金融、政府和社会资本合作（PPP）的作用，鼓励各类金融机构积极支持经营现金流能覆盖债务本息的改造项目。

健全城镇住房保障制度，以满足新市民的住房需求为主要出发点，建立购房与租房并举、市场配置与政府保障相结合的住房制度，健全以市场为主满足多层次需求、以政府为主提供基本保障的住房供应体系。完善城镇住房保障体系，住房保障采取实物与租赁补贴相结合并逐步转向租赁补贴为主。归并实物住房保障种类。加快推广租赁补贴制度，采取市场提供房源、政府发放补贴的方式，支持符合条件的农业转移人口通过住房租赁市场租房居住。确保到2020年城镇保障性住房常住人口覆盖率达到23%。

（四）加快中西部地区城镇化进程，引导1亿左右人口在中西部就近城镇化

充分发挥中西部地区城镇化潜力，是“十三五”时期优化城镇化空间格局的重要途径。要立足中西部地区资源环境承载能力，统筹引导本地人口转移和外出人口回流，统筹推进特色产业发展和承接转移产业，统筹推进城市群、重点城镇化地区和以县城为重点的小城镇发展，加大基础设施和基本公共服务投入，加快体制机制改革创新，改善投资与产业发展环境，努力实现中西部地区1亿左右人口就近城镇化。

中部地区是我国重要粮食主产区，西部地区是我国水源保护区和生态涵养区，中西部地区推进城镇化必须坚持集约高效，引导城镇人口主要向《全国主体功能区规划》确定的重点开发地区集聚。推进中西部地区城镇化进程，离不开产业就业支撑，要加快发展符合中西部地区资源禀赋的特色产业，更好发挥城市规模经济和分工细化的就业效应，延续地区经济增长和就业岗位增加趋势；充分发挥中西部地区比较优势，加快承接东部地区产业转移，形成新的产业集群，增强经济发展和人口集聚能力。

（五）以城市群为主体形态，推动形成合理的城镇化空间格局

城市群是新型城镇化的主体形态，是城镇人口和经济集聚的主要载体。“十三五”时期，要坚持市场主导和政府引导，在“两横三纵”城镇化战略格局中，综合考虑区域间城市数量、人口规模、城镇化率、经济密度、路网密度等因素，培育发展一批参与国际合作和竞争、促进国土空间均衡开发、引领区域经济发展的城市群。

按照优化提升东部地区城市群、培育发展中西部地区城市群的要求，到2020年，努力培育形成京津冀、长三角、珠三角、长江中游、成渝、海峡西岸、山东半岛、哈长、辽中南、中原、关中、北部湾等城市群。强化城镇建设用地约束性指标和城

镇人口预期性指标在城市群区域的“两个落地”，防止城市无序蔓延。统筹制定实施城市群规划，明确城市群发展目标、空间结构和开发方向，明确各城市的功能定位和分工，统筹交通基础设施和信息网络布局，加快推进城市群一体化进程。城市群以外的其他城市和小城镇，作为特色产业中心或一定区域的公共服务中心，点状分布在其他区域，也将发挥着不可或缺的独特功能和作用。

（六）转变城市发展模式，促进城市紧凑发展

集聚是城市的本质，城市集约紧凑发展是发挥集聚效应的根本。“十三五”时期，要切实转变城市发展模式，建立起密度较高、功能混用和公交导向的集约紧凑型发展模式，关键举措是按照增量与存量相挂钩、以增量投入带动存量挖潜的原则，提高城镇土地利用效率。对存量城镇低效用地，要加快建立政府主导、规划管控、多元参与、利益共享的再开发激励约束机制。转变城市发展模式，构建以公共交通为主体的城市交通系统，合理布局城市产业、交通设施和学校、医院、文化等公共服务设施，推动商业、办公、居住空间混合搭配，推进便民服务均等化。

规范新城新区建设，严格新城新区设立条件，因中心城区功能过度叠加、人口密度过高或规避自然灾害等原因，确需规划建设新城新区的，必须以人口密度、产出强度和资源环境承载力为基准，科学合理编制规划，严格控制建设用地规模，严格控制过度超前的建设标准。建设新城新区要推进功能混合和产城融合，在集聚产业的同时集聚人口，防止出现“空心化”。

（七）以“创新、绿色、智慧、人文”为方向，推动新型城市建设

建设新型城市，既是提升我国居民生活品质的客观需要，也是增强城市可持续发展能力的关键。“十三五”时期，要充分发挥城市创新资源密集优势，深入实施创新驱动发展战略，加快建设创新型城市，推动城市创新创业。要从提高可持续发展水平的角度，实行最严格的生态环境保护制度，严格控制高耗能、高排放行业发展，节约集约利用土地、水和能源等资源，大力发展绿色能源、绿色建筑、绿色交通，使绿色生产、绿色消费成为城市经济生活的主流，形成节约资源和保护环境的空间格局、产业结构、生产方式和生活方式，推动城市绿色发展。

要通过智慧化促进城市科学发展，统筹城市发展的物资资源、信息资源和智力资源利用，加强信息网络、数据中心等信息基础设施建设，推动物联网、云计算、大数据等新一代信息技术创新应用，实现与城市经济社会发展的深度融合。历史文脉是城市的灵魂，要擦亮自然和人文两张“名片”，深入发掘城市文化资源，强化文化传承创新，把城市建设成为历史底蕴厚重、时代特色鲜明的人文魅力空间。

（八）创新行政管理体制，探索形成新型设市模式

加快发展中小城市是优化城镇规模结构的主攻方向。“十三五”时期，要创新管理体制、改革设市模式。在国家新型城镇化综合试点基础上，按照城市设置与简化行政机构联动原则，探索建立新的设市模式。新设市要调整政府纵向职能分工，减少行政层级；优化政府横向职能分工，推行大部门制，精简管理机构，提高行政效能，降低行政成本。逐步改变按行政等级配置公共资源的管理体制，对经济总量大、吸纳人口多的县城和小城镇，赋予其与经济总量和人口规模相适应的管理权限。

进一步完善多元化设市模式。以镇区常住人口规模、人口密度和经济规模等为基准，完善城市设置标准，启动设市工作。适当放宽少数民族地区和边境地区设市条件，培育发展一批小城市。推进镇区常住人口 10 万人以上建制镇的设市工作，增加城市数量。

（九）深化农村土地制度改革，推动城乡土地自由流动

土地制度改革内容丰富、涉及面广。“十三五”时期，要全面推进农村土地征收、集体经营性建设用地入市、宅基地制度改革试点，总结推广成功经验，逐步打破城乡间土地流动壁垒。加快改革完善土地征收制度，合理界定公益性和经营性建设用地，制定土地征收目录，逐步缩小征地范围。要完善征地补偿机制，因地制宜采取留地、留房、留物业、留股份等多种安置方式，保障被征地农民长远发展生计。以农村集体经营性建设用地为重点，探索农村土地直接入市办法。

加快改革完善农村宅基地制度，在依法保障农民宅基地使用权的前提下，按照依法自愿有偿原则，鼓励引导在城镇落户农民有序流转宅基地使用权，探索建立与公共服务相挂钩的有条件、有差别、有期限的流转退出机制。对城郊村和城中村的宅基地，采取规划征用、农民集体共建等方式进行流转和盘活后，部分收益用于支付公共服务成本。

（十）深化财税体制改革，探索建立地方财力增长机制

财税体制改革是推进新型城镇化的重要保障。“十三五”时期，要推行不动产统一登记制度，实现全国住房信息联网。加快房地产税立法。统筹土地和房地产税费改革，降低建设和交易环节税负，增加保有环节税负，划定各类城市人均住房免征面积，将超出部分面积纳入征税范围，全面开征个人住房房产税。推进工商业用房按评估值征税的房产税改革。合并房产税和城镇土地使用税，适时开征房地产税。深化资源税费改革，开征环境保护税。逐步健全地方税体系，促进城市财力增长。

探索城市政府自行发债制度。在进一步完善省级政府代发地方债的基础上，

逐步建立管理规范、风险可控、成本合理、运行高效的城市政府举债融资机制。完善城市政府举债的法定程序，把政府债务全额纳入预算管理，完善政府债务资金使用和偿还的信息披露制度，尽快建立健全政府债务信用评级体系。进一步修订完善《预算法》，允许城市政府自行发债。通过资产证券化等方式，拓展释放城市存量资产价值的渠道。

第二篇

专题报告

专题一：

农业转移人口融入城镇

推进农业转移人口市民化[1]，是新型城镇化的核心，是我国经济社会持续健康发展的重大选择，是我国实现现代化必须解决的重大问题。实现农业转移人口融入城镇这个目标，既有利于稳定经济增长，也有利于促进社会公平正义与和谐稳定，是全面小康社会惠及更多人口的内在要求。

当前，我国城镇化质量不高，主要表现在农业转移人口市民化滞后，大量农业转移人口在户籍身份上尚未被城市接纳，无法与城镇居民平等共享公共服务。根据国家统计局监测数据，2015 年全国农民工总数超过 2.77 亿人，其中外出农民工 1.69 亿人。到 2020 年，我国城镇人口预计将达到 8.5 亿人，农业转移人口近 3 亿人，加上其他常住人口，户籍不在常住地的人口近 4 亿人，解决好这些人落户和享受公共服务的问题，对顺利推进新型城镇化和全面建成小康社会都至关重要。

党中央、国务院高度重视农业转移人口市民化这项工作，习近平总书记指出，新型城镇化要以人的城镇化为核心，要把促进有能力在城镇稳定就业和生活的常住人口有序实现市民化作为首要任务，要更加注重提高户籍人口城镇化率。李克强总理指出，全面推进新型城镇化建设要紧紧抓住人的城镇化这个核心和提高质量这个关键。

新型城镇化，首先“新”在以人为核心，“新”在人的城镇化。十八大以来，党中央、国务院制定了一系列举措，基本形成了以农业转移人口市民化为核心的政策框架。2013 年 12 月，中央召开改革开放以来的第一次城镇化工作会议，要求推进以人为核心的城镇化，把促进有能力在城镇稳定就业和生活的农业转移人口有序实现市民化作为城镇化的首要任务，解决已经转移到城镇就业的农业转移人口落户问题，努力提高农民工融入城镇的素质和能力。

2014 年 3 月，《国家新型城镇化规划》制定了有序推进农业转移人口市民的目标，

[1] 农业转移人口市民化，是指有条件、有意愿的农业转移人口可以取得城镇户籍，在政治权利、劳动就业、社会保障、公共服务等方面逐步享受城镇居民（市民）同等待遇，并在思想观念、社会认同、生活方式等方面逐步融入城市的过程。这是一个长期的过程，需要科学有序、积极稳妥地向前推进。

要求推进符合条件农业转移人口落户城镇，2020年常住人口城镇化率要达到60%左右，户籍人口城镇化率达到45%左右，同时要求推进农业转移人口享有城镇基本公共服务，建立健全农民工市民化推进机制。

国务院印发的《关于进一步推进户籍制度改革的意见》和《关于进一步做好为农民工服务工作的意见》等，围绕有序推进农业转移人口市民化的发展方向，提出了实施差别化的落户政策，推进以人为核心的城镇化，努力实现1亿左右农业转移人口和其他常住人口在城镇落户的目标任务。

2015年底召开的中央城市工作会议再次强调，要加强对农业转移人口市民化的战略研究，统筹推进土地、财政、教育、就业、医疗、养老、住房保障等领域配套改革。

两年来，各地区、各有关部门结合各自实际，认真贯彻落实中央有关部署和规划要求，制定出台了有关农业转移人口落户、就业创业、子女教育、医疗卫生、社会保险、住房保障、文化生活等方面的相关实施意见和配套政策措施，狠抓落实，农业转移人口市民化的各项工作正取得积极进展。

一、积极推进户籍管理制度改革

十八届三中全会指出，我国要按照全面放开建制镇和小城市落户限制、有序放开中等城市落户限制、合理确定大城市落户条件、严格控制特大城市人口规模的要求，加快形成以合法稳定住所或稳定职业为户口迁移基本条件、以经常居住地为户口登记基本形式的城乡统一的户籍管理制度，逐步让已长期在城镇就业和生活的农业转移人口在城镇落户，在户籍身份上成为完全的城镇居民。

（一）户籍改革政策进展

2014年以来，党中央、国务院出台了一系列户籍制度改革意见和政策，为促进农业转移人口落户城镇提供了有力的制度支撑。

1. 制定户籍制度改革路线图

2014年7月，国务院颁布《关于进一步推进户籍制度改革的意见》，明确了户籍制度改革路线及具体目标，提出到2020年，基本建立与全面建成小康社会相适应，有效支撑社会管理和公共服务，依法保障公民权利，以人为本、科学高效、规范有序的新型户籍制度，努力实现1亿左右农业转移人口和其他常住人口在城镇落户。意见还从建立差别化落户政策、统一城乡户口登记、建立居住证、保护农民土地权益、制定配套政策等方面为农民工落户城镇进行了顶层设计，是当前和今后一个时期指导全国户籍制度改革的纲领性文件。

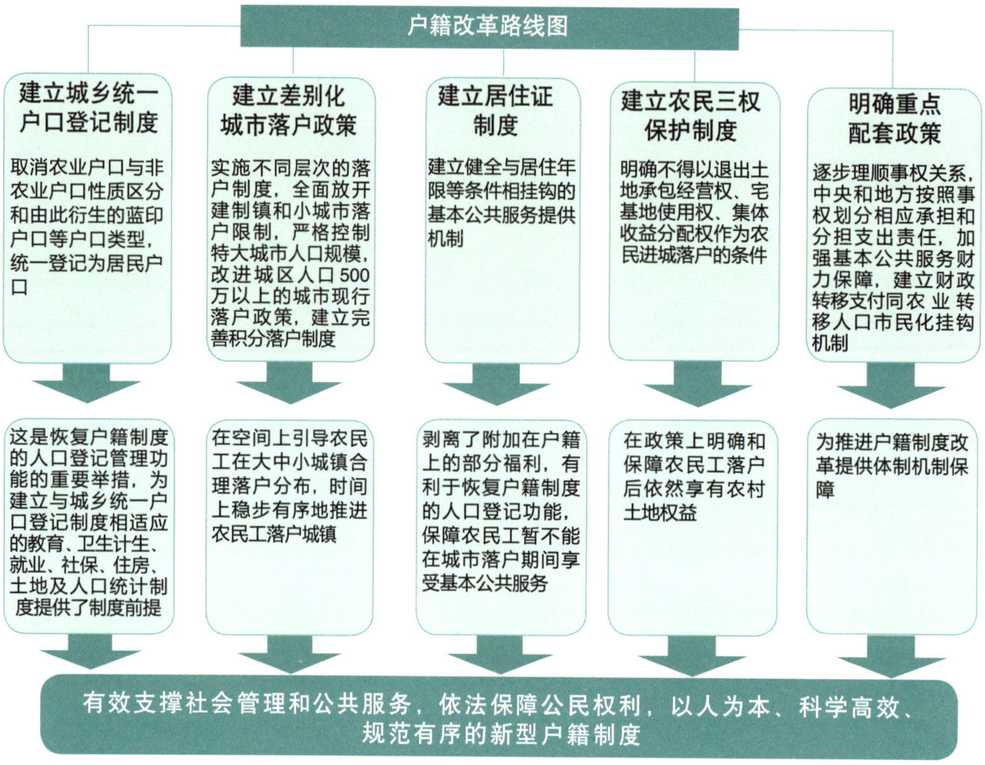

图 1—1　户籍制度改革路线图

2015 年，《中共中央关于制定国民经济和社会发展第十三个五年规划的建议》提出，“十三五”期间要“加快提高户籍人口城镇化率”，要建立完善积分落户制度，根据城镇综合承载能力和经济社会发展需要，以具有合法稳定就业和合法稳定住所（含租赁）、参加城镇社会保险年限、连续居住年限等为主要指标，合理设置积分落户的分值。

2. 调整城市规模划分标准

国务院《关于进一步推进户籍制度改革的意见》明确规定，要按照人口规模来划分并确定各类城市的落户政策。但随着我国城镇化的高速推进，原来设定的城市标准偏低，已不再适应新型城镇化发展的要求。为落实中央关于差别化落户政策的要求，指导不同规模城市制定相应的户籍改革政策，2014 年 10 月 29 日，国务院发布《关于调整城市规模划分标准的通知》，重新调整城市规模划分标准，并要求各地区、各部门出台的与城市规模分类相关的政策、标准和规范等要按照新标准进行相应修订。该通知统一了城市人口统计口径，淡化了户籍概念，为各地提供了统一的城市规模划分标准，为加快推进户籍制度改革扫清了一大障碍，同时为镇改市打开了一扇门。

专栏 1-1

国务院调整城市规模设置标准

2014 年的新标准对原有城市规模划分标准做了四个方面的调整。

一是将统计口径界定为城区常住人口。统计口径的调整，有助于城市公共资源比如教育、医疗、卫生、社会公共治安体系等按照常住人口来配置。

二是城市类型由四类变为五类，增设了超大城市。城区常住人口 50 万以下的城市为小城市；城区常住人口 50 万以上 100 万以下的城市为中等城市；城区常住人口 100 万以上 500 万以下的城市为大城市；城区常住人口 500 万以上 1000 万以下的城市为特大城市；城区常住人口 1000 万以上的城市为超大城市。如果按照旧的城市规模划分标准，对所有 100 万人口以上的城市都要严格控制规模，这显然是不合理的。

三是将小城市和大城市分别划分为两档。人口 20 万以上 50 万以下的城市为 Ⅰ 型小城市，20 万以下的城市为 Ⅱ 型小城市。人口 300 万以上 500 万以下的城市为 Ⅰ 型大城市，100 万以上 300 万以下的城市为 Ⅱ 型大城市。细分小城市主要为满足城市规划建设的需要，细分大城市主要是实施人口分类管理的需要。

四是人口规模的上下限普遍提高。小城市人口上限由 20 万提高到 50 万，中等城市的上下限分别由 20 万、50 万提高到 50 万、100 万，大城市的上下限分别由 50 万、100 万提高到 100 万、500 万，特大城市下限由 100 万提高到 500 万。

根据新标准，很多城区人口不到 500 万的，将不被定义为特大城市；以前人口在 20 万到 50 万之间的中等城市，在新标准下将被列为 Ⅰ 型小城市。

3. 推动户籍制度改革政策落地

2014 年，国务院办公厅制定了《关于进一步推进户籍制度改革任务分工方案的通知》，明确相关部门的职责分工和工作要求，推动户籍制度改革意见落地。国家发展改革委等 15 部委制定了《推进“三个 1 亿人”城镇化实施方案》，许多地方制定了农业转移人口落户目标。例如，广东提出到 2020 年努力实现 1300 万左右的农业转移人口和其他常住人口在广东城镇落户，湖北提出努力实现 500 万农业转移人口和其他常住人口在城镇落户，内蒙古则提出到 2020 年努力实现 400 万左右农牧业转移人口和其他常住人口落户城镇。山东省住建厅等 15 部门印发实施方案，部署 2020 年以前促进 700 万左右农业转移人口和其他常住人口落户城镇。

2015 年，国家发展改革委要求各省在 2015 年底出台落实户籍制度改革的方案。《中共中央关于制定国民经济和社会发展第十三个五年规划的建议》也明确要求，要加快提高户籍人口城镇化率，建立完善积分落户制度。目前，有关部门正在加紧制定促进 1 亿左右农业转移人口和其他常住人口落户城镇的实施方案。

（二）各地以户籍管理制度改革为重点，探索降低落户门槛、扩大落户通道的可行路径

在中央和地方推进农业转移人口落户城镇的各种努力下，截至 2015 年底，全国已有 27 个省区市和新疆生产建设兵团出台并向社会公布了落实户籍制度改革的专门文件，普遍放宽了农业转移人口和其他常住人口落户城镇的政策，户籍人口城镇化率显著提高，2013 年到 2015 年，我国户籍人口城镇化率由 35.7% 提高到 39.9 %，常住人口城镇化率由 53.73% 提高到 56.1%，户籍人口城镇化率与常住人口城镇化率的差距连续两年呈现缩小态势。

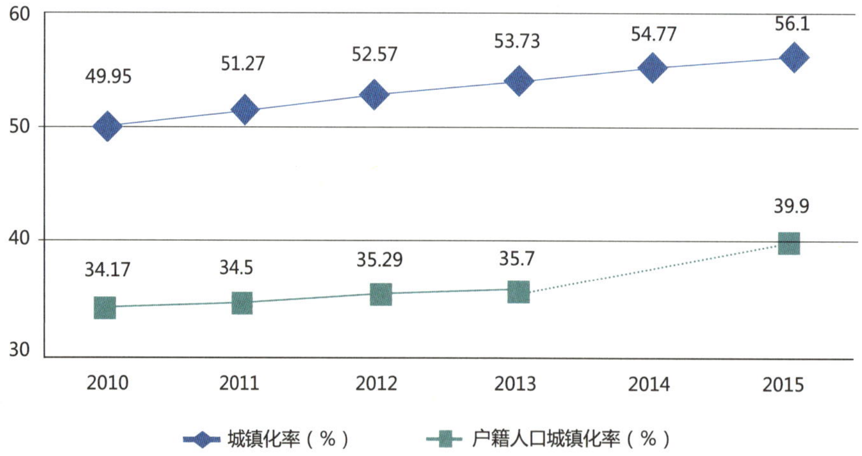

图 1—2 2010—2015 年中国城镇化率和户籍人口城镇化率

1. 降低落户门槛，出台差别化落户政策

除省会城市外，四川省、安徽省等部分省份其他城市已经基本放开落户限制，一些市区人口低于 500 万的城市把合法稳定工作和住址、社保年限作为农民工落户条件。如安徽省政府 2015 年 5 月对城区人口 50 万以下、50 万—100 万、100 万—

300万、300万—500万和500万以上的各规模等级的城市提出了比较宽松的入户政策，降低了进城落户的门槛，将进城落户的主动权交给个人。例如合肥市区常住人口还没有超过500万人，其落户政策为合法稳定工作3年、社保缴纳2年即可入户，不管是否有房产。四川省规定21个市州中除严格控制成都市人口规模外，其余全面放开城镇落户限制，让更多有能力在城镇就业、安家的农业转移人口落户城镇。

重庆是一个大城市、大农村、大山区、大库区和少数民族地区并存的地区。据统计，“户改”前的2009年，重庆全市共有814.7万农村人口外出务工，其中在重庆市主城区务工的有191万人，占23.4%；在远郊区县城务工的有75万人，占9.2%；在市内其他乡镇务工的有123.7万人，占15.2%；在重庆市以外务工的有425万人，占52.2%。重庆市自2010年8月在全市38个区县启动农民工户籍制度改革，取得了非常明显的效果。

专栏1-2

重庆：推进户籍制度改革，敞开城市大门

重庆的思路是，在城市户籍的福利水平尚不太高时，直接降低落户门槛，敞开落户城市的通道，让进城农民获得城市居民身份及其包含的全套福利，彻底实现同权。

一、主要做法

重庆市曾有800多万农民工，400多万人在沿海打工，400多万人在市内就业。2010年下半年起，重庆市开始实施针对本市居民的户籍制度改革。一是转户对象须在城镇有稳定就业。转入主城九区要有5年以上的务工经历，转入其余县城要有3年以上的务工经历。二是确保农民工转户后同等享受就业、养老、医疗、住房、教育等各种城市保障。三是保护农民工转户后自主处置农村权益，从制度上为其提供三块地保留、流转、退出等多种选择。四是构建转户成本合理分摊机制，政府、社会、企业共同分担，大致各占1/3。五是引导转户人口梯次转移，形成以主城和区县城为主、大中小城市合理分布的格局。

二、取得成效

截至2015年12月，重庆全市累计进城落户428万人。重庆的户籍制度改革对于保障农民工同等享有市民待遇、提高农业劳动生产率、稳定扩大内需、降低社会管理成本、延长人口红利期，都产生了重要的促进作用。

重庆经验表明，农民工转户并未增加城市负担，反而成为一种核心竞争力。近年来，重庆外贸进出口每年一季度猛增70%—80%，之后虽有所回调，但全年增长率也有30%—40%。原因在于沿海2亿多农民工每年只工作9个多月，春节前后近3个月返乡。企业年底要么停工，任由市场流失，要么增加库存量；节后招工，一半农民工另谋职业，企业又得培训新人。重庆农民工转户后，与城市产业工人一样，春节七天假、节后照常上班。在沿海和重庆同时投资的企业，为了保订单、降成本，春节前后都把订单转到重庆，这是户籍制度改革带来的红利，也成了重庆工商业有稳定用工的“撒手锏”。

湖北省襄阳市2014年城区常住人口为130万，按照国家最新城市规模划分标准，属于Ⅱ型大城市，按照《居住证暂行条例》规定，可以设置参加城镇社会保险年限等落户要求，但襄阳市在2015年进一步放宽了落户政策，对引进人才、投资经商办企业、购房（含租房）、流动人口实行零门槛落户。

专栏 1-3

湖北省襄阳市实施“最彻底”的户籍制度改革，工作稳定就可落户

2015年6月，湖北省襄阳市制定出台《襄阳市人民政府关于深入推进户籍制度改革的实施意见》，大幅放宽落户门槛。农民工租住城镇居民合法的私有住房、有稳定工作，其本人及配偶、父亲、未成年子女均可落户。截至2015年11月底，近万人申请落户襄阳，其中8000余人经审批成为新襄阳人。

一、全面放开县级市市区、县人民政府驻地镇和其他建制镇、办事处的落户限制

只要在县级市市区、县人民政府驻地镇和其他建制镇、办事处具有合法稳定住所（含租赁）的人员，本人及其共同居住生活的配偶、父母（含养、继父母）、未成年子女（生活不能自理的子女不受限制），可以在当地申请登记常住户口。

二、推出四个“零门槛”的落户政策

一是引进人才落户“零门槛”：只要来襄创业就业的人才和大中专毕业生，不受就业时间、社保、住所等条件限制，均可在就业地落户。

二是投资经商办企业落户“零门槛”：只要在工商部门登记注册，不论投资、纳税金额多少，本人及随迁人员可在企业所在地落户。

三是购房（含租房）落户“零门槛”：不论是购买成套商品房（因故未取得《房屋所有权证》的）和二手房，还是租住政府保障性住房、单位公有住房，不受房屋面积、居住时间限制，均可按合法稳定住所办理落户。

四是流动人口落户“零门槛”：持居住证的流动人口，有合法稳定就业、有合法稳定住所（含在城镇租赁有合法产权的私有住宅），本人及随迁范围内的人员可以在居住地落户。

三、权益保障“只做加法、不做减法”

农民在市区落户，不得以退出土地承包经营权、宅基地使用权、集体收益分配权为前置条件。此前规定的必须签订3年以上劳动合同亦被取消。

2. 完善积分入户制度

广东、浙江等农业转移人口较多的地区较早开始探索积分落户制度。深圳市自2010年起率先探索实施积分制入户政策，对符合条件的申请人按核准制办理落户手续，到2015年，全市户籍人口净增1.9倍。2014年以来，天津、哈尔滨、福州、厦门、济南、青岛、郑州、成都等特大城市、大城市也都明确提出了积分落户制度。2015年，户籍制度管理最严格的北京市推出《北京市积分落户管理办法（征求意见稿）》。目前，北京、上海、广州、深圳等市区常住人口超千万的超大城市均已提出或实施各自的积分落户指标体系。

一般的积分体系包括文化程度、参加社保、社会贡献、住房、纳税等指标，上海的评分指标还包括外语、计算机水平和科研创新等。各城市的积分落户指标体系，内容上更加综合，操作上更具弹性，反映出每个城市当前发展的不同特点和难题，也明显反映出城市管理者的不同考量和导向。虽然这些指标各具导向、落户难易程度不一，但无疑都为怀揣“大城市梦”的人群渐进性地“开闸放水”。

专栏 1-4

“北上广深”的积分落户政策

在目前超大城市的积分落户指标体系当中，主要包括加分和减分两个部分。在加分当中，教育背景、专业技术职称、社保缴纳年限等成为基本内容，而不良信用记录、犯罪记录、违反计划生育政策等均成为减分项。

——落户区域。北京、上海、广州均提出了对积分落户的区域导向。其中，北京出于人口向城市中心区以外疏解的压力，对申请人就业地和居住地进行了加减分区别对待；上海提出居住证持有人在该市重点发展的远郊区域工作并居住，每满 1 年积 2 分，满 5 年后开始计入总积分，最高分值 20 分；广州则提出“政策导向区域”加 10 分。

——经济推动力。北京对产业转移和创业提出加减分设计，对违反落后产业转移导向的申请人进行减分，对符合创业方向的申请人给予加分。上海、广州、深圳对投资带动当地就业提出了加分设计。深圳对申请人缴纳个人所得税多少设计了积分体系，其中三年内缴纳个税 14.7 万元以上可以获得 100 分，相当于博士研究生学历积分。

——教育工作背景。北京提出仅对具有大学本科及以上教育背景的申请人进行加分。广州、深圳积分落户政策受益范围更广，大学本科以下不同教育程度申请人也可积分。在深圳，有大专以上学历并具有高级专业技术资格或具有高级技师资格的申请人，可以获得和博士研究生一样的 100 分加分。

——社会贡献附加值。如获得奖励和社会贡献等等。深圳对申请人献血、科学发明创造、义工、慈善等方面的表现设置了积分。

2010 年以来，东莞市逐步完善积分落户政策，特别是 2014 年以来大幅完善积分落户政策，降低落户门槛，取得了较为明显的效果，为外来人口较多的城市做出了良好的改革示范。

专栏 1-5

广东省东莞市实施积分制落户新政

东莞市自 2010 年开始以“积分制入户”为核心推进户籍制度改革，2010 年 9 月至 2014 年 3 月为第一阶段，外来人口分八大类、多个内容进行积分排名，只要累计积分超过 130 分即可获得落户资格，没有落户额度限制。

2014 年 4 月，东莞市按照降低门槛的原则调整了落户政策：

一是把积分总数由原来的 130 分下调为 100 分，同时加分项分值大幅提升、扣分项分值大幅降低。

二是针对低学历人群比例高的实际调整积分标准。学历高低不再是评价和限制入户的条件，低学历的外来人口可以通过其他条件积分。高中学历以前不能积分，现在也可以积 20 分。

三是简化落户审批手续。如计划生育证明由原先的村（居委会）、乡镇、县级三级审核证明盖章变为村、乡两级审核，减掉了县级盖章。

四是参加社保的地域由东莞扩大到广东省。

五是在特殊人才落户通道中增加了技术工人落户的通道，并于 2015 年开始探索企业自评、推荐人才。

2014 年 4 月至 2015 年 3 月底，全市落户总人数是 2013 年全年的近 2 倍。2010—2014 年，全市通过积分制入户渠道入户 36158 人。

2010—2014 年东莞市积分入户人数　　单位：人

年份	获得入户资格	随迁家属	总数
2010	5452	5001	10453
2011	3680	4066	7746
2012	2693	2538	5231
2013	1829	2497	4326
2014	3782	4620	8402

注：上表数据为获得积分制入户资格的人数，申请人凭《入户卡》到公安部门办理户籍迁移，与公安局最终办理迁户人数不完全对应。

3. 扩宽特定领域的农民工落户渠道

上海市通过居住证加分指标，为特定领域的农民工入户制定政策。上海市居住证积分指标体系由基础指标、加分指标、减分指标和一票否决指标组成。加分指标中“紧缺急需专业”“特定的公共服务领域”“远郊重点区域”三项指标有利于农民工入户，例如，在《上海市居住证积分管理试行办法》试行期间（2013 年 7 月 1 日至 2015 年 6 月 30 日），特定的公共服务领域范围是指环卫领域，远郊重点区域是指临港地区，这两个领域目前是农民工比较集中的领域。

广州市为特殊领域的农民工扩宽户口迁入政策。2014 年 7 月，广州市出台了《广州市户口迁入管理办法实施细则》，围绕产业转型升级的需求，为高层次人才、紧缺人才及艰苦行业一线从业人员等 3 类人群拓宽入户渠道，其中特别为环卫工人开辟了入户新通道。2012 年，广东省惠州市开通了产业发展所需的高技能人才、技术工人入户的“绿色通道”，近 3 年全市累计落户城镇 20 多万人，其中，实现高技能人才培养引进 1.45 万人，通过奖励性积分制入户城镇的异地务工人员 1.2 万人。

二、制定实施居住证制度

在全国建立居住证制度，是户籍制度改革的重要组成部分。其目的是在户籍之外找到一个新的载体，逐渐承载流动人口的权利和福利，推进城镇基本公共服务和便利常住人口全覆盖，并为农业转移人口逐步落户城镇建立通道。居住证制度是城市管理的巨大进步，凸显了从管理型向服务型理念的转变。社会在开放，人口流动在增强，从“暂”到“居”，以人为核心的新型城镇化迈出了关键一步。

（一）居住证制度的顶层设计

2014 年 12 月，国务院在总结各地实施居住证实践经验的基础上，制定了《居住证管理办法（征求意见稿）》，正式向社会公开征求意见。2015 年 11 月，国务院正式公布《居住证暂行条例》（以下简称《条例》），决定从 2016 年 1 月 1 日起在全国建立居住证制度，推进城镇基本公共服务向常住人口全覆盖，居住证持有人可享有国家规定的六项基本公共服务和七项办事便利，并要求各地积极创造条件，逐步提高居住证持有人享有的公共服务水平，还明确了居住证持有人通过积分等方式落户的通道。

1. 居住半年以上可申领

《条例》从为流动人口享受居住地基本公共服务和便利提供制度框架出发，规定：居住证是持证人在居住地居住、作为常住人口享受基本公共服务和便利、申请登记常住户口的证明；公民离开常住户口所在地，到其他城市居住半年以上，符合有合法稳定就业、合法稳定住所、连续就读条件之一的，可以依照本条例的规定申领居住证。

2. 按梯度赋权机制享受公共服务

《条例》在不影响其他流动人口按照国家有关法律政策享受基本公共服务和便利的基础上，进一步规定了居住证持有人享受的各项基本公共服务和便利。具体包括：

一是规定了居住证持有人享受的劳动就业，参加社会保险，缴存、提取和使用住房公积金，义务教育，基本公共就业服务，基本公共卫生服务和计划生育服务，公共文化体育服务，法律援助和其他法律服务等基本公共服务，以及按照国家有关规定办理出入境证件，换领、补领居民身份证，机动车登记，申领机动车驾驶证，报名参加职业资格考试、申请授予职业资格，办理生育服务登记和其他计划生育证明材料等便利。

二是建立了梯度赋权的机制。条例要求国务院有关部门、地方各级人民政府及其有关部门逐步扩大向居住证持有人提供公共服务和便利的范围、提高服务标准，并定期向社会公布。

三是建立了居住证持有人通过积分落户制度等方式申请登记常住户口的衔接通道，并明确了各类城市确定落户条件的标准。

3. 为居住证持有人提供公共服务要纳入政府职能和财政预算

《条例》按照“寓管理于服务之中”的精神，突出了政府及其相关部门的服务职能。

一是明确县级以上人民政府应当建立健全为居住证持有人提供基本公共服务的机制，有关部门应当根据各自职责，做好居住证持有人的权益保障、服务和管理工作。

二是规定县级以上人民政府应当将为居住证持有人提供基本公共服务和便利的工作纳入国民经济和社会发展规划，完善财政转移支付制度，将提供基本公共服务和便利所需费用纳入财政预算。

三是规定县级以上人民政府有关部门应当建立和完善人口信息库，分类完善各类信息系统及居住证持有人信息采集、登记工作，加强信息共享，为实现基本公共服务常住人口全覆盖提供信息支持。

四是规范了国家机关及其工作人员的服务和管理行为，如限期制发居住证、对持证人个人信息予以保密、免费办理首次证件及签注手续等，并对无故拒绝受理、发放，违反规定收取费用，利用便利收受他人财物等违法行为，规定了相应的法律责任。

《条例》实施以后，只要符合申请条件，就可享受在教育、社保、医疗等领域的六大服务和七项便利，同为城市建设者的非户籍人口也能共享城市发展成果，这无疑是新型城镇化的巨大进步。《条例》的出台，也有利于整合各地相关做法，用法治的方式完善居住证管理，保障持证人合法权益，为下一步户籍制度改革积累经验、创造条件，是推进农业转移人口融入城镇的重要举措。

（二）居住证制度的地方实践

近年来，许多城市率先试行了居住证制度，用以管理和服务流动人口。2014年以来，各地通过逐步增加居住证的基本公共服务、简化积分入户等形式，推动居住证制度与落户城镇相衔接。目前，全国31个省区市均已出台居住证制度，超过20个省区市已明确提出从居住证到户口通道的制度设计。

1. 把居住证制度与完善基本公共服务相挂钩

成都市于 2011 年开始试行居住证制度。2014 年，四川省政府印发了《四川省进一步推进户籍制度改革实施方案》，年内在全省推行居住证制度，并建立以居住证为载体，与居住年限等条件相挂钩的基本公共服务提供机制。比如，居住证持有人享有与当地户籍人口同等的劳动就业、基本公共教育、基本医疗卫生服务、计划生育服务、公共文化服务、证照办理服务等权利。郑州市于 2013 年 11 月 1 日全面实行 IC 卡式居住证，流动人口持居住证可以享受 10 项基本公共服务和便利。到 2015 年底，已免费发放 IC 卡居住证 150 余万张，加上原来办理的老版纸质居住证，目前共有 328 万流动人口通过居住证享受到政府提供的基本公共服务。据统计，2014 年，郑州市教育部门通过居住证接收安排持证人员子女义务教育入学人数 18.3 万，公安机关为流动人口办理机动车注册登记 9.8 万辆、机动车驾驶证 17 万人，港澳通行证和护照 1250 人，113 名流动人口申领了公租房。

2. 逐步扩大向居住证持有人提供公共服务和便利的范围

四川省结合农民工随迁子女在当地连续就学年限等情况，赋予居住证持有人随迁子女在当地参加中考和高考的资格。2014 年，上海市正式实施《上海市居住证积分管理试行办法》和《上海市居住证积分管理试行实施细则》，探索居住证积分与公共服务挂钩的办法，上海市规定积分达到标准分值的，可以享受相应的公共服务待遇。福建省晋江市居住证持有人享有 30 项市民化待遇，办理人口达到 110 万人。苏州市 2011 年开展居住证试点，不断拓展居住证的社会应用，凭居住证可以享受子女教育、卫生防疫、公共交通、园林等 24 项市民待遇，有力推动了外来人口融入城镇。

3. 建立居住证持有人通过积分落户等方式申请登记常住户口的衔接通道

2014 年 4 月，天津市政府实施《天津市居住证管理暂行办法》，按照“居住证 + 积分入户 + 员额总量”原则，向社会公布 2014 年居住证积分入户人口指标总量控制在 2 万人以内。2014 年 10 月，天津全市首批“积分入户”共有 2500 名外来务工者通过审批。

2013 年 10 月，广州市制定《广州市积分制入户管理办法》（征求意见稿），为广州积分入户申请者设立了最基本的“门槛”：持本市有效的《广东省居住证》，年龄在 20—45 周岁，具有初中以上学历，在本市有合法住所，在广州参保满 4 年、积分满 60 分可获申请落户资格，按照在广州市缴纳社保时间排名轮候入户。

深圳市光明新区实施“积分入户 + 居住证制度”，实施宽松灵活的入户政策。入户指标实施“下限管理”，即不设上限，只要符合条件，无论数量多少，都可以入户。同时，强化了技术技能、社保缴纳、居住年限等指标权重，使得大多数在深圳长期工作的人群都可以入户。

4. 江苏省扩大居住证适用地域范围，推进省内通用

2014 年 5 月，江苏省印发《江苏省新型城镇化与城乡发展一体化规划（2014—2020 年）》，在 2014 年底前全面实行流动人口居住证制度，居住证与基本公共服务待遇挂钩，可以在全省 12 个省辖市通用。到 2015 年底，江苏省累计发放居住证 1933 余万张。

表 1—1　中国五大城市居住证“横比”

	办理门槛	主要福利待遇	落户通道
北京待遇另行制定	目前：只有以人才引进为主要目的的工作居住证制度	目前：持有人子女在京入托、入中小学就读免收借读管理费，可购买商品房和经济适用住房，也可直接参加购车摇号	目前：没有就工作居住证持有人申请户籍进行规定
	新规定：来京人员办理暂住登记已满半年，并符合在京有稳定就业、稳定住所、连续就读条件之一	新规定：居住证持有人按照国家和本市有关规定，享有相关公共服务和便利，具体办法由市政主管部门另行制定	新规定：持有北京市居住证，年龄不超过 45 周岁，在京连续缴纳社会保险 7 年及以上，符合计划生育政策，无违法犯罪记录
广州持证七年可以申请户口	申报居住登记的流动人口应当发给居住证	流动人口享有职业技能培训和公共就业服务、参加社会保险等一系列待遇，而居住证持证人还享有在居住地申领机动车驾驶证，办理机动车注册登记手续等其他待遇	广东省居住证持证人在同一居住地合法缴纳社会保险费满 7 年，有固定职业，符合计划生育政策、依法纳税，可申请常住户口
上海以“积分”定待遇	（一）在本市合法稳定居住；（二）在本市合法稳定就业、参加社保满 6 个月，或因需要在本市居住 6 个月以上	持证人普遍享有：子女接受义务教育；参加社会保险；申领机动车驾驶证、办理机动车注册登记手续；申办护照、港澳通行证；申请公共租赁住房；缴存和使用住房公积金；享受计划生育服务；参加职业教育。积分达到标准的持证人享有：同住子女可参加中考和高考，配偶和子女可以参加社保	凡满足持有上海居住证满 7 年，持证人参加社保并缴纳个人所得税满 7 年，具有中级以上职称等五项条件的，可以申请常住户口
成都居住证分两种	居住证分为《成都市居住证》和《成都市临时居住证》，有效期分别为 5 年和 1 年	临时居住证享受的待遇：免费计划生育技术服务、公共就业服务、社保、接受义务教育等；目前居住证持证人还可以享受职业教育、申请科技项目资助	居住证持有人可按成都市相关规定申请常住户口
武汉居住 30 日即可办理	年满 16 周岁的非本市户籍人员，因务工、经商、就学等拟在武汉居住 30 日以上的，应申请办理居住证	参加社会保险，子女可享受义务教育，享受计划生育服务，享受传染病防治和儿童免疫保健，参加职业技能培训，参加荣誉评选，参加就业单位社区组织活动，申请机动车驾驶证，办理登记手续，申请赴港澳商务签证	居住证持有人符合规定条件的可以申请办理常住户口

三、加快推进基本公共服务均等化

推进教育、住房、社会保障等在内的基本公共服务均等化，是让农业转移人口进得来，住得下，能就业创业的重要保障。2014 年 10 月，国务院印发《关于进一步做好为农民工服务工作的意见》，围绕有序推进农民工市民化的发展方向，明确了今后一个时期推进农业转移人口享受城镇基本公共服务均等化的指导思想、基本原

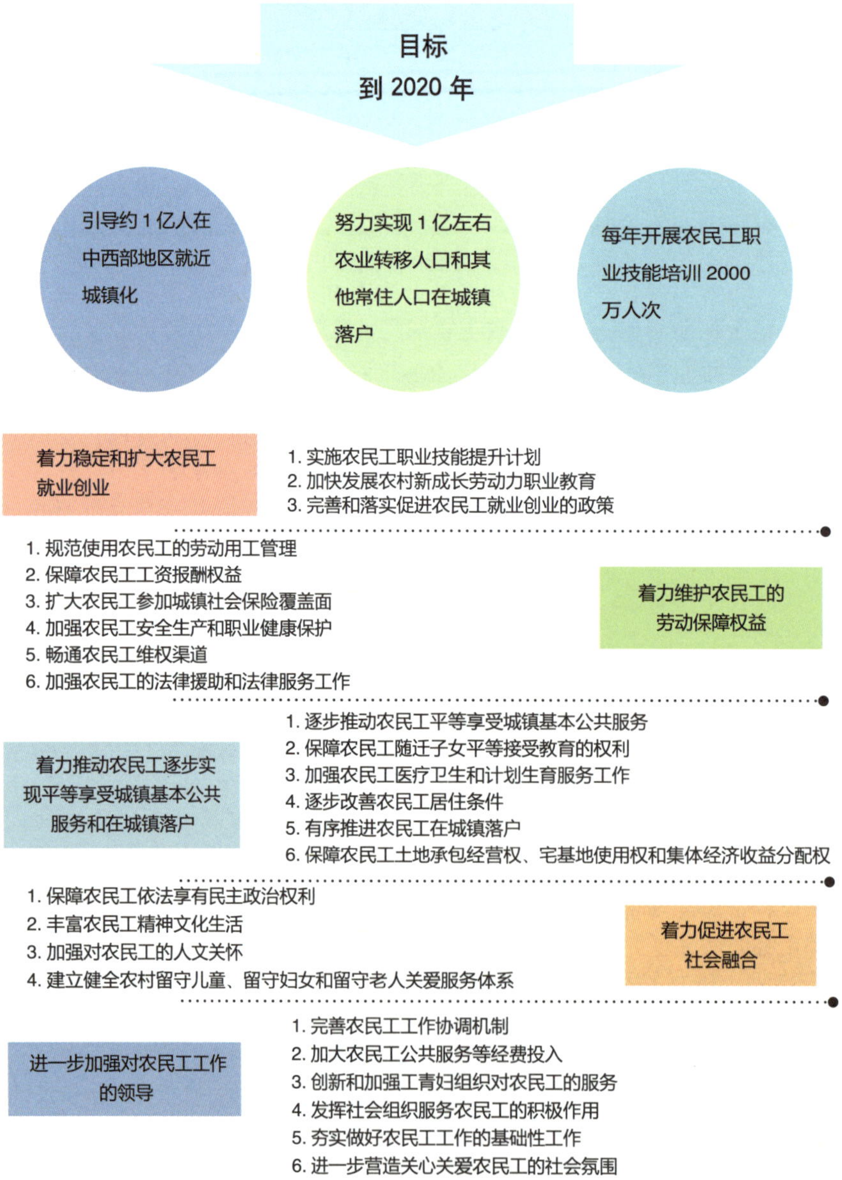

图 1—3　图解《关于进一步做好为农民工服务工作的意见》

则、总体目标和政策措施。各地区、各有关部门也结合各自实际，出台和实施了有关农民工就业创业、子女教育、医疗卫生、住房保障、社会保障、文化生活等方面的相关实施意见和配套措施。国务院《关于深入推进新型城镇化建设的若干意见》中指出，要推进城镇基本公共服务常住人口全覆盖。

（一）保障农业转移人口随迁子女平等享有受教育权利

义务教育是农业转移人口最迫切的需求之一。近年来，中央主管部门和一些地区出台了行之有效的政策措施，保障农业转移人口随迁子女享有教育的权利。2015年，全国义务教育阶段随迁子女1810.9万，入读公办学校的比例为79%，其中，进城务工人员随迁子女1367.1万，入读公办学校的比例80%。国家财政性经费保障随迁子女就学比例达到83.5%。

专栏1-6

广东省惠州市完善义务教育设施配套机制

一是建立中小学校建设长效机制。启动教育基础设施建设专项规划编制工作，编制了《惠州市惠城区中小学校布点规划》和《惠州市惠城区中小学基础设施建设专项规划》，规划2015年至2020年，市中心区（惠城区）拟投入资金（含企业捐建等）约20.1亿元，安排中小学建设项目33个，其中新建（迁建）学校27所、扩建（盘整）学校6所，增加学位50766个。逐步实现城镇中小学布局合理化、规模适度化、建设有序化、条件标准化、办学规范化和教育优质化，从根本上解决城镇化进程带来的学龄人口增长问题，保障适龄儿童少年“有学上”“上好学”，为城市经济发展和社会进步提供良好的教育保障。

二是逐渐完善城镇新建住宅区教育设施配套。2014年初，惠州市启动了“中小学建设3年（2014—2016年）行动计划”。根据人口分布及区域发展趋势，测算学位需求，把新建学校与改扩建学校相结合，增加城镇义务教育阶段学位实施“中小学建设3年（2014—2016年）行动计划”，全市计划3年内新建中小学41所，改扩建学校72所，新增学位8.5万个，大大增加城镇义务教育阶段学位。惠州市惠城区合生实验学校由合生创展集团有限公司出资建设，建成后由开发建设单位移交当地政府办成公办学校，实现了教育配套设施与新建住宅区项目同步设计、同步建设、同步竣工验收。

1. 在全国推进义务教育资源均等化

2014 年，教育部在全国开展小升初免试就近入学、义务教育学校校长教师交流轮岗制度和重点大城市义务教育免试就近入学工作，要求随迁子女特别集中的地方，要扩大公办学校容量，鼓励社会力量办学，推进义务教育资源配置的均等化，满足农民工随迁子女入学需求。各地从规划建设、资金配套、加强管理协调等多方面进行了探索。如广东省惠州市注重完善义务教育设施配套机制，解决城镇化进程中学校建设适应学龄人口增长问题。

安徽省在资金保障和教师调配等方面加大改革力度，促进义务教育资源配置的均等化。

专栏 1-7

安徽省推进义务教育资源配置的均等化

2014 年，安徽省义务教育阶段省内农民工随迁子女达 40 万人，90% 以上实现在公办中小学就读。

一、通过“钱跟人走”实现跨城市间教育资源流动

安徽省财政厅对承担进城务工农民随迁子女义务教育的城市实施资金奖励补贴，2015 年共补贴 2 亿元。这样，就在省级层面对各地市的指导、约束和激励上，为实现农民工随迁子女入学的“零障碍”作出了制度保障。农民工随迁子女在城市中小学就读的，每学年每个学期，输入地都要对转学记录汇总报省教育厅、财政厅审核，省厅据此向输入地补发公用经费补助资金，并等额减少输出地的补助资金，实现教育经费的跨市流动。

二、划片入学，降低门槛

合肥市的农民工随迁子女入学基本实现了划片就近入学，划片按租房所在地分配，在老城区、城乡结合部、新城区均设有随迁子女定点学校。由于城乡结合部和新城区居住的农民工更多一些，所以定点学校也相对多一些。铜陵市则是外地务工人员通过租房与本地户籍人口享受共同的学区划片。农民工随迁子女入学只需提供在合肥市经商或务工证明和暂住证，适龄儿童少年父母（或其他法定监护人）户口簿和身份证即可办理入学。如果按条件招完依然学位富余，政府还会继续降低入学门槛，直到招满为止。

三、推进农民工随迁子女入学与均衡教育相结合

以合肥市定点学校市五十六中为例，通过多种方式有效保障农民工随迁子女定点学校的教学质量。一是硬性交流，其他学校的老师人过来，关系也转过来；二是通过名校骨干教师来校进行为期 3 年的支教；三是新入职教师市里统一考试、统一调配；四是艺术、体育、英语等校际教学质量差距较大学科，通过从名校抽调老师成立一级教师服务中心，以跨校教学实现均衡教育。

2. 推进全国中小学生学籍统一管理

全国中小学生学籍信息管理系统于2014年1月全国联网试运行，在全国范围内实现学生转学、升学等动态跟踪管理，这为解决进城务工人员随迁子女入学、转学等问题提供了有力支撑。到2015年底，已经为1000多万名学生办理了转学手续。

3. 将农民工随迁子女义务教育纳入城市教育事业发展总体规划和财政保障范围

武汉市在下达中小学招生计划、划拨教育经费、核定教师编制、开展基础教育设施建设及规划中小学空间布局等方面，将随迁子女人数纳入全市适龄中小学生基数，按相同标准进行安排。对进入公办中小学就读的随迁子女，免除学杂费、不收取借读费。实施城乡统一的“两免一补”标准和生均公用经费基准定额资金随学生流动，可携带，十八大以来，“钱随人走”惠及全国近1300万农民工随迁子女。

4. 部分地区推行积分入学及学位补贴制度

深圳市光明新区将外来务工人员子女纳入到义务教育范围，凡是在新区稳定住所居住满一年、符合深圳市“1+5”配套文件的学龄儿童，均可按所得积分报名入读公立学校。同时，针对公立学校学位不足的情况，对选择民办学校就读、符合义务教育免费就读条件的学生，按小学每人每年5000元、初中每人每年6000元的标准，对受委托的民办学校进行补贴。

2012年，东莞市将积分制由原先仅用于落户扩大至入学。2015年又出台新政：一是放宽积分入学条件。取消“在东莞投资”“申报居住登记”“劳动教养”等积分项目，取消人均住房面积限制。加大对志愿服务、技术人才、遵纪守法和社会保险缴费等方面的加分鼓励。二是简化积分入学申请手续。如无犯罪证明，由原来户籍所在地提供改为申请人填写承诺书、公安部门审查即可。三是市、镇两级分担教育成本。高中由市承担，初中由市、镇分担，小学由镇承担。2014年，东莞市、镇两级财政为随迁子女在公办学校接受义务教育支出约22.03亿元，占全市公共财政预算支出的4.8%。2012—2014年，全市通过积分制入读公办学校的农民工子女分别为20507人、22748人和26010人。

5. 部分地区扶持和规范民办学校发展，吸纳农民工随迁子女入学

民办学校在促进农业转移人口融入城镇方面发挥了不可替代的作用。上海、浙江、广东一些地方采取由政府向民办学校购买学位的方式，投入巨资把农民工子弟学校改造成为贯彻落实“两个为主”方针的实验学校，并出资委托其招收农民工子女，使在民办学校就读的学生可享受政府提供的公共服务，并扶持了民办学校的发展。广州市番禺区规范民办学校的办学标准，并对其参加社会实践、教师的培训、

职称评定等纳入教育行政部门统一安排，一视同仁。浙江温岭市开展民办民工子弟学校等级评估，允许差别收费，激励学校增加办学投入，改善办学条件。

专栏 1-8

广东省东莞市大力扶持民办学校

2002年以来，东莞市大力发展和扶持民办教育，成效显著。截至2014年底，全市义务教育民办中小学共有241所，在校生共55.43万人，占外来人口随迁子女71.77万人的77%。

一、积极吸纳民间力量

东莞市近年来随迁子女迅速增长，公办学位明显不足。民办学校逐步成为吸纳随迁子女入学的主力，长安镇的88所小学和幼儿园中，有69所是民办的，占总数的78%。政府并没有打压、驱赶，而是实事求是地吸纳了民办学校，并给予合法化的支持，比如开放办校审批，以四海学校为例，筹办学校仅用一个月，从筹办到开办仅用一年。此外，镇级政府每年拿出800万元专项民办教育扶持基金，用于引导和规范民办教育，例如奖励评级较高的学校。

二、鼓励民办学校加大投入，提升教育质量

一是从2014年开始设立民办教育资金予以扶持。二是通过评等定级鼓励民办学校努力改善教育质量。梯度设置三星、四星、市一级学校。全市每年拿出1000万元补贴市一级民办学校，政府购买学位时也优先考虑市一级学校。越高级别的学校具备更高的定价权。三是推动公办优质教育资源与民办共享。长安镇教育部门试点建立公民办学校的“结对帮扶”机制，例如振安中学（民办）的结对子学校是长安实验中学，不仅定期进行教案共享，每年还互派10名教师，实验中学的老师入驻振安中学开设示范课，振安中学老师入驻实验中学进行教学培训。

三、政府购买服务，充分利用市场优质公共服务资源

东莞市政府对所有入读民办学校的学生按小学1270元/年，初中2155元/年进行补贴。2012年以来，东莞市还按照一个小学学位5000元、一个中学学位6000元的标准，向民办学校购买学位。

6. 完善进城农民工随迁子女接受义务教育后在当地参加升学考试的配套政策

部分城市对农民工随迁子女开放高中阶段教育。如武汉市规定，凡在本市初中就读并具有学籍的随迁子女，均可以参加中考，并在招生考试、评优评先、综合素质评价以及优录政策等方面，与城市学生享受同等机会和待遇。2014年，农民

工子女开始可以凭居住证积分参加上海中招报名。2015 年，在国家中职免学费政策基础上，全国有 11 个省（区、市）将免学费政策扩大到全部在校生的中等职业学生。

在高考方面，2015 年全国已有 29 个省（区、市）可以解决流动人口随迁子女在当地参加高考的问题，2014 年和 2015 年两年，共有 13.6 万名符合条件的随迁子女报名参加高考。其中，上海市持有《上海市居住证》且积分达到标准分值，其子女在本市参加高中阶段学校招生考试并完成高中阶段完整学习经历后，可在上海市参加普通高等学校招生考试。北京市的农民工随迁子女符合五项条件可以在京参加高等职业学校招生考试。

（二）拓宽农民工住房保障渠道

住房问题既是经济问题，更是民生问题。《国家新型城镇化规划》提出，要把进城落户农民完全纳入城镇住房保障体系，拓宽住房保障渠道，采取廉租住房、公共租赁住房、租赁补贴等多种方式改善农民工居住条件。农民工集中的开发区和产业园区可以建设单元型或宿舍型公共租赁住房，农民工数量较多的企业可以在符合规定标准的用地范围内建设农民工集体宿舍。

2015 年《中共中央国务院关于加大改革创新力度加快农业现代化建设的若干意见》提出，要探索农民工享受城镇保障性住房的具体办法。2014 年，住房城乡建设部出台意见，要求各地进一步做好公共租赁住房和廉租住房并轨运行有关管理工作，并轨后公租房的保障对象，包括稳定就业的外来务工人员。2015 年，住房城乡建设部印发《关于做好 2015 年住房保障工作的通知》和《关于加快公共租赁住房分配入住的通知》，降低城镇稳定就业的农业转移人口申请公租房的门槛。同时，国家持续强化开工建设城镇保障性住房，“十二五”期间，全国开工建设城镇保障性住房 4013 万套，基本建成 2860 万套，其中，2015 年全国城镇保障性安居工程新开工 783 万套，基本建成 772 万套。

在中央和有关部门政策带动下，各地积极开拓新的住房保障渠道。

1. 部分城市把农民工纳入了城镇公租房、廉租房的轮候范围

如郑州市 2013 年全面推行廉租住房、公共租赁住房、经济适用住房“三房合一”的公共租赁住房管理新机制，进一步放宽了申请条件，制定明确的轮候规则，将外来务工人员纳入公共租赁住房保障和轮候范围，目前解决了约 30 万名来郑务工人员的住房问题。2014 年，威海市规定外来务工人员只要符合公租房的申请条件[1]，

[1] 申请条件是指“在本地无住房或者人均住房面积低于 15 平方米；家庭成员均未购买过房改房、经济适用住房等政策性住房，均未领取过一次性住房资金补偿；申请之日前 5 年内没有转让过自有住房”。

提交“身份证、劳动合同原件及复印件”，即可申请公共租赁住房。到 2015 年底，威海市符合保障性住房收入条件的外来人口有 29514 人，外来人口中实际享受保障性住房的数量为 9838 套（间）。江苏省印发了《关于进一步加强公共租赁住房分配入住工作的通知》，明确将具有稳定职业、参加当地社会保障并居住达到一定年限的农业转移人口和外来务工人口纳入公共租赁住房保障范围，将进城落户农民纳入城镇住房保障体系，2015 年全省新增保障外来务工和新就业人员超过 10 万人。

专栏 1-9

重庆市率先向农业转移人口开放公共租赁住房

2010 年以来，重庆市率先打破城乡、地域和户籍限制，按照“有工作、无住房”即可申请的原则，对本地农民和外来人口开放城区公租房。凡年满 18 周岁，在主城区工作的本市无住房或家庭人均住房建筑面积低于 13 平方米的住房困难家庭，大中专院校及职校毕业后就业人员及进城务工、外地来主城区工作的无住房人员，均可申请公共租赁住房。概括起来就是有工作、无住房的人，即可申请。据统计，重庆市迄今为止共分配公租房 21.4 万套，约 1070 万平方米。其中，约 470 万平方米的公租房面积分配给本市进城农民工，约 170 万平方米的公租房分配给了市外户籍打工人员，约 64 万平方米分配给外地户籍的新毕业大学生，分别约占已建公租房总面积的 44%、16% 和 6%。

公租房的开放供应，增强了城区对农民工的吸引力，为城市的产业发展提供了稳定就业人群，成为重庆市招商引资的重要招牌。

康庄美地小区实景图

2. 保障农业转移人口的公租房房源

四川省于 2013 年开始将年度可分配公共租赁住房 30% 的房源，用于向符合条件的外来务工人员定向分配。3 年来，四川省共向农民工提供公共租赁住房 6 万余套，约 20 万农民工享受到住房保障。浙江省将农民工公寓建设纳入住房保障年度目标考核体系，截至 2014 年底，共开工建设农民工公寓 38.5 万套，解决近 260 万外来务工人员的住房问题。

重庆市自 2010 年以来，以“产城融合、交通便利”为导向，在轨道交通站点周边大规模规划建设公共租赁住房（简称“公租房”），户型设计与配套环境充分照顾申请人群的多样需求，小区生活服务、公共服务和社区服务设施一应俱全，目前已入住超过 50 万人。一是顺应人口向城市集聚的规律，在城市发展区集中配置公租房。重庆市按照“均衡布局、适于就业、配套完善、环境宜居”的原则，将公租房总量的 97.6% 布局在大都市区，其中都市功能拓展区占 86.7%、城市发展新区占 10.9%。配租的人口，约一半来自渝东南 、渝东北和城市发展新区，超过 30% 来自贫困区县。这些聚居区与重庆市的都市功能拓展区在空间上高度叠合，后者是制造业集聚区，新增城市人口主要聚集于此。二是将公租房与商品房“混建”，各类人群共享城市基础设施和公共服务。据统计，重庆市在一环到二环之间规划了 21 个大型公租房聚居区，截至目前，已分配入租 9 个，均处在轨道交通的站点附近。对每一个大型聚居区，按照商品房和公租房 2:1 的比例进行插花布局配置，使得每个小区内不仅有 3 万户、10 万名进城农民工及外来人口，还有 6 万户、20 万名城市居民，以此来实现城市居民和外来人口共享城市公共服务设施。在共享城市发展成果的安排下，促进了公租房小区住户和城市居民住户的相互交流、长期磨合，逐步消除了不同社会阶层之间的鸿沟，增强了公租房住户的自尊和满足感。重庆公租房建设管理 5 年来，社会管理到位，很少发生偷窃、居民闹事欠账的现象。

3. 通过发放租赁补贴对农业转移人口实施保障

在供应公共租赁住房的基础上，四川省探索向农民工发放住房保障租赁补贴，提高其租赁市场住房的能力，鼓励有条件的地方向符合要求但不能及时得到实物配租的农民工发放租赁补贴。例如，四川广元市昭化区 2015 年将进城务工人员（农民工、外来务工）纳入公共租赁住房租赁补贴申报对象，申请条件和补贴标准与户籍人口相同。

专栏 1-10

四川省广元市昭化区进城务工人员公租房租赁补贴条件

2015年3月，四川省广元市昭化区下发《关于开展2015年公共租赁住房租赁补贴工作的通知》，涉及进城务工人员的有关规定如下：

一、申报对象

城镇低收入（含最低收入，下同）无房家庭、中等偏下收入无房家庭、新就业无房职工、进城务工人员（农民工、外来务工人员）。

二、进城务工人员（农民工、外来务工人员）申请条件

配租地农村户口或非配租地户籍且年满18周岁，具有完全民事行为能力；

与用人单位签订劳动合同，且聘用单位已为其缴纳社会保险；

本人及直系亲属在配租地无房或家庭人均住房面积小于15平方米（总面积低于60平方米）；

家庭人均年收入未达到全区上年度城镇居民人均可支配收入标准。

资料来源：广元市昭化区政府网。

4. 出台相关扶持政策，支持农民工进城的住房消费

四川省财政厅对金融机构发放基准利率以下贷款给予6%补助，19个市（州）政府对进城农民工购房实施税费减免、财政补贴等，如巴中市由财政给予购房农民工100—200元／平方米补贴，眉山市对农民工购房财政补贴200—300元／平方米，在水、电、气等入户安装方面给予减免优惠，支持农民工进城安居。

5. 加强对住房租赁市场的监管，为进城农民工提供安全文明的居住条件

如广州市番禺区2013年以来，对出租屋进行摸底建档，开发了智能手机巡查系统，按消防、治安、出租人与承租人的诚信度等综合指标，将出租屋纳入安全星级管理，分为“星级类”“监管类”“重点监管类”。诚实守信、获评星级的出租屋出租人和承租人均可获得相应积分，凭积分兑换入学、就医、就业等23项无偿或优惠服务，形成机制，为外来人口创造了“干净、整洁、平安、有序”的出租屋居住环境。

专栏 1-11

新加坡保障性住房建设管理经验

新加坡作为一个土地资源匮乏、人口密度高的城市国家，通过其富有特色的保障性住房——组屋，为80%以上的居民提供了品质住房。高效的土地供给和使用制度、强制型住房公积金制度、多元化的补贴制度以及准入与退出制度，是新加坡保障性住房建设和管理的核心。

一、高效的土地供给和使用制度

作为国土资源十分稀缺的岛屿型国家，新加坡政府十分重视保障性住房的土地供应和使用效率，将土地权力分散到土地管理局和国家发展部，前者负责土地出售，后者负责土地利用规划，以有效避免一方权力过大出现寻租行为而降低土地利用效率。在组屋的建设过程中，政府以强有力的法律支撑组屋的土地供应，保障其数量充足；同时注重集约利用并尽可能与产业、交通融合，以实质性提高土地利用效率。

二、强制型住房公积金制度

新加坡的住房公积金制度是组屋建设强有力的支撑。新加坡成立了中央公积金局，颁布了《中央公积金令》，制定了强制性储蓄制度，规定政府和私企的员工自动成为中央公积金会员，由雇员和所属单位按工资每月缴纳公积金。1968年中央公积金局推行“公有住屋计划”，扩大了公积金的使用范围，计划推行公积金可以用来购买组屋或缴纳首付，当存款不够首付时可以向建屋发展局贷款，公积金还可以被用来偿还这部分贷款，并且公积金可以用来支付购买组屋的每月按揭金额，这加速了“居者有其屋”计划的实现。

三、保障土地来源

为保证组屋计划的顺利实现，新加坡颁布了《土地征用法令》，规定建造组屋可以在任何地方征用土地，建屋发展局能够以远低于私人发展商的价格获得土地，确保了土地供给和房源供给，目前新加坡超过40%的土地都归建屋发展局。

四、多元化的补贴制度

政府根据收入情况的不同，对住房水平进行分级，制定出合理的公有住宅配售政策。

资料来源：摘编自白晶、王家宝，《智富时代》，2016年1月22日。

（三）着力完善农业转移人口基本医疗卫生服务

2015 年，国务院办公厅印发了《关于印发全国医疗卫生服务体系规划纲要（2015—2020 年）的通知》（国办发〔2015〕14 号），提出要应对快速城镇化对医疗卫生服务体系带来的挑战，着力解决医疗卫生资源供需矛盾，调整医疗卫生资源布局。

国家发展改革委近年来安排了相关专项资金，支持建设和改造了一大批卫生室、卫生院、县级和地市级医院等公共卫生机构，提高了基层医疗服务能力，为农民工群体就医提供了便利。其中，2015 年安排相关专项资金 177 亿元，支持建设和改造了 4 万多个各类公共卫生机构。

2014 年，国家卫生和计划生育委员会在全国 40 个城市开展了流动人口卫生计生基本公共服务均等化试点工作。2014 年 10 月，国家卫生计生委、中央综治办、国务院农民工办、民政部和财政部下发了《关于做好流动人口基本公共卫生计生服务的指导意见》，明确提出，到 2020 年基本建立政策统筹、保障有力、信息共享、科学评估的流动人口基本公共卫生计生服务均等化的目标。

2015 年，国家中医药管理局印发了《关于进一步规范社区卫生服务管理和提升服务质量指导意见》，要求各地将农民工及其随迁家属纳入社区卫生服务范围，规范实际服务人口，合理配置卫生技术人员。

各地卫生计生部门积极创新管理手段和服务模式，保障服务供给。根据 2015 年流动人口动态监测调查，居住半年及以上的流动人口，在流入地建立健康档案的比例为 45.8%。2014 年以来，有过生育行为的流动人口中，自报的住院分娩率为 98.5%，至少接受过一次产前检查的比例为 99.7%，接受过 5 次产前检查的比例为 79.4%；产后母婴访视率为 64.7%，产后健康检查率为 80.3%。2008 年 6 月以来出生的儿童中，保健手册建册率为 92.4%，儿童健康系统管理率为 68.7%，儿童预防接种证建证率为 99.6%，自报全程接种比例为 98.5%。流动人口计划生育免费服务覆盖率为 89.2%。各地的主要做法有：

1. 拓展对流动人口的服务项目

山东省 2014 年出台《关于进一步加强农民工卫生和计划生育服务工作的意见》，提出为辖区居住 6 个月以上的农民工建立统一、规范的健康档案，将农民工纳入国家免费孕前优生健康检查服务范围，还对强化农民工职业病防治，加强对农民工职业健康教育与宣传，普及职业病防治知识做出明确的规定。浙江省义乌市常住人口规范化电子健康档案建档率达到 90.36%，各类国家免疫规划疫苗报告接种率达到 95% 以上。

2. 通过网格化构建“15 分钟”便民服务圈

如东莞市构建、完善三级医疗服务体系，2015 年投入 1.53 亿元发展公共卫生事业，全面落实 11 项基本公共服务功能，实现农业转移人口及其随迁家属纳入社区卫生服务覆盖范围，市民步行 15 分钟内就可就近获得基本医疗保健服务。

3. 实行片区医生签约服务，主动把卫生计生服务送进社区、企业和学校，提高了对农民工服务的可及性

如郑州市完善以社区卫生服务为基础的新型城市医疗卫生体系建设，推行片医制，落实建立居民健康档案、健康教育、预防接种、儿童保健、传染病防治、孕产妇保健、老年人保健等方面服务规范，提高了面向包括广大流动人口在内的社区居民的综合服务能力。目前，为郑州市流动人口建立规范电子健康档案 50 多万份。

4. 将流动人口基本公共卫生计生服务经费纳入当地财政预算并下拨

江苏省常熟市建立流动人口基本公共卫生计生服务投入绩效考核机制和资金拨付机制，保障流动人口能够真正获得公共卫生服务。

专栏 1-12

江苏省常熟市公共卫生服务经费绩效拨付制

为提高公共卫生服务资金使用效率，常熟市采取多种途径加强公共卫生服务绩效拨付经费管理。

一、采取达标制与考分制相结合的整体绩效评估

对基层医疗服务机构内部的基础性和保障性工作实行达标制，对医疗机构客观体现基本公共卫生服务和基本医疗的指标实行考分制，实现达标制与考分制“双制并轨”，逐步建立符合医疗卫生行业特点、科学合理的绩效评估体系。

二、按绩效支付公共卫生服务经费

打破原有上级关于按辖区常住人口定额补助下拨的模式，建立以服务数量、质量和满意度为量化指标的绩效考核和分配机制，由地方卫生管理部门对基层公共卫生服务机构项目完成情况进行考核，按服务项目产出实绩下拨公共经费。

三、合理调整公共卫生服务经费的分配权重

根据区域公共卫生的实际情况，优先支持公共卫生经费分配向基层医疗服务机构的重要环节、薄弱环节倾斜，并根据绩效进行支付，有效提高基层医疗服务机构工作积极性和工作效率，提升基层公共卫生服务整体水平。

资料来源：摘自常熟市《促进城镇化健康发展的公共服务研究报告》。

（四）扩大农民工社会保障覆盖面

2014 年以来，中央有关部门加强完善社会保险关系转移接续政策，各地认真贯彻落实社会保险法，依法将与用人单位建立稳定劳动关系的农民工纳入城镇职工基本养老保险和基本医疗保险体系，努力提高社会保险覆盖率。截至 2015 年底，农民工参加职工基本养老、医疗、工伤、失业保险人数分别达 5585 万、5166 万、7489 万、4219 万。

1. 养老保险

2014 年 3 月，国务院印发《关于建立统一的城乡居民基本养老保险制度的意见》，提出到“十二五”末要在全国基本实现新农保和城居保制度合并实施，并与职工基本养老保险制度相衔接。2014 年 6 月，人力资源社会保障部、财政部印发《城乡养老保险制度衔接暂行办法》，这为农民工提供了进城后顺利衔接社保关系提供了政策依据，使广大农民工进城可按城镇职工养老保险参保缴费并享受相应的待遇，回乡可由城乡居民养老保险制度“兜底”。截至 2014 年底，已有 30 个省（区、市）出台实施办法及相关配套政策。2015 年，在全国建立了制度名称、政策标准、管理服务、信息系统四个统一的城乡居民养老保险制度。到 2015 年上半年，已办理制度衔接 25 万人次。

2015 年，有关部门研究制定职工基础养老金全国统筹方案，开展了基金模拟测算。四川省等一些地区下调企业职工基本养老保险缴费基数下限，用人单位和个体参保人员的缴费负担降低了近 1/3。

2. 医疗保险

2014 年以来，有关部门和地区加大医疗保险跨地区、跨城乡的接续工作力度，提高基本医疗保险对农民工的覆盖率。截至 2015 年底，农民工参加职工基本医疗人数达到 5166 万，比 2013 年增加 97 万。

一是整合城乡居民基本医疗保险制度。2014 年，中央推进城乡居民基本医疗保险制度整合和城乡统筹工作。截至2015年底，已有9个省级地区和其他省份39个地区全面开展了城乡统筹工作，还有42个地市和部分区县也做了探索。通过提高统筹层次，统筹地区可以实现新农合经办机构与省内异地医疗机构的即时结报，可以实现新农合省内异地就医的“一卡通”，极大方便了农民工在省内的异地就医和即时医疗费用的结算。同时，鼓励各地积极探索通过商业保险公司开展结报、农民工输入地与输出地签订协议等多种方式为农民工开展即时的结报服务，并适当提高在异地基层医疗机构就诊农民工的报销比例。

二是做好异地就医医疗费用结算工作。2014年，人力资源社会保障部制定《关于进一步做好基本医疗保险异地就医医疗费用结算工作的指导意见》，到2015年，全国29个省份已建立省内异地就医结算系统，或利用省级大集中系统形成对省内异地就医结算的支持能力，基本实现了地市和省（区、市）范围内异地就医住院费用的直接结算。跨省结算方面，以异地安置退休老人作为优先解决的重点进行探索。

三是完善医保关系转移接续。人力资源社会保障部建立了跨地区社会保险关系转移系统，到2015年10月，全国30个省份的348个城市、2948个经办机构实现了城镇职工养老保险关系转移系统入网。2015年，印发了《关于做好进城落户农民参加基本医疗保险和关系转移接续工作的办法》，切实保障包括进城落户农民在内的各类参保人员的基本医保权益。

3. 工伤保险

2014年，人力资源社会保障部出台《进一步做好建筑业工伤保险工作的意见》，重点扩大建筑业农民工工伤保险参保率。截至2015年底，农民工参加工伤保险人数分别达7489万，比2013年增加221万。四川省开展建筑业工伤保险“同舟计划”，并逐步将交通、水利、铁路施工建设项目从业人员全部纳入工伤保险覆盖范围。

4. 失业保险

多年来，部分地区按照《失业保险条例》，采取缴费、享受待遇与城镇户籍职工不同的方式，逐步将农民工纳入失业保险体系。2014年以来，一些地区探索在失业保险制度上消除城镇居民和农民工群体的差异。广东省对参加失业保险的城镇职工和农民合同工发放统一标准的待遇。四川省规定用人单位招用的农民工统一按照城镇职工的缴费比例缴纳失业保险费，从2015年3月起，失业保险用人单位缴费率从2%降至1.5%，个人缴费率从1%降至0.5%，农民工失业后享受与城镇职工一样的失业保险待遇。 这些举措提高了农民工享受失业保险的待遇水平和享受时间。2015年底，农民工参加失业保险人数分别达4219万，比2013年增加148万。

5. 生育保险

一些地区探索建立适应企业能力的生育保险缴费方式，促进农民工平等享有生育保险。2014 年 9 月，广东省公布新修订的《广东省职工生育保险规定》（以下简称《规定》），2015 年 1 月 1 日起正式实施，《规定》将缴费基数细化为“单位上月职工工资总额”，规定生育津贴与本单位工资挂钩，初步建立了多缴多得的机制，兼顾了企业的缴纳能力。《规定》明确了享受职工生育保险待遇的条件和项目，其中包括产前检查的费用，终止妊娠的费用，分娩住院期间的各种费用，保障了农民工享有这些服务。

6. 开展对农民工的临时救助服务

2014 年 10 月，国务院印发《关于全面建立临时救助制度的通知》，特别提出“对于具有本地户籍、持有当地居住证的，由当地乡镇人民政府（街道办事处）受理”。拥有居住证的农民工如果遇到困难，可以在务工地城镇得到临时救助服务，填补了城镇社会救助体系对农民工的服务政策缺失。2014 年，郑州市民政局在各区设临时救助站点，农民工可就近求助。贵州省人社厅和总工会联合出台相关暂行办法，为困难农民工提供一次性临时救助、法律援助和职工合法权益维护。2015 年，牡丹江市临时救助制度涵盖了持当地居住证的非本市户籍人员。

（五）完善就业创业服务体系

就业是民生之本。2014 年以来，各地区、各部门以强化公共就业服务为重点，着力稳定和扩大农民工就业创业，进一步建立健全城乡平等的就业制度，消除对农村劳动力转移就业的政策障碍，取消了对农村进城务工人员失业登记的限制，农村劳动力进城务工环境得到有效改善。2014 年，人力资源社会保障部发布《关于进一步完善就业失业登记管理办法的通知》，放宽失业登记条件的有关规定，对符合失业登记条件的人员，不得以人户分离，户籍不在或没有档案等为由不予受理。截至 2015 年底，全国已有 32 个省（含新疆生产建设兵团）完善了就业失业登记管理办法，取消了与户籍相关的限制性要求，农村转移劳动力进城务工环境得到进一步改善。

1. 为农业转移人口职业培训服务

一是鼓励包括农村户籍在内的所有初高中毕业生报考技工学校，在技工学校落实中等职业教育学生助学金、免学费等资助政策。对未升学的初高中毕业生，提供各职业技能培训，落实职业培训补贴政策。二是支持农村贫困家庭新成长劳动力接受职业教育，要求各地统筹安排中央和省财政专项扶贫资金和地方财政扶贫资金，可按每生每年 3000 元左右的标准补助建档立卡的贫困家庭。三是从 2014 年起，国务院农民工办协调发改、教育、财政、人社等部门（单位）编制了年度农民工职业技能培训综合计划，各单位指导各地认真落实培训任务。2014 年、2015 年培训农民工均超过 2000 万人，有力地促进了农民工职业技能素质整体提升。四是各地不断创新培训服务模式，提高培训的针对性和有效性。上海市深入推进全市 2013—2015 年农民工技能提升三年行动计划，要求各区县进一步整合培训资源，统筹规划使用各项农民工补贴培训资金，2014 年完成农民工职业技能培训 20 万人，其中与国家职业资格证书挂钩的职业技能培训 10 万人，培养外来农民工高技能人才 1 万人。威海市全面推行“企业订单、劳动者选单、培训机构列单、政府买单”的四单式培训模式，2014 年全市免费培训农民工 2.63 万人。湖南资兴市政府每年整合全市所有的职业技能培训资源，市财政每年再安排资金，共计 5000 万元经费，在全市开展“一户一产业工人培训工程”，对培训对象实行免学费、免生活费、给误工补贴的三大政策，提高了农民进城就业能力。

2. 扶持农民工创业

2015 年，国务院办公厅发布《关于支持农民工等人员返乡创业的意见》，提出要强化返乡农民工等人员创业培训工作。科技部等部门正在研究支持农民工返乡创业与万众创新有序对接行动计划，提高农业转移人口创业、就业的能力。株洲市制定了《关于促进全民创业带动就业工作的实施意见》和《关于做好征地农民就业培训和社会保障工作的意见》等多项制度，加强对转移人口的创业指导和就业培训。2014 年，贵州省优先支持符合条件的农业转移人口创办微型企业，开发公益性岗位，全省农村劳动力转移至二、三产业就业人数达 77.23 万。广西壮族自治区工商局开展全区工商系统服务农民工活动，要求各级工商机关通过降低准入门槛、放宽注册条件、简化登记程序等方式，鼓励支持和引导农民工创业。陕西省将农民工回乡创业工作纳入当地经济发展规划，推广创业培训、项目推介、创业指导、融资服务、创业孵化、跟踪扶持的“六位一体”服务模式，开辟绿色通道，简化办事流程，提供一站式集中办公服务。陕西省还明确规定，各地用于农民工的就业资金，不得少于当年就业资金收入总额的 15%。福建省引导和鼓励农村转移劳动力就近就地转移就业，对符合条件的返乡农民工务农创业给予补助和贷款支持。

专栏 1-13

湖北省仙桃市促进农民工返乡创业

仙桃市属湖北省直辖县级市，紧邻武汉市，总人口 138 万人，是人口净流出地区。近年来，随着吸纳沿海地区产业转移规模的扩大，仙桃市在吸引返乡农民工就业创业方面形成了规模。

一、充分考虑农民工的既有经验、技能特点，低成本承接返乡创业

2009 年以来，湖北省仙桃市毛嘴镇利用本镇土地、劳动力成本较低和到外地办服装企业较多的优势，采用"物流公司＋家庭手工作坊＋部分工序加工"的方式，吸引沿海产能内迁。在逐步形成影响力、树立政府形象后，又通过在镇区建设服装工业园区的方式，为返乡企业家提供用地空间，促进产业链集聚并形成规模效应。在城镇功能的匹配上，没有盲目追求大城市的高标准，比如在镇区的商品房多以 5—6 层的小高层为主。

二、以满足企业和农民工的实际需求为突破口，促进产城融合

仙桃市毛嘴镇并未因为服装加工企业初期税收少而对其有所歧视，而是通过各种亲情纽带，联系本地外出企业家群体，紧紧围绕服装企业工人的工作特点，重点解决两地分居带来的社会问题，说服企业和农民工返乡。当人口随着劳动密集型产业向镇区聚集后，政府顺势而为，不再零散批准宅基地，而是通过统一规划，把农民的住房需求集聚至镇区，由政府提供统一的规划、基础设施，利用自有财力或引入社会资本在镇区提供教育、消费设施，这样既方便了返乡人群的生活，又拉动了镇区的人气和商气，实现了工业化和城镇化的良性互动和相互促进。

仙桃市利用土地、劳动力与沿海相比的低成本优势和物流成本明显下降的现实，以人才为核心，以企业为载体，有效地促进了农民工返乡创业。农民工利用现有技能创业就业，就地城镇化已具规模。仙桃市毛嘴镇镇区的服装加工企业园区已经建设到第五期了，工业地价 9 万元一亩还有老板要。毛嘴镇镇区人口由 2009 年的 2 万人上升到目前的 5 万人，其中有 1 万人来自周边乡镇、恩施州、四川。全镇企业数由不到 10 家增加为 101 家服装企业、23 家机械企业、2 家食品加工企业。

（六）开展对农业转移人口的公共文化服务

为促进社会各界理解、尊重、关爱农业转移人口，不断丰富农民工的精神文化生活，《中共中央关于全面深化改革若干重大问题的决定》要求加快构建现代公共文化服务体系。2014 年，全国文化体制改革工作会议提出“促进基本公共文化服务标准化、均等化”，有关部门研究制定《关于加快构建现代公共文化服务体系的意见》和《国家基本公共文化服务保障标准》，把农民工、农村留守妇女儿童作为公共文化服务的重点对象。2015 年中共中央办公厅、国务院办公厅印发了《关于加快构建现代公共文化服务体系的意见》，要求根据城镇化发展趋势和城乡常住人口变化，统筹城乡公共文化设施布局、服务提供、队伍建设、资金保障，均衡配置公共文化资源。

2014 年以来，各地通过不同形式，为农民工提供公共文化服务。2013 年 4 月，上海市正式施行《上海市社区公共文化服务规定》，作为全国首部社区层面的公共文化法规，该规定要求社区公共文化设施内基本项目应当免费向公众开放，这为农民工享受基本公共文化打下基础。云南省在多年来开展农民工文化节活动基础上，2014 年又开放各级文化馆免费对农民工子女进行艺术培训，旨在培养农民工子女的兴趣爱好，帮助他们健康快乐成长。河南省洛阳市总工会在农民工集聚地、重大建设工程工地、“职工之家”等地设立农民工书屋，积极开展农民工喜闻乐见的文体活动。浙江省余姚市打造农民工文化家园，以企业工会为主导、外来务工人员居住地工会为补充、社区（村）联合工会为辅助，建立起一批基层农民工中心示范点和企业五星级职工俱乐部，配置文化设施，组织农民工排演节目，建立业余文艺队伍，基本做到了“月月有培训，周周有活动”，成为广大农民工文化娱乐活动的主要去处。广东省惠州市从 2013 年起，面向异地务工人员发放文化惠民卡，每卡每年由市财政充值 200 元，由持卡人用于文化消费。3 年来累计发放 5 万多张，丰富了在惠务工人员文化生活。东莞市将为农民工文化服务纳入现代公共文化服务体系。

专栏 1-14

广东省东莞市构建现代公共文化服务体系，重点服务新莞人

东莞市在构建现代公共文化服务体系的过程中，注重顶层设计，着力突出抓好农民、外来员工和未成年人这三大群体的塑造，努力把传统农民塑造成现代市民，把外来员工塑造成现代产业工人，把未成年人塑造成现代化事业的接班人，并采取多种方式增强公共文化服务供给能力。

一、切实保障基本公共文化服务

一是开展各类公共文化服务。图书馆、文化馆（站）、博物馆免费开放，特别要做好村（社区）基层公共文化设施的经常性开放和免费服务，开放时间和服务标准达到市基层文化建设考评达标以上标准。

二是强化特殊群体的公共文化服务。重点做好对新莞人（外来工）的公共文化服务，在企业设置流动文化服务点，各镇街年度举办以新莞人为主要对象的文化节、读书节、运动会等文体活动3次以上，举办新莞人文化培训8次以上。

二、创新公共文化服务方式

一是实施文化低保项目。积极创新“文化扶贫”方式，鼓励镇（街）发放“文化礼包”，重点为低收入人群的新莞人、当地村民、社区低保户、残疾人等特殊群体开展送报刊图书、演出、电影、展览、讲座、收看广播电视等免费或补贴、低价服务，增强公共文化服务的受众率和群众参与度。

二是实施流动服务项目。探索创新流动服务方式，采取政府采购、文化事业单位实施、社会参与的运作模式，建立流动文化服务网络，重点在基层社区和新莞人集聚的厂区，开展流动图书馆、流动电影、流动展览、流动演出、流动讲座等多种形式的文化服务。

资料来源：摘编自《广东省东莞市公共文化服务体系建设概况》。

四、建立健全农业转移人口市民化推进机制

建立健全农业转移人口市民化推进机制，对于调动政府、市场、农业转移人口积极性，稳步推进基本公共服务均等化、总结形成可复制推广的新型城镇化经验、促进城镇化健康发展具有重要意义。

（一）加强农村“三权”保护，完善农业转移人口退出机制

强化农村土地权益的保护，有助于增强农业转移人口进入城镇的积极性。

1. 完善农村土地承包经营权

2014年11月，中办、国办印发《关于引导农村土地承包经营权有序流转发展农业适度规模经营的意见》，推进农村土地有序流转。2015年1月，农业部等部门印发《关于认真做好农村土地承包经营权确权登记颁证工作的意见》，开展承包地确权登记颁证试点，截至2014年底，试点范围涵盖全国1988个县（市、区）、1.3万个乡镇，覆盖面积3.3亿亩，2015年新增江苏、江西等9个全省范围试点，并启

动农村土地承包法修改完善工作。2015 年 8 月，国务院发布《关于开展农村承包土地的经营权和农民住房财产权抵押贷款试点的指导意见》，农村土地承包经营权抵押试点正有序推进。

2. 巩固农村宅基地使用权

为解决农村宅基地空置闲置问题，2014 年 8 月，国土资源部等部门印发《关于进一步加快推进宅基地和集体建设用地确权登记发证工作的通知》，在全国部署开展房地一体的农村宅基地和集体建设用地使用权确权登记发证，2015 年，中共中央办公厅、国务院办公厅印发《关于农村土地征收、集体经营性建设用地入市、宅基地制度改革试点工作的意见》，在 33 个市县开展三项土地制度改革试点。

3. 强化集体收益分配权

为保护农村集体经济组织成员权利，2014 年，农业部等部门出台了《积极发展农民股份合作赋予农民对集体资产股份权能改革试点方案》《关于积极发展农民股份合作赋予农民对集体资产股份权能改革试点工作的批复》等一系列文件，开展保障农民集体经济组织成员权利，发展农民股份合作，赋予农民对集体资产股份占有、收益、有偿退出及抵押、担保、继承权的试点工作，在 29 个省份各选择一个县（市、区）启动集体资产股份权能改革试点。

4. 各地从不同层面探索农村三权保护机制

一些试点地区积极推进农村土地、集体资产确权颁证工作，如青岛市尊重转移人口意愿，全市 3800 多个涉农村庄完成确权、登记、颁证，占全部涉农村庄的 90%，比全国提前三年完成目标。嘉兴市到 2014 年宅基地发证率达到 96.03%；柳州市实现了农村宅基地、集体建设用地确权登记发证基本全覆盖；陕西省高陵县[1]建立了现代农业资产管理体系和农村产权交易大厅，实现了农村产权确权登记全覆盖。

部分地区探索农村产权流转及权益保障的规范化。陕西省高陵县、福建省仙游县等地区建立农村产权交易平台，规范农村土地流转。青岛市率先在全国开展土地承包权、经营权分置改革，颁发流转土地经营权证书 8 万余亩，大力推进农村集体资产股份制改革，全市累计量化集体资产股权 21 亿元，6.2 万农民变成股民，每年累计分红 5 亿多元。

---

[1]2015 年 8 月，高陵“撤县设区”。

专栏 1-15

农民住房流转，让“沉睡资产”亮出身价

近年来，福建省莆田、晋江、厦门等地积极探索农民住房财产权抵押贷款、租赁、农房和宅基地置换等多种流转方式，拓宽了农民的融资渠道，增加了财产性收入，受到当地农民的欢迎。

一、农房可抵押融资使农户受益

自2014年底以来，厦门市政府出台了农房融资抵押试点工作方案，市农商行已与11个村签订合作协议，协议授信2亿元，农村房屋抵押贷款已审批放款21笔，金额1030万元，农民住房财产抵押贷款享受利率优惠，利率定价比一般的保证类贷款大约少2个百分点。

二、通过宅基地和农房置换改善居住环境

租赁和置换是农民住房财产权流转的另外两种方式。2013年以来，莆田市县乡有关部门对村里建设用地及房屋进行全面清查、丈量、勘察，在收集有关审批手续基础上，给农民颁发“集体土地房屋产权证”。在明晰产权基础上，后黄村村委会和18户村民签订了租赁房屋协议，租期10年。村委会对租赁房屋进行统一修缮，有的房屋建作民俗馆，有的成为乡村旅游景点，有的作为旅店出租，收益由村集体和户主共享。

三、完善制度，破解农房流转诸多难题

2014年底，莆田仙游县成立县级农村综合产权交易中心，整合行政、中介、金融等职能，为农村土地承包经营权、农村房屋所有权、农村宅基地使用权、林地使用权等十类产权的转让和交易等提供行政审批、政策咨询、信息发布、交易签证、价款结算、跟踪监督和引导融资等服务。莆田探索建立农村抵押贷款风险补偿基金，市、县两级财政出资建立增信资金，合作银行按不少于增信资金余额20倍的规模专项开展农房抵押贷款业务，农户以宅基地和房屋抵押获得融资，一旦出现不良贷款，银行从该项基金中得到补偿。

资料来源：郑良，《农民住房流转，让“沉睡资产”亮出身价》，《半月谈》，2015年8月7日。

部分地方探索农民进城后农村“三权”的保护形式，完善进城农民资产处置方式，推进农业转移人口市民化。许多地区继续探索城镇建设用地增加与农村集体建设用地减少挂钩机制，探索宅基地使用权资源有偿退出机制，完善收益形成和返

还机制，使广大农民共享新型城镇化成果。如重庆市规定进城落户的农村居民在退出土地前，可以继续享受种粮直补、农资综合补贴、良种补贴、退耕还林补助等与土地相关的9项待遇，以及农村生育政策、计生奖励扶助、购房契税减免等26项与农民身份相关的待遇，进城落户居民自愿退出的宅基地，复垦成为耕地并形成“地票”，通过农村土地交易所进行交易，净收益的85%归农民所有，15%归集体经济组织所有，进城落户居民户均可获得10万元左右的地票收益。

专栏 1-16

陕西省高陵县探索农民自愿有偿退出宅基地

2010年以来，高陵县在东樊村开始推行建设用地增减挂钩，利用节约出来的土地进行拍卖，所得资金用于村庄进行集中安置，对自愿退出宅基地的村民在县城提供住房。

一、增减挂钩，筹集资金进行新农村建设

一是集约利用存量土地。在高陵县政府推动下，东樊村由原来的4个分散的小村合并成1个大村，占地从原来的482亩减少到现在的180亩，减少了302亩建设用地。二是变现指标收益筹集资金。将置换出来的302亩建设用地指标在本县泾河工业园进行出让，获得资金1.9亿元，扣除2000万元征地成本后，剩余的1.7亿全部返还东樊村。三是返补村庄建设。在1.7亿元土地拍卖资金中1.2亿元用于村庄建设，包括农民住房、公用设施等，剩余5000万作为村庄改造平衡资金用于东樊村未来发展。四是坚持群众自愿。东樊村“小村并大村”项目在前期民意测评中得到100%的拥护，而且，群众全程参与制定拆迁方案、建设标准制定和资金监督，切实做到了群众自愿、资金透明。

二、分类安置，就地和进城相结合

在充分尊重村民意愿的前提下，高陵县出台了“就地宅基地安置、县城楼房安置、就地楼房安置、县城楼房安置+就地楼房安置”4种安置方式，为农民自愿退出宅基地、举家进城留下了空间。在县城安置方式中，村民自愿放弃原有宅基地，县政府在县城郊区建设了51.3亩的置换区进行安置，同时按照自愿原则由村民自行办理养老保险，差额由县政府进行补贴。就地楼房和就地宅地基安置是在本村新址上由土地拍卖资金建设的各类房屋，按照农民原有房屋面积进行置换，基本上农民自己不出钱。全村469户居民中有

59 户选择了退出宅基地到县城居住，21 户选择就地楼房，388 户选择就地宅基地，1 户选择县城楼房 + 就地楼房。

三、土地流转，增加集体和农民资产收益

增减挂钩以后村资产明显增加，一是复垦后增加的 302 亩耕地作为村集体资产，村里流转给了农业大户用于发展设施农业和现代养殖，未来村里每年还可以取得租金收入；二是村里利用土地拍卖资金新建了图书馆、医务室、超市、污水处理站、社区服务中心、广场绿地等；三是村民的住宅由原来的 7.36 万元增值到 25 万元，此外还能获得每年集体收入的分红。

（二）厘清各级政府责任、建立市民化成本分担机制

《国家新型城镇化规划》提出，要建立市民化成本分担机制，合理确定各级政府职责。一些地区在建立合理的农业转移人口市民化成本分担机制进行了积极的探索。

重庆市建立了农业转移人口市民化成本的政府、市场、个人的分担机制。政府配套的基础设施和公共服务设施投入约占 30%，企业补足社保缺口等费用占 40%，落户居民自担 30%，并将“地票”收入作为落户居民自担成本的重要来源。

湖南株洲市开展了农业转移人口市民化成本及分担范围研究。株洲市以 2014 年底的国民经济、社会发展等各项数据为基准，初步研究了政府、用人单位、个人分担成本的范围以及职业教育培训、养老保险、医疗保险、失业保险、义务教育、保障性住房、城镇基础设施、就业岗位等不同项目类别的农业转移人口市民化成本。下一步将深入研究具体的农业转移人口市民化成本分担机制。

湖南长沙市测算了到 2020 年长沙市农业转移人口市民化人均成本和政府、企业、个人各自应承担的比例，正在编制《关于建立农业转移人口市民化成本分担机制的报告》，对各级政府、企业、个人应分担的成本责任提出原则性建议。

此外，泸州市设立了农业转移人口市民化基金，以专项基金引导更多的市场主体、社会组织、企业参与市民化成本分担和公共服务的提供，专项用于全市农业转移人口的义务教育、社会保障、就业技能培训、保障房建设等。武汉市建立了市民化成本动态监测机制。

2015 年，东莞市结合本地实际情况，从城市基础设施建设费用、城镇公共管理成本、随迁子女教育成本、社会保障与就业成本、公共卫生与计生服务成本、文化体育与传媒成本、住房保障等七个方面开展了市民化成本测算。

专栏 1-17

广东省东莞市市民化成本测算

东莞市经过测算，市民化人均成本（仅含政府投入部分）支出区间为[7.46，16.53]万元，其中，基础设施建设支出区间为[2.3，2.82]万元，占市民化成本的30.8%—17.07%，经常性服务支出区间为[5.16，13.71]万元，占市民化成本的69.2%—82.93%。具体情况可参见表1、表2。

表1：东莞市农业转移人口市民化人均成本支出总表

项目	人均成本（最小值）	占比	人均成本（最大值）	占比
小计	7.46万元	100%	16.53万元	100%
基础设施建设支出	2.3万元	30.8%	2.82万元	17.07%
经常性服务支出	5.16万元	69.2%	13.71万元	82.93%

表2：东莞市农业转移人口市民化人均成本支出分项表　　单位：元

序号	项目	人均成本（最小值）	占比	人均成本（最大值）	占比
合计		74628.42	100%	165301.93	100%
一	基础设施建设支出	22985.22	30.80%	28221.86	17.07%
（一）	幼儿园基础设施建设	274.86	0.37%	1242.00	0.75%
（二）	九年义务教育基础设施建设	3304.26	4.43%	4853.00	2.94%
（三）	职中教育基础设施建设	108.24	0.15%	2829.00	1.71%
（四）	医院基础设施建设	3456.00	4.63%	3456.00	2.09%
（五）	文化场馆基础设施建设	5850.00	7.84%	5850.00	3.54%
（六）	体育场馆基础设施建设	4400.00	5.90%	4400.00	2.66%
（七）	保障房建设	5580.00	7.48%	5580.00	3.38%
（八）	农家书屋建设	11.86	0.02%	11.86	0.01%
二	经常性服务支出	51643.20	69.20%	137080.07	82.93%
（一）	基本公共教育服务	9081.90	12.17%	36316.80	21.97%
（二）	基本公共医疗卫生服务	3418.89	4.58%	36970.66	22.37%
（三）	基本公共文化体育服务	961.80	1.29%	1448.40	0.88%
（四）	基本公共交通服务	955.00	1.28%	955.00	0.58%
（五）	基本公共安全服务	137.65	0.18%	137.65	0.08%
（六）	基本社会保险服务	14496.00	19.42%	14496.00	8.77%
（七）	基本生活保障服务	8119.80	10.88%	29980.60	18.14%
（八）	基本住房保障服务	857.96	1.15%	857.96	0.52%
（九）	基本就业保障服务	13614.20	18.24%	15917.00	9.63%

（三）建立公共服务资源配置与农业转移人口落户的挂钩机制

《国家新型城镇化规划》提出，要建立财政转移支付同农业转移人口市民化挂钩机制，中央和省级财政安排转移支付要考虑常住人口因素，探索实行城镇建设用地增加规模与吸纳农业转移人口落户数量挂钩政策。2015 年，《中共中央关于制定国民经济和社会发展第十三个五年规划的建议》再次提出要健全财政转移支付同农业转移人口市民化挂钩机制，建立城镇建设用地增加规模同吸纳农业转移人口落户数量挂钩机制。

1. 探索财政转移支付与农业转移人口市民化相挂钩机制

2015 年，财政部实施义务教育“两免一补”和生均公用经费基准定额资金随学生流动可携带政策，实现相关公用经费中央补助资金从学生流出地转移支付到流入地，提高了经费分配的准确性和针对性。2015 年，财政部对财政转移支付与农业转移人口市民化挂钩机制开展深入研究，并起草了《关于健全财政转移支付与农业转移人口市民化挂钩机制的实施意见》，提出的总体思路是完善中央对地方转移支付制度，逐步实现依据常住人口测算分配财政资金，增强农业转移人口流入地政府提供基本公共服务的财政保障能力，加大对吸纳农业转移人口较多的地区的支持力度，促进有能力在城镇稳定就业和生活的农业转移人口举家进城落户，并与城镇居民享有同等权利和义务。主要内容是，将均衡性转移支付逐步过渡到按常住人口测算，县级基本财力保障机制逐步考虑常住人口因素；建立转移人口市民化奖励机制，保障随迁子女平等享有教育权利，完善统筹城乡的社会保障体系等具体措施。

在地方层面，山东省探索改革财政转移支付制度，以解决制约农业转移人口市民化的资金问题。比如，13 项教育类支出政策需求，全部按实有学籍人数测算分配转移支付，相应增加外来学生较多地区教育支出需求 3 亿多元。同时，省财政建立了教育转移支付激励机制，对接收农民工子女较多且义务教育问题解决较好的市县，给予财政奖励。威海市将市对县的财政转移支付资金和农村转移人口落户数量相挂钩，在一般性转移支付中，全部考虑常住人口，在测算县级基本保障机制补助资金时，均将户籍人口改为常住人口，保障户籍人口和非户籍人口享有均等的基本公共服务。如威海市教育转移支付按学籍计算，2014 年教育转移支付资金为 9767.7 万元，覆盖常住人口。山东省财政还按照常住人口人均 35 元的保障标准，计算分配基本公共卫生服务资金，常住人口越多，省级转移支付越多，鼓励各地将辖区内居住半年以上的农民工纳入当地社区卫生服务范围。

2. 探索城镇新增建设用地指标与农业转移人口市民化挂钩

国土部门在实际工作中稳步落实人地挂钩机制，在编制实施土地利用总体规划和土地利用计划、开展城乡建设用地增减挂钩时，按照以人定地、地随人走的原则，统筹安排和科学配置城乡、区域用地，促进土地城镇化和人口城镇同步推进。2015 年，开展研究制定落实人地挂钩的政策措施、实施路径、保障措施。

专题二：

新生中小城市和特色小城镇培育

我国城镇发展存在规模结构不合理的问题，突出表现为中小城市集聚产业和人口不足，小城镇数量多、规模小、服务功能弱。2014 年，习近平总书记对福建晋江推进新型城镇化试点工作作出重要批示："眼睛不要只盯在大城市，中国更宜多发展中小城市及城镇。"《国家新型城镇化规划》提出，把加快发展中小城市作为优化城镇规模结构的主攻方向，将有条件的县城和重点镇发展成为中小城市；增强中小城市和小城镇的人口经济集聚能力。围绕中小城市发展和特色小城镇培育，主要开展了如下工作：一是进一步明确要求和支持政策，新型城镇化综合试点显著向中小城市和小城镇倾斜；二是大力拓展特大镇功能；三是加快特色城镇发展；四是大力提升县城和重点镇基础设施水平；五是以中小城市为载体，促进中西部地区就近城镇化。

国家发展改革委于 2015 年提出"新生中小城市培育"的决策部署，并将其作为"一融双新"的核心工程。把完善城市功能、提升城市综合承载力、培育发展中小城市作为推进新型城镇化的重要任务。2015 年 5 月 13 日召开的实施《国家新型城镇化规划》重点工作电视电话会中指出：县城和重点镇是城镇体系的薄弱环节，是城镇化发展的潜力所在，也是促进人口市民化的重要平台，培育形成中小城市的主要载体。要通过提升功能、拓宽通道，将一些具备条件的特大镇尽快发展成为中小城市，具体工作可以概括为"双提、双拓、双协调"。

2015 年底召开的"中央城市工作会议"进一步强调，各城市要结合资源禀赋和区位优势，明确主导产业和特色产业，强化大中小城市和小城镇产业协作协同，逐步形成横向错位发展、纵向分工协作的发展格局。2016 年初，国务院发布《关于深入推进新型城镇化建设的若干意见》，从五个方面进一步对"加快培育中小城市和特色小城镇"提出要求，重点要提升县城和重点镇基础设施水平，加快拓展特大镇功能，加快特色镇发展，发展一批中小城市。

在新型城镇化综合试点方面，第二批国家新型城镇化综合试点体现了向"中小城市、县、建制镇"倾斜的原则。第一批试点中，县级单位 25 个，建制镇 2 个；

第二批 73 个试点单位中，县级单位 40 个，建制镇 15 个。

一、推进特大镇行政管理体制改革

当前，我国很多特大镇已经具备了城市的体量和特征，镇区人口超过 10 万人的特大镇有 238 个，超过 5 万人的有 885 个。这些镇在机构设置和管理权限上存在诸多制约，造成了“小马难拉大车”的困境。将符合条件的特大镇设置为城市，是完善城镇规模结构、释放经济增长潜力、提高行政管理效率的迫切需要。

专栏 2-1

德国中小城市发展情况

德国国土面积仅为 35 万平方公里，居民约 8200 万人，是欧盟人口最多的国家。德国的城市结构以中小城市为主，人口超过百万的城市仅 3 个（柏林 330 万人、汉堡 170 万人、慕尼黑 128 万人），50 万—100 万人口的城市共有 12 个（其中科隆接近 100 万人），15 万—50 万人口的城市共计 35 个。70% 以上的居民生活在 10 万人口以下的“城市”，多数居住在 1000—2000 人规模的城镇。

德国中小城市与乡村地区的基础设施基本是一体化，农村的上下水、电、通讯、交通一应俱全，人口只要上了一定规模的市镇，政府就设立银行、邮局、医院和学校，酒吧、歌厅、体育设施也非常丰富。德国每个城市都有共同特点：一尘不染的街道、四至五层的楼房（法兰克福除外）、平整的草地、茂密的树林。但是，每个城市都有其独一无二之处，中小城市四周围裹黑森林，野生动物满地跑。法兰克福边上一个 1000 多人的小镇就有 6 支足球队，有一个正规的足球场和两个非正规的练习场。

既然德国农村和城市在基础设施上没有多大差别，而且自然环境要优于城市，所以富人大多住在农村。这就造成了一个奇特的现象：农村房价不见得比城市低，有的反而比除了慕尼黑、法兰克福和斯图加特等大城市之外的中小城市高。

由于德国是一个联邦制国家，基础设施主要由州政府负责规划、投资和建设。各州根据自己的情况发展适合自己的经济和文化事业，而不会出现教育、文化、医疗资源密集、分布不均的问题。

资料来源：《德国城镇化：城市如农村 农村胜城市》，《羊城晚报》，2014 年 3 月 29 日。

（一）改革的部署

国家新型城镇化综合试点将行政体制改革纳入其中，要求“探索建立行政管理创新和行政成本降低的新型管理模式”。为避免行政区划升格带来的机构、人员和编制的膨胀，以及给财政支付带来压力，试点要求，适度增加中小城市数量要和以“大部门制”为导向的行政机构精简结合起来，既优化行政层级，又提高行政效率。

《关于深入推进新型城镇化建设的若干意见》进一步提出，要培育发展一批中小城市。完善设市标准和市辖区设置标准，规范审核审批程序，加快启动相关工作，将具备条件的县和特大镇有序设置为市。适当放宽中西部地区中小城市设置标准，加强产业和公共资源布局引导，适度增加中西部地区中小城市数量。

（二）地方的探索

为了推进特大镇在经济新常态下更好地发展，地方的探索主要集中在加大力度扩权强镇和拓展城镇功能上，主要改革措施包括下放事权、扩大财权、改革人事权及强化用地指标保障，赋予特大镇部分县级管理权限，允许按照相同人口规模的城市市政设施标准推行建设发展等。这些改革措施对特大镇更好地吸纳人口、增强经济实力发挥了重要作用。

2010 年底，浙江选择 27 个中心镇开展小城市培育，每年安排 10 亿元财政专项资金定向支持。2014 年，在总结前期工作的基础上，浙江省政府做出了“三个增加”的决定，即增加专项资金，从每年 10 亿元扩大到 15 亿元；增加试点对象，公布了 16 个新扩围试点，数量增加到 43 个；增加试点类型，将 7 个重点生态功能区县城纳入小城市试点。据调研测算 [1]，特大镇设市后年均固定资产投资可在现有基础上增长 25%—30%，是有效投资的重要组成部分。如果能够推动全国 238 个镇区人口 10 万人以上的特大镇设市，预计每年可增加投资数千亿元；如果进一步把 885 个镇区人口 5 万人以上的特大镇设市，带动投资可达数万亿元。同时，特大镇居民收入水平较高，具有较好的消费基础，撤镇设市将极大地刺激住房、家电、文娱等消费支出增长。

[1]《国家发展改革委关于推动特大镇设市工作有关建议的报告》。

专栏 2-2

浙江省小城市培育经验

浙江小城市培育的主要做法包括“给权、让利、增地、加人”，取得了人口集聚、经济增长、环境提升的实效。

一、基本做法

1.“给权”是关键。赋予相关特大镇县级经济社会管理权限。党政主要领导高配。36 个试点镇平均拥有审批服务权 203 项、综合执法权 357 项，7 个重点生态功能区县城平均拥有审批服务权 555 项。

2.“让利”是支撑。省里设立小城市培育试点专项资金，试点镇所在市县安排配套资金。加大财政税费支持力度，建立“划分税种、核定基数、三年一轮、超收全返或分成”的一级财政体制，按此政策，温岭市泽国镇 4 年来累计多返还 1.99 亿元。

3.“增地”强保障。推进行政区划调整，形成与试点地区人口、经济规模相适应的发展空间。优先安排建设用地指标，如苍南县龙港镇每年指标不少于全县的 1/3。

4.“加人”强管理。上级政府部门派驻机构，日常管理以镇为主。乐清市在柳市镇派驻了 22 个部门，533 名工作人员。

二、取得成效

第一，人口集聚、加密。从 2010 年开始试点到，2014 年累计已有 14 万多名农民进城安居乐业。小城市建设从“铺大饼”转向“蒸小笼”，建成区人口密度达 8000 人 / 平方公里。温州市下辖的龙港、塘下、柳市、鳌江四个试点镇常住人口分别达到 43.7 万人、32 万人、28 万人、24.7 万人，镇区常住人口分别达到 24.9 万人、22.5 万人、15.4 万人、13.8 万人。

第二，经济加速、提质。2014 年，36 个培育试点镇取得了投资增速 23.8%、财政增收 13.6%、GDP 增长 11% 的好成绩；高新技术产业增加值占规模以上产业增加值比重达 31.7%，比上年增加 3.7 个百分点。

第三，环境优化、提升。2014 年，温州市下辖的龙港、塘下、柳市、鳌江四个试点镇建成区面积平均达到 16.7 平方公里，龙港镇建成区污水集中处理率、垃圾无害化处理率分别达到 85% 和 100%，拥有城市公交线路 14 条，中小学 54 所，各类医院 5 所，达到了中西部地区普通县级市的平均水平。

2013 年以来，青岛市通过强强联合、以大带小、以强促弱等方式，将全市 77 个建制镇整合为 43 个建制镇。在此基础上，结合区域产业优势，在整体规划、统一布局、全面推进的基础上，选定 5 个具有一定产业基础、人口相对集中的镇作为首批小城市培育试点。

专栏 2-3

山东省青岛市小城市培育经验

青岛市小城市培育的主要做法包括“明定位、寻伙伴、增权限、强要素”。与浙江省小城市培育的共同点是，上级政府给予必要的管理权和财、物（地）支持；不同点是，青岛市采取整体打包合作模式，政府的主导作用更突出。

一、基本做法

1. 明定位。根据各镇区位特点、产业基础等找准功能定位。比如，黄岛区泊里镇背靠世界级大港董家口港，主动承接港口生活、金融等服务功能，定位于蓝色临港小城；胶州市李哥庄镇依托胶东国际空港，定位于青岛空港卫星城。

2. 寻伙伴。吸引大型企业进行整体开发。中国建筑等 10 家国内外大型企业与青岛市签署了小城市建设投资合作框架协议，签约金额达 900 亿元。平度市南村镇百亿级海信家电工业园两期项目已投产，家电总产能达到 1010 万台 / 年。

3. 增权限。实施扩权强镇改革，各区市编制了审批权限下放名录，分别下放到试点镇的市县级审批权限 180 多个。试点镇初步拥有了县级审批权限，建立了服务中心、综合执法队伍、投融资平台，为城市功能的培育提供了有力支撑。

4. 强要素。加大财政、土地等要素支持。每年整合青岛市财力 3 亿元用于支持小城市试点镇建设，市财政单列 5000 万元用于考核奖励；试点镇新增公共财政收入区市留成部分全额留镇使用，土地出让净收益区市留成部分、在试点镇征收的城镇基础设施配套费全额返还。每年切块下达每个试点镇 500 亩用地指标。

二、取得效果

经过两年多时间的培育，青岛市 5 个试点镇初具城市规模。2014 年，试点镇共引进内外资项目 45 个，实际利用内资 399 亿元、同比增长 136.3%，到账外资 5.58 亿美元、同比增长 96.3%。试点镇驻地道路硬化率达到 95%，自来水集中供水率达到100%，垃圾集中收集和无害化处理达到100%。5个试点镇均建设了污水处理厂并运营，2个试点镇建成区实现集中供暖（李哥庄镇、姜山镇）、2个在建（泊里镇、南村镇）。5个试点镇建成区全部实现了天然气管道集中供气，全部配套中小学、镇级卫生院。

二、加快特色城镇发展

因地制宜是推行城镇化的基本原则。《国家新型城镇化规划》指出，必须根据不同地区的自然历史文化禀赋，体现区域差异性，提倡形态多样性，形成符合实际、各具特色的城镇化发展模式。中央城市工作会议强调，要综合考虑城市功能定位、文化特色、建设管理等多种因素来制定规划。

近年来，为避免城市建设过程中的产业发展、景观风貌、城市服务等缺乏特色的“千城一面”“千镇一面”弊端，各地结合自然资源禀赋、产业发展基础和历史文化脉络，科学规划布局、积极探索创新，形成一批地方特色较为鲜明的城镇建设模式，为提高城市宜居水平、优化城镇体系结构、强化人口聚集、加快推进新型城镇化积累了一些好的经验。这些经验既涵盖浙江等沿海发达地区，也包括贵州等中西部欠发达地区；从产业上看，包含文化旅游、现代农业、互联网产业等。

（一）推进特色小镇发展

特色小镇，指的是位于城市周边、相对独立于市区，具有明确产业定位、文化内涵、旅游和一定社区功能的发展空间平台。特色小镇有别于乡镇行政区划和既有的各种产业园区，大多特色小镇位于城乡接合部，在有限的空间里充分融合了产业功能、旅游功能、文化功能和社区功能，在构筑产业生态圈的同时，形成令人向往的优美风景、宜居环境和创业氛围[1]。

2015年5月，浙江省人民政府发布《关于加快特色小镇规划建设的指导意见》，提出在全省范围内规划建设一批坚持产业、文化、旅游“三位一体”和生产、生活、生态融合发展的特色小镇，规划面积一般控制在3平方公里左右（相当于半个西湖），而建设面积一般控制在1平方公里左右。按照规划，3年时间内，全省要建设100个特色小镇。

---

[1] 李强，特色小镇是浙江创新发展的战略选择，《今日浙江》（2015第24期）。

专栏 2-4

《关于加快特色小镇规划建设的指导意见》的相关要求和支持政策

一、创建程序和要求

申报审核：总体上按照“宽进严定”的方式推进特色小镇规划建设，区县准备相关材料后自愿申报、相关部门分批审核、联席会议审定后公布名单、不搞平均分配名额，凡符合要求的，都可以纳入。

考核验收：建立年度考核制度，合格的兑现扶持政策；考核结果纳入各市、县（市、区）政府和牵头部门目标考核体系，并在省级主流媒体公布。制定《浙江省特色小镇创建导则》；通过3年左右创建，实现目标、达到要求的，验收认定为省级特色小镇。

二、支持政策

1. 土地要素保障。结合土地利用总体规划调整完善工作，将特色小镇建设用地纳入城镇建设用地扩展边界内。按照节约集约用地的要求，充分利用低丘缓坡、滩涂资源和存量建设用地。确需新增建设用地的，由各地先行办理农用地转用及供地手续，对如期完成年度规划目标任务的，省里按实际使用指标的50%给予配套奖励，其中信息经济、环保、高端装备制造等产业类特色小镇按60%给予配套奖励；对3年内未达到规划目标任务的，加倍倒扣省奖励的用地指标。

2. 财政支持。特色小镇在创建期间及验收命名后，其规划空间范围内的新增财政收入上交省财政部分，前3年全额返还、后2年返还一半给当地。同时，要求各地和省级有关部门制定具体的政策措施，整合优化政策资源，给予特色小镇规划建设强有力的政策支持。

2015年6月4日，浙江省公布第一批省级特色小镇创建名单，10个设区市的37个小镇入围。2016年1月29日，有42个小镇入围。半年多时间，首批特色小镇建设取得不少成绩，以新理念、新机制、新载体推进产业集聚、产业创新和产业升级。浙江特色小镇的发展经验受到中央的高度肯定，习近平总书记批示：“抓特色小镇、小城镇建设大有可为，对经济转型升级、新型城镇化建设，都具有重要意义”。

专栏 2-5

浙江省特色小镇发展经验

一、基本做法

首先，明确产业定位。特色小镇主要聚焦于浙江省确定未来发展的七大战略性新兴产业，包括信息经济、环保、健康、旅游、时尚、金融、高端装备制造；兼顾茶叶、丝绸、黄酒、中药、青瓷、木雕、根雕、石雕、文房等历史经典产业，每个历史经典产业原则上只规划建设一个特色小镇。

第二，引导社会投资。按照规划，特色小镇原则上 3 年内要完成固定资产投资 50 亿元左右（不含住宅和商业综合体项目）。这些投资资金大部分是由企业负责，政府起到引导作用，充分发挥市场在资源配置中的决定性作用。

第三，强化要素保障。主要是前述的财政和土地要素支撑。

二、取得效果

截至 2015 年底，首批 37 个特色小镇吸引了 3300 多家企业，完成投资 480 亿元，有 5 个小镇投资已经超过 20 亿元。

第一，迅速形成聚集效应。梦想小镇以大学生实习和创业为主，由以互联网创业企业为重点的互联网村和以培育科技金融为重点的天使村组成。开园仅半年时间，已完成投资 17 亿元，入驻创业项目 350 多个，融资总额超过 7 亿元，集聚创业人才近 4000 名，集聚金融机构 80 余家，管理资本逾 300 亿元。

第二，新兴产业蓬勃发展。云栖小镇是以大数据、云计算为核心产业的科技型特色小镇。目前小镇已集聚各类涉云企业 185 家，2015 年上半年实现产值 9.81 亿元、税收 9414 万元。其中，一家名为“12308”的创业公司，仅用半年多时间，就覆盖全国 61 个城市的长途汽车票预订。

第三，传统产业改造升级。袜艺小镇坐落在绍兴诸暨市大唐镇，这里是全球最大的袜子生产基地。2015 年以来，小镇积极打造个性化袜业工场、袜业工业旅游线路和袜业文化展示区，努力提升袜业发展层次。前 7 个月已有 137 家企业入驻，完成投资 5 亿元，一个集研发、织袜、染整、定型、营销、物流、旅游为一体的袜艺小镇初具规模。

青岛市在推进特色小镇发展方面也取得了一定的成效。与浙江省特色小镇建设的做法不同，青岛市既依托原有小城镇，又适度打破镇域界线，实现了小城镇的特色化、差异化发展。

专栏 2-6

山东省青岛西海岸特色小镇助推城乡一体化

近年来，青岛西海岸确立“通过打造特色小镇助推城乡一体化”的发展战略，走出了一条依托地方国有企业、加大政策扶持、注重产城融合的城镇化路径。

一、主要做法

1. 特色定位与规划。根据地域文化与特色资源的不同，西海岸新区规划建设 12 个特色小镇，并且给每个小镇独特的功能定位。这些小镇打破镇域行政区划边界，从规划上进行合理布局。

2. 本地国企参与开发建设。西海岸新区选择了 7 家区属国有单位参与特色小镇建设，重点实施 13.6 亿元、109 个基础设施配套项目，2015 年完成投资 7.4 亿元。12 个特色小镇新开工产业类项目 58 个，完成投资 15 亿元。

3. 大力发展特色产业园。特色小镇建设过程中，加快农村土地向规模经营集中、创新创业者向园区集中、农业转移人口向镇街驻地集中。目前，张家楼泽丰文化生态园、王台圣瓦伦丁生态园等特色园区已经建成。

4. 政策支持和保障。用地方面，每年安排不少于 1000 亩建设用地指标支持特色小镇建设；资金方面，设立额度为 6 亿元的特色小镇建设专项资金；镇（街）土地出让金专项用于小镇基础设施和公共服务设施建设；整合各级政府对小城镇建设的补助资金和产业发展资金，集中投向小镇建设。

二、取得成效

1. 带动大量社会资本投资。截至目前，12 个特色小镇已撬动社会资本上百亿元。“蓝莓小镇”引进了联想佳沃、康大等蓝莓龙头企业 10 余家，同时引进深圳上艺文化集团，由其建设并整体招商运营一个建筑面积 8 万平方米的艺术博览城，吸引千余户文化企业、职业画家入驻。

2. 传统农民变“农业工人”。藏南镇“旅游小镇”建设现代农业产业园，目前有 4000 多名农民在园区就业，人均年收入增加 1.5 万元。2014 年，海青镇“茶园小镇”驻地 160 户沿街铺面年出租收益比小镇建设前增加 80 万元，全镇 4.3 万居民年末金融机构存款较年初增加 8000 多万元。

3. 盘活闲置资源。目前已实现 4 处闲置学校和厂房再开发。镇街土地市场被激活，土地价值大幅提高。铁山街道的土地价格由每亩 50 万元上涨到 100 多万元，琅琊镇两个缓建房地产项目重新启动，销售良好。

（二）山地特色城镇化

我国山地多、平原少，如何在权衡发展经济和保护生态中推进山区城镇化，是当前大多数地区面临的重大课题。贵州是全国唯一没有平原支撑的省份，山地和丘陵占国土面积92.5%，城镇化建设难度高、投入大，城镇空间布局分散、数量和规模小。贵州省于2014年提出，通过设立山地特色新型城镇化示范区，增强发展能力、促进脱贫致富，促进城镇化与生态文明协同发展，探索后发地区跨越发展新路径。

2015年，习近平总书记和李克强总理分别视察贵州，提出“希望贵州在发展中升级、努力打造西部新的增长极，积极推进扶贫开发、努力建设西部地区新型城镇化试验区和示范区”“走出一条有别于东部、不同于西部其他省份的发展道路”。10月，贵州省获国家发展改革委批准同意设立山地特色新型城镇化示范区，探索山地特色城市建设模式。根据示范区建设的总体要求，首先明确了山地特色新型城镇化发展方向，立足贵州山区特点，以贵阳市和贵安新区为极核、黔中城市群为主体、市政府所在地为中心、小城市和县城为节点、小城镇为基础的空间发展格局，大中小城市和小城镇初步实现协调发展。其次，确定了十大建设任务及实施路径，包括落实国家“三个1亿人”城镇化行动方案、构建开放合作的城镇化空间格局、推进城乡环境综合治理等。目前，贵州省初步形成了市（州）政府所在地城市相对均衡分布，重点城镇沿交通干线向省域四周放射，沿乌江干流和境内东西两侧边界地区特色城镇带雏形逐渐清晰，开放型城镇空间格局基本形成。

根据山地特色新型城镇化示范区建设的总体要求，截至2015年底，贵州省设立示范小城镇153个，新增城镇人口10万人，新增城镇就业人口8.3万人。推动基础设施、公共服务、商业服务设施向乡村延伸，带动200余个美丽乡村联动发展。2013—2014年，全省示范小城镇工业总产值、旅游总收入、农业总产值、财政总收入年均分别增长了18.5%、21.4%、12.4%、39%。

（三）“互联网+”城镇化

《国家新型城镇化规划》提出，当今中国，城镇化与工业化、信息化和农业现代化同步发展，是现代化建设的核心内容，彼此相辅相成。信息化具有后发优势，为发展注入新的活力；城镇化是载体和平台，承载工业化和信息化发展空间，带动农业现代化加快发展，发挥着不可替代的融合作用。2015年7月，国务院发布的《关于积极推进“互联网+”行动的指导意见》明确指出，大力发展以互联网为载体、线上线下互动的新兴消费，加快发展基于互联网的新兴服务业。2015年10月，国务院印发《关于促进快递业发展的若干意见》，提出打造“工业品下乡”和“农产品进城”双向流通渠道。

借助互联网的技术手段和信息平台，广大乡村、县城和中小城市以极低的成本参与市场活动，这是当下新型城镇化的重要特征。据阿里研究院数据，2014 年底，全国农村网购市场总量超过 1800 亿元，7700 万老百姓在网上购物，增长 41%，而城市地区的增幅为 17%。预计 2016 年，农村网购市场将增长至 4600 亿元。未来几年内，农村电子商务市场将突破万亿规模。

2014 年 10 月，阿里巴巴集团宣布启动“千县万村计划”，在未来 3—5 年，投资 100 亿元建立 1000 个县级服务中心、10 万个村级服务站。截至 2015 年 12 月底，阿里巴巴已经在 200 个县建设了 1 万个农村淘宝服务站；截至 2015 年 11 月，京东已开设 600 个县级服务中心、1100 个京东帮服务站，招募了 12 万名乡村推广员；苏宁在 2015 年 1 月才提出农村电商计划，到 11 月实际已建成 1000 家苏宁易购服务站；中国邮政加速农村电商布局，仅陕西就新建村级服务点 3000 个 。2016 年 2 月 17 日，国家发展改革委与阿里巴巴集团在北京签署协议，合力驱动返乡创业试点县发展农村电商。双方计划 2016—2018 年每年支持约 100 个返乡创业试点地区发展农村电商。

专栏 2-7

江苏省睢宁县沙集镇发展经验

一、基本做法

首先，提高农民创业技能，引导全民创业。早在农民网络创业的萌芽发育期，政府敏锐捕捉发展契机，通过典型宣传、技能培训、组织外出学习，强化示范引领。邀请专业力量对农民进行网络技能培训，利用阿里学院和淘宝大学的优势，帮助农民提高经营管理水平。

其次，提升公共服务，优化发展环境。在市县政府的政策支持下，在宽带入户、物流招商、道路改造、融资协调、用电用地用工等方面，全面发挥政府的保障作用。完善基础设施、公共服务设施等，为农民网商打造优质生活环境。

第三，充分发挥社会力量，健全行业组织。组织成立行业协会，构筑政府和企业之间的桥梁纽带，充分发挥协会在行业自律、良性竞争、集中采购、活动组织、诚信建设等方面的职能。把对内培育和对外招商紧密结合起来，招引加工配套、物流企业、网商服务商和投资商，为沙集电商产业发展引入外力。通过政府的引导扶持，沙集电商产业高速发展。

二、取得效果

2014年，全镇地区生产总值实现16.3亿元，农民人均纯收入实现1.4万元。农民群众因网而富，2006年沙集农民人均纯收入不足7000元，现在全镇农民网商平均每户年净收入在15万—20万元之间。2006年农民开始网络创业，农民网店仅有几家，网销额不足1000万元；到2010年底，农民网店发展至600多家，网上销售额突破3亿元。到2014年，沙集家具网销额达到26亿元。截至2015年8月，全镇电商实体企业达到1560家，商城达到906个、网店达到6561个，从业人员24823人。全镇有物流企业59家，月出货量4万件，年营业额4.5亿元。另一方面，沙集的城镇功能逐步完善，镇区建成区面积达5平方公里，常住人口城镇化率58%，户籍人口城镇化率37%。

（四）文化旅游助力特色城镇化

中央城镇化工作会议提出，城市建设要体现尊重自然、顺应自然、天人合一的理念，依托现有山水脉络等独特风光，让城市融入大自然，让居民望得见山、看得见水、记得住乡愁。《国家新型城镇化规划》提出，具有特色资源、区位优势的小城镇，要通过规划引导、市场运作，培育成为文化旅游等专业特色镇。中央城市工作会议再次强调，保护历史文化风貌、恢复城市自然生态。

各地在推进新型城镇化发展中，注重结合旅游资源开发，加大力度改善基础设施、优化生态环境，通过旅游发展，带动城镇化发展。例如，在成都市周边，以天府古镇打造为抓手，着力提升重点历史文化名镇品牌竞争力和精细化服务水平。全市明确了25个历史文化名镇的特色定位，按不同的方向、路子统筹资源，培育和展示各自形象，错位保护利用，并注重完善管理制度、细化服务措施、提高服务人员素质、促进历史文化名镇旅游、文化产业的健康发展。

以文化产业和旅游产业带动小范围内的人气聚集，是近年来我国超大城市和特大城市郊区的常见现象。北京东部的宋庄是一个因艺术家聚集而发展起来的颇具特色的艺术小镇。

专栏 2-8

北京市宋庄：传统农业镇跨越到艺术小镇

一、基本做法

首先，包容与创新，集体建设用地上迎来了艺术家。宋庄当初能吸引众多画家，一个很重要的因素是，这里有便宜的房子和宽松的创作空间。绝大多数农民没有出售房屋，而是将房屋按艺术家的要求进行翻建改造，变成工作室出租给艺术家，没有改造能力的农民直接将原有房屋和宅基地租给艺术家自行翻建改造。

其次，制定合理并具有前瞻性的文化发展战略规划。宋庄镇政府明确将“文化造镇”作为发展理念，并将其体现在具体规划和政府行动中。在宋庄内部，形成了推动文化创意产业发展的广泛共识。

再次，举办大型艺术节庆活动塑造文化品牌。宋庄从 2005 年开始创办中国宋庄文化艺术节，以后每年一届，并从 2007 年起纳入中国北京国际文化创意产业博览会。这极大地提升了宋庄整体文化品牌号召力。

最后，逐步发展成为文化创意产业园区。宋庄艺术促进会创办艺术网站和艺术家群落接待中心，使之成为宋庄面向世界的重要窗口。并逐步发展成为宋庄原创艺术集聚区，被认定为北京市十个文化创意产业集聚区之一。北京市文化创意产业发展专项资金和北京市文化创意产业集聚区发展专项资金对宋庄原创艺术集聚区项目给予资金支持。

二、主要成效与经验

第一，顺势引导是最好的政府管理。宋庄发展文化创意产业，是水到渠成而非刻意谋求。地方政府依托艺术家集聚宋庄的特点和需求，给予引导和服务，较好地规避了产业雷同现象，走出了独具特色的文化创意产业发展道路。艺术促进会则融合了当地有影响力的村民代表和一些艺术家代表，使他们在共同议事中消解了许多村民和艺术家的矛盾。

第二，极大促进了村民增收。如每年宋庄文化艺术节、艺博会举办期间，当地村民仅提供劳务一项人均增收几千元。发展文化创意产业，给农村居民带来的不仅仅是热闹，更是实实在在收入的提高。虽然有过矛盾，但经过协商，达成了长期一致协议，双方实现了互利共赢、共同发展。

三、提升县城和重点镇基础设施水平

长期以来，由于城市体系具有明显的行政等级色彩，土地、信贷等资源配置向大城市倾斜。县城和重点乡镇的人口虽然不少，但其基础设施建设受到忽视，成为城镇化发展中一个较为突出的问题。例如，我国城市污水处理率约为90%，但县城污水处理仅约70%，小城镇污水处理率约30%。县城和小城镇基础设施落后，不利于中小城市培育和人口集聚。提升县城和重点镇基础设施水平是培育发展中小城市的重中之重。

（一）政策要求

2015年3月，国家发展改革委与住房城乡建设部联合发布《关于开展县城深化基础设施投融资体制改革试点的通知》，提出结合国家新型城镇化综合试点工作，选择若干具有文化旅游、商贸物流、资源加工、交通枢纽等特色资源和区位优势、资源环境承载力强、吸纳人口潜力大的县城开展试点，深化相关领域投融资体制改革，加强县城薄弱基础设施建设，为全国县城基础设施建设提供可复制、可推广的经验和模式。6月12日，两部委公布全国87个地区纳入试点。

2015年5月13日，国家发展改革委召开实施《国家新型城镇化规划》重点工作电视电话会明确要求提升县城和重点镇基础设施水平，重点是加强供水设施建设，因地制宜建设集中污水处理厂或分散型生态处理设施，提高县城垃圾无害化处理能力，推进县城高等级公路联通和重点镇公共交通发展，加快城镇天然气管网、液化天然气站、集中供热等设施建设，加快城镇分布式能源建设和改造，提高资源丰富地区城镇的新能源和可再生能源消费比重。

（二）县城和重点镇基础设施建设的有关安排

根据相关要求，对县城和重点镇在垃圾处理、供水设施、污水处理设施以及其他公共服务设施等方面做出了总体安排。

1. 提高垃圾无害化处理能力

城镇生活垃圾处理是城镇管理和环境保护的重要内容，关系人民群众的切身利益。近年来，我国城镇生活垃圾收运网络日趋完善，生活垃圾处理设施数量和能力快速增长，城镇环境总体上有了较大改善。由于城镇化快速发展，生活垃圾激增，垃圾处理能力相对不足，一些城市面临“垃圾围城”的困境。同时，部分处理设施建设水平和运行质量不高，配套设施不齐全，存在污染隐患，影响城镇环境和社会稳定。截至2010年底，全国设市城市和县城生活垃圾年清运量2.21亿吨，生活垃圾无害化处理率 63.5%，其中设市城市 77.9%，县城 27.4%。

2011 年，国务院批转住房城乡建设部等部门《关于进一步加强城市生活垃圾处理工作意见的通知》，对城市生活垃圾处理提出 25 条意见，涉及垃圾控制、垃圾分类、资源回收利用、设施建设、存量治理等各个方面。《“十二五”全国城镇生活垃圾无害化处理设施建设规划》提出到 2015 年县城生活垃圾无害化处理率达到 70% 以上的目标。2014 年，全国县城生活垃圾清运量 6657.47 万吨，无害化处理量 4766.44 万吨，无害化处理率 71.6%，相比 2013 年提高 5.5 个百分点。

2. 推进县城供水设施建设

2012 年 5 月，国家发展改革委与住房城乡建设部发布《全国城镇供水设施改造与建设“十二五”规划及 2020 年远景目标》，提出了保障城镇供水水质、扩大公共供水范围、降低供水管网漏损的近期目标；到 2020 年，基本形成与全面建设小康社会要求相适应的城镇供水安全保障体系的远期目标。

2015 年 8 月，国家发展改革委和住房城乡建设部联合制定全国城镇供水设施改造与建设“十三五”规划编制大纲及工作方案。依据《城镇供水规范化管理考核办法》，对全国城镇的供水专项规划、设施改造与建设年度实施计划的落实情况进行检查。住房城乡建设部、国家发展改革委、公安部和卫生计生委联合印发《关于加强和改进城镇居民二次供水设施建设与管理确保水质安全的通知》，要求各地合理建设二次供水设施，改造老旧二次供水设施，保障二次供水设施工程建设质量，推进二次供水设施运行维护专业化，研究制定二次供水设施运行维护收费办法等。

3. 推进县城污水处理设施建设

2015 年 5 月，住房城乡建设部印发《关于全面开展城镇排水和污水处理检查的通知》，要求各地开展制度执行与执法方面的工作。制度执行包括污水排入排水管网许可制度、排水与污水处理合同管理制度、设施维护与保护制度、汛前检查及内涝风险评估制度、信息公开与公告制度等；执法则包括检查雨污混接混排、未经许可或违反许可排水、向城镇排水设施排放、倾倒废弃物等违法行为。

此外，财政部还与住房城乡建设部联合印发《城市污水管网专项资金管理办法》，2015 年共协调中央财政专项资金 87 亿元支持县城污水管网建设，这些资金主要用于支持城市管网建设、城市地下空间集约利用、城市排水防涝及水生态修复等城市生态空间建设。

4. 推进基层就业和社会保障服务设施建设

2014 年以来，国家发展改革委积极推进县城基层就业和社会保障服务设施建设，仅中西部地区就有220多个县投入该项工程建设。县城基层就业和社会保障服务设施一般包括就业服务大厅、业务办理大厅、争议调解仲裁庭、劳动监察接待室等。部分地区将人才交流中心、劳动保险所、劳动就业中心等人力资源和社会保障部门的机构也放到这些设施中，为群众带来就业和社会保险业务办理、人力资源服务、劳动关系协调、劳动保障监察等“一站式”服务，服务也变得更规范便捷、更高效优质。设施建设的普遍推广，进一步改善基层就业和社会保障服务条件，提高服务水平和办事效率，提升基层公共服务能力，加快推进服务平台规范化、标准化、专业化和信息化建设，更好地改善民生，促进基层就业和经济发展。

（三）拓宽县城基础设施建设融资渠道

国家发展改革委与住房城乡建设部联合发布《关于开展县城深化基础设施投融资体制改革试点的通知》，部分试点县市积极响应，以多元化投融资机制支撑县城基础设施建设。

云南省大理市是个典型的旅游城市，洱海是其主要的旅游资源。近年来，城镇化和旅游业发展给洱海的生态保护带来逐年加大的压力。尽管洱海是全国城市近郊保护得最好的湖泊之一，但全湖已属富营养化初期、局部湖湾处于富营养化临界状态。洱海治理由此提上日程，但其所需花费资金巨大、投资收益回报期限又比较长。鉴于此，大理政府提出利用PPP的模式解决洱海治理的部分工程。

专栏 2-9

云南省大理市洱海治理的PPP经验

1. 环湖截污工程。环洱海已建截污设施还未形成完整网络，片区配套收集管网不完善，污水收集处理率偏低，加之没有实现雨污分流、旱季污水处理量不足等问题，当前污水处理效率低下。大理市提出实施环湖截污工程，包括6座污水处理厂、环洱海截污干管（渠）306.3公里、污水提升泵站12座、混合污水调蓄池15座、尾水提升泵站3座以及尾水干渠15.9公里。

环湖截污工程在融资上采取PPP模式。以1亿元的政府财政资金为杠杆，带动社会资本33.68亿元。具体的操作为：分别对污水处理厂和管网泵站选用不同的PPP方式：前者用BOT模式，期限为30年；后者用DBFO+O&M（设计—建设—融资—营运＋营运＋维护）模式，期限18年。在与污水处理厂合作方面，政府承诺一个保底污水处理量，不足则予以兜底。管网和泵站部分采用政府购买服务，即政府支付企业固定的运营费用。

2. 城乡一体化的垃圾收集处理系统。大理城管局投入1984.8亿元，统一购置111辆垃圾收集车和1002个垃圾收集箱，配置给每个行政村和自然村。实现了“户清扫、村收集、镇清运、市处理”的多级联动模式和信息化的实时监控系统。

根据垃圾处理不同环节的技术特征及盈利模式的差异，与社会资本合作的方式有所不同。首先，在转运环节，以BTO的方式引进重庆耐德新明和公司投资9387.94亿元，修建10座大型垃圾压缩中转站，建成之后政府回购，然后以特许经营的方式由该公司负责运营。其次，在垃圾焚烧环节，以BOT的方式引进重庆三峰环境公司投资2.1亿元负责厂内建设，政府投资2.1亿元负责厂外配套建设。最后，在监管环节，由政府投入326万元建设信息化管理系统，对全市垃圾收集清运处理实行全方位视频监控。

除此之外，政府还对垃圾处理的不同环节进行不同标准的补贴。对焚烧发电企业每吨补贴66元，乡镇垃圾收集每吨补偿30元，2014年的补贴总数达到4400万元。为减轻财政压力，政府以每人每月3元或每户10元的标准向城乡居民征收生活垃圾处理费。

四、促进中西部地区就近城镇化

2014年3月，在第十二届全国人大第二次会议上，李克强总理提出，今后一个时期，要着重解决“三个1亿人”的城镇化问题。其中，要引导约1亿人在中西部地区就近城镇化。

（一）政策要求

2014年底，国家发展改革委联合15个部委发布《推进“三个1亿人”城镇化实施方案》。对于中西部地区的就近城镇化，方案指出，“立足地区资源环境承载能力，统筹推进本地人口转移和外出人口回流，统筹推进特色产业发展和承接转移产业，统筹推进城市群、城镇化地区和以县城为重点的小城镇发展，加大基础设施和公共服务投入，加快体制机制改革创新，推动中西部地区城镇化进程”。

2014 年 9 月 28 日，李克强总理在推进新型城镇化建设试点工作座谈会上的讲话提出，在促进约 1 亿人在中西部地区就近城镇化方面，要加快中西部地区基础设施建设，“十三五”时期项目、资金重点向中西部倾斜，支持中西部承接产业转移，在有条件的地方设立国家级产业转移示范区，鼓励东部产业园区在中西部开展共建、托管等连锁经营，做大做强中西部中小城市和县城，提升人口承载能力，逐步减少大规模人口“候鸟式”迁徙。

2015 年 5 月，国务院发布《关于进一步做好新形势下就业创业工作的意见》提出，面对就业压力加大形势，必须着力培育大众创业、万众创新的新引擎，实施更加积极的就业政策，支持农民工返乡创业。11 月，国家发展改革委等 10 部门联合出台《关于结合新型城镇化开展支持农民工等人员返乡创业试点工作的通知》，要求破解影响返乡创业的政策壁垒，优化鼓励返乡创业的体制机制环境，加速经济资本、人力资本、社会资本的提升、扩散、共享，建立多层次、多样化的返乡创业就业格局，全面提升劳务输出地返乡创业参与率、成功率，探索可复制、可推广的实践经验。

（二）工业发展新区的城镇化

没有产业支撑的城镇化是不符合城市发展规律的，也是不可持续的。改革开放以来，人口向东南沿海聚集的主要原因，是这些地区的产业发达，经济活跃，就业需求强盛。近年来，重庆的经济持续高速增长，通过工业化带动城镇化的做法明确、效果明显，是中西部地区促进就地城镇化的典范。重庆市将所辖区域划分为都市功能核心区、都市功能拓展区、城市发展新区、渝东北生态涵养发展区和渝东南生态保护发展区，每个区域的资源条件都不一样，推进城镇化的方式也各有不同。城市发展新区是工业化和城镇化的主战场，集聚新增产业和人口的重要区域，重庆重要的制造业基地。

璧山区位于重庆西部地区，是重庆主城西进的“桥头堡”，属于城市发展新区。近年来，璧山区通过不断加快新型工业化进程，加快统筹城乡步伐，大力推进大众创业、万众创新，着力吸引渝东北和渝东南地区人口转移，实现农业人口就近就业、外出农民工返乡就业。

专栏 2-10

重庆市璧山区的城镇化经验

一、基本做法

第一，坚持“产城融合”发展。以“20 分钟步行半径”规划建设生活配套设施，高标准建设学校、医院、公园、购物中心，配套建设 48 万平方米保障性住房，不断提升工业园区生产生活保障和服务能力。建立完整的行政审批办事流程，为企业提供优质高效服务，确保企业“落得下、留得住”。

第二，大力发展三大主导产业。按照 30 平方公里布局“璧山工业园区”“重庆台商工业园”“微电园拓展区”“光电装备产业园”等，确立“装备制造、电子信息、食品医药”三大主导产业，加速形成竞争力强的产业体系，成功创建国家高新区，工业质量和效益大幅提高。2015 年，三大主导产业实现产值 1300 亿元。同时，大力发展以战略性新兴产业为重点的绿色工业，注重科技创新、绿色低碳、循环发展。

第三，大力推动大众创业、万众创新。出台《重庆市璧山区实施创新驱动发展战略方案》等创新创业扶持政策，积极营造大众创业、万众创新的政策环境。启动高新区科技创新示范基地建设，与 8 所高校、25 家企业合作打造大学生实训基地，推动高校和科研机构优秀科技成果在璧山成功转化，推动高校、科研院所与璧山企业的创新合作、人才培养和信息共享服务。

二、取得成效

2015 年，璧山区地区生产总值达到 381.8 亿元，“十二五”期间（下同）年均增长 16.7%，人均 GDP 达到 8134 美元；地方财政收入达到 130.2 亿元，年均增长 33.3%；城乡居民人均可支配收入达到 21800 元，年均增长 15.2%；固定资产投资达到 630.8 亿元，年均增长 36.1%；规模以上工业产值突破 1000 亿元，年均增长 30.1%。在制造业大力发展的带动下，璧山城镇化稳步发展，人口城镇化率不断提高，2014 年，全区常住人口首次超过户籍人口，2015 年，常住人口城镇化率提高到 50.5%。产业工人目前达到 25 万人（全区常住人口 72 万），其中外来从业人员占比达到 40%。

（三）农民创业带动的城镇化

2015 年 6 月，国务院办公厅发布的《关于支持农民工等人员返乡创业的意见》提出，全面激发农民工等人员返乡创业热情，创造更多就地就近就业机会，加快输出地新型工业化、城镇化进程，全面汇入大众创业、万众创新热潮，加快培育经济社会发展新动力。农民工返乡创业是在欠发达的中西部地区把创业和城镇化结合起来，促进以小城镇为核心的就近城镇化发展，提高了欠发达地区城镇化发展的水平和质量，是推动中西部地区城镇化的内在动力。

扎兰屯市是内蒙古岭东地区政治、经济、文化、医疗、交通中心，是俄蒙商品进入中国内地的第一个重要城市，也是满洲里口岸辐射全国各地的潜在中心。全市面积 1.69 万平方公里，总人口 43 万，其中农业人口 26 万。扎兰屯是内蒙古自治区首批唯一国家新型城镇化试点地区，在农民创业带动人口聚集和城镇化方面做出了积极有益的探索。

专栏 2-11

内蒙古自治区扎兰屯市的城镇化经验

一、基本做法

第一，搭建园区吸纳农民工返乡创业。截至 2015 年末，已初步建成农民创业园区 28 个。通过兴办农民创业园区，吸纳农民工返乡创业 2553 人，直接带动农村劳动力转移就业 24211 人。

第二，建立创业培训和服务体系。将返乡农民工等各类创业人员全部纳入创业培训支持范畴。2013 年至 2015 年，共举办返乡农民工专场创业培训 27 期，培训返乡创业带头人 826 人，培训创业成功 796 人，带动就业 3126 人，兑现创业培训补助资金 82.6 万元。

第三，为创业提供金融支持。将返乡创业农民工纳入创业小额担保贷款政策扶持范畴，缓解农民工创业资金不足压力。2013 年至 2015 年，共为 307 名返乡农民工发放小额担保贷款 921 万元，财政给予贴息补助。

第四，打造返乡创业集群。到 2015 年末，全市基本形成电子商务、农产品生产加工、物流产业、旅游产业、家庭服务业等五类农民工返乡创业集群，共吸纳返乡农民工创业 1959 人，带动农村劳动力就业 6500 余人。

第五，减免相关税费。2013 年至 2015 年，为创业者免除各类行政事业性收费 5100 余万元，减免税收 4420 万元。

二、取得成效

通过若干年努力，扎兰屯市搭建起农民工返乡创业服务平台，破解了返乡农民工创业场地难题，优化了创业布局、推动了集群创业发展。在积极扩大劳务输出，提高有组织劳务输出规模的同时，着力扶持农民工、青年、妇女创业兴业，加快新型城镇化建设步伐。“十二五”期间，返乡农民工创业1.2万余人，直接带动农村富余劳动力就地转移就业3.4万余人。

（四）新兴边境口岸的城镇化

《国家新型城镇化规划》提出，培育壮大陆路边境口岸城镇，完善边境贸易、金融服务、交通枢纽等功能，建设国际贸易物流节点和加工基地，并规划重点建设的陆路边境口岸城镇38个。为适应内陆开发开放需要，联通西部内陆中心城市，扩大边境贸易和对外合作，国家发展改革委和交通运输部联合印发《城镇化地区综合交通网规划》，将陆路边境口岸城镇化地区纳入其中，与京津冀、长江三角洲、珠江三角洲等21个城镇化地区并列。

陆路边境口岸城镇在全国新型城镇化建设大局中具有特殊的战略地位，已经成为我国面向东北亚、中亚、西亚、东南亚和南亚等地区和国家开放合作的重要门户和平台。随着我国城镇化水平持续提高，进一步加快重点建设陆路边境口岸城镇，已经成为一项刻不容缓的战略任务。

霍尔果斯市是2014年6月新设立的县级市，也是重点建设的陆路边境口岸之一，位于伊犁州西端，与哈萨克斯坦接壤，西承中亚五国，东接内陆省市，面积1908平方公里，人口8.5万。霍尔果斯市是集边境区、口岸城、商贸型、国际化特点为一体的综合性城市。

专栏 2-12

新疆维吾尔自治区霍尔果斯市推进城镇化的经验

一、主要做法

一是多项改革措施纵深推进。2015年以来，霍尔果斯全面推进7大类84项改革。中哈霍尔果斯国际边境合作中心多点办证、自治区人才管理改革试验区、跨境人民币创新业务试点、高新技术产业园区等先后落地挂牌。公共资源交易中心设立，288个审批事项入驻“一站式”审批大厅，率先在全疆开展“三证合一”商事登记制度改革。取消出入境车辆口岸建设服务费，每年为外贸企业减负1500万元。

二是发挥合作中心的引擎作用。总投资超过200亿元的26个重点项目入驻，上合风情园等一批重点项目开工建设。义乌商贸城等10个项目建成运营，完成投资62.7亿元，入驻商户3200余家。合作中心中方配套区（一期）、整车进口口岸、粮食进口口岸落成；选商引资高效开展，共执行项目33个，到位资金32亿元。

三是着力加强民生保障。2015年，民生方面支出达到公共财政收入的70%。新建富民安居房690户，公共租赁住宅楼320套。完成垃圾填埋厂和合作中心综合管网改造。美丽乡村加快建设，新建60公里农村通油公路、39公里村巷道砂石路。建成伊车嘎善乡水源地机井等5个引水工程。创建2个自治州级新农村建设示范村。

四是促进经济社会融合发展。对口援疆亮点纷呈，投入1.22亿元援疆资金，新建续建6个援疆项目，对口支援范围覆盖全市。自治区首个兵地民族团结融合发展示范区成功创建。“一区四园”联动发展形成共识，与州直县市、“丝绸之路经济带”沿线城市的交流合作日益密切。

二、取得成效

2015年霍尔果斯市实现生产总值14亿元；全社会固定资产投资30亿元，是2010年的9倍；公共财政预算收入3.45亿元，是2010年的6.6倍；进出口货物量2517万吨，贸易额120亿美元，分别是2010年的8.2倍和4倍；城镇居民人均可支配收入24155元，增长11.7%；农牧民人均纯收入14120元，年均净增1050元。2015年全年出入境人员330万人次，比上一年增长114%；全年接待游客220万人次，实现旅游收入36.7亿元，同比分别增长68.4%和21.2%。

专题三：

新型城市建设

城市是一个自然和社会的有机体，每一个特定阶段的城市发展，都需要与这一阶段的资源环境承载能力相适应，与这一阶段的经济社会发展水平相匹配。城市发展要顺应经济社会发展规律和城市自然演替规律，违背城市发展规律，盲目推动城市发展，必将导致严重的“城市病”。

2015 年底召开的中央城市工作会议指出，面对我国经历的人类历史上规模最大、速度最快的城镇化进程，以及由此带来的经济社会问题，我们必须从推进社会主义现代化和新型城镇化的战略高度出发，遵循、顺应城市有机发展的规律，切实转变城市发展方式，贯彻创新、协调、绿色、开放、共享的新发展理念，创新城市发展模式。

加快实施创新城市、智慧城市、绿色城市、人文城市、紧凑城市等新型城市建设，正是在我国经济发展进入新常态、城镇化进入新阶段、“城市病”进入高发期的新形势下的必然选择。推进新型城市建设，有助于补齐我国城镇化和城市发展的短板，全面提升城市功能和综合承载能力，建设和谐宜居、富有活力、各具特色的现代化城市，走出一条中国特色的城市现代化道路。

一、推动城市创新创业

习近平总书记指出，虽然我国经济总量跃居世界第二，但大而不强、臃肿虚胖体弱问题相当突出，主要体现在创新能力不强，这是我国这个经济大块头的“阿喀琉斯之踵”。通过创新引领和驱动发展已经成为我国发展的迫切要求。创新是引领发展的第一动力，抓住了创新，就抓住了牵动经济社会发展全局的“牛鼻子”；必须把创新摆在国家发展全局的核心位置。推动建设创新城市，正是落实创新驱动发展战略，顺应经济结构优化升级，增长动力转换的必然选择。

《国家新型城镇化规划》指出，要顺应科技进步和产业变革新趋势，发挥城市创新载体作用，依托科技、教育和人才资源优势，推动城市走创新驱动发展道路。要营造创新的制度环境、政策环境、金融环境和文化氛围，激发全社会创新活力，推动技术创新、商业模式创新和管理创新。

城市是区域经济社会发展的中心，是国家经济产出最重要的基地，是各类创新要素和资源的集聚地，城市的发展对区域和国家发展全局影响重大。创新型城市是指自主创新能力强、科技支撑引领作用突出、经济社会可持续发展水平高、区域辐射带动作用显著的城市。推动城市创新创业，对于增强自主创新能力、加快经济发展方式转变、促进区域经济社会又好又快发展和建设创新型国家意义重大。

（一）促进城市创新创业的顶层设计

近年来，党中央、国务院从完善体制机制、构建普惠性政策扶持体系，统筹资金链、创新链、产业链，在推进众创众包众扶众筹发展等方面制定出台了一系列具体政策措施。

2015 年，党中央、国务院印发了《关于深化体制机制改革加快实施创新驱动发展战略的若干意见》，这是中央层面第一份关于创新驱动改革的纲领性文件。文件提出的科技成果转化激励、研发费用加计扣除政策普惠、建设一流大学和一流学科等一系列重量级改革均已突破，极大地激发了全社会创新动力和活力。

2014 年 9 月，李克强总理在夏季达沃斯论坛上首次提出大众创业、万众创新。2015 年 9 月，李克强总理在河南省考察时强调，推动大众创业、万众创新，形成企业和经济发展新动能，让新型城镇化与农业现代化相辅相成、互促共进。近一年多来，各项支持“双创”的政策密集出台，政策效果持续释放，社会大众反应强烈，创新创业蔚然成风，“双创”已成为中国经济新动能的重要引擎、加快推进新型城镇化建设的重要动力。

2015 年 3 月，国务院发布《关于发展众创空间推进大众创新创业的指导意见》，部署推进大众创业、万众创新工作。提出要重点抓好八个方面的任务：构建一批低成本、便利化、全要素、开放式的众创空间；降低创新创业门槛；深化商事制度改革，为创业企业工商注册提供便利；对众创空间等新型孵化机构的房租、宽带接入费用和公共软件等给予适当财政补贴；鼓励科技人员和大学生创业；支持创新创业公共服务；加强财政资金引导；完善创业投融资机制；丰富创新创业活动；营造创新创业文化氛围。

2015 年 6 月，国务院印发《关于大力推进大众创业万众创新若干政策措施的意见》，明确提出了 96 条政策措施，主要包括创新体制机制，实现创业便利化；优化财税政策，强化创业扶持；搞活金融市场，实现便捷融资；扩大创业投资，支持创业起步成长；发展创业服务，构建创业生态；建设创业创新平台，增强支撑作用；激发创造活力，发展创新型创业；拓展城乡创业渠道，实现创业带动就业等。

2015 年 6 月，国务院办公厅印发《关于支持农民工等人员返乡创业的意见》，大力支持农民工等人员返乡创业，打造经济增长新引擎。提出了支持返乡创业的重点政策措施，包括降低返乡创业门槛，落实定向减税和普遍性降费政策，强化返乡创业金融服务。经工商登记注册的网络商户从业人员，同等享受各项就业创业扶持政策；未经工商登记注册的，可同等享受灵活就业人员扶持政策。

2015 年 8 月，国务院同意建立由国家发展改革委牵头的推进大众创业万众创新部际联席会议制度。

2015 年 9 月，国务院印发《关于加快构建大众创业万众创新支撑平台的指导意见》，对大力推进大众创业万众创新和推动实施"互联网＋"行动进行具体部署，是加快推动众创、众包、众扶、众筹等新模式、新业态发展的系统性指导文件。从营造宽松发展空间、夯实健康发展基础、塑造自律发展机制和构建持续发展环境等方面提出了 17 项政策措施，主要包括：推进放管结合，完善市场准入管理制度；完善市场环境，加快信用体系建设；强化内部治理，提升平台治理能力；优化政策扶持，落实财政支持政策。

表 3—1　国务院关于支持"双创"的政策文件（部分）

发布单位	发布时间	文件名称
国务院	2015 年 3 月	《关于发展众创空间推进大众创新创业的指导意见》
国务院	2015 年 5 月	《关于进一步做好新形势下就业 创业工作的意见》
国务院	2015 年 6 月	《关于大力推进大众创业万众创新若干政策措施的意见》
国务院	2015 年 9 月	《关于加快构建大众创业万众创新支撑平台的指导意见》

2015 年，国务院印发《关于进一步做好新形势下就业创业工作的意见》《关于深化高等学校创新创业教育改革的实施意见》等文件，特别提出积极推进创业带动就业，鼓励在校大学生和高校教职工创新创业。

专栏 3-1

多措并举推动创新创业

【工商登记方面】加快出台工商营业执照、组织机构代码证、税务登记证“三证合一”改革意见，实现“一照一码”，推动“一址多照”、集群注册等住所登记改革。鼓励提供适当补贴和成本较低的场所。

【金融财政支持方面】加快设立国家中小企业发展基金和国家新兴产业创业投资引导基金。将小额担保贷款调整为创业担保贷款，最高额度统一调整为 10 万元，个人贷款在贷款基础利率基础上上浮 3 个百分点以内的部分由财政贴息。允许实现就业或自主创业的最低生活保障对象在核算家庭收入时，扣减必要的就业成本。

【人员支持方面】完善人才培养质量标准，根据创新创业教育目标要求，调整专业课程设置，强化创新创业实践，创新人才培养机制，明确创新创业教育目标。为有意愿、有潜质的学生制订创新创业能力培养计划。实施弹性学制，允许保留学籍休学创新创业。支持高校、科研院所等专业技术人员在职和离岗创业，对经同意离岗创业的可在 3 年内保留人事关系。整合创建一批农民工返乡创业园。对劳动者创办社会组织、从事网络创业的，给予创业扶持政策。

【服务培训方面】提高公共就业创业服务均等化、标准化和专业化水平，加强职业培训和创业培训，重点实施农民工职业技能提升和失业人员转业转岗培训，支持企业开展新型学徒制培训。

为进一步营造良好社会氛围，在更大范围、更高层次、更深程度上推进“双创”，国务院决定从 2015 年起设立“全国大众创业万众创新活动周”。“活动周”期间在全国各地举办政策宣传、展览展示、经验交流、信息发布、文化传播、互动对接、投资交易、成果转化等活动，促进各类创业创新要素聚集交流对接，在全社会营造良好的创业创新氛围。

（二）各部门积极出台支持政策响应落实“双创”

2015 年 6 月，国务院办公厅印发《关于印发进一步做好新形势下就业创业工作重点任务分工方案的通知》，正式发布就业创业工作重点任务分工方案，要求各省、自治区、直辖市人民政府加强组织领导，落实责任，加快推进各项工作，确保政策落地生效。国家发展改革委围绕“双创”开展了大量工作，按国务院要求牵头成立“推进大众创业万众创新部际联席会议”机制。成功举办了 2015 年全国大众创业万众创新活动周，在北京主会场，以及上海、深圳、西安、成都、武汉、沈阳、合肥等 7 个分会场，举行专题活动 1000 余场，组织投资对接活动 350 场，签署合作协议 963 项，达成合作意向 1890 项，合计投资金额 361 亿元，引进高层次人才 1399 人，接待观众 170 余万人次。

2015 年 10 月，由国家发展改革委牵头、十部门联合下发《关于结合新型城镇化开展支持农民工等人员返乡创业试点工作的通知》。根据通知，将结合新型城镇化开展支持农民工等人员返乡创业试点工作，试点采取 3 年滚动的实施方式，每年选择一批县级地区开展试点。

2015 年 12 月，科技部公布首批 136 家纳入国家级科技企业孵化器管理服务体系的“众创空间”名单。

（三）各地为创新型城市提供大量政策支持

一是设立并完善创业投资引导基金。如上海市财政从 2014 年起连续 3 年每年新增安排 10 亿元资金，专项用于补充上海市创业投资引导基金，主要投资该市重点支持领域早期创业企业；贵州省将引导基金对创业投资企业最高参股比例由 20% 提高到 30%，扩大了引导基金的使用范围。二是拓宽企业融资渠道。如福建省组建政府主导的融资性担保机构，组建 5 亿元规模的省级代偿补偿资金，为中小微企业提供融资担保服务。三是转变公共服务方式。山东省提出要从主导资源配置向注重市场监管和平台建设转变，要从选拔式、分配式扶持向普惠式、引领式资助转变；浙江省提出积极推进科研院所科研仪器设备和服务向社会开放，加快建设区域创新体系。四是鼓励支持大学生创新创业。甘肃省允许自主创业大学生异地登记、在登记地享受相关税收优惠、行政事业性收费减免、小额担保贷款及贴息等扶持政策；青岛市积极落实大学生创业孵化基地房租减免、资金扶持、培训和中介等优惠政策。

表 3—2 部分地方政府发布支持创新创业的文件

发布时间	发布地方	文件名称
2014 年 3 月	浙江省	《关于发展众创空间促进创业创新的指导意见》（征求意见稿）
2014 年 7 月	海南省	《海南省创业投资引导基金设立方案和海南省创业投资引导基金管理办法》（试行）
2014 年 8 月	上海市	《关于加快上海创业投资发展的若干意见》
2015 年 1 月	广东省	《关于加快科技创新的若干政策意见》
2015 年 1 月	贵州省	《贵州省创业投资引导基金管理办法》
2015 年 1 月	福建省	《关于进一步扶持小微企业加快发展七条措施的通知》
2015 年 5 月	河南省	《关于发展众创空间推进大众创新创业的实施意见》
2015 年 6 月	江苏省	《发展众创空间推进大众创新创业带动就业工作实施方案（2015—2020 年）》
2015 年 8 月	湖北省	《关于做好新形势下就业创业工作的实施意见》
2015 年 12 月	江西省	《关于促进青年创业的若干措施》

专栏 3-2

地方政府支持创新创业的政策

【浙江】制定《关于发展众创空间促进创业创新的指导意见》（征求意见稿），提出构建众创平台、加大金融支持、强化公共服务、营造创业环境等，支持发展众创空间，促进创业创新。

【海南】2014 年 7 月印发《海南省创业投资引导基金设立方案和海南省创业投资引导基金管理办法》（试行），成立 10 亿元规模创投引导基金，重点支持科技、创新型中小企业发展，支持符合条件的小微企业上市融资。

【上海】2014 年 8 月发布《关于加快上海创业投资发展的若干意见》，提出上海市财政将连续 3 年每年新增安排 10 亿元资金，专项用于补充上海市创业投资引导基金，组建主要开展集成电路、生物医药等重点领域产业并购整合的创业投资企业。

【广东】2015 年 1 月出台《关于加快科技创新的若干政策意见》，提出以财政补助激励企业建立研发准备金制度，对科技企业孵化器给予补贴，鼓励各地开展创新券补助政策试点，加强中小微企业与高等学校、科研机构等在大型科学仪器设施方面的共享共用。

【贵州】2015 年 1 月发布《贵州省创业投资引导基金管理办法》，将引导基金对创业投资企业的最高参股比例由 20% 提高到 30%。

【福建】2015 年 1 月发布《关于进一步扶持小微企业加快发展七条措施的通知》，提出科技型小微企业当年达到一定条件后，可申请总额不超过 200 万元的小额担保贴息贷款，由财政给予贴息补贴。同时，组建政府主导的融资性担保机构，连续四年每年安排 5000 万元，与国家补助资金共同组成 5 亿元规模的省级代偿补偿资金。

（四）地方探索

在全国创新创业强势增长的背景下，北京、深圳等地率先引领创新的经验非常重要。

中关村是北京创新创业的核心区域，近年来创新政策带动区域双创活力显著提升。2015 年，中关村示范区高新技术企业实现总收入 4.07 万亿元，同比增长 12.8%；新创科技企业 2.4 万家，同比增长 84.6%，实现增加值 5557.4 亿元，同比增长 12.2%；战略性新兴产业集群收入占比 71.6%。中关村创业呈现“天使投资 + 合伙人制 + 股权众筹”等新趋势，新创办科技型企业 2.4 万家，同比增长 84.6%；中关村创业大街日均孵化企业 4.9 家，成为引领我国创业的新地标。2015 年，园区企业已累计在海外设立分支机构 571 家，全年发起海外并购 36 起，同比增加 15 起，并购金额 525.5 亿元。

专栏 3-3

中关村国家自主创新示范区的主要做法

近年来，中关村深入构建形成了主体协同、要素聚合、环境友好、内外循环、运行有序的创新创业生态系统，创新质量和效率显著提升。

一、全面深化改革，建立有利于创新的体制机制

一是开展科技成果使用处置和收益管理改革、科研经费管理改革、股权激励试点、股权奖励个人所得税改革等政策试点，支持科研人员创新创业。二是开展人才管理改革和人才特区建设，为领军人才搭建事业平台，聚集了大批全球创新创业精英。三是开展商事制度改革，优化工商登记流程，支持设立创业孵化集聚区，为创业者提供便利。四是创设中国人民银行中关村支行，开展企业境外并购外汇管理改革、外商投资企业外汇资本金结汇管理改革等试点。五是开展国家技术标准创新基地、知识产权投融资服务等试点，促进创新成果的转化应用。

二、构建有利于创新创业的生态系统

一是处理好政府、市场、社会三者之间关系。设立中关村创业投资引导基金。支持新型社会组织发挥平台和服务功能。积极支持行业协会和产业技术联盟等 200 家新型社会组织发展，在联合技术攻关、创制技术标准、科技成果应用示范、促进政企沟通等方面发挥平台服务功能。

二是遵循创新的本质和规律，坚持以创业实现创新。聚集领军企业、高校院所、高端人才、天使投资和创业金融、创业服务、创新创业文化等六大要素，形成机制灵活、运转高效的创新创业生态系统。支持百度、联想等领军企业开展内部创业，营造创业微生态，成为创业者成长摇篮；出台“京校十条”“京科九条”，鼓励高校教师和学生、科研人员参与创新创业，鼓励高校教师成为学生创业的天使投资人；建设海外人才创业园、高端人才创业基地、雏鹰人才创业基地建设，为创业者提供工作生活便利；发挥天使投资和创业投资对创新创业的加速器作用，壮大天使投资人队伍，一大批知名企业家成为创业导师和天使投资人；发展创业孵化、技术转移、知识产权等创新创业服务业，厚植创新创业文化，使创新创业成为一种生活方式。

三、坚持引进来和走出去并重，主动融入全球创新网络

一是利用跨国公司创新研发资源。截至 2014 年底，共有 98 家世界 500 强企业在中关村投资设立子公司或研发机构。二是建设中国国际技术转移中心、中意技术转移中心、中美企业创新中心等国际技术转移平台，推动国际半导体照明联盟（ISA）等在中关村落户。2014 年企业 PCT 专利申请量达 2391 件，同比增长 11%。三是支持企业加快走出去参与国际科技竞争。四是设立海外创新孵化平台和投资基金。中关村硅谷创新中心与斯坦福大学合作设立丹华基金，募集资金超过 9000 万美元，已投资十余个全球领先的技术前沿项目。

深圳作为全国创新创业的先锋城市，依靠强大的自主创新实力以及全产业链配套优势，深圳制造在全球范围内的竞争力开始彰显，引领中国从“制造大国”向“制造强国”稳步迈进。2015 年，深圳不仅 GDP 同比增长高达 8.9%，还呈现出单位能耗不断下降，环境质量持续改善的态势。财政收入 7240 亿元，增长 30.2%，增

速在全国大城市中排名第一。全社会研发投入占 GDP 比重达 4.05%，目前世界范围内只有以色列和韩国超过 4%。PCT（专利合作条约）国际专利申请量连续 12 年居全国首位。万元 GDP 能耗和水耗分别下降 3% 和 6%，能耗水平全国最低。PM2.5 年均浓度降至 29.8 微克 / 立方米，同比下降 11.3%，成为全国空气质量最好的大城市。

深圳的经验就是抓住创新驱动和转型升级不放松，尽快实现发展动力的转换。其工作的主要特点是：一是把市场和政府力量紧密结合，充分借助市场力量推动创新驱动发展，充分发挥政府前瞻规划、政策引导、环境营造等作用，形成市场和政府协同推进创新的格局，有效提高了创新效率。二是把创新与深圳移民城市的优势紧密结合，培育形成了敢于冒险、崇尚创新、追求成功、宽容失败的创新文化和创新氛围。三是把创新和全面深化改革紧密结合，积极探索新型的科研院所体制机制，推进科学发现、技术发明、产业发展“三发”一体化发展，培育了华大基因、光启等一批新型科研机构，有效克服了科技与经济“两张皮”问题。四是把创新和开放紧密结合，坚持开放式创新路径，通过开放集聚创新资源，引进创新机构和创新团队，建设专业化国际化的特色学院，不断支撑可持续创新。五是把创新和产业转型升级紧密结合，将产业创新作为创新的重要组成部分，布局了战略性新兴产业和未来产业，培育了新的经济点。

专栏 3-4

广东省深圳市建设创新型城市

一、打造适合创新生长的综合生态体系

坚持科技、金融、商业模式、观念、文化等多层次、多环节、多要素联动。一是在 2010 年 10 月正式发布《深圳市委市政府关于加快转变经济发展方式的决定》。二是先后制定出台全国首部国家创新型城市总体规划、促进科技创新的地方性法规、自主创新“33 条”等系列规划政策。三是陆续出台生物、互联网等七大战略性新兴产业规划政策。四是超常规布局创新载体。截至 2015 年底，国家、省、市级重点实验室、工程实验室等创新载体累计达到 1200 多家。五是 2011 年开始实施“孔雀计划”，招募高端人才，1200 多名“孔雀人才”被深圳延揽。

二、培育“市场说了算”的创新主体

一是相比引进世界500强等“金凤凰”，更注重培育本土创新型企业。二是政府有为不越位，让“市场说了算”。据统计，目前深圳高科技企业超过3万家，其中销售额超千亿元的3家。深圳90%以上的研发机构、研发人员在企业，90%以上的研发资金、发明专利出自企业。2015年，仅南山区就新增众创空间76家，入驻个人、团队及项目约3200个。

三、构建“全产业链”比较优势

近年来，深圳采取多种措施推动全产业链布局，带来了极强的产业配套能力。以智能硬件制造为例，一款新手机，从设计到零部件采购再到组装，一个星期就可以搞定，这是创新成果能够迅速产业化的关键。

四、垒起国际创新高地

2015年6月，深圳举办了首届国际创客周，来自35个国家和地区的60余家创客机构齐聚深圳，分享创意、采购器件，参展的创客团队近三成来自海外，越来越多的国际创新资源涌入深圳。目前，世界500强企业IBM、甲骨文、三星、西门子等在深圳设立国际或区域研发中心。

（五）推动城市创新创业的成效正在显现

党的十八大以来，随着新一届政府深入推进简政放权，“双创”氛围日益浓厚，全国各地都掀起了创业创新的浪潮，创客空间遍地开花，点燃了许多创业者的创造热情，创新型城市建设对实现经济增长动力转换、结构调整的作用正在不断显现。

1. 从宏观层面来看，我国居民对创新创业持积极态度，新注册企业及参与创业的人数均快速爆发

相关调查显示，近九成被调查人对创业持积极态度，62%的受访者想开创自己的事业，均远高于国际平均水平。2015年，平均每天新登记注册的企业达到1.16万户，平均每分钟诞生8家公司。据不完全统计，全国科技企业孵化器超过1600余家，在孵企业8万余家，就业人数175万人，首次参与投资创业的自然人达291万人。

2. 从地区层面来看，各地创业资源正在不断集聚

2014年6月，作为创新创业孵化一条街重要组成部分的中关村创业大街正式开始运营，主要拥有创业展示和创业投融资服务两项核心功能，为创业者提供创业交流、创业公共服务、创业媒体、专业孵化和创业培训5项重点服务。目前，中关村创业大街已经聚集车库咖啡等21家新型创业服务机构，天使投资人和投资机构超过 2000 个，创业团队平均融资额 500 万元。

3. 从微观企业层面来看，企业已经参与创客的具体实践

创新已不只是小微企业的专利，许多大企业也在主动拥抱“双创”。如海尔集团，已支持内部创业人员成立 212 家小微公司；海尔创客工地已诞生 470 个项目、汇聚 1322 家风投、吸引 4000 多家生态资源、孵化和孕育着 2000 多家创客小微公司；海尔创建的创业生态系统已提供超过 100 万个就业机会。

4. 从创新创业文化层面来看，“创客”正蓬勃兴起

据了解，“创客”概念在 2009 年来到中国，时间虽短但发展迅猛，现在已经初步形成了以北京、上海、深圳为中心的三大创客文化圈。随着政府支持政策的相继出台，创客空间、创业咖啡、创新工场等形式的众创空间正在面临着历史性的发展机遇。

二、推动新城新区健康发展

新城新区是我国工业化、城镇化发展的重要支撑。经过多年的发展，我国新城新区已经建构起较为完整的体系，数量增速趋于减缓，进入稳定发展时期。当前，我国城市已进入新的发展时期。中央城市工作会议指出，要转变城市发展方式，建设和谐宜居、富有活力、各具特色的现代化城市，这为我国城市发展指明了方向。新城新区尤其需要全面体现创新、协调、绿色、开放、共享五大发展理念，顺应供给侧结构性改革的要求，不断创新体制机制，走在转变城市发展方式前列，实现高质量、可持续的发展。

《国家新型城镇化规划》提出，要严格新城新区设立条件，防止城市边界无序蔓延。因中心城区功能过度叠加、人口密度过高或规避自然灾害等原因，确需规划建设新城新区，必须以人口密度、产出强度和资源环境承载力为基准，与行政区划相协调，科学合理编制规划，严格控制建设用地规模，控制建设标准过度超前。

2014 年 9 月，国土资源部下发《关于推进国土节约集约利用的指导意见》，提出到 2020 年，单位建设用地二、三产业增加值比 2010 年翻一番，单位固定资产投资建设用地面积下降 80%，城市新区平均容积率比现城区提高 30% 以上。强调要严格城市新区用地管控，除因中心城区功能过度叠加、人口密度过高或规避自然灾害等原因外，不得设立城市新区。

2014 年 10 月，国务院办公厅发布《关于加强地方政府性债务管理的意见》，提出要坚决制止地方政府违法违规举债，工业园区、开发园区自设的部分平台公司失去设立依据。

近年来，国务院办公厅及国家有关部委针对国家级新区、国家经济技术开发区、国家高新区等重要的新城新区分别出台了《国家级新区设立审核办法》《关于促进国家级新区健康发展的指导意见》《关于推动国家级新区深化重点领域体制机制创新的通知》和《关于促进国家级经济技术开发区转型升级创新发展的若干意见》等政策文件。

（一）我国新城新区发展现状

1. 新城新区数量众多、结构趋于完整，已形成庞大的体系

截至 2016 年 2 月，国家级新区达到 17 个。据不完全统计，各类国家级经济技术开发区、高新区、综合保税区、边境经济合作区、出口加工区、旅游度假区等约 500 个；各类省级产业园区 1600 多个；较大规模的市产业园 1000 个；县以下的各类产业园上万计[1]。

国家级新区成为新城新区的龙头。2014 年以来，西咸新区、贵安新区、大连金普新区、青岛西海岸新区、成都天府新区、南京江北新区、福州新区、滇中新区、哈尔滨新区、长春新区等一批国家级新区相继成立。

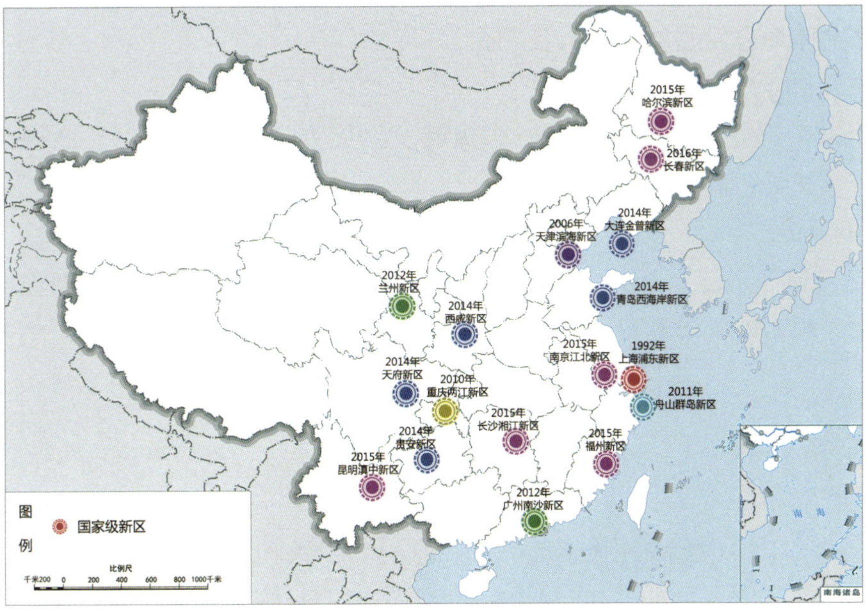

图 3—1　国家级新区分布图

[1] 除注明外，本节资料来源于中国城市和小城镇改革发展中心《中国新城新区发展报告》（系列）。其中 2015 版《中国新城新区发展报告》已于 2015 年 7 月由中国发展出版社出版，资料更新截至 2014 年底；2016 年版《中国新城新区发展报告》待出版。

国家级的经济技术开发区、高新区，成为新城新区的骨干。截至 2015 年 10 月，国家级经济技术开发区有 219 个，国家级高新技术产业开发区有 129 个。 此外，还有国家级的保税区、边境合作区、出口加工区等等，它们在推动经济发展与体制创新上都发挥了骨干带动作用。

省（市）级各类新城新区成为新城新区系统的重要支撑。各省级层面的各类新城新区有 1500 多个，较大规模的市级新城、新区有 1000 多个。

2. 新城新区的空间布局与中国城镇化主体形态发展的方向大致吻合

截至 2014 年底，广东、山东、四川省新城新区数量最多。20 个省（市、自治区）达到平均每县（县级市、市辖区）1 个新城新区。广东新城新区县均数量最多，平均每县（县级市、市辖区）1.78 个。山东、四川平均每县（县级市、市辖区）1.37 个、1.05 个新城新区。

从全国来看，东部、中部、西部、东北省级和市级以上较大的新城新区数量分别是 1173 个、819 个、872 个、310 个。

长三角、珠三角、京津冀、成渝、中原、长江中游、哈长七个城市群集聚了 1473 个新城新区，占全国新城新区总数的 46.9%。如以两横三纵为中心建立 25 平方公里的缓冲区，缓冲区面积为 64.66 万平方公里，占全国总面积的 6.7%。缓冲区内新城新区共有 744 个，占全国的 23.7%。这说明，新城新区的空间布局，与中国城镇化主体形态发展的方向大致吻合。

（二）地方实践

近年来，部分地区的新城新区积极转变发展方式，遵循城市发展规律，逐步实现了转型升级，取得了一定的经验。

1. 郑东新区

2003 年破土动工，短短 12 年间，郑东新区从一片芦苇丛生的鱼塘洼地，变身为建成区面积 105 平方公里、入住人口 105 万、入驻企业 3 万余家的生态都市。

专栏 3-5

河南省郑州市郑东新区跨越成长之路

建设郑东新区的决策于 2001 年出炉。当时近亿人口的河南省城镇化率不足 24%，增强郑州中心城市功能成为加快城市化进程的破题之要。12 年的时间，郑东新区走出了一条新型城镇化的探索之路，成为辐射整个中原经济区的金融集聚核心功能区，更是成为河南省推进新型城镇化建设的先行区和样板区。

一、规划先行，激活社会投资

郑东新区的总体概念规划面向全球征集方案，规划既将“有生命的城市”理念植入了郑东新区，还将中国的传统文化理念融入其中。郑东新区起步得益于项目的带动，按照“政府引导、市场运作、滚动发展、自求平衡”的思路，通过政府投资基础设施建设，激活带动社会投资，累计完成2600亿元投资。在持续推进起步区建设的基础上，加快推进龙湖、龙子湖和白沙等三大主战场建设。

二、功能区“组团式”发展，探索新型建设模式

郑东新区的快速扩展，使郑州东部迅猛崛起。郑州国际物流园区、航空港区建设如火如荼，中年工业园区等也借势而飞。随着这些城市组团的一天天壮大，这一区域的核心地位必然更加凸显、更加稳固。郑东新区为这些城市组团提供了依托，反过来，这些城市组团也为郑东新区今后的发展注入了活力。上下衔接、互联互动、集约发展，不仅满足了当前发展的需要，也必然为郑东新区的长远发展留足空间。

三、国际化产业合作，开放发展带动经济结构优化

产业发展和人文交流合作的国际化是郑东新区快速发展的法宝。深层次的开放，与世界最前沿保持同步，带动了城市功能的完善和经济结构的优化。截至2015年底，郑东新区共入驻世界500强企业49家、国内500强企业68家，总部企业68家。截至2015年10月，郑东新区全口径财政收入完成159.19亿元，同比增长28.33%，其中房地产业收入比重从2013年前的80%降至58%，金融业、总部经济和现代服务业等增势迅猛。

四、以人为本，建设宜居城市

2000年，河南省和郑州市的领导在提出高标准高起点建设郑东新区决策之时，就特别强调了生态和宜居的建设理念。建设生态宜居城市，是郑东新区“十年建新区”跨越式发展的目标。郑东新区在规划之初，没有单纯效仿上海陆家嘴、深圳福田等样板，而是另辟蹊径，始终贯彻生态、共生、新陈代谢、环形城市这些先进的理念。郑州第一次站在和西方发达城市同一标准、同一理念上进行城市建设，起到了带头示范作用，提升了河南形象，改变了人们的生活理念，宜居生态城市观念开始深入人心。

资料来源：根据中国政府网、新华网、中原网等资料整理。

2. 秦汉新城

2014年以来，秦汉新城作为陕西省西咸新区的核心组团，立足实际、发挥优势，

在建设“文化之城、田园之城、健康之城”上大胆探索、努力实践，初步走出一条转变城市发展方式的新路子。

专栏 3-6

陕西省西咸新区秦汉新城转变城市发展方式的主要做法

统筹新城建设与文物资源利用。文物是历史文化的重要载体，在秦汉新城范围内，西汉九座帝陵贯通东西，秦咸阳宫遗址等历史遗迹星罗棋布，这里寄托着中华儿女的精神乡愁。然而，规模庞大的文物资源曾一度成为城市建设的“拦路虎”，项目建设与文物保护短兵相接的情况时有发生。秦汉新城在城市开发建设中，一方面大力保护文物资源；另一方面加大文物资源利用力度，让文物“活”起来，更好地承载文化、传承文化、发展文化。在秦文化园、秦咸阳宫遗址公园、咸阳博物院、汉平陵邑丝路风情园等重点文化项目建设中，都把延续历史文脉、发展文化事业作为主线。同时，积极打造新丝路数字文化创意产业基地，努力建设具有世界影响力的秦汉历史文化区。

统筹城市规划与生态环境保护。秦汉新城是西咸新区面积最大的组团，但建设用地面积仅占总面积的 1/6，遗址保护区则占 1/3。这种情况表面上看是制约，实际上“绿水青山就是金山银山”，大面积的遗址保护区是建设田园新城的有利条件。这些绿化地带既是遗址保护区，又是绿色隔离带；既是农业发展的载体，又是城市生态休闲功能区。秦汉新城坚持尊重自然、顺应自然、保护自然的理念，坚持“因天时，就地理”，依循自然山川、河流、塬台、林田等地形地貌，因地制宜、因势利导规划城市发展格局，重点打造渭河生态景观带、泾河生态景观带和帝陵遗址生态景观带，构筑南、北、中三条绿色生态景观长廊，绿色城市建设初见成效。

统筹城区发展与产业发展。秦汉新城文化底蕴深厚、生态良好，具有建设创新型城市、和谐宜居城市的有利条件。秦汉新城围绕“国际医疗旅游服务港、丝路健康文化输出地、中国健康科技引领区”的战略定位，将医疗健康产业作为主导产业，大力引进国内外知名医疗产业及相关服务机构，力求实现健康医疗事业产业化、专业化；成立“秦汉新城生物医药科技产业园”，重点发展基因工程、干细胞工程、生物芯片技术等生物高新技术产业，建设国际一流的生物科技研发平台、国家级生物医药科技产业基地和“研发—孵化—培育—产业化”一体的综合性生物医药产业示范区。

资料来源：人民日报，2016 年 1 月 19 日，转载自中国政府网。

（三）新城新区的发展成效

1. 新城新区成为地方经济增长极

东部地区多数国家级新区的GDP占所在市的比重达到30%以上，中西部国家级新区的发展速度普遍较快。天津滨海新区的地区生产总值占天津市的比重由2006的44.5%上升到2015年的55%。西部地区的重庆两江新区设立5年来，地区生产总值年均增速高出全国10.9个百分点；甘肃省兰州新区2013年和2014年地区生产总值增速超过30%，明显快于其他地区。近10年来，全国的开发区集聚了90%以上新增工业项目[1]。

2. 人口集聚效应显著

2005—2015年，北京、上海新增的常住人口中40%以上集中在城市的新城新区。上海浦东新区是我国开发进展最快、人口增长最猛的新区之一。1990年第四次人口普查时，浦东新区的常住人口为138.82万人，占上海市总人口的10.4%，2015年浦东新区常住人口550万，占上海市总人口的23%。

3. 推动解决了部分“城市病”问题

一批特大、超大城市，人口过度集中，导致“城市病”。通过建立新城新区，部分解决了“城市病”问题。苏州老城区东西两侧分别开发建设有新加坡工业园和苏州新区，新区发展与旧城保护相结合，取得了较好的效果。全国近60%的城市提出“生态城市”“低碳城市”的目标，为应对气候变化、促进城市生态经济可持续发展作出有益尝试。

4. 拓展提升了城市功能

截至2014年底，中国沿线已规划或在建高铁新城约120个，已建设完备的高铁新城49个，推动越来越多的城市进入高铁时代。沿海大城市围绕港口规划建设了临港新城，促进了国际或区域航运中心建设。浙江省杭州市规划建设了未来科技城，提升了城市创新创业的水平。

（四）推动新城新区健康发展的重点

中国新城新区数量不断增多，面积不断扩大，除了内在的合理性因素之外，也还有一些原因，包括地方政府贪大求洋，获得土地成本过低，盲目投资而无须担责，缺乏调控与规范等。下一步，为推进新城新区更加健康的发展，需要在如下方面做出努力。

一是加强基础设施建设。加强新城新区对外交通连接线建设，完善区域交通

[1]《国家级新区发展报告》，中国计划出版社，2015年8月。

网络。注重地下空间建设，推进综合管廊试点。顺应信息化发展的趋势，超前布局基础设施。通过重大基础设施建设，引导产业、空间、人口的合理集中、集聚，实现产城人融合发展。

二是提升公共服务水平。建立健全社会保障体系，不断加大教育、医疗等投入，持续提高养老金、城乡低保等标准，切实增强基本公共服务保障能力。保障、维护、实现好失地农民利益，大幅提升安置房品质，鼓励园区提供更多更好的就业岗位，免费提供就业技能培训，确保有就业意愿的失地农民实现就业。

三是推动产业转型发展。推进先进制造业和现代服务业双轮驱动、科技创新与绿色发展相互促进，在引领产业转型上取得成效。推动第三产业不断提升，加快形成高技术产业集群，建设高水平的科研创新平台，提升高新技术产值的比例。

四是优化招商引资环境。开展以商招商、园区招商、“飞地”招商、产业集群配套招商等多种形式的招商，创新对外合作方式的形式，引人、引智、引资、引企多轮齐转，塑造新城新区的品牌形象，提升吸引力、影响力。

五是构建绿色生产生活方式。形成多宗地、多功能、多用途的综合节约集约利用开发，推动立体综合开发的节地模式。加强新城新区的生态管治，严格生态空间的用途管制。推动第三方环境服务，推进排污权有偿使用和交易试点。推动循环型、生态型新城新区建设，加快构建覆盖新城新区的资源循环利用体系。

六是强化融资保障。积极与各类金融机构合作，推动一批基础设施、民生保障、产业发展领域的重大重点项目尽快投资建设。创新融资模式，加快推广政府与社会资本的合作。通过设立产业引导基金、风险缓释基金等各类基金，利用发行企业债券、项目收益债券、保险信托计划等各种融资方式，创新试点债贷组合、投贷结合、租贷组合，资产债券化等融资模式，在新城新区建立多元化、可持续的资金保障机制。

七是加强国际合作。国家级新区、国家级高新区、国家级经济开发区以及其他新城新区应把国际合作作为新城新区发展的重要组成内容，重点从三个方面展开新城新区的国际合作：以企业投资为主要内容的项目合作；以服务贸易环境为主要内容的全面合作以及从规划到投资合作在内的整体性合作。

八是深化体制机制的改革。积极探索“大部制、扁平化”的管理模式，优化机构设置，形成更具推动力、整合力、执行力的运行机制。转变职能，建立服务型政府，把新城新区的管委会在经济中的作用从“管理型”转变为“服务型”，有效提高综合效能。积极推广“非禁即入”的负面清单管理模式，更大力度发挥市场作用。采取市场化方式，对一些工作内容通过外包服务来解决，降低公共运行成本。推广工商登记制度改革试点，探索对企业的绿色通道服务体系。

九是提升核心能力建设。要有制度的生产与突破能力，通过研究，明确制度创新禁区、突破区。要有规划的制定与实施能力，推进国民经济和社会发展规划、土地利用规划、生态环境规划、交通规划、水资源规划“多规合一”，强化新城新区决策管理部门的愿景描绘能力，规划协调能力。要有创新的集成与转化能力，能够系统化组织配置新城新区范围内政府、产业、学术、研究、资本、中介等方面的能力，鼓励高端人才集聚，培育足够的技术技能型人才。

三、推进绿色城市建设

绿色是永续发展的必要条件和人民对美好生活追求的重要体现。绿色城市是贯彻绿色发展理念的重要载体，是增强可持续发展能力的根本要求。党的十八大把生态文明建设纳入中国特色社会主义“五位一体”总布局，进一步明确了生态文明建设的战略地位。倡导生态文明发展，转变经济发展方式，弘扬绿色消费模式和生活方式，形成宜居的生态环境，促使城市向生产清洁化、消费友好化、环境优美化、资源高效化转变。

（一）绿色城市建设的政策设计

2013 年 12 月，中央经济工作会议明确提出“要把生态文明理念和原则全面融入城镇化全过程，走集约、智能、绿色、低碳的新型城镇化道路”。

2014 年 3 月，《国家新型城镇化规划》将“生态文明、绿色低碳”作为规划的重要原则，要求把“以人为本、尊重自然、传承历史、绿色低碳”理念融入城市规划全过程。提出要大幅提高绿色建筑的比例，2017 年新建绿色建筑的比例超过 30%，2020 年新建比例超过 50%。

2015 年 4 月，中共中央、国务院下发《关于加快推进生态文明建设的意见》指出，要把生态文明建设放在突出的战略位置，要大力推进绿色发展、循环发展、低碳发展，弘扬生态文化，倡导绿色生活。

2015 年 11 月，十八届五中全会中提出了五大发展理念，“绿色”是其中之一。习近平总书记指出，绿色发展，就其要义来讲，是要解决好人与自然和谐共生问题。人类发展活动必须尊重自然、顺应自然、保护自然，否则就会遭到大自然的报复，这个规律谁也无法抗拒。我们必须坚决摒弃损害甚至破坏生态环境的发展模式和做法，决不能再以牺牲生态环境为代价换取一时一地的经济增长。要坚定推进绿色发展，推动自然资本大量增值，让良好生态环境成为人民生活质量的增长点，成为展现我国良好形象的发力点，让老百姓呼吸上新鲜的空气、喝上干净的水、吃上放心的食物、生活在宜居的环境中，切实感受到经济发展带来的实实在在的环境效益。

（二）绿色城市建设的实践

全国各地在绿色城市发展模式上进行了大量探索，可分为生态文明城市、宜居型城市、环境友好型城市、绿色消费型城市和低碳节能型城市等。此外，各地还大力推行绿色基础设施建设，如绿色交通、绿色建筑、电动汽车充电基础设施建设等。

1. 生态文明城市建设

贵州省积极推进环境友好型城市建设，经过 14 年来的努力探索和快速发展，成为全国生态文明建设中的一颗明珠，形成环境友好型城市建设的“贵州模式”。

专栏 3-7

贵州省打造生态文明先行示范区

贵州省突出加强生态建设、调整产业结构、发展循环经济、全面深化改革四个重点，以此破解发展瓶颈，倒逼产业转型升级，拓展发展空间。主要做法如下：

一、着力优化国土空间开发

一是将全部国土分为重点开发区、限制开发区和禁止开发区，分别占国土面积的36.77%、43.91%和19.32%，要求全省国土空间开发强度控制在4.5%，并明确了各功能区的发展目标和方向、开发和管制原则。二是大力推进绿色建筑发展，2014 年全省绿色建筑项目达 284 个，共计 3107.8 万平方米。三是认真开展“四在农家·美丽乡村”创建活动。自 2013 年起，创建点覆盖率每年总体上以 10% 的增速递增，目前已有 16000 多个创建点，覆盖 9000 多个村、占全省行政村总数的 50%，受益群众达 1500 多万人。

二、着力调整优化产业结构

一是加快发展新兴产业。大力推进以大数据为引领的电子信息产业、以大健康为目标的医药养生产业、以绿色有机无公害为标准的现代山地高效农业、以民族和山地为特色的文化旅游业、以节能环保低碳为主导的新型建筑建材业等五大新兴产业。

二是推进能源结构调整。风能、生物质能、垃圾发电、光伏发电等新能源实现从无到有迅速发展。2015 年全省新能源发电装机将达 370 万千瓦，占全省电力装机的 7%。

三是大力淘汰落后产能。“十二五”以来累计淘汰落后产能 3783 万吨、制革 5 万标张，关闭小火电机组 200 万千瓦，关闭煤矿 920 处、产能 15550 万吨。

三、着力推动绿色循环低碳发展

一是加强节能减排。2014 年全省单位地区生产总值能耗、化学需氧量、氨氮、二氧化硫、氮氧化物排放总量同比分别下降 5.78%、0.46%、0.55%、6.15%、11.88%。2015 年全面完成国家下达的节能减排目标任务。

二是发展循环经济。“十二五”期间新增国家“城市矿产”示范基地 1 个，园区循环化改造示范试点园区 4 个，餐厨废弃物资源化利用和无害化处理试点城市 4 个，资源综合利用“双百工程”示范基地 2 个，国家循环经济示范建设市（县）4 个。

三是提高资源利用水平。2014 年，全省万元工业增加值用水量为 101 立方米 / 万元，比 2010 年下降 61.4%，水资源开发利用率为 9.7%；全省供应盘活使用存量土地 11.88 万亩，开发工矿废弃地等新增土地 5800 亩，五年农转用项目供地率达 77.98%，单位生产总值用地消耗下降 8.97%。

2. 宜居城市建设

城市是人的城市，让人民群众在城市生活得更方便、更舒心、更美好，是城市一切工作的价值指向。对百姓而言，衡量一座城市生活质量的高低，标准很简单，关键是衣食住行、生老病死、安居乐业。

近年来，因为机动车增长速度过快，城市布局等不尽完善，北京市道路“不堪重负”，拥堵几成城市“不能承受之重”。为了治理“大城市病”，北京市明确了职住平衡、公交优先、绿色出行的发展思路，并在“十三五”期间首次将交通承载力作为城市发展的约束性指标，引导群众选择绿色出行和更加健康的生活方式，打造“宜居城市”。

专栏 3-8

北京市治理交通，打造宜居城市

北京市在网上公示《“十三五”时期交通发展建设规划环境影响报告书》（以下简称《报告书》）。《报告书》指出，首都功能布局优化调整，将在新城树立“窄马路、密路网”的城市道路布局理念。

“窄马路”的布局理念，是对治理思路的进一步完善。“窄马路”和地铁路网加密、公交服务提升、发展绿色出行相辅相成。作为“窄马路”的保障，多层次轨道网和公交换乘系统正在快速构建。《报告书》指出，北京市将构建多层次轨道网，力争2020年轨道交通网络规模达到900公里以上。“十三五”期间，提高公交运行速度的公交专用道总里程将达到1000公里，香泉环岛等13个地区将开展P+R换乘停车场的前期研究工作。

在“公交优先”战略下，中心区的小汽车“让路”给自行车和行人，有助于引导群众选择绿色出行和更加健康的生活方式，打造“宜居城市”。

北京也在积极推动“自行车回归”。一方面通过“彩色铺装”等措施改善慢行系统，保障自行车、行人路权；另一方面结合区域的综合治理，形成区域联通、联网成片的规模效应。目前，金融街、三里河等区域已经完成“彩色铺装”，二环辅路的慢行系统改造即将完成。根据《报告书》，“十三五”期间北京市五环内将治理完善3200公里连续成网的自行车道路系统。公共自行车规模达到10万辆以上。

北京将把路权向自行车和步行倾斜，未来将打造安全、便捷、舒适、宜人的步行和自行车出行环境，形成“15分钟生活圈”。

北京已经明确摒弃“摊大饼”的发展思路，促进就近居住和职住平衡。在通州副中心的规划中，考虑到为通州当地城镇化、就业居民提供各类政策性住房，实现居住社区为本地就业、城镇化配套；构建“15分钟生活圈”，提高餐饮等场所的便利程度。

2000年，福建省提出建设生态福建。福州市在生态建设、污染防治方面效果显著，并连续荣获“全国文明城市”“全国宜居城市”荣誉称号。

专栏 3-9

福建省福州市建设国家生态市

2015 年福州市《政府工作报告》提出，将积极建设生态文明先行示范区，完成国家生态市、省级森林城市创建任务。

一、强化资源保护与促进经济循环

一是实施最严格的水资源管理制度。实行最严格的水资源管理制度，坚持落实各方责任，严格考核问责。二是大力推进节约集约用地。制定措施推进国土资源节约集约利用，开展旧村复垦、存量建设用地清理等工作，开展节约集约模范县创建活动。“绿色矿山”建设初见成效，“青山挂白”现象逐步消除。三是大力推进循环经济发展。“十二五”时开展了华闽再生资源产业园国家“城市矿产”示范基地建设，积极推进了粉煤灰、废塑料等工业大宗废弃物以及农林废物资源化利用工程。加快资源再生利用产业化，大力推进汽车零部件、工程机械等再制造。

二、持续推进生态建设和污染防治

一是切实加强污染防治。先后出台大气污染防治、水污染防治行动计划实施细则，持续开展了重点流域水环境和近岸海域污染整治，2014 年市级集中式饮用水源地水质达标率为 100%。全年全市空气质量达标天数 310 天、达标率 92%。二是造林绿化，自然保护区、自然保护小区、湿地公园建设。以组织实施“四绿工程”为重点，大力开展植树造林和森林抚育工作。截至 2015 年，全市森林覆盖率达 55.3%。晋升国家级自然保护区 4 处、省级自然保护区 3 处、国家湿地公园 3 处，累计新增保护面积达 3.6 万公顷。三是加强污染防治工作。深入开展闽江、敖江、龙江、大樟溪等重点流域水环境综合整治，加强重点行业污染治理，加强水土资源流失治理和节约集约利用。

三、宜居环境建设持续开展

一是全面提升城乡环境建设。深入开展宜居环境建设行动计划，农村环境连片整治、美丽乡村建设。截至 2015 年，城市建成区绿地率达 38.98%，人均公园绿地面积 12.6 平方米。二是重点实施城市改造工作。以城乡环境综合整治“点线面”攻坚计划为平台，以城镇“三边三节点”和特色景观带（廊道）整治建设、市政提升和棚户区（危旧房）改造为重点，目前，全市完成 435 个村庄环境整治，树立美丽乡村示范村 48 个，整治“三边三节点”27 个，建成绿道 540 公里以上。

3. 全国“两型”社会示范区建设

2007 年 12 月 14 日，国家发展改革委批准长株潭城市群为国家资源节约型、环境友好型社会建设综合配套改革试验区。作为长株潭城市群的核心城市，长沙市在推进“两型”社会建设综合配套改革中走在前列，为其他地区的发展起到积极的示范作用。

专栏 3-10

湖南省长沙市建设“两型”社会的主要做法

一、搭建示范平台、加快模式创新

一是创新编制“两型”规划体系。以“两型”指标体系为指引，将“两型”理念转化为组团式空间布局、嵌入式城镇布点、公交主导式综合交通等规划内容。创新规划体制，率先实行空间、土地、产业、生态、主体功能区“五规合一”，市、县、乡三级监管，构建复合型、立体型、统筹型的规划体系。

二是全面整治区域生态环境。创新实施了资源补偿、排污权交易、资金奖励、税费减缴等一系列激励和倒逼机制，促使区域内水泥和化工污染企业平稳有序退出。

三是全面加快产业转型升级。以高端人才为支撑，以公共技术服务平台为依托、以高新技术产业和现代服务业为主导的内生型经济发展体系。

四是推进国家节水、节材型试点城市建设。实施设施改造、中水回用、雨水收集等一批节水示范项目建设。

二、规范管理体系、治污节能并行

一是加快污染治理。迅速推进截污治理工程、污染源退出工程、城乡垃圾收集处理工程、面源污染治理工程、河道整治与生态修复工程。二是示范推广绿色建筑。依据长沙《绿色建筑行动方案》，建设了 3—5 个绿色低碳示范镇，建成轨道交通 1 号、2 号线绿色地铁，城市新增可再生能源应用建筑面积 700 万平方米。三是实施绿色精细管理。为保护城市生态，先后实施了跃进湖、西湖“还湖于民”，及时叫停并修改填湖建设方案，实施改造提升工程。

三、推进环境保护政策和制度创新

率先建立环境资源交易所，将排污权指标、环保技术指标和生态环境资源指标纳入交易范围；率先实施环境风险责任保险制度，在造纸、采矿和规模养殖行业全面推行。

4. 绿色宜居城市建设

作为中小城市的代表，河北省张家口市紧扣“绿色宜居城市”建设目标，构建低碳循环产业体系，努力走出一条生产发展、生活富裕、生态良好的绿色发展之路。2015 年，京津冀协同发展战略把张家口定位为京津冀水源涵养功能区，北京携手张家口获得 2022 年冬奥会主办权，2015 年 7 月，国家发展改革委批复《河北省张家口市可再生能源示范区发展规划》，探索可再生能源发展的新机制，支持和引导河北省张家口市可再生能源示范区建设。

专栏 3-11

河北省张家口市建设绿色宜居城市

一、建设优美生态空间

一是加强生态保护和修复，实施重大生态修复工程。依托京津风沙源治理二期、退耕还林、“三北”防护林低质林改造、森林抚育经营等国家和省重大生态修复工程，加快重大生态修复治理工程步伐，提高工程管护水平，推进荒漠化、沙化、水土流失综合治理。二是持续改善自然生态功能。以湿地、林地和自然保护区为主体，保护生物多样性与持续利用，发展生态产业，创建生态品牌。三是创新生态建设方式。政府引导、社会参与，充分利用生态建设所具有的生态、经济双重效益功能，通过政府引导方式，充分利用社会资本参与生态建设，做到谁投资谁受益。

二、构建低碳循环产业体系

一是建设绿色农牧业产品基地。加快发展绿色农牧业，大力推动节约资源和清洁农牧业生产，推动农林废弃物综合利用和循环农业发展，全力打造环首都现代农业示范带。2014 年，投资建设世界一流农牧综合体项目。其支柱产业蔬菜产业常年种植面积 150 万亩，年产量 600 多万吨。二是改造升级传统产业。改造提升装备制造业、新兴产业、特色农业产品加工。2014 年出台了《支持工业转型发展八项措施》，进一步提升企业技术装备和创新能力。三是培育新型绿色生态产业。

三、推行绿色低碳生活方式

一是全面发展绿色建筑。张家口市出台的《开展绿色建筑行动推进建筑节能工作新发展的实施意见》中提出，到 2015 年底，张家口市“绿色建筑”将占到全市新建建筑面积的 25%。

二是加快推进可再生能源利用。大力推进风电供热，应用太阳能等新能源。《河北省张家口市可再生能源示范区发展规划》明确提出，到 2020 年，示范区 55% 的电力消费来自可再生能源，全部城市公共交通、40% 的城镇居民生活用能、50% 的商业及公共建筑用能来自可再生能源，40% 的工业企业实现零碳排放。

三是调整交通领域能源结构。推进淘汰黄标车进程，强制淘汰财政供养单位从事营运和公共服务的“黄标车”。出台财政补贴政策，鼓励私人“黄标车”提前淘汰。2015 年，全市提前完成淘汰“黄标车”8.2 万辆。

四是推进农村能源结构调整。大力实施农村能源清洁开发利用工程。在县区、乡镇建设洁净煤生产配送中心，进一步完善辐射乡村的销售网络，推广秸秆能源化利用；推广新型高效燃煤炉具；推广新型锅炉或改造锅炉，达到清洁燃烧标准。

5. 绿色基础设施建设

2016 年 2 月，国务院召开深入推进新型城镇化建设电视电话会，提出要大力推广绿色交通、绿色建筑，支持电动汽车充电基础设施建设。为落实《国务院办公厅关于加快新能源汽车推广应用的指导意见》，科学引导电动汽车充电基础设施建设，促进电动汽车产业健康快速发展，国家发展改革委印发了《电动汽车充电基础设施发展指南（2015—2020 年）》，指出了我国目前充电基础设施的发展基础与存在问题和挑战，对需求进行了预测，并提出按照适度超前原则，确定充电基础设施建设目标。

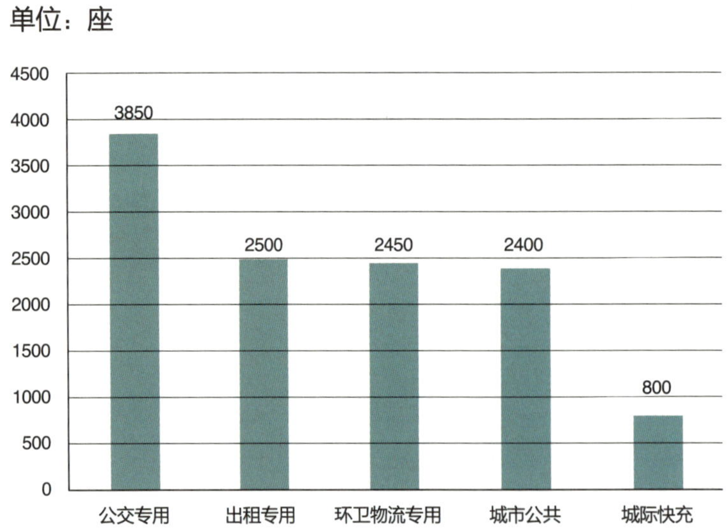

图 3—2　2015—2020 年新增集中式充换电站总体目标

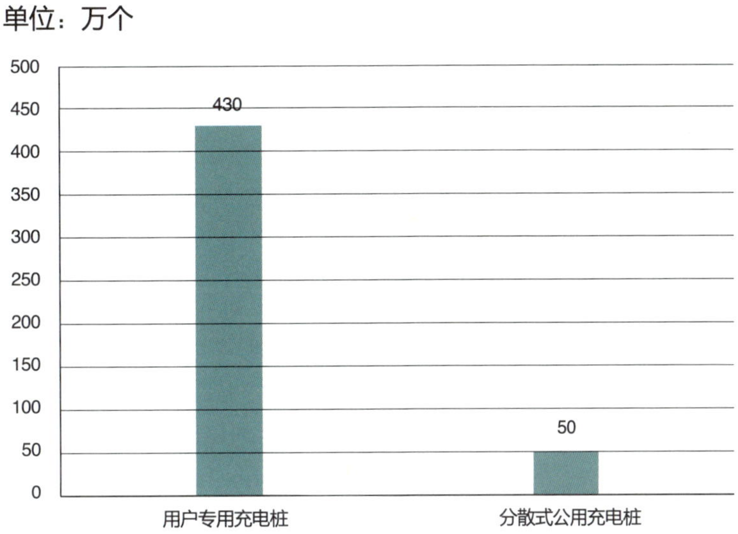

图 3—3 2015—2020 年新增各类充电设施总体目标

资料来源：《电动汽车充电基础设施发展指南（2015—2020 年）》。

2015 年，国务院办公厅发布了《关于加快电动汽车充电基础设施建设的指导意见》，要求通过加强专项规划设计和指导，加快建设用户居住地充电设施、单位内部充电设施、公共服务领域充电设施、城市公共充电设施、城际快速充电网络。并要求完善充电设施标准规范，建设充电智能服务平台，建立互联互通促进机制，做好配套电网接入服务，创新充电服务商业模式。还要求通过简化规划建设审批，完善财政价格政策，拓宽多元融资渠道，加大用地支持力度，加大业主委员会协调力度，支持关键技术研发，明确安全管理要求，强化支撑保障并做好组织实施。

在一系列政策引导下，我国的绿色基础设施建设取得了明显进展。2015 年全国绿色建筑总建筑面积 4.4 亿平方米。其中广州市绿色建筑建设提前完成“十二五”规划目标，截至 2015 年 10 月累计完成 1600 多万平方米，处于全国领先。

各地区积极推动电动汽车充电基础设施建设，各项工作取得积极进展。安徽省合肥市作为国家新能源汽车发展试点城市之一，在新能源汽车的开发上起步较早，截至 2015 年底，合肥市累计已有 1.7 万辆新能源汽车上路，全市已初步形成电动公交车、出租车、高速公路充电站、个人充电桩的多层次、立体化的充电网络。

专栏 3-12

安徽省合肥市积极建设电动汽车充电设施

2015 年，合肥市共拥有充电设施运营商 3 家；充电桩生产企业近 10 家。全市 2015 年共建成 29 座公交车充电站、565 个桩，共建成 150 余座电动轿车充电桩群、2611 个充电桩。新建小区由开发商配建充电桩 3030 个。其主要做法如下：

一、明确发展目标，制定充电设施建设规划

合肥市科技部门组织编制了《合肥市新能源汽车充电设施专项规划（2015—2020 年）》，明确了发展方向。至 2020 年，合肥市将建设直流充电桩 1.6 万个，交流充电桩 8 万个，满足 10 万辆电动汽车充电需求。

二、加强协调落实，严格监督考核

一是会同供电公司和普天新能源，起草充电桩建设选址条件、环境参考标准。二是将电动出租车公共充电设施建设任务分解到各城区及开发区，强化监督考核。三是建立各城区及开发区联席会议制度，协调解决选址、建设等流程中存在的问题。

三、制定规范措施，保障安全运营

合肥市先后制定了一系列规范标准，确保了充电设施建设有序规范。建设新能源汽车安全监控服务中心，适时监控，确保安全运营。

四、制定出台支持充电桩建设的政策

合肥市明确充电设施建设配建比例，新建小区不低于 10%，公共场所不低于 20%。对投资建设新能源汽车充（换）电设施的单位，市财政给予设备投资总额 20% 的补助，最高补助不超过 200 万元；对购买纯电动乘用车的个人，在地方配套 1:1 的市级财政补助资金中安排 10000 元 / 辆用于自用充电设施安装和充电费用。严格收费章程，建立充电运营商投资运营回报机制，明确充电服务费收费标准。

（三）绿色城市发展展望

“十三五”规划建议指出，要坚持绿色富国、绿色惠民，推动形成绿色发展方式和生活方式，协同推进人民富裕、国家富强、中国美丽。绿色发展理念，必然贯穿到未来城市发展模式的方方面面。

1. 城市发展方式实现绿色转型

根据资源承载力调节城市规模，依托山水地貌优化城市形态和功能，实行绿色规划、设计、施工。同时，城市经济增长方式将实现从“高耗能、高排放、高污染”为特征的褐色发展向“低耗能、低排放、低污染”为特征的绿色发展转型。城乡空间布局从粗放、无序、非均衡转向集约、有序、均衡。

2. 大力发展绿色低碳新兴产业

“十三五”规划建议指出，要支持绿色清洁生产，推进传统制造业绿色改造，推动建立绿色低碳循环发展产业体系，鼓励企业工艺技术装备更新改造。新兴节能环保产业、能源管理新兴服务业发展将创造新市场、新需求，提供新的发展动力，大量绿色低碳技术将用于改进传统高消耗、高排放产业。要发展绿色金融业，设立绿色发展基金，推动绿色产业的蓬勃发展。

3. 新能源普及程度将大幅提高

我国将进一步推进能源革命，加快能源技术创新，建设清洁低碳、安全高效的现代能源体系。非化石能源比重将进一步提高，煤炭等化石能源清洁高效利用进一步推进。风能、太阳能、生物质能、水能、地热能、核电等新能源得到普及。储能和智能电网、分布式能源将得到进一步发展，节能低碳电力调度等体制将得到进一步完善。

4. 大幅提高绿色建筑比例

未来中国各城市的绿色建筑比例将大幅提升。目前国内所有绿色建筑项目中80% 以上都集中在一线城市，随着中国工业化和城市化的重心向中西部转移，绿色建筑的普及将从东部发达地区向中西部城市和欠发达地区扩展。随着国家对绿色建筑政策的加强，以健康为主题的商业绿色建筑也将得到蓬勃发展。

四、加快智慧城市建设

智慧城市是当今世界城市发展的趋势，是推动以人为核心的新型城镇化、促进城市持续健康发展的新理念和新模式。它以新一代信息技术为基础，通过智慧感知、分析、集成和应对各类社会活动与公共需求，有助于为公众提供更加便捷、高效、灵活的公共管理和社会服务，对于增强城镇的综合竞争力和承载力、提高群众的生活质量、提升政府的宏观调控和公共服务水平，协同推进新型工业化、信息化、城镇化、农业现代化具有重要战略意义。《国家新型城镇化规划》指出，智慧城市是推动新型城市建设的核心理念之一，重点是统筹城市发展的各项资源利用，推动新一代信息技术创新应用，实现与城市经济、社会发展的深度融合。

（一）智慧城市建设相关政策

1. 智慧城市建设上升为国家战略

建设智慧城市是党中央、国务院立足我国城市发展实际，顺应信息化和城市发展趋势，主动适应和引领新常态、形成经济发展新动能做出的重大决策部署。2015 年 12 月 20 日召开的中央城市工作会议上，习近平总书记明确提出，要推进智慧城市建设。李克强总理指出，智慧城市是城市信息化的高级形态，是包含全新要素和内容的城镇化发展模式。

2013 年 8 月，国务院发布了《关于促进信息消费扩大内需的若干意见》，明确提出在有条件的城市开展智慧城市试点示范建设。2014 年 8 月，国家发展改革委等八部委联合印发《关于促进智慧城市健康发展的指导意见》，明确提出中国智慧城市发展思路、建设原则、主要目标以及发展重点。为落实此意见，同年 10 月，以中央网信办为特约指导单位，国家发展改革委为组长单位，工业和信息化部、科技部、公安部等 25 部委成立了促进智慧城市健康发展部际协调工作组，建立起了智慧城市领域重大事项、重点工作的跨部协调机制。2016 年 3 月起，为了进一步加强跨部门工作协调力度，经请示国务院同意，将“促进智慧城市健康发展部际协调工作组”更名为“新型智慧城市建设部际协调工作组”，将原有工作机制从司局级层面升级为相关部门部级领导参与。2016 年 2 月印发的《国务院关于深入推进新型城镇化建设的若干意见》中明确提出实施“宽带中国”战略和“互联网 +”城市计划，加速光纤入户，促进宽带网络提速降费，发展智能交通、智能电网、智能水务、智能管网、智能园区。2016 年 2 月 6 日印发《中共中央　国务院关于进一步加强城市规划建设管理工作的若干意见》，明确要求：推进城市智慧管理。加强城市管理和服务体系智能化建设，促进大数据、物联网、云计算等现代信息技术与城市管理服务融合，提升城市治理和服务水平。积极发展民生服务智慧应用。到 2020 年，建成一批特色鲜明的智慧城市。通过智慧城市建设和其他一系列城市规划建设管理措施，不断提高城市运行效率。

在相关政策指导下，国家发展改革委加强与各地区合作开展智慧城市重大问题的研究，会同各部门指导各省区统筹推进智慧城市建设。目前已有广东、江苏等 20 个省区市编制了本省区的智慧城市建设工作方案，初步形成了从中央到地方有序推进智慧城市建设的工作格局。

2. 智慧城市各相关领域的指导文件纷纷出台

2015 年 1 月 10 日，国家旅游局印发的《关于促进智慧旅游发展的指导意见》提出，到 2016 年，建设一批智慧旅游景区、智慧旅游企业和智慧旅游城市，建成国家智慧旅游公共服务网络和平台。

2015 年 1 月 31 日，国务院印发了《关于促进云计算创新发展培育信息产业新业态的意见》，要求到 2017 年，云计算在重点领域的应用得到深化，产业链条基本健全，带动相关产业快速发展。

2015 年 3 月 30 日，国务院办公厅正式印发的《全国医疗卫生服务体系规划纲要（2015—2020 年）》显示，未来 5 年我国将开展健康中国云服务计划，积极应用移动互联网、物联网、云计算、可穿戴设备等新技术，推动惠及全民的健康信息服务和智慧医疗服务，推动健康大数据的应用，逐步转变服务模式，提高服务能力和管理水平。

2015 年 5 月 5 日，交通运输部正式发布《关于促进交通一卡通健康发展加快实现互联互通的指导意见》，确定近期目标为优化和完善交通一卡通互联互通顶层设计，统一行业技术标准，建立全国安全、高效、分级的清分结算体系，建立较为完备的行业监管制度体系，到 2020 年基本实现各大城市群跨市域、跨省域的交通一卡通互联互通。

2015 年 5 月 7 日，国家测绘地理信息局印发《关于推进数字城市向智慧城市转型升级有关工作的通知》，为测绘地理信息部门如何在智慧城市建设中发挥基础性、先行性作用，如何推动智慧城市健康发展提出指导意见。

2015 年 5 月 19 日，国家互联网信息办公室发布《关于加强党政部门云计算服务网络安全管理的意见》，进一步明确党政部门云计算服务网络安全管理的基本要求，即安全管理责任不变，数据归属关系不变，安全管理标准不变。

2015 年 7 月 4 日，国务院进一步发布《关于积极推进“互联网 +”行动的指导意见》，确立了五项基本原则：坚持开放共享、坚持融合创新、坚持变革转型、坚持引领跨越、坚持安全有序。提出到 2025 年，“互联网 +”新经济形态初步形成，“互联网 +”成为我国经济社会创新发展的重要驱动力量。

2015 年 7 月 6 日，国家发展改革委、国家能源局联合印发的《关于促进智能电网发展的指导意见》指出，到 2020 年，初步建成安全可靠、开放兼容、双向互动、高效经济、清洁环保的智能电网体系，满足电源开发和用户需求，全面支撑现代能源体系建设，推动我国能源生产和消费革命；带动战略性新兴产业发展，形成有国际竞争力的智能电网装备体系。

2015 年 9 月 5 日，国务院发布《关于印发促进大数据发展行动纲要的通知》，把数据确定为国家基础性战略资源。推动大数据发展和应用在未来 5—10 年逐步实现如下目标：打造精准治理、多方协作的社会治理新模式；建立运行平稳、安全高效的经济运行新机制；构建以人为本、惠及全民的民生服务新体系；开启大众创业、万众创新的创新驱动新格局；培育高端智能、新兴繁荣的产业发展新生态。

2016 年 2 月 24 日，国家发展改革委、国家能源局、工业和信息化部联合印发了《关于推进“互联网 +”智慧能源发展的指导意见》，明确提出互联网 + 智慧能源（以下简称“能源互联网”）是一种互联网与能源生产、传输、存储、消费以及能源市场深度融合的能源产业发展新形态。将分为两个阶段推进具体工作：2016—2018 年，着力推进不同类型、不同规模的试点示范项目。攻克一批重大关键技术与核心装备，能源互联网技术达到国际先进水平。2019—2025 年，着力推进能源互联网多元化、规模化发展，初步建设能源互联网产业体系，成为经济增长重要驱动力。建成较为完善的能源互联网市场机制和市场体系。

3. 制定出台智慧城市评价指标体系

为了加强规范引导，按照“以评促建，以评促管，以评促改”的工作思路，国家发展改革委与国家标准委、中央网信办联合制定了《智慧城市评价指标体系总体框架（试行）》《智慧城市评价标准体系分项制定总体要求（试行）》，组织公安部、住房城乡建设部、交通运输部等部门分别制定各领域城市智慧应用评价指标体系。同时，国家发展改革委与国家标准委、中央网信办将在“十三五”时期内，有针对性地组织 100 个城市大力推进新型智慧城市建设，开展智慧城市建设效果评价工作，分行业、分领域选取一批有代表性的智慧城市优秀案例，以点带面，促进城镇化发展质量和水平全面提升。

（二）智慧城市建设的实践与进展

近年来，我国加快实施“宽带中国”战略和“互联网 +”城市计划，智慧城市建设在我国新型城镇化进程中逐渐落地。各地在智慧城市的实践探索中，在提升城市品质、增进民生福祉方面，做了大量卓有成效的工作，我国智慧城市建设进展显著。截至 2015 年底，全国已经有 400 多个城市宣布建设智慧城市，覆盖了东、中、西部地区。

1. 信息基础设施建设明显改善

信息基础设施作为智慧城市的基础支撑，自 2014 年以来，在光纤网络覆盖、移动网络部署、北斗终端设备普及、智能终端拥有率方面呈现不断提高的发展势头。随着“宽带中国”战略的实施，光纤网络部署、入户率及宽带速率都实现明显提高。截至2015年9月，互联网宽带接入端口达4.7亿个，同比增长20.7%。网民规模达6.88亿人，互联网普及率达到50.3%，较2014年底提升了2.4个百分点。宽带提速明显，8Mbps以上接入速率的宽带用户总数达到9469.6万户，占比达到46.4%。光纤宽带接入FTTH/0端口快速增长，达到2.4亿个，比2014年末净增8000.8万个，占互联网宽带接入端口总数比重由2014年末的40.6%提高到51.7%。智能电网加速投资，国家电网在“十二五”期间投入约1.6万亿元用于加强智能电网建设。公共服务方面，通过网络化、移动化的技术运用，传统的模式正逐步被取代，已实现通过移动终端将公共服务直接面对居民，实时互动。城市基础设施、公共服务逐步智能化，大数据中心、智能服务系统逐渐成为城市新的基础设施，信息和数据已经成为城市重要的资产。

专栏 3-13

江苏省无锡市建设智慧城市的做法

无锡市依据政府主导、企业主体、社会参与、市场运作四项原则，建设了集城市大数据中心、电子政务服务平台、城市管理服务平台、民生服务服务平台、经济运行服务平台于一体的“一中心四平台”系统。主要做法包括：

一、注重信息基础设施

在推进过程中，无锡依托其信息化基础设施和物联网产业优势，因地制宜，大力推进“无线城市、光网城市、宽带提速、三网融合”四大基础设施工程建设，全市信息通信网络基本实现了宽带化、数字化、光纤化和广覆盖以及“百兆到户、千兆到楼、T级出口”的目标，有效推动了无锡智慧城市建设。

二、着力优化民生服务

无锡在建设智慧城市过程中，始终坚持以民生价值为导向，强调信息惠民。2012年的《智慧无锡建设三年行动纲要》将“惠民”作为首要宗旨，通过民生服务云、社区智慧显示屏、免费WIFI等项目建设，“点、线、面”结合，合力推动将智慧无锡建设的民生价值落实到实处。

三、坚持自主创新，注重信息安全

无锡在智慧城市建设过程中，将自主研发作为核心倚重力量，引导科研院所和企业加强核心技术研发与顶层架构设计，实现核心关键技术自主可控，保障信息安全。通过自主创新，目前已获得物联网领域专利近 2000 项，累计编制修订标准 49 项，并推出国内首个云服务标准。

四、创新体制机制，打破部门“信息孤岛”

成立了市级层面的信息技术发展领导小组，由市委、市政府主要领导担任组长，领导小组下设办公室，协调推进智慧城市建设。无锡在所有党政部门都设有信息化处，实行首席信息官制度，定期组织培训和考核，保障了专业化水平。通过上述机制创新，无锡加强了制度保障，整合了信息资源，打破了不同部门之间的信息壁垒，提升了其综合治理能力和决策水平。同时，无锡从资金源头和考评体系两方面着手，出台了对全市信息化资金闭口管理的规定。各部门所建信息化项目必须由信息化主管部门出具论证报告，才能给予财政支持。

2. 地方政府加速推进，顶层设计备受重视

我国智慧城市的开展过程中，地方政府较为积极。纷纷将建设智慧城市作为“十二五”城市信息化发展的重要目标。建设智慧化应用的覆盖面已扩大至几十个领域。其中，信息化基础设施、电子政务、社会治安、智能交通、市政管理、智慧医疗、社区服务等领域的关注程度较高。先行城市往往都高度重视智慧城市的顶层设计，应用各种新技术，提升城市认知、规划、管理的水平，着力实现全流程规划的智慧化。如北京市将智慧城市建设分为政府主导领域和市场主导领域，从市级、部门和区县三个层次，系统地开展全市的顶层设计。武汉市投入 1000 万元，在全球范围内招标，开展 10 个重点领域的顶层设计。上海市投入 200 万元，开展“智慧闵行”基本框架顶层设计等等 。

专栏 3-14

湖北省武汉市建设智慧城市的做法

武汉市将“智慧城市”建设作为一项重要战略任务列入武汉“十二五”规划纲要，是重点实现的九大目标任务之一。主要做法是：

一、政府统筹规划，制定智慧城市顶层设计

武汉市面向全球招标，整合国内外一流机构的规划理念和技术优势编制《武汉市智慧城市建设总体规划与设计》方案。计划用 10 年打造“智慧城市”。

二、组织多方力量，成立专门研究机构

2010年，由市长挂帅组建了“武汉市智慧城市建设领导小组”。整合资源成立“武汉智慧城市研究院”，会聚来自国家“千人计划”、物联网、城市规划以及投融资方向的人才和专家共同开展工作，支撑智慧城市建设的产学研资源整合平台。

三、智慧城市建设优先民生领域

通过市民之家有效提升政府办事效率。市民之家基于“数据整合”理念，采用云服务技术，构建全市统一网上行政审批平台，实现行政审批网络通、数据通、业务通。其中，突出“城市客厅、办事大厅、展示大厅”三大功能，推行“一楼式办公、一窗式收费、一站式服务”运行机制。市民之家现有66个单位进驻，设立318个受理窗口、办理426个行政审批和公共服务事项，它是集政务服务、规划展示、教育培训、商务洽谈、文化休闲于一体的多功能、综合性服务平台，凸显“服务、高效、规范”的城市管理理念，是武汉市政府服务企业的窗口、联系市民的纽带。

3. 城市治理得到创新

国家发展改革委与民政部等12个部门组织实施了信息惠民工程，在全国80个城市开展了信息惠民试点工作。智慧城市建设明显带动了城市治理水平的提升，“互联网+”正在深刻改变城市的管理模式和服务方式。如户籍管理的智能化技术运用、城市道路监测、应急系统等都是城市治理智能化的典型体现。电子政务助力打造高效的政府，山东、浙江、广东等地推广应用网上办事平台，促进政府不断优化创新公共服务，推进了行政权力程序化、规范化和透明化运行，改善了行政权力的监督效率。运用互联网、大数据等手段，实现政府部门之间的数据共享，加快政府信息开放，增强了公共服务的主动性、精准性、便捷性。

专栏 3-15

山东省威海市建设智慧城市

威海市自2013年启动智慧城市建设以来，制定了4大建设目标，即完善信息基础设施、提升政府治理能力、带动城市经济发展、服务社会便民惠民，在多个领域开展了智慧城市项目建设。主要做法是：

一、整合部门资源，实现电子政务

威海市共投资1350万元建成电子政务云，敷设98条光纤链路，整合迁移了市直部门机房和服务器设施150多台套。目前已实现200多个部门使用统一技术平台、统一运算存储、统一内外网络、统一互联网出口、统一安全防护、统一运行维护。

二、运用智慧交通管理手段，降低城市拥堵水平

威海市建成智能管控平台和8个应用系统，整合和实时监控路况事件天气等情况，自动识别重点车辆并报警，每5分钟发布重点路口路段信息，中心城区工作日早、晚高峰路网平均车速提升，路网平均拥堵时间下降。

三、建立智慧城建档案

含地下管线信息系统、城建档案归档系统、勘察现场数据采集和建设项目流程数据采集系统。覆盖供水、排水、燃气、热力、电力、电信等6大类、共计13994公里管线数据，已有联网用户24家，累计点击查询6万多次。目前已挂接73个工程的967卷档案，共计96千兆数据。

四、实现智慧水务、供电、供热管理

建成供水管线数字化平台和供排水调度指挥系统，与热电、通信、燃气等管线实现信息共享，提供现场数据实时采集、自动报警、应急指挥调度等功能。建成智能供电平台，131万客户实现用电信息自动采集和电费自动核算；开展光伏储能微网、光导照明、节能路灯、智能用电控制、充电桩、居民家庭能效服务六位一体智能供电服务。建成智慧供热管理平台，全市完成改造安装楼道智能电动调节阀12880个，安装户内温控阀33万个，服务用户30万户，供热机组效率提高35%，节能27.6%，年实现利税7148万元，实现供热计量数字化、节能控制智能化、用热自主化和政府监督网格化。

4. 建设成果更加惠及民生

各地在建设智慧城市过程中，更加注重以民生需求为导向，重点解决社保、医疗、教育、就业、养老等领域的突出问题，用信息化建设成果惠及民生。坚持以人为本，把有限的资源投入到亟须解决的问题上，推动社会事业改革发展，打破信息孤岛，简化群众办事环节，把群众的重点关切摆到第一位，充分利用信息资源发展便民、惠民。同时，更加注重推进互联网与实体经济的渗透融合，促进互联网产业从“消费服务型”向“生产服务型”延伸，加快促进城市产业转型升级。

专栏 3-16

河南省新县建设智慧城市

河南省新县是全国著名的革命老区，该县以“红色引领、绿色发展”为理念，紧扣山水红城、健康新县定位，将智慧城市建设作为惠民兴业的重要抓手，主要做法是：

一、产业扶贫先行，打造健康新县

重点打造智慧农业平台，针对信阳毛尖、山茶油、淮南黑猪等特色农产品，围绕农业标准化生产、农产品质量溯源、农产品电商助力农业产业精准扶贫。通过平台聚集新型农业经营主体560个，培育农业产业化集群3个、农业产业化重点龙头企业30家，孵化出羚锐、安太食品、新林茶叶、久润生态农业、豫南茑业等一批新县品牌，推动农民人均纯收入增长10.5%，实现约9000名贫困人口稳定脱贫。

二、推动旅游富民，打造绿色新县

通过旅游大数据服务平台建设，推广“线上下单、线下购物”旅游消费模式，成功开发推出“新县旅游”APP，借助移动终端面向全国推介新县旅游资源，建设创新体验中心，培育新的消费热点。运用“线上＋线下”联动方式，举办红色历史探究、山水避暑休闲、健康康体养生、民俗文化体验、越野比赛等活动，带动旅游产业发展，推动游客增长12.5%，实现旅游综合收入增加16%。

三、优先改善民生，打造幸福新县

打造城市公共信息平台，并与运营指挥中心、智慧舆情分析平台和政务办公相互融合，城乡居民足不出户可享受公共交通、教育医疗、社会保障等方面的信息查询、在线预约、在线办理等服务。建设视频监控“天眼”系统，助力平安村、平安社区建设，实现县乡村视频监控平台互联互通，公众安全感位居信阳市第3位、政法机关执法满意度位居信阳市第1位。

5.新城新区成为智慧城市建设突破点

新区相对老旧城区在开发成本、协调难度、土地资源等方面具有优势，智慧城市建设可从规划阶段与基础设施建设同步开展、实施，能够实现有效整合。从国际经验来看，日本的柏之叶、韩国的松岛等智慧城市的建设都是以新城新区的开发为切入点的。随着我国新型城镇化的加速，智慧城市已成为新城建设的必备内容。

同时，促进产城融合是中国当前城市智慧城市建设中的一个突出特点。新城新区是一个载体，在一开始建设新城的时候，把智慧家居、智慧社区、智慧园区等社区服务、政府公共服务以及市场化服务等所有要素植入其中，成功后对老城区的更新与改造有参照价值。

专栏 3-17

日本柏之叶建设智慧城市

柏之叶市位于日本千叶县西北部，距离东京约30公里，距离东京国际机场（成田机场）30公里，通过轨道相连，是东京的卫星新城之一。

一、以人为本，使生活更方便、更舒适

日本的智慧城市建设，很多技术直接针对家庭和人的生活习惯，与人的需求贴合紧密，生活实用性较强。比如，采用能源消耗可视化软件，方便需求管理。通过卡通冰块面积的变化显示家庭总用电量，很直接；通过智能操作系统，实现离开房间后可自动断电，3秒内自动启用，外出状态下也可提前调控空调；利用IC磁片人体感应器控制的办公位空调温度调节系统，人走到哪个区域，相应区域的空调都会自动调节至之前设定的温度；将电动车的充电系统与家庭电网对接，便于人们把车里多余电量供给家庭应急使用。

二、以民营企业推动为主，更加注重把握市场需求

以三井不动产为主要代表的日本民营企业基于自身专业技术，以开发减少能源资源节约的综合智能解决方案为重点，综合考虑降低成本、实现多样性选择，服务家庭社会需求。在柏之叶智慧城市，通过智能终端系统，可以将每个家庭、每栋楼、整体社区的预测用电量和实际使用量信息及时传递给业主，便于家庭和社区的自我管理。对于节约用电量超过一定标准的家庭，按照节能分值发放可兑换社区内商店的地域贡献积分，由此提高了居民节电的积极性。

三、探索智慧城市和社区更广泛的服务路径

柏之叶市提出智慧城市三大建设理念：环境共生，健康长寿，新产业创造，并细化出地域能源一元化管理、低碳型交通体系、地区医疗养护网络、创造个体价值的社会参与、开发个人创业空间等9大具体应用主题，充分体现了政府、企业和社区在环保和公共安全方面的关注、居民在个人健康和创业的利益诉求、学术研究机构对研发空间的需求，这些信息为开发企业建造有吸引力的城区提供了非常大的帮助。使得智慧城市的概念从低碳、降低能源消耗转向具有更多的社区服务内容。

6. 智慧城市的经验交流日益增多

据 IDC（互联网数据中心）2014 年的统计数据，全球目前已经启动或正在兴建中的智慧城市达 1000 多个，每年的复合增长率达到 20%。我国在现阶段建设智慧城市更加注重着眼国内、国际两个市场开展相关工作。一方面，通过智慧城市发展联盟等行业组织，推动国内企业与各地政府对接，加强政策的宣传与贯彻落实，于 2014 至 2016 年分别举办了两届智慧城市创新大会和中国智慧城市国际博览会等一系列活动，为国内城市和企业的智慧城市案例提供了向国际展示的舞台。另一方面，利用美、欧、日、韩、印等各类双边和多边合作契机，积极推进智慧城市国际合作，支持我国相关企业拓展海外市场。如在中欧城镇化合作伙伴关系的机制中开展了中欧智慧城市经验交流；深圳市和印度古吉拉特邦金融科技城达成了智慧城市合作意向，并写入了《中华人民共和国和印度共和国联合声明》。

五、加强人文城市建设

城市生活需要有质量的“精神化生存”。少了人文精神的滋润，少了文化底蕴的支撑，城市外观建设得再华丽，总是缺乏“根基”。习近平总书记在 2013 年中央城镇化工作会议上提出“让居民望得见山，看得见水，记得住乡愁”的人文理念，为新型城市建设指出了一个重要方向。《国家新型城镇化规划》提出，要发掘城市文化资源，强化文化传承创新，把城市建设成为历史底蕴厚重、时代特色鲜明的人文魅力空间。加强人文城市建设是对我国城市发展传统文化的传承创新，是对当前我国城市发展主要矛盾的深刻把握，是对坚持走中国特色城市发展道路的文化自信。

（一）人文城市建设相关政策

2009 年 7 月 22 日，我国第一部文化产业专项规划——《文化产业振兴规划》由国务院常务会议审议通过，标志着文化产业已经上升为国家的战略性产业。

1. 人文城市成为新型城市建设目标

《国家新型城镇化规划》将注重人文城市建设作为推动新型城市建设的重要内容进行阐述，指出人文城市建设重点包括文化和自然遗产保护、文化设施建设、体育设施建设、休闲设施建设和公共设施免费开放五个方面，将“人文城市建设”作为新型城市建设的重要目标之一。

2. 建设国家非物质文化遗产保护利用设施

2014 年 5 月，国家发展改革委、文化部联合编制了《国家非物质文化遗产保护利用设施建设实施方案》。对传统表演艺术类、手工技艺类和民俗活动类非物质文化遗产保护利用设施的建设规模、投资安排和资金来源、项目储备库建设和管理方式，提出了具体要求。

3. 我国公布首批中国历史文化街区名单

为了更好地保护我国优秀历史文化遗存，完善历史文化遗产保护体系，2015 年住房和城乡建设部与国家文物局公布了第一批 30 个中国历史文化街区。要求积极改善历史文化街区基础设施和人居环境，激发街区活力，延续街区风貌，坚决杜绝违反保护规划的建设行为。首批中国历史文化街区名单进一步推动了这些地区历史文化遗产保护，并带动了当地旅游业的发展。

4. 加快构建现代公共文化服务体系

党的十八届三中全会审议通过的《中共中央关于全面深化改革若干重大问题的决定》要求加快构建现代公共文化服务体系。2015 年 1 月，中共中央办公厅、国务院办公厅印发《关于加快构建现代公共文化服务体系的意见》，要求统筹推进公共文化服务均衡发展，增强发展动力，加强供给，推进与科技的融合发展，创新管理体制和运行机制，加大服务保障力度。

（二）人文城市建设的实践与进展

党的十八大以来，人文城市建设作为推动新型城市建设的重要内容，受到各级党委政府的高度重视，国内众多城市都将人文城市建设作为城市建设与规划的重点方向。人文城市建设从国家层面的政策支持到地方实践探索，涵盖方方面面的内容。近年来，各地在古城保护开发、历史文化保护与传承、城市文化品牌塑造、公共文化服务业体系构建和文化产业发展方面取得了较大成效。

1. 重视古城保护开发，建设特色旅游景区

古城保护是我国人文城市建设的重点和载体。正定县地处河北省西南部，是石家庄市下辖的一个县，建城史长达 1600 多年，名胜古迹众多，文化积淀深厚。自 20 世纪 80 年代时任县委书记习近平提出“旅游兴县、带动三产、服务省会，把正定打造成距石家庄最近的旅游窗口”的发展思路以来，历届县委县政府坚持“古城保护开发，实施旅游兴县”战略。正定县于 1994 年被授予国家历史文化名城称号，享有“古建筑宝库”的美誉。

专栏 3-18

河北省正定县：古城保护和文化旅游为发展注入活力

一、挖掘历史文化内涵，促进文化和旅游产业发展

荣国府是根据中国古典名著《红楼梦》严格设计和建造的一座具有明清风格的仿古建筑群，工程于 1984 年 12 月动工，1986 年 7 月竣工。在此处拍摄了《红楼梦》《雪山飞狐》等 170 多部电视剧，被誉为中国的“好莱坞”。“荣国府”景区极大地带动了正定旅游业的发展，开创了旅游业“正定模式”。1991 年被国家旅游局评为基本建设先进工程，1995 年由正定县人民政府公布为县级文物保护单位，现为国家 4A 级旅游景区。结合正定古城深厚的历史文化底蕴，该县在正定铁西工业区规划了总投资 5.3 亿元、占地 281.7 亩的正定县文化科技创意产业园，项目包含艺术家园区、培训园区、手工艺坊园区、“剧”园区、影视园区、书画园区等八个特色园区，新建一批文化创意设施，努力打造人性化、人文化、艺术化的文化产业园区。

二、秉持正确理念，强力推进古城保护

近年来，中央和省、市对正定古城保护给予高度重视。正定县按照国家、省、市要求，全面落实《古城保护正定宣言》，坚持把古城保护作为县委、县政府一项核心工作，确定了《正定文物保护和古城保护项目三年计划》，编制完成《正定古城整体格局与风貌规划方案》等 19 项规划，秉持正确理念，坚持规划统领，并严格管控，确保“一张蓝图绘到底”。为不走弯路，不留遗憾，不干蠢事，县委、县政府每一步决策都慎之又慎，聘请省内外知名专家，成立专家咨询委员会，为古城保护增强智力支持。多次组织有关部门和规划设计单位到西安、大同、荆州、襄阳等名城、古城参观考察，开阔视野、开拓思路，进一步完善规划设计。

三、立足古城特色，实施文化强县

近年来，正定立足古城特色，紧紧围绕影视剧目上大台、精品文章上大报、文艺作品得大奖、宣传推介大手笔“四大”目标，大力实施历史文物保护、历史文化挖掘整理、民俗文化传承、文化基础设施建设、公民文明素质提升、文化人才培育、文化产业发展、文化创新拓展等文化强县八项工程，推出了《常山少年赵云》《王牌》《阳和楼》和《贾大山和他的朋友》等一批精品力作。建立健全公共文化服务体系，加强图书馆、文化馆建设，积极筹建博物馆累计投入资金350余万元，实现了全县154个行政村“农家书屋”全覆盖。

资料来源：河北日报数字报。

2. 保护与传承历史文化

推进新型城镇化过程中，各地注重保护与传承历史文化。重视规划引领作用和法律法规保障作用，不断健全保护与传承优秀传统文化的政策法规体系，把历史文化保护规划作为重要内容纳入发展规划；强化历史文化保护意识，落实文化保护责任主体，加大投入力度，将传统文化的保护与传承工作列入考核目标；创新保护与传承方式方法，形成中国特色传统文化保护体系，并通过文化旅游景区、文化创意园区、非物质文化遗产园等形式传承和弘扬传统工艺。其中，阆中市大力践行以旅游驱动新型城镇化发展之路，始终坚持以人为本，依托深厚的历史底蕴和鲜明的文化特色，依托独特的山水之城、风水之城优势，注重历史文化的保护与传承，塑造独特魅力，避免千城一面，建设中国最具吸引力的国际休闲旅游城市。

专栏 3-19

四川省阆中市：旅游驱动，绿色发展

四川省阆中市是国家历史文化名城，阆中古城是国家5A级景区，是闻名遐迩的旅游区。作为国家新型城镇化综合试点城市，阆中市能够正确处理经济发展与资源环境保护的关系，根据自身特点，大力发展文化与旅游产业，以旅游驱动新型城镇化的发展模式值得推广借鉴。

一、主要做法

1. 明确旅游业龙头地位。没有走传统的以牺牲资源环境为代价来推动工业发展的老路，而是制定了严格的工业行业负面清单和准入门槛，逐步淘汰高污染、高能耗、低收益的工业企业，建立绿色低碳的新型工业体系。老项目的搬迁、新项目的选址都集中于位于阆中市新区的省级工业园区，最大限度地减少工业发展给旅游业带来的负面影响。

2. 古城新区错位发展。历史城区是阆中市的核心旅游资源，当地政府在修缮、改造和利用过程中，划定了严格的保护界线，没有进行大拆大建。而新区则跳出古城，在嘉陵江南岸建设，既满足了城市发展的空间需求，又疏解了老城区的部分功能。近年来筹集大量资金用于古城保护，拆除了大量违规、危旧建筑，修缮了历史建筑，严格控制古城风貌及其环境，尽量保留古街、古建筑的原汁原味。在阆中市，原住民可以留在古城内生活、经商，也可以参与古城的旅游管理，传统的生活氛围成为了“留得住的乡愁”。

二、取得成效

1. 保护了山水格局、生态环境，实现了绿色发展。阆中市充分尊重历史沿袭下来的风水格局，虽经历了近年来的快速城镇化发展，但仍保留有建城之时的“三面江光抱城郭，四维山势锁烟霞”的景观，享有天下第一风水古城的美誉。此外，随着嘉陵江上下游电站的修建，在嘉陵江古城段形成金沙湖，已被评“国家金沙湖水利风景区”。经过多年的生态建设，阆中全市森林覆盖率已达 42.6%，绿化率 98%，生态环境明显优于周边地区。

2. 古城的资源价值得到了充分体现。依托古城，阆中市近年来旅游业发展迅猛。2014 年旅游综合收入达到 54.1 亿元，2009—2014 年平均增长率为 30.9%；2014 年接待游客总人次达到 620 万，2009—2014 年均增长率为 23.5%。旅游业的发展直接带动本地近 15 万人就业，每年新增约 3 万人从事旅游业，解决了农民进城的就业问题，推动了本地城镇化发展。

3. 树立城市形象，打造文化品牌

西安拥有着 7000 多年文明史、3100 多年建城史、1100 多年的建都史，是中国四大古都之一，中华文明和中华民族重要发祥地之一，国务院公布的首批国家历史文化名城之一。西安市紧紧抓住《国家新型城镇化规划》中提出的“注重人文城市建设，把城市建设成为历史底蕴深厚、时代特色鲜明的人文魅力空间”这个重点，积极推进人文城市建设。

专栏 3-20

陕西省西安市：古城保护与现代城市发展融合

一、人文、生态建设：传承古都文脉

保存完整的历史文化脉络，是西安最为突出的城市特色。西安近几年在历史文化名城保护和建设方面，成果突出。从1980年完整保护明城墙，到“三唐”工程，再到曲江新区、浐灞生态区的建设，几届政府对名城保护持之以恒，实现了社会、经济、文化的多赢。西安在名城保护方面已经形成了自己系统的成功经验，将文物保护和经济社会发展有机结合起来。这些对全国文化名城保护和建设有重要的借鉴意义。

二、道德建设：引领社会新风尚

随着“尚德西安”道德建设系统工程的开展，全市广泛开展社会公德、职业道德、家庭美德、个人品德教育实践活动；持续开展“图说我们的价值观”“讲文明树新风”公益广告宣传活动，各种形式的公益广告刊播力度不减、声势强大，弘扬了新风正气，传播了社会正能量。此外，全市扎实开展道德模范评选表彰活动，在网上开展“道德模范·西安点赞”活动，在媒体坚持办好“凡人善举”宣传栏目；充分发挥各级各类道德讲堂的作用，将道德模范请进道德讲堂，用身边人讲身边事，增强了道德宣传活动的感染力、影响力。

三、改革创新：建设活力之都

开放带动、板块推进、创新驱动、产业支撑，西安发展战略清晰。体制机制的改革创新也取得了众多的成功实践。统筹科技资源试点，军民融合、合作嫁接、院所分离、改造升级等多种模式加快西安的科技成果转化。统筹城乡综合配套改革试点，早已从泾渭新城推向全市，以工哺农、以城带乡，促进城乡协调发展和新农村建设。文化体制改革试点，催生了一大批有活力、有实力、有竞争力的文化企业，解放了文化生产力，推出了一大批文化精品，走在了全国前列。

四、支持创业：培育国际竞争力

西安积极构建政策支撑体系，推动全民创业。单就大学生这一群体而言，专项的创业贷款，专门的创业基地，培养和储备了一批创新型创业人才。越来越多的创业者在古城生根、发芽、开花，结果。各类经济体增加了16万多个，38.4万个市场主体中，有51家本地企业在境内外上市，100多家世界500强跨国企业来到西安，不仅为西安的经济发展注入了新的活力，更让这座城市迈向国际化的步伐大大加快。

资料来源：新浪网、城市建设报。

4. 构建现代公共文化服务体系

公共文化服务体系是人文城市建设的重要内容。广东省东莞市在构建现代公共文化服务体系的过程中，不仅注重顶层设计，更注重基层实践，通过市、镇（街）、村（社区）三级联动，推动基层公共文化服务水平和能力上新台阶。各镇（街）结合实际，创新公共文化服务体系建设路径，形成了“一步一景”“一镇一特色”的公共文化服务新格局。其中，长安镇凭借在公共文化服务建设的出色成效，被广东省文化厅等单位确定为首批 8 个公共文化示范区创建地区之一。长安镇设立了“公共文化”专项经费，把公共文化设施和服务纳入财政预算。近年来，对公共文化设施建设的财政投入持续增大，分别投入建成饶宗颐美术馆展览厅、长安体育馆等一批重大公共文化设施建设项目。致力于打造榕树下公共文化服务品牌体系，并广泛发动社会力量参与公共文化服务体系建设。

5. 促进文化产业发展

文化产业是城市综合实力的体现，是现代城市的必然选择。文化创意产业正在成为引领和支撑上海新一轮发展的支柱产业，2014 年上海市文化创意产业增加值占全市 GDP 比重的 12%。自 1986 年上海被列为我国第二批国家级历史文化名城之后，颁布了一系列支持文化产业发展的政策。其中田子坊文化产业园无疑是上海文化创意产业园区的先行者。

专栏 3-21

文化创意产业园：田子坊

田子坊自 1998 年改造起步至今，经历了初始创业、探索成长、转型发展三个阶段。其主要做法和成效如下：

一、挖掘历史文化，打造品牌理念

保护优秀历史工业建筑，形成以泰康路 210 弄为主的“上海创意产业集聚区”发源地。通过旧厂房、旧仓库和旧民宅的转让和置换，在 15000 平方米的空闲厂房、仓库，引入来自国内外从事创意设计的艺术家、设计师。利用历史建筑创建文化产业发展平台，保护了历史文化遗产，促进了文化创意产业链形成，是城市历史与未来承接的良好典范。

二、引导居民参与，延伸品牌文脉

田子坊里的石库门原名志成坊。是上海老居民自发将自家的石库门出让给“文化创意企业”入驻，居民拿了一部分租金外出租房。居民积极参与田子坊的品牌建设，让居民得到了实惠，历史建筑得到了保护，历史文脉得到了延续，品牌得到了提升。

三、拓展多元文化，扩大品牌影响

田子坊创业阶段招商时就规定，外籍、海归派人士租金优先，引导多国家、多文化、多风格的国际多元化文化产业集聚。将田子坊做成一家一风格，一铺一特色，一景一精彩。多元文化，增添了田子坊建筑色彩多样，带来了国际上最新经营模式。多国企业集聚扩大了田子坊品牌影响力。

四、加强产权保护，夯实品牌基础

2009 年，由田子坊园区内的 23 家文化企业共同发起的“田子坊知识产权保护联盟”正式挂牌成立。企业自发推出知识产权保护联盟在上海乃至全国尚属首次，企业和政府一起担当知识产权保护的重责，夯实了田子坊品牌基础。

6. 推动文化旅游产业发展

文化旅游产业主要是由人文旅游资源所开发出来的旅游产业，可以满足人们的文化旅游消费需求，提高人们的旅游活动质量。古北水镇，位于北京市密云县古北口镇，是京郊罕见的山水城结合的自然古村落，保存有精美的民国风格的山地四合院建筑，游客在观赏历史文化遗迹的同时还能体验当地民俗，了解当地传统文化。

专栏 3-22

文化旅游产业发展：古北水镇主要做法和成效

一、保护文物，修缮古建筑

古北水镇本着“修旧如故，整修如故”的原则，采用了大量的古建材料和传统修缮手法，力求真实还原一个长城小镇的繁华旧貌。在保留原貌的同时大胆创新，对修复后的民居建筑进行内外特色装饰和水电等配套设施改造，对历史街区进行功能重塑与再利用。已拥有43万平方米精美的明清及民国风格的山地四合院建筑，包含2个五星级大酒店，6个小型精品酒店，400余间民宿、餐饮及商铺，10多个文化展示体验区及完善的配套服务设施。

二、建立新型旅游管理与运营模式

在开发时全资买断所有原商铺和住家的房屋产权，对古镇进行统一规划和统一经营管理。古北水镇现已成为北京市周边地区最大规模的旅游目的地景区，景区客流实现稳定增长，销售渠道多角度推开。颠覆式的社区重构，给游客带来了对古镇的深度感受和极佳的旅游体验。

三、加强基础设施建设

为了较完整地保存古朴原貌，在地下设有长1.7公里、高2.5米、宽2.6米的综合管廊，将热力管道、中水管道、直饮水管道等均埋于地下。地下管廊的建造不仅有效地保护了地面，对于建设原汁原味的历史文化旅游目的地也起到了重要作用。

（三）人文城市建设中存在的问题与工作展望

当前人文城市建设中存在的主要问题：一是重经济目标轻人文目标。过分重视城市物质形态和以GDP为核心的经济目标，不重视文物保护、教育投入和文化发展等人文目标。二是规划建设忽视文化因素。过多看重城市使用功能，没有很好地体现城市文化内涵，经常打着遗产保护的名义进行破坏性规划建设。文化建设与经济发展速度不相称，公园、图书馆、博物馆、剧院等文化基础设施缺乏。三是城市人居环境改善不够，基础设施建设跟不上人口增长的速度，许多城市“城市病”“城中村”问题突出。四是城市管理缺少人文关怀，尤其对低收入人群、外来农民工等弱势人群的人文关怀。城市居民素质参差不齐，与经济社会发展不相符。

下一阶段，要坚持“以人为本”的原则，以创新为动力，以创造为导向，以效率为核心，高度重视人文城市建设，推进以人为核心的城镇化。加强公众参与，让政府、企业、社会组织等不同力量共同参与讨论，维护各个阶层城市居民的利益。优化基础设施、公共服务设施的建设，努力提高城市居住环境。关注弱势群体，促进农民工市民化，优先保障他们在就业、居住和社会保障等方面的最基本生存需要。发掘城市文化内涵，塑造城市品牌，打造城市特色文化。注重传承和弘扬传统文化，构建现代公共文化服务体系。鼓励城市文化多样化发展，促进传统文化和现代文化、本土文化和外来文化交融，形成多元开放的现代城市文化。

六、推动城市紧凑发展

“紧凑城市”是指高密度土地混合利用的城市空间增长模式，凸显空间功能的紧凑，注重高效率和高质量，其最终追求的是有效发挥城市经济的集聚效益。紧凑发展能让城市更宜居，更有竞争力，更有活力。建设紧凑城市，就是倡导土地混合利用，在城市中通过合理的交通连接能够便捷地到达任何商业、居住、娱乐、教育场所等；通过对现有社区的改建和对现有设施的利用，提高已开发土地和基础设施的利用率，降低城市边缘地区的发展压力；通过倡导步行、减少交通和能源需求、降低环境污染来提高生活质量，提供多样化的交通选择，保证步行、自行车和公共交通间的连通性，形成较为紧凑、集中、高效的新的交通方式；强调环境、社会、经济、生产、生活及生态可持续的和谐发展。

《国家新型城镇化规划》提出按照“优化布局，集约高效”的基本原则，严格控制城镇建设用地规模，严格划定永久基本农田，合理控制城镇开发边界，优化城市内部空间结构，促进城市紧凑发展，提高国土空间利用效率。2015 年 12 月，中央城市工作会议强调要坚持集约发展，树立“精明增长”“紧凑城市”的理念，要控制城市开发强度，划定水体保护线、绿地系统线、基础设施建设控制线、历史文化保护线、永久基本农田和生态保护红线，防止城市“摊大饼”式扩张。科学划定城市开发边界，推动城市发展由外延扩张式向内涵提升式转变。

按照中央相关要求，各部门和各地方在永久基本农田划定、城市开发边界划定、促进城市用地“减量化”、开展混合用地方布局模式等方面开展了大量工作。

（一）推进重点城市永久基本农田划定工作

2014 年 10 月，国土资源部、农业部发布了《关于进一步做好永久基本农田划定工作的通知》，提出在已有划定永久基本农田工作的基础上，将城镇周边、交通沿线现有易被占用的优质耕地优先划为永久基本农田，进一步严格划定永久基本农田保护红线，并公布了土地利用总体规划和用地报国务院审批的 106 个重点城市名单。目前，我国共有 14 个试点城市将先行开展城市周边永久基本农田划定，包括北京、沈阳、上海、南京、苏州、杭州、厦门、郑州、武汉、广州、深圳、成都、贵阳、西安。根据工作计划，2016 年底前将全面完成全国永久基本农田划定。按照城镇由大到小、空间由远及近、耕地质量等别和地力等级由高到低的顺序，稳步有序开展划定工作。

（二）划定特大城市开发边界

在划定城市周边永久基本农田的基础上，修订城市土地利用规划和城市建设规划，把城市开发边界确定下来。住房和城乡建设部与国土资源部共同确定北京、沈阳、上海、南京、苏州、杭州、厦门、郑州、武汉、广州、深圳、成都、西安以及贵阳等 14 个城市开展划定城市开发边界试点工作。2016 年 1 月，全国国土资源工作会议要求，“十三五”时期，将分类推进城市开发边界划定，对特大城市、超大城市和资源环境超载的城市，加快划定永久性开发边界，形成空间硬约束，其他城市可以分期划定，促进集约发展。上海是首个提出建设用地规划目标缩减的城市。

专栏 3-23

上海市用地“减量化”：遏制“摊大饼”，推进“逆生长”

上海市首次提出规划建设用地总量要实现“负增长”，在实践中打出一套“组合拳”，实质性地推动了相关工作。

一、主要问题

“摊大饼”的模式难以为继，上海陆域开发强度达到 46%；建设用地总规模 3124 平方公里，逼近 2020 年 3226 平方公里的“天花板”。工业用地比重近 1/4，但其中有 198 平方公里低效用地，占工业用地的比重约 1/4，产值仅占 10%。农村建设用地总量较大，利用效率低的问题相对来讲更为突出。

二、基本做法

核心做法是“控增逼存、五量调控”，以郊野公园建设为载体，加强土地综合整治，抓住关键点、突破利益调整难点。

1. 控增逼存、五量调控。按照“总量锁定”的要求，“十三五”期间，明确提出到 2020 年守住 3185 平方公里红线，比原规划目标减少 41 平方公里。潜力区域瞄准 198 平方公里低效工业用地。围绕“总量锁定、增量递减、存量优化、流量增效、质量提升”的总体要求，出台配套文件，增强用地保障支撑与减量化结合。

2. 郊野公园、综合载体。以规划建设郊野公园为载体，加强土地综合整治，规划建设 130 平方公里的 7 大郊野公园，单列新增指标用于周转挂钩。例如，金山区廊下镇郊野公园，总面积5.8平方公里，腾退低效工业用地77公顷。建成了兼具农业生产、休闲旅游、民俗生活等多功能的公园。2015年，上海完成和进入验收设计的工业减量用地达到879.79公顷。

3. 抓住关键，调整利益。减量的关键是处理好资金平衡和镇村经济组织利益保障。对减量化产生的净新增建设用地指标和耕地占补平衡指标（双指标），由区统收后给予补贴；对使用双指标的，缴纳有偿使用费。例如，松江区每亩补贴110万—140万；使用双指标的，工业类有偿使用费在20万—30万元不等；经营性用地收取土地出让金的15%。

三、主要成效

1. 抓住"地根"、调结构转方式。用地方式转变成为倒逼发展方式转变的突破口，一般工业用地和规定的六类经营性用地必须使用减量化挂钩指标，倒逼区县调整规划区外的高耗能、低能级产业。对存量盘活转型的，视实施路径给予地价补缴、容积率提高等方面的优惠。

2. 加减结合、提品质强治理。低效用地的减量化与公共设施、生态功能环境提升的增量化结合。地区整体空间对高度不敏感的，允许提升高度，公共设施集中合理配置；杨树浦电厂改造项目，开发过程中先建绿地、变电站等公益项目。将工业用地和经营用地纳入全生命周期管理，对拿地企业和开发企业的自持面积做出规定，遏制企业"炒地"行为。

在被纳入全国第一批划定城市开发边界试点名单后，武汉市在此前工作的基础上，将城市开发边界与永久基本农田、基本生态控制线相协调，开展了三线统筹划定工作。

专栏 3-24

湖北省武汉市城市开发边界划定工作及经验

一、在工作广度上，坚持全域系统划定

按照"划管结合"的理念，采取"全域划、双界线、分级管、分类控"的总体思路，在市域范围内划定一条界线作为城市开发边界，为城市发展预留一定的空间，在城市开发边界以外划一条刚性界线作为生态保护红线，最大限度地保护城市的核心生态资源。

二、在工作深度上，上报成果结合控规按 1/2000 比例划定

在都市发展区以内的“1”的范围采用 1:2000 比例，可以直接满足项目审批管理的精度要求。外围地区“N”的范围采用 1:10000 比例，为未来这些镇区发展的不确定性预留进一步深化修正的可能。同时，结合正在进行的用地权属调查，将开发边界与已明确的项目权属界线结合划定，在后续管控过程中将更具可操作性。

三、在横向衔接上，注重“三线”统筹划定

一是坚持生态优先。全市基本生态控制线面积 6391 平方公里，占市域土地总面积的 75%。在都市发展区 3261 平方公里范围内，通过基于山体、水体、优质耕地等 12 类生态要素的综合分析，共划定生态保护范围面积 1814 平方公里，占都市发展区总面积的 55%。

二是避让城市周边基本农田。城市开发边界与城市周边永久基本农田划定工作同步开展，实现双重刚性，固化边界。

三是总量不变、布局优化。在 2020 年城市开发边界之外，展望 2030 年城市远景发展格局，将城市规划确定的远期发展用地或备用地，划为 2030 年城市开发边界，面积 34 平方公里。

四、在划管结合上，兼顾刚性和弹性

武汉市划定 2020 年城市开发边界范围 1491 平方公里，其中需要严格保护的自然生态资源和耕地资源面积约 140 平方公里。对基本生态控制线内的新增建设项目严格依法执行准入控制，通过严格的两规符合性审查，做到了不符合准入要求的项目零审批、零进入。同时，对符合准入条件的新增项目实行规范化管理，细化准入项目类型和审查程序。

（三）积极推进混合用地功能

集约节约利用土地要合理提高城市密度，避免土地无序扩张，尤其要避免各种面子工程、形象工程等对土地的滥用。紧凑发展模式倡导用地功能混合，在街区层面，市级中心和城市区域中心应采用生产与生活适度分离、居住与服务充分混合的模式，特别是交通枢纽站周边的土地混合集聚利用，探索以“窄马路、密路网”为体现形态的街区模式。

海口长流新区是海口的一个新开发区，位于海口市西海岸，规划要将这里打造成海口市的副中心和城市的门户与窗口。2009 年，针对既有规划存在的一系列问题，长流新区进行了规划的优化调整。不同于以往，海口市政府和北京首创集团共同支持规划团队进行了“窄马路、密路网”的探索。

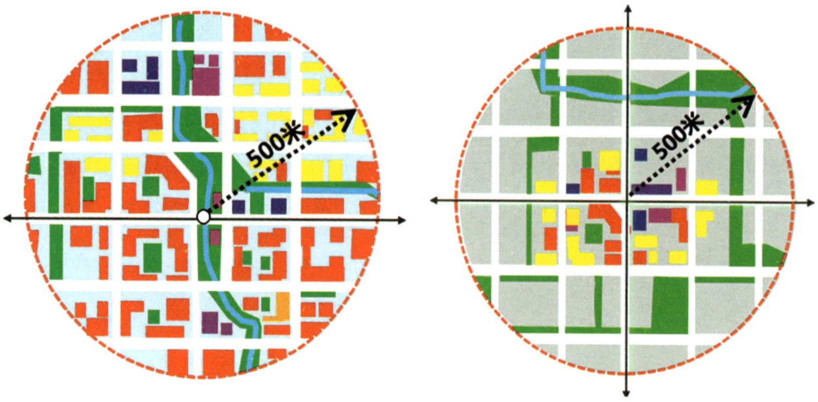

图 3—4　市、区级中心和社区中心土地混合利用模式示意图

专栏 3-25

海南省海口市长流新区紧凑城市开发经验

长流新区原规划有居住小区、商业中心、行政中心等功能，但按照最初的规划，也就是当时中国绝大多数城市发展的“宽马路、大地块”方式，造成了两大问题：第一，交通规划与空间功能不协同。“大地块、宽马路”割裂了城市空间，各种功能区无法实现有效的连接和沟通，影响了区域定位的商务中心、服务业的发展，影响城市活力的形成。第二，道路空间尺度过大，道路用地效率低下。

针对上述问题，规划团队进行了一系列有针对性的调整。首先，用小地块构建街区。以支路切割大地块，形成由若干小地块组成的街区。修建配套慢行系统，让人们可以更便利地在区域内不受机动车影响地活动。

同时，提高路网密度，明确道路分级体系。原规划标志性的双向十车道环路被放弃，用尺度适宜、层次分明的快速路、主干路、次干路体系加密区域路网。在不增加交通用地的前提下将区域路网总密度从 4.1 公里 / 平方公里提高到了 8.1 公里 / 平方公里。

调整后，一方面大大增加了区域内的底商面积，增加了供人们交流沟通的场所。居民和上班族也能在较短的时间到达医院、学校、咖啡馆、餐厅、周边景观带，促进商业、服务业的发展，提升城市活力。另一方面，层次分明的密路网满足机动车不同需求的同时也能高效实现机动车分流。

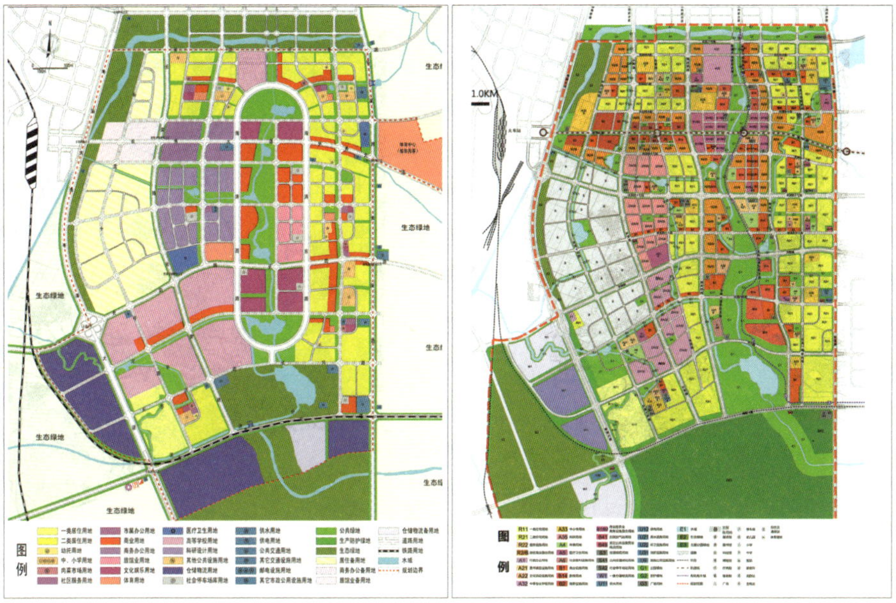

原控规方案图　　　调整后控规方案图

图 3—5　规划调整前后对比

调整前和调整后对比：路网更密，土地分块更小，各种城市功能区域与景观带更自然地衔接。

紧凑发展要提供多样化的交通选择，保证步行、自行车和公共交通间的连通性，形成较为紧凑、集中、高效的新的交通方式。这方面在中国香港有较好的经验。

专栏 3-26

中国香港：极为发达的立体步行交通系统

香港的交通体系以发达的立体步行交通系统和便捷的公共交通系统相结合为特点，市民日常生活出行基本可通过步行实现。其立体步行系统由人行道、行人天桥和地下通道、建筑内庭、半山干道等组成，结合商业集中网点、公交车和地铁枢纽站点布置，形成综合的网络系统，并与公园、绿地和广场等开放空间相互连接，呈现覆盖广、层叠状和网络化的特点，便捷性强、舒适度高。

以香港主要商务金融区中环地区为典型，该地区自 20 世纪 70 年代起规划和建设空中步行走廊，已建成高架人行道长约 4400 米，并连接各大建筑楼宇和长约 800 米的半山自动扶梯，成为全球最具代表性的天桥步行系统之一。香港很多商业区都设置有全日或部分时段可用的行人专用区和专用道，尖沙咀地下购物中心通过地下通道将商业裙房与港铁车站、铜锣湾轩尼诗道等相连接，在水平和垂直方向形成便捷的立体交通网络。

香港发达的立体步行交通系统与一定的激励机制密不可分。政府与开发商共同协商承担建设费用，并实行一定的容积率优惠奖励制度，鼓励公共步行设施的兴建。此外，香港政府从 1984 年起实施多项法律法规，鼓励行人环境规划研究，于 1997 年修订了《步行体系设计手册：畅通无阻的通道》，确保城市建成区都能提供连续的步行体系。建筑署制定的《畅道通行：实践指导手册》更是获得 2004 年的香港建筑协会年奖。

此外，小地块开发也有利于形成功能混合、集约紧凑的城市发展空间格局。我国台湾地区在这方面有一些值得借鉴的经验。

专栏 3-27

中国台湾淡海新市镇开发地块面积与我国大陆部分区域对比

位于台北市西北部的淡海新市镇是 1992 年设立的都市发展规划项目，目的是解决台北都会区住宅不足及房价飙涨的问题。计划开发土地总面积 446 公顷，容纳人口为 13 万人，包含居住、商业服务、休闲娱乐等用地类型，生活机能完善。在淡海新市镇第一期发展区中选取长约 1500 米，宽约 900 米的地块详细分析，其中出让地块规模最大为 3.1 万平方米，最小仅为 2475 平方米。其中住宅用地有偿出让规模平均为 5882.8 平方米，最小为 2475 平方米，最大也仅 2.1 万平方米。商业用地出让规模相对较大，平均单宗出让土地面积为 2.45 万平方米。

对比目前我国的情况，根据中国指数研究院数据，2014 年，全国 300 个城市共推出住宅类用地（含住宅用地及包含住宅用地的综合性用地）11088 宗，平均出让面积 4.37 公顷。另据北京市国土资源局公开数据，2014 年北京共出让住宅类用地 52 宗，平均单宗出让规模 8.26 公顷；商业类项目中，平均单宗土地出让规模为 8 公顷。对比台湾淡海新市镇的案例地块，北京 2014 年平

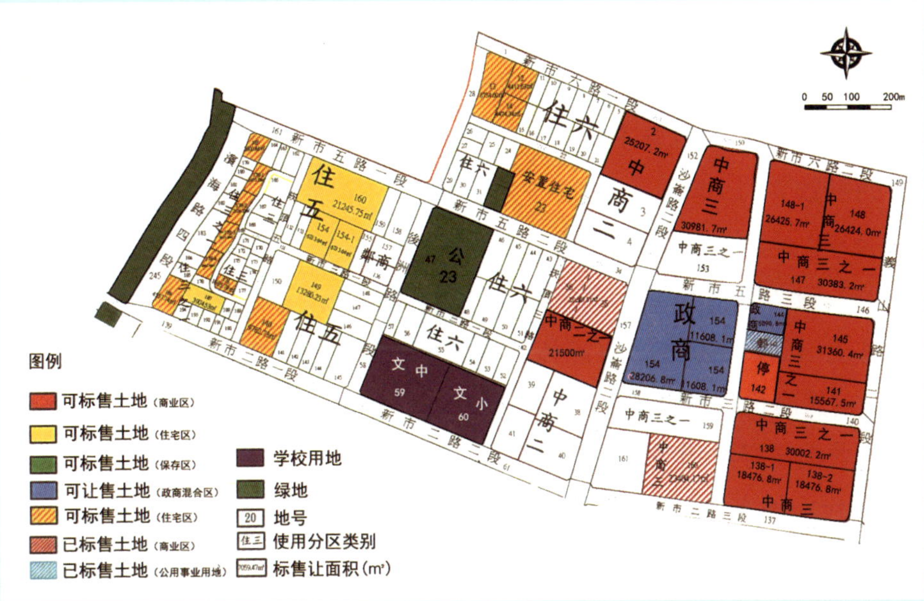

图 3—6 淡海新市镇住宅、商业用地出让规模分析

均单宗住宅用地出让面积达到前者的 13.6 倍之高（2009 年北京出让的居住用地中面积超过 20 公顷的达 12 宗，最大地块面积超过 45 公顷）。

七、加强城镇基础设施和公共服务设施建设

基础设施、公共服务设施是提升城市人口承载能力、提升城市品质的重要基础。《国家新型城镇化规划》提出，加强市政公用设施和公共服务设施建设，增加基本公共服务供给，增强对人口集聚和服务的支撑能力。2013 年 9 月，国务院出台《关于加强城市基础设施建设的意见》，要求各级政府要把加强和改善城市基础设施建设作为重点工作。在推进新型城镇化建设中，中央先后启动了海绵城市建设试点、地下综合管廊试点等，各地围绕相关基础设施和公共服务设施领域开展了大量工作。

（一）推进海绵城市建设

习近平总书记在 2013 年中央城镇化工作会议上强调，要建设自然积存、自然渗透、自然净化的“海绵城市”。在总结国外实践经验的基础上，结合我国的实际，住房和城乡建设部出台了《海绵城市建设技术指南》，明确了海绵城市建设的理念、目标、技术路线以及具体工程技术措施，并印发了《海绵城市建设评价与绩效考核管理办法》，从水生态、水环境、水资源、水安全等方面提出了海绵城市建设要达

到的效果。2014 年，财政部下发《关于开展中央财政支持海绵城市建设试点工作的通知》，确定海绵城市建设试点，并明确中央财政对海绵城市建设试点给予专项资金补助，一定三年，具体补助数额按城市规模分档确定，直辖市每年 6 亿元，省会城市每年 5 亿元，其他城市每年 4 亿元。对采用 PPP 模式达到一定比例的，将按上述补助基数奖励 10%。

2015 年 10 月，国务院办公厅印发《关于推进海绵城市建设的指导意见》，将“海绵城市”定义为通过加强城市规划建设管理，充分发挥建筑、道路和绿地、水系等生态系统对雨水的吸纳、蓄渗和缓释作用，有效控制雨水径流，实现自然积存、自然渗透、自然净化的城市发展方式。要求各有关部门要按照职责分工，各司其职，密切配合，共同做好海绵城市建设相关工作。

我国古代在城市防洪排涝等方面积累了很多经验。北京的奥林匹克公园是近年来的一个雨水大规模利用项目，实施总面积 84.7 公顷，其中，绿化面积 22.64 公顷，透水铺装面积 17.16 公顷，水系面积 16.47 公顷，雨洪集水池 9 个，容积 7200 立方米，地下空间 11000 立方米。

专栏 3-28

我国古代海绵城市案例：北京团城、江西赣州

团城坐落在北海公园南门的西侧，高于地面 4.6 米，周长只有 276 米的城墙外却找不到一个泄水口，地面也没有排水明沟。秘密就在地面铺设的青砖和地下的涵洞中。这套地下集雨排水系统建于明永乐年间，距今已有近 600 年历史。团城上的青砖造型很特别，上大下小呈倒梯形，同时具有很强的吸水性，每块砖就像一个微型水库一样。下雨天，雨水会通过青砖和缝隙流入到地下。若遇到大雨或连续降雨时，多余的雨水便会借北高南低的走势流入到石质的水眼中。团城上有 11 个这样的水眼分布在古树周围，并且每个水眼的下部都有一个竖井，竖井与竖井之间有涵洞相连。涵洞高度在 80—150 厘米之间，同样是用青砖建成的。多余的雨水到了涵洞以后储存起来，形成一条地下“暗河”。

同样让人感叹古人智慧的还有江西赣州的城市排水系统，这一套先进而科学的城市排水系统建造于 900 多年之前的北宋人之手。在宋朝之前，赣州城也常年饱受水患，后来曾任宋朝“都水丞”的福建长乐人刘彝出任知州，规划并修建了城区街道，同时根据街道布局和地形特点，采取分区排水的原

则，建成了两个排水干道系统，称为“福寿沟”，全长12.6公里，福寿沟呈砖拱结构，沟顶分布着铜钱状的排水孔。据测量，现存排水孔最大处宽1米、高1.6米；最小处宽、深各0.6米。福寿沟利用城市地形的高差，采用自然流向的办法，使城市的雨水、污水自然排入江中。逢雨季，江水上涨超过出水口，也会出现江水倒灌入城的情况。于是，刘彝又根据水力学原理，在出水口处安装12个防止江水倒灌的水窗——这种水窗有点类似百叶窗式闸门，这也是整个排水系统的阀门。“福寿沟”仅是整个赣州排水防洪体系中的一环。修建于宋代的坚固城墙是最好的防洪堤坝，还有城内的数百口水塘。“福寿沟”与城内的水塘连通起来，以发挥调蓄作用。水塘增加了城市暴雨时的雨水调节容量，以此减少街道淹没的面积和时间。

随着海绵城市试点政策力度开展，我国海绵城市建设取得初步成效。厦门市是国家首批海绵城市建设试点城市，试点区为海沧马銮湾试点区及翔安新城试点区，其中海沧马銮湾试点区面积20平方公里，翔安新城试点区面积15.4平方公里；3年内试点区计划实施项目250个，总投资61.27亿元。

专栏 3-29

福建省厦门市海绵城市建设情况

一、主要做法

1. 加强顶层设计。建立市政府主要领导主抓、各部门协调推进机制。编制《厦门市海绵城市建设管理暂行办法》《厦门市海绵城市设计规范》，并启动其他相关研究和规划工作。

2. 强化支持力量。对外寻求指导合作，借助国内技术研究主要部门的力量全程参与海绵城市建设技术工作。专门成立市海绵工程技术研究中心，作为建设技术指导、指标审核单位。大力依托科技手段，着手搭建市海绵城市建设信息化管控平台，实现对排水能力、内涝风险、城市面源污染等定量评估。

二、总体进展

目前，已完成《厦门市海绵城市建设总体规划》初步方案的编制。截至11月底，试点区第一批计划实施项目68个，已开工建设31个（10个项目已完工）。2015 年计划总投资 12.02 亿元，初步统计完成投资 5.5 亿元。海沧区祥露小学、霞阳小学、新阳医院停车场作为最早建成的海绵城市建设改造项目通过了数次降雨的考验，初见成效。翔安区建成厦门市第一个结合海绵城市理念，巧妙利用绿色屋顶、雨水花园、生物滞留带雨水立管等措施的保障性安居工程。

1. 进行源头管控。从试点区开始在土地出让划拨环节就先行明确海绵城市实施要求。将下凹式绿地率、透水铺装率、滞水容积等海绵城市建设具体指标作为条件，把海绵城市建设的目标、指标落实到具体项目，从源头建立管控要求。

2. 推进发展产业化。海沧区政府与北京仁创科技集团有限公司签署海绵城市建设协同创新框架协议，为厦门市海绵城市建设提供先进技术及产品支持，并进驻厦门住宅产业园，建立新型建材产业基地。此外，通过软实力开发、资本运作及硬件设施建设等模块探索，开拓海绵城市自主创新、合作创新、技术创新，为"海绵城市+"产业链拓展提供全方位服务。

（二）推进地下综合管廊建设

地下综合管廊是城市地下用于集中敷设电力、通信、广播电视、给水、排水、热力、燃气等市政管线的公共隧道。地下综合管廊是 21 世纪新型城市市政基础设施建设现代化的重要标志之一。《国务院关于加强城市基础设施建设的意见》和《国务院办公厅关于加强城市地下管线建设管理的指导意见》对地下管廊建设提出了总体要求，2014 年，财政部下发《关于开展中央财政支持地下综合管廊试点工作的通知》，确定试点，并由中央财政对地下综合管廊试点城市给予专项资金补助，一定三年，具体补助数额按城市规模分档确定，直辖市每年 5 亿元，省会城市每年 4 亿元，其他城市每年 3 亿元。对采用 PPP 模式达到一定比例的，将按上述补助基数奖励 10%。2015 年 8 月，国务院办公厅印发《关于推进城市地下综合管廊建设的指导意见》进一步提出，从 2015 年起，城市新区、各类园区、成片开发区域的新建道路要根据功能需求，同步建设地下综合管廊；老城区要结合旧城更新、道路改造、河道治理、地下空间开发等，因地制宜、统筹安排地下综合管廊建设。

在国外，早在 20 世纪 20 年代，日本东京有关方面就在市中心的九段地区干线道路地下修建了第一条地下综合管廊，将电力和电话线路、供水和煤气管道等市政公益设施集中在一条地下综合管廊之内。已经投入使用的麻布、青山、日比谷地下综合管廊是东京最重要的地下综合管廊。东京市区约有 1100 公里的干线道路，目前已经在这些干线道路地下修建了总长度约为126公里的地下综合管廊，对日本城市的现代化、科学化建设发展发挥了重要作用。随着地下综合管廊试点的不断扩大，国内在城市综合管廊建设方面也积累了一定经验。

专栏 3-30

广东省珠海市横琴地下综合管廊建设

珠海横琴开发区综合管廊，全长20.9千米，投资17亿元，地处填海软弱土层，设计施工难度大，是我国现代化大型综合管廊的典型工程。

一、主要做法和成效

2009年，横琴新区在一年财政收入只有约4千万元的经济基础条件下，高起点、高标准建设了总投资约20亿元的现代化城市地下综合管廊。已建成的横琴新区综合管廊沿快速路呈“日”字型布设，覆盖全区主要干道，综合管廊全长33.4公里，是中国建成的里程最长、规模最大、体系最完善的地下综合管廊，设总监控中心1座，另有承担横琴新区输电功能的电力隧道全长10公里，节省了约40公顷城市建设用地，是横琴新区“本在当代、利在千秋”的“地下长城”，让横琴彻底告别“拉链路”的重复建设，降低了路面的维护保养费用，增强了城市的防灾抗灾能力。

二、启示

第一，坚持规划先行，有序推进管廊建设。

第二，完善制度，积极推进综合管廊投资、建设、运营良性循环发展；加强综合管廊信息管理工作。

第三，加强宣传推广，地下综合管廊建设虽然初期建设费用较高，但是后续效果显著，要大力宣传。同时还要修改完善在设计和建设中没有考虑到的维修设备和材料在管廊内部的运输问题。

第四，由于各类管线受不同部门主管，入廊后费用收取的统一协调难度大，建议各管线单位共同建设开发，或者由国家制定统一的政策与标准。

（三）推进其他各类城镇基础设施建设

为完善城镇基础设施配套，提升城市功能，近两年各部委还出台了一系列与城镇相关基础设施建设相关的政策文件，如轨道交通、供电供暖等方面。

1. 轨道交通方面

2015年，国家发展改革委发布了《关于加强城市轨道交通规划建设管理的通知》，要求坚持“量力而行、有序发展”的方针，按照统筹衔接、经济适用、便捷高效和安全可靠的原则，科学编制规划，有序发展地铁，鼓励发展轻轨、有轨电车等高架或地面敷设的轨道交通制式。确保建设规模和速度与城市交通需求、政府财力和建设管理能力相适应；加强规划、建设、安全三个方面的管理。2015 年，国家发展改革委与交通运输部联合发布了《城镇化地区综合交通网规划》，对全国 21 个城镇化地区的综合交通做出了统筹安排。

2. 供电供暖设施建设方面

在供电供暖等方面，提出了配电网建设和实施余热暖民工程等总体方案，目前各项工作正在有序开展。

配电网是国民经济和社会发展的重要公共基础设施，我国配电网发展取得显著成效，但相对国际先进水平仍有差距，城乡区域发展不平衡，供电质量有待改善。2015 年，国家发展改革委发布了《关于加快配电网建设改造的指导意见》，提出要增强供电能力，提高装备水平，促进节能降耗，推动智能互联，打造服务平台，整体提升配电网保障能力。为贯彻相关意见，国家能源局发布了《配电网建设改造行动计划（2015—2020 年》，强调从当前我国配电网实际情况出发，从七大方面对配电网建设改造任务提出目标，对相关方面以数字形式的量化硬指标予以规定，比如在配电网统筹规划行动中，要求 2016 年在控制性详细规划发布地区试点开展配电网设施布局规划，2020 年中心城市（区）完成配电网设施布局规划。

为充分回收利用低品位余热资源用于城镇供热，提高能源利用效率，减少煤炭消耗，改善空气质量，2015 年 10 月，国家发展改革委、住房城乡建设部研究制定了《余热暖民工程实施方案》，提出要开展余热资源和热负荷需求调查，制定实施方案，加快建设余热集中回收利用体系，健全余热暖民工程运营机制体制等四大重要任务。

（四）完善城镇公共服务设施

十八届五中全会指出：“增加公共服务供给，从解决人民最关心、最直接、最现实的利益问题入手，提高公共服务共建能力和共享水平。”党中央、国务院多次就完善城镇公共服务供给做出决策部署，鼓励和支持地方政府借鉴国际成熟经验，改革创新公共服务供给机制和投入方式，引导和鼓励社会资本积极参与公共服务供给，为广大人民群众提供优质高效的公共服务。

按照党中央、国务院的决策部署，各地在完善城镇公共服务设施提供机制、投放方式等方面进行了大量探索，积累了一系列好经验、好做法。西安市阎良区围绕城乡社区建设、多元化养老服务体系、推动教育均衡发展等方面，开展了大量探索工作，取得了较好效果。

专栏 3-31

陕西省西安市阎良区公共服务设施建设经验

一、基本做法

近年来，西安市阎良区根据地域较小、资源容易集中等特点，在完善城乡公共服务设施、促进新型城镇化发展方面，取得了一定的成绩。

一是进一步完善城乡社区建设。城市社区方面。阎良区全面实施社区“3+2”网络化管理服务模式，构建横向到边、纵向到底、职能到位、责任到人的全覆盖网络化管理服务体系；农村社区方面。结合实际，启动开发区带动、城镇聚集、自我改造、村企合作、村庄合并等5种模式新型农村社区建设，规划建设新型农村社区公共服务中心、农村片区化中心社区。

二是构建多元化养老服务体系。通过组织创新、运营模式创新，积极构建以居家养老为基础，社区养老为依托，机构养老为补充的多元化养老保障体系。

三是推动教育事业均衡发展。学前教育方面，按照“新建公办园，改造农村园，扶持民办园，配套住宅园”的思路，基本解决了“入园难”问题。

四是进一步完善医疗卫生服务体系。一是坚持规划引导，优化布局网点。确保城区有综合性医院，镇街有卫生院、社区有卫生服务中心，村有规范化甲级村卫生室；二是落实政府投入，改善硬件条件。三是加快推动区域医药卫生信息化平台建设，促进区域健康信息实用化、诊疗结果共享化、医疗管理动态化、网络管理一体化、就诊报销快捷化、技术帮扶实时化。

二、取得成效

经过不断摸索和实践，阎良区在社区管理、医疗服务、养老服务、公共教育、食药安全等多个方面都取得了显著成效。尤其是社区管理和服务方面，实现了精细化、信息化，城乡居民可以均等化的就近就地享受优质的社区卫生、养老、就业、创业、农村培训、文化设施等设施。在医疗服务方面，形成了完善的医疗服务网络，有效改善了群众的就医条件。建成了区域医药卫生信息化平台，实现了“六化一体”，形成了以“一个中心（区域医药卫生信息化管理中心）、三大平台（决策分析管理、医院管理应用、卫生综合服务）”为依托，行政管理部门、医疗卫生机构、服务群众多方受益的新格局。

福建省晋江市围绕新型城镇化工作，在推进城镇公共服务向城镇常住人口全覆盖方面进行了很多卓有成效的探索，积累了较为成功的经验。

专栏 3-32

福建省晋江市公共服务全覆盖工作推进情况

一、基本做法

近年来，晋江市致力于推进新型城镇化建设，围绕如何让城镇常住人口实现同城同待遇，重点在融入融合、同城同步、体制机制等方面做了大量探索，稳步推进了市民化工作。

1. 注重规划引导。晋江市坚持规划先行、集约节约、功能完善、生态优先，充分考虑城镇公共服务设施的规模需求和用地需求，打破行政等级限制，按照常住人口规模建设公共服务设施，均衡配置义务教育、基本医疗、公共文化资源，旧城改造、城中村改造过程中，晋江市委、市政府始终坚持“为民建城”和“不与民争利”的总体思路，将2/3的土地用于建设公共服务配套、基础设施、安置房和公园绿地，土地出让收益全部用于安置区公共设施配套建设。

2. 强化政策推动。市委、市政府出台了户改、土地、投融资、养老等一系列有关公共服务的政策和文件，明确晋江市公共服务发展目标、建设任务、经费标准和保障措施等，对公共服务设施用地保障、税费优惠、金融扶持、资金补助、监督管理，以及部门联动等作了具体规定，奠定了晋江市公共服务向常住人口全覆盖的政策基础。

3. 坚持城乡待遇均等。以城乡均衡发展为目标，打破城乡二元结构的制度藩篱，实现“三统一”，即辖区所有农民和城镇市民统一政策、统一标准、统一程序；积极开展“让辖区百姓共享发展成果活动”等，不断扩大公共服务覆盖面，促进各类公共服务向农村转移人口等延伸，落实待遇均等化，确保社会救助涵盖三方面人群，即原有社会救助体系已经覆盖的人群、新进城居民、留守农民。

4. 努力做到户籍与外来人口均等。积极推动公共服务向常住人口全覆盖，建立就业、教育、医疗、住房、环境、安全和社会保障7个民生保障体系，赋予居住证持有人新农合、医疗互助、义务教育等30项市民化待遇，率先实现公办普通高中、中职免收学杂费，保障农民与市民、本地与外来人口享受同等待遇。着力构建外来人口综合服务管理平台。健全以社区为依托的外来人口服务和管理平台，促进外来人口融入城市生活，与城镇居民和谐相处。

二、取得成效

首先，外来人口与本地居民融入融合进程加快，既留下了产业发展亟须的人才资源，也创造了一个和睦和谐的发展环境。

其次，通过科学谋划城市布局，统筹完善城市功能，实现了城市建设管理的高效化、精细化，实现了城乡公共服务设施配置的均衡化、使用的便捷化。

第三，加快了发展要素集聚，基础设施和公共服务设施的持续完善，促进了人流、物流、资金流、信息流等要素的加快集聚，促进了产业发展和提升。

八、加强城市规划建设管理

2014 年，习近平总书记在北京市考察时指出："考察一个城市首先看规划，规划科学是最大的效益，规划失误是最大的浪费，规划折腾是最大的忌讳。"

（一）政策要求

《国家新型城镇化规划》提出，要提高城市规划科学性，加强空间开发管制，健全规划管理体制机制，提高城市规划管理水平和建筑质量。2014 年国家发展改革委、国土资源部、环境保护部及住房城乡建设部四部委联合下发《关于开展市县"多规合一"试点工作的通知》，提出在全国 28 个市县开展"多规合一"试点。

2015 年，中央城市工作会议指出，要统筹规划、建设、管理，综合考虑城市功能定位、文化特色、建设管理等多种因素来制定规划，规划编制要接地气，在规划理念和方法上不断创新，增强规划科学性、指导性；要加强城市设计，提倡城市修补，加强控制性详细规划的公开性和强制性；要加强对城市的空间立体性、平面协调性、风貌整体性、文脉延续性等方面的规划和管控，留住城市特有的地域环境、文化特色、建筑风格等"基因"。规划经过批准后要严格执行，一茬接一茬干下去，防止出现换一届领导、改一次规划的现象，"要真正做到一张好的蓝图一干到底"。

2016 年 2 月，为进一步加强和改进城市规划建设管理工作，解决制约城市科学发展的突出矛盾和深层次问题，开创城市现代化建设新局面，中共中央与国务院联合发布《关于进一步加强城市规划建设管理工作的若干意见》，要求强化城市规划工作、塑造城市特色风貌、提升城市建筑水平、推进节能城市建设、完善城市公共服务、营造城市宜居环境、创新城市治理方式、切实加强组织领导。通过这些方面的工作实现城市有序建设、适度开发、高效运行，努力打造和谐宜居、富有活力、各具特色的现代化城市，让人民生活更美好。

（二）城市规划建设管理的地方实践

1. 扎实推进“多规合一”

目前，全国 28 个试点市县均上报了“一本规划”成果。按照中央提出的“一个市县一本规划、一张蓝图”的改革要求，国家发展改革委和环境保护部指导的试点市县编制完成了市县发展总体规划；国土资源部指导的试点市县编制完成了市县国土综合空间规划；住房城乡建设部指导的试点市县通过深化城乡规划，编制完成了市县城市总体规划，划定了城镇、农业、生态三类空间。这些规划统一了各类规划在规划期限、基础数据、技术标准等方面的差异。

专栏 3-33

浙江省开化县：“多规合一”的做法与成效

1. 建立统一衔接的规划体系。编制开化县发展总体规划，作为统领全县经济社会科学发展和国土空间合理布局的顶层规划、综合规划和空间管制规划。优化编制三大空间规划，形成定位清晰、功能互补、统一衔接的空间规划体系。有效缩减专项规划数量，合理精简专项规划内容，将专项规划转化为行动方案、行动计划或专项政策。

2. 推进统一衔接的空间布局。按照“一套规划、一张蓝图”的总体要求，建立县域空间开发与保护统一格局，配套综合性空间管制政策，显著增强了空间管制的约束性和指导性。科学划分城镇建设、农业生产和生态保护三大功能空间，划定生态保护、永久基本农田边界和城镇建设用地扩展边界三条红线，明确重大基础设施布局，加强对开发强度、建设用地总量、基本农田保护规模等指标的控制。

3. 明确统一衔接的基础数据。各类规划形成统计口径统一的数据库，所有规划编制依托统一的核心数据。

4. 制定统一衔接的技术标准。对发展总体规划、城乡规划、土地利用规划、环境保护规划等涉及的功能区分类、划分标准等进行对接。

5. 建设统一衔接的信息平台。县级中心平台统一管理和维护县域规划的成果数据，为各部门空间管制提供统一的管控数据和检测功能。中心平台通过与各业务部门子平台的数据交换，实现跨部门规划和审批信息共享，向各子平台提供选址查询、规划协调等服务功能。子平台通过各自的工作库及时向中心平台提供本部门的规划数据和审批数据，供其他部门调用。

6. 形成统一衔接的管理机制。完善县规划委员会工作机制，全面规范县域规划计划管理、立项、编制、衔接、评审、发布、实施及评估等环节。形成合理、灵活的规划审批制度，由省政府实施县发展总体规划审批，提高了审批层次；专项规划由省政府授权县政府审批。形成各类规划编制的合理时序，规划修编统一为五年一次。

2. 提高城市规划科学性

科学规划是绘好一张蓝图的根本要求。杭州市在改进规划编制、加强城市设计、推进公众参与等方面进行了有益探索。

专栏 3-34

浙江省杭州市城市规划及管理的探索

1. 实施总规修改。全面推进“美丽杭州”建设；划定城市增长边界，锁定建设用地总量；优化形成城市紧凑、乡村疏朗、城乡对接、功能配套的城镇化发展格局；提高城市基础设施和公共服务设施保障能力；以西湖、运河、钱塘江等滨水地区为重点，加强历史文化遗存和特色景观风貌保护；

2. 改进控规编制。集中对中小学幼儿园、文化设施、体育设施、医疗设施、养老设施、公交和停车设施等专项规划进行了实施评估；开展“阳光规划进社区”和“百名规划师服务百家社区”活动；修订了《杭州城市规划公共服务设施配套规定》；开展城乡结合部公共服务设施配套研究，满足城郊地区在城市发展转型过程中对公共配套的需求，解决浙江大学和西湖科技园区周边外来创业者就学难和就医难的问题。

3. 开展城市设计，推动城市景观精细化管理。出台《关于加强杭州市城市景观和建筑特色风貌管理的指导意见》，制定了《杭州市总体城市设计导则》。一是把城市设计落实在控规和土地出让条件上，实现依法管理；二是划定重点区域并实行差别化管理，把普遍规范与重点出彩相结合起来；三是推广三维数字模型系统用于建筑方案比选，建立健全专家审查制度，创新管理模式。

4. 深化城乡规划管理体制改革，实现全市一张规划图、一个管理网络、一个数据平台。一是在总规修改中落实全市规划一张图。二是建立面向基层延伸服务的城乡规划管理网络。三是完善全市规划“一张图”数据平台。四是让规划更接地气、更能实施、更易监管；提高规划的科学性和权威性。

5. 深入基层推动公众参与，提高城乡规划服务的能力和水平。从机关、分局和相关事业单位选派 100 名规划师（业务骨干）对辖区内有代表性的 100 家以上社区（村）以及部分乡镇（街道）等进行一对一服务。探索将规划的编制、管理服务向基层延伸，建立社区平台，听取社区意见、解决百姓难题。

3. 加强城市管理和服务

中央城市工作会议提出，抓城市工作，一定要抓住城市管理和服务这个重点，不断完善城市管理和服务，彻底改变粗放型管理方式，让人民群众在城市生活得更方便、更舒心、更美好。2014 年 4 月 1 日，湖南省长沙市正式构建“大城管”格局：成立城市管理委员会，统一决策和协调；执法重心从市级下移到区，发挥基层的责任主体作用；工地围挡管理、排水管网维护管理等 17 项城市管理职责，归谁管，怎么管，都有了明确界定。

专栏 3-35

湖南省长沙市以“大城管”为核心推进城市管理创新

一是事权下放。工作重心下移，区政府成为城市管理的责任主体，原市城管局所属的各区执法大队，将成建制下放至内五区政府和高新区管委会管理。一同下放给区政府的，还包括 7 项管理维护的具体事权和 5 项审批权限。除了人员下放，城市管理经费也随之下放到区，按照 2013 年的基数标准，2.5 亿元的经费基本上都下放到区政府。重心下移后，为了加强对各区的监督考核，长沙市每年设立 4000 万元的城市管理奖励专项经费，其中长沙高新区和内五区各承担 500 万元，市财政安排 1000 万元。引入第三方评估机构，对各区城市管理工作实行考评排名，依据排名实行奖惩。

二是明晰职责。长沙市出台的《关于进一步明确城市管理职责有关事项的通知》对 17 个城市管理事项进行分部门、分职责精细划分、一一认定。各相关职能部门和单位将对照“职责清单”一一认领。各个部门对自己的职责清楚了，老百姓遇到问题直接拨打长沙市原城管投诉热线：12319，由城管委办公室厘清责任后，再责成相关部门处置到位。

九、推动实现产城融合发展

《国家新型城镇化规划》提出，要统筹生产区、办公区、生活区、商业区等功能区规划建设，推进功能混合和产城融合，在集聚产业的同时集聚人口，防止新城新区空心化。加强现有开发区城市功能改造，推动单一生产功能向城市综合功能转型，为促进人口集聚、发展服务经济拓展空间。各地围绕城市居住区、小城镇、新型创新空间，推进多层次的产城融合。产城融合创造了宜居宜业的条件，为城市、社区或者其他空间注入更多产业活力、发展动力。

（一）政策要求

2015 年 12 月，国家发展改革委、科技部、民政部、国土资源部、环境保护部、住房城乡建设部、商务部 7 部委联合下发《关于促进具备条件的开发区向城市综合功能区转型的指导意见》，明确了向城市综合功能区转型的总体要求和一系列重要政策。《意见》提出允许开发区逐步发展成为城市功能区甚至行政区。这为条件成熟的开发区，探索体制合一或者调整行政区面积、设立行政区提供了政策依据。《意见》还明确提出闲置工业厂房的转型，明确了规划层面“允许功能混合布局和复合开发”，要求“按照用途相近、功能兼容、控制比例的原则探索引入综合用地类型”，明确支持在规划层面探索商业、住宅、工业用地的混合布局。

2015 年，国家发展改革委发布了《关于开展产城融合示范区建设有关工作的通知》提出，将在全国范围内选择 60 个左右条件成熟的地区开展“产城融合”示范区建设。提出了优化空间发展布局，推进“产城融合”发展；促进产业集聚发展，构建现代产业体系；加强基础设施建设，提升公共服务水平；注重生态环境保护建设，促进绿色低碳循环发展；完善城镇化体制机制，推进城乡发展一体化。

（二）产城融合的进展和地方实践

1. 各地高度重视产城融合

各地高度重视产城融合。首批 62 个国家新型城镇化试点市（县、镇），有 50 个在方案中提出产城融合。山东省制定包括产城融合在内的“六大行动计划”，县（市、区）根据各地实际，制定了产城融合实施路线图。

表 3—3 山东省滨州市产城融合行动重点任务分工表

序号	行动计划	目标成果	重点任务	牵头及协调单位
1	产业升级	培育一批营业收入超过 100 亿元的产业集群	加快信息技术与传统制造业跨界融合，培育新业态	市经济和信息化委、市发展改革委
			加快发展战略新兴产业，培育一批产业集群和地区产业中心和创新基地	市发展改革委、市经济和信息化委
			实施轻工、纺织、机械、化工、冶金等五大传统产业转型升级行动计划，推动传统产业转型升级	市经济和信息化委、市环保局
			加快淘汰落后产能，拉长延伸传统行业产业链条	市经济和信息化委
			制定服务业分行业转型升级实施方案，促进服务业提质增效	市发展改革委
2	设施配套	各类园区市政基础设施和公共服务设施不断健全	制定出台各类园区配套设施建设指导意见，注重与邻近区域设施资源的共建共享	市发展改革委、市商务局、市科技局
			加快完善园区市政基础设施，配套建设公共服务设施，布局完善商业服务网点	市住房城乡建设局、市发展改革委
3	职住平衡	产业园区从职住分离向功能复合转变	优化园区功能分工，构建多元化、多功能、多点支撑的城市产业功能区	市发展改革委、市商务局、市科技局
			以社区为单元，配套完善居住生活功能，引导厂区内工人集中居住	市发展改革委、市住房城乡建设局
			建设涵盖劳动就业、社会保障、法律纠纷、社会治安等功能于一体的社区服务中心	市民政局、市人力资源社会保障局、市住房城乡建设局
4	产城互动	10 个以上的省级及以上开发区和具备一定规模的综合类工业生态园区发展成为功能完善、宜居宜业的城市新区，人口密度达到每平方公里 6000 人以上	开展产城互动示范区建设，倡导适度混合功能开发	市发展改革委、市住房城乡建设局、市经济和信息化委、市商务局
			落实省促进开发区向城市功能区转型的指导意见，加强对复合条件的开发区向城市功能区转型的指导	市发展改革委、市住房城乡建设局、市经济和信息化委、市规划局
			各县区要结合自身实际，因地制宜地探索多元化产城融合发展模式	市发展改革委、市住房城乡建设局、市经济和信息化委、各县区政府

续表

序号	行动计划	目标成果	重点任务	牵头及协调单位
5	强化规划引导	产城融合协调发展	市、县（区）编制或调整总体规划，结合产业发展规划，优化功能分区	市规划局、市发展改革委、市国土资源局
6	加强资金和政策保障	资金政策支持力度不断加大，资源均等化分配得到落实	发挥政府引导基金作用，与金融资本紧密结合，撬动社会资本，建立多渠道投入机制，支持产业转型升级	市财政局、市发展改革委
			鼓励金融部门对产城融合改革项目给予信贷资金支持	市金融办、人民银行、滨州市中心支行
			创新资源配置机制、统筹发展体制、均衡化公共服务供给体制等	市发展改革委、市财政局
7	加强监督管理	推进产城融合有序发展	建立目标责任制，明确任务分工，细化措施抓落实	各县（区）政府
			实行项目精细化管理，对重大发展改革举措和政策，适时组织开展事前咨询论证和事后跟踪评估	各县（区）政府
			建立年度报告制度，强化督促检查	各县（区）政府

2. 推进产城融合的主要探索

——**推进产业开发区的产城融合**。近年来，一批经济开发区推进产城融合，取得了一定经验。以天津经济开发区为例，它在全国经济技术开发区中处于前列。建区 30 年来，天津开发区注重社会事业发展，目前已有从业人口 56 万，常住人口 23 万，外籍人口 4000 人；建成了 9 个居民社区，涵盖 112 个小区；建成 32 个蓝白领公寓，总面积 233 万平方米，可容纳 21 万职工入住；近 5 年累计新增就业岗位超过 24 万个；建成各类教育机构 29 所，包括 3 所高校、7 所中小学、10 所学前教育机构；形成了社区管理“泰达社区治理模式”、新型医疗卫生服务模式、多层次住房保障体系。国家新型城镇化试点县哈尔滨市宾县，围绕宾西开发区建设，将宾西镇西川村 5 个屯 436 户、1669 户人整体迁入西宾镇，建设农民新社区 4 个，同时引导村民向开发区产业工人转变。

——**推进大型居住社区的产城融合**。近年来，一些地方建设了连片的城市居住区，产业功能薄弱。推进这些大型社区的产城融合，重点需要在居住区内部或周边的合理出行半径范围内发展各类产业。地处河北省三河市的燕郊，因较低房价而置业的人口超过 30 万人，演变成北京近郊“不是新城的新城”。大量人口住在燕郊，来往北京的通勤带来许多问题。在京津冀协同发展的背景下，三河市燕郊居住区注重引进产业，推动实现本地化的产城融合。在燕郊高新区的投资项目中，北京项目投资约占 35%，国内其他地区项目约占 15%，外商投资项目约占 15%，三河本地项目投资约占 35%。

——**推进培育创新性区域**。产业与城市的低水平融合，是我国产业发展与城镇发展素质不高的突出表现。一些大中城市在“双创”活动中，推动产城融合的深度化、高度化发展，加快建设创新性区域空间。2015 年，北京、天津等地 136 家众创空间经备案批复纳入国家级科技企业孵化器的管理和服务体系。由众创空间、科技企业孵化器、加速器、产业园区等组成的创新创业生态系统日趋完善，推动创新要素的深度融合，培育创新集群、促进产城融合。

专栏 3-36

四川省成都市青白江区福洪镇以土地综合整治推进产城融合

福洪镇位于青白江区南部，全镇不到 40 平方公里，人口 2.9 万人。2005 年以来，福洪镇完成 4 个新型社区建设，但新型社区为纯住宅，节余指标并未留在当地使用。2012 年以后，政府以土地综合整治为抓手，打造综合发展型小城镇。

一、主要做法

1. 引导农户向场镇集中。修建了先锋村集体建设用地整理项目的场镇新型社区，并进行全面的产业规划和培育，此举最终吸引了先锋村 651 户、2134 人跨村向场镇集中。

2. 完善场镇功能配套。一是配套商业 4.6 万平方米，既方便农户生活，又提供就业创业机会；二是按人均 5 平方米集中规划了生产用房，可出租可自用；三是在安置区规划了产业用地，引进手工艺品加工展销等产业。

3. 三产联动，促进就地城镇化。在先锋村项目实施的同时，福洪镇规划建设 2000 亩福洪杏标准化种植基地、1000 亩玫瑰标准化种植示范园区、3500 亩杏花农业科技观光园等重点农业产业项目；依托国家 3A 级景区客家杏花村，因地制宜发展以健康游、养生游、体验游为内涵的杏文化、福文化旅游业，努力构建三产联动发展格局。

二、取得成效

1. 住有所居。通过建设场镇新型社区，极大改善当地农户生活居住条件，并完善基础设施和公共服务设施建设、配套场镇商业、综合市场、生产厂房、建设玫瑰公园，打造宜居宜业的玫瑰花园新场镇，全面提升福洪新型城乡形态。

2. 居有所安。依托场镇新型社区，引进了东方工艺美术、多多食品等多家企业入驻，直接引进社会投资约5000万元，使用集体建设用地50亩，提供就业岗位500个；间接引进社会资金约10亿元，解决了当地近2000人就业问题。

3. 劳有所得。通过有效解决农民集中居住后的就业、创业难题，福洪镇农民人均纯收入由2005年约4000元增长到2014年的13681元，略高于青白江区平均水平。

专题四：

引导城镇化优化布局

《全国主体功能区规划》和《国家新型城镇化规划》提出，要把城市群作为推进城镇化的主体形态，推动大中小城市和小城镇协调发展。中央城市工作会议指出，要以城市群为主体形态，科学规划城市空间布局，实现紧凑集约、高效绿色发展；优化提升东部城市群，在中西部地区培育发展一批城市群、区域性中心城市。按照中央有关精神和规划要求，根据新型城镇化工作部署，在推进和引导城镇化布局方面，2015 年主要开展了如下工作：一是编制京津冀、长江中游、长三角、成渝、哈长等跨省级行政区城市群规划；其中，京津冀、长江中游和哈长城市群规划已编制完成，长三角、成渝城市群规划已上报国务院。二是编制完成《城镇化地区综合交通网规划》，对城镇化地区综合交通网做出总体安排。三是跨区域的城市群内各省级政府积极呼应相关规划，出台配套性规划和文件，推动完善城市群发展协调机制。

一、城镇化布局总体要求

（一）主体功能区规划关于城镇化格局的总体要求

《全国主体功能区规划》提出，到 2020 年基本形成主体功能区布局，在国土空间总体格局方面，形成“两横三纵”为主体的城市化战略格局、“七区二十三带”为主体的农业战略格局和“两屏三带”为主体的生态安全战略格局。

“两横三纵”为主体的城市化战略格局是指以陆桥通道、沿长江通道为两条横轴，以沿海、京哈京广、包昆通道为三条纵轴，以国家优化开发和重点开发的城市化地区为主要支撑，以轴线上其他城市化地区为重要组成部分的城市化总体发展格局。围绕这一战略格局，要重点推进环渤海、长江三角洲、珠江三角洲地区的优化开发，形成 3 个特大城市群；推进哈长、海峡西岸、中原、长江中游、北部湾、成渝、关中—天水等 18 个重点开发区建设，发展若干新的大城市群和区域性的城市群，形成多元、多极、网络化的城市化格局，使经济增长的空间由东向西、由南向北拓展，人口和经济在国土空间的分布更趋集中均衡。

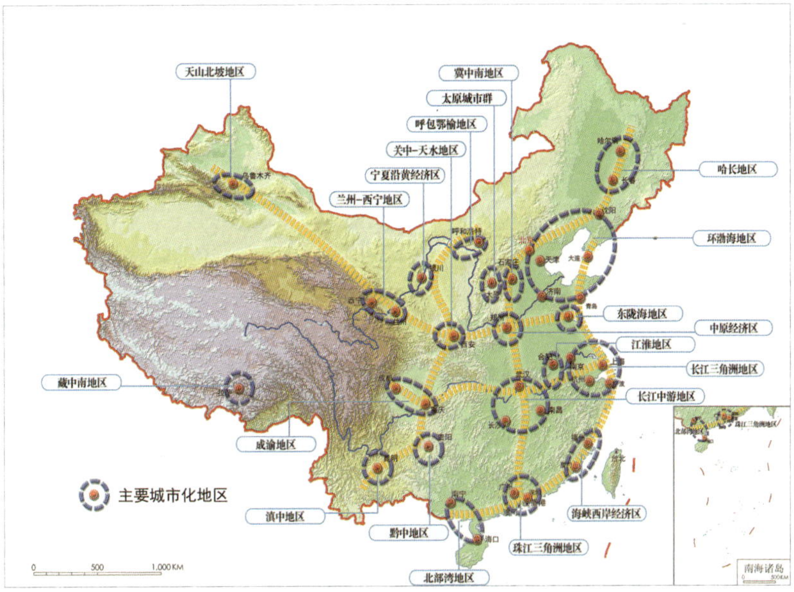

图 4—1　两横三纵的城市化战略格局

（二）新型城镇化规划对优化城镇化格局的总体要求

《国家新型城镇化规划》提出要按照“优化布局、集约高效”的原则，根据资源环境承载能力构建科学合理的城镇化宏观布局，以综合交通网络和信息网络为依托，科学规划建设城市群。到 2020 年，城镇化格局更加优化，“两横三纵”为主体的城镇化战略格局基本形成，城市群集聚经济、人口能力明显增强，东部地区城市群一体化水平和国际竞争力明显提高，中西部地区城市群成为推动区域协调发展的新的重要增长极。城市规模结构更加完善，中心城市辐射带动作用更加突出，中小城市数量增加，小城镇服务功能增强。

在具体任务方面：

(1) **优化提升东部地区城市群**。京津冀、长江三角洲和珠江三角洲城市群，要以建设世界级城市群为目标，继续在制度创新、科技进步、产业升级、绿色发展等方面走在全国前列，加快形成国际竞争新优势，在更高层次参与国际合作和竞争，发挥其对全国经济社会发展的重要支撑和引领作用。

(2) **培育发展中西部地区城市群**。中西部地区要在严格保护生态环境的基础上，引导有市场、有效益的劳动密集型产业优先向中西部转移，吸纳东部返乡和就近转移的农民工，加快产业集群发展和人口集聚，培育发展若干新的城市群，在优化全国城镇化战略格局中发挥更加重要的作用。加快培育成渝、中原、长江中游、哈长等城市群，使之成为推动国土空间均衡开发、引领区域经济发展的重要增长极。

(3) **建立城市群发展协调机制**。统筹制定实施城市群规划，统筹交通基础设施和信息网络布局，加快推进城市群一体化进程。中央政府负责跨省级行政区的城市群规划编制和组织实施，省级政府负责本行政区内的城市群规划编制和组织实施。建立完善跨区域城市发展协调机制。推动跨区域城市间产业分工、基础设施、环境治理等协调联动；重点探索建立城市群管理协调模式；建立城市群成本共担和利益共享机制。

(4) **促进各类城市协调发展**。要优化城镇规模结构，增强中心城市辐射带动功能；把加快发展中小城市作为优化城镇规模结构的主攻方向，加强产业和公共服务资源布局引导；有重点地发展小城镇，推动小城镇发展与疏解大城市中心城区功能相结合、与特色产业发展相结合、与服务“三农”相结合，促进大中小城市和小城镇协调发展。

(5) **强化综合交通运输网络支撑**。通过综合运输通道和区际交通骨干网络，强化城市群之间交通联系，加快城市群交通一体化规划建设，改善中小城市和小城镇对外交通，发挥综合交通运输网络对城镇化格局的支撑和引导作用。到 2020 年，普通铁路网覆盖 20 万以上人口城市，快速铁路网基本覆盖 50 万以上人口城市；普通国道基本覆盖县城，国家高速公路基本覆盖 20 万以上人口城市；民用航空网络不断扩展，航空服务覆盖全国 90% 左右的人口。

在城市群之间，重点是依托国家“五纵五横”综合运输大通道，加强东中部城市群对外交通骨干网络薄弱环节建设，加快西部城市群对外交通骨干网络建设，形成以铁路、高速公路为骨干，以普通国省道为基础，与民航、水路和管道共同组成的连接东西、纵贯南北的综合交通运输网络。在城市群内部，建设以轨道交通和高速公路为骨干，以普通公路为基础，有效衔接大中小城市和小城镇的多层次快速交通运输网络。

二、主要城镇化地区综合交通网络规划

根据国家发展战略新要求、结合发展新环境和区域联系新态势，依据《全国主体功能区规划》《国家新型城镇化规划》，国家发展改革委联合交通运输部制定了《城镇化地区综合交通网规划》，明确了 21 个城镇化地区，总体上仍以《全国主体功能区规划》确定的优化开发区和重点开发区为主体，并对部分城市群涉及的范围作了调整。

（一）21 个城镇化地区及交通网络规划情况

21 个城镇化地区，涵盖全国 215 个城市。目前，人口和 GDP 分别约占全国的 65%、90%。每个地区涵盖的范围如下。

表 4—1 全国 21 个城镇化地区及其综合交通规划概况

城镇化地区	范围	定位 / 区位	骨干路网	规划目标
京津冀地区	北京、天津、石家庄、保定、廊坊、唐山、秦皇岛、沧州、承德、张家口、衡水、邢台、邯郸 13 市	以首都为核心的世界级城市群、区域整体协同发展改革引领区、全国创新驱动经济增长新引擎和生态环境修复改善示范区	以京沪、京广、京哈、京沈等高速铁路和京港澳（G4）、京昆（G5）、京藏（G6）等高速公路为骨干	至 2020 年，城际铁路运营里程约 2800 公里，覆盖全部节点城市（13 个）和 40% 左右的县（市）；新建和改扩建国家高速公路约 750 公里
长江三角洲地区	上海、南京、杭州、宁波、苏州、无锡、常州、南通、扬州、镇江、泰州、盐城、湖州、嘉兴、绍兴、金华、台州、舟山、合肥、芜湖、安庆、池州、铜陵、马鞍山、滁州、宣城 26 市	全球重要的现代服务业中心和先进制造业基地	以沪宁、沪杭、宁杭、合宁、杭甬等高速铁路，沪陕（G40）、沪蓉（G42）、沪昆（G60）等高速公路，长江干线航道、京杭运河为骨干	至 2020 年，城际铁路运营里程达到 6400 公里（其中，利用路网铁路 4000 公里，新建城际铁路约 1270 公里），覆盖全部节点城市（26 个）和 80% 以上的县（市）；新建和改扩建国家高速公路约 1700 公里
珠江三角洲地区	广州、深圳、珠海、佛山、东莞、中山、江门、惠州、肇庆 9 市	南方地区对外开放的门户	以广深、广珠城际轨道交通、京港澳（G4）、大广（G45）、沈海（G15）等高速公路为骨干	至 2020 年，城际铁路运营里程约 1400 公里（其中，利用路网铁路 250 公里，新建城际铁路 440 公里），覆盖全部节点城市（9 个）和 40% 左右的县（市）；新建和改扩建国家高速公路约 430 公里

续表

城镇化地区	范 围	定 位/区位	骨干路网	规划目标
长江中游地区	武汉、长沙、南昌、黄石、黄冈、鄂州、孝感、咸宁、仙桃、潜江、天门、襄阳、宜昌、荆州、荆门、株洲、湘潭、衡阳、岳阳、益阳、常德、娄底、九江、景德镇、上饶、鹰潭、新余、抚州、宜春、萍乡、吉安 31 市	承东启西，连通南北	以京广、沪昆、武九等高速铁路，京港澳（G4）、大广（G45）、二广（G55）、杭瑞（G56）等高速公路和长江干线航道为骨干	至 2020 年，城际铁路运营里程约 6000 公里（其中，利用路网铁路 4500 公里，新建城际铁路 960 公里），覆盖全部节点城市（28 个）和 50% 左右的县（市）；新建和改扩建国家高速公路约 1060 公里
成渝地区	重庆、成都、德阳、绵阳（除北川县、平武县）、乐山、眉山、资阳、内江、宜宾、泸州、自贡、南充、遂宁、广安、雅安（除天全县、宝兴县）、达州（除万源县）16 市	我国西南地区重要的经济中心	以成渝高铁、沪蓉（G42）高速公路等为骨干	至 2020 年，城际铁路运营里程约 3600 公里（其中，利用路网铁路 2600 公里，新建城际铁路 820 公里），覆盖全部节点城市（15 个）和近 90% 的县（市）；新建和改扩建国家高速公路约 1420 公里
海峡西岸地区	福州、厦门、泉州、温州、汕头、漳州、莆田、宁德、潮州、揭阳、汕尾 11 市	地处东南沿海，与台湾隔海相望	以温州经福州至厦门高铁和粤东城际铁路等轨道交通，沈海（G15）等高速公路为骨干	至 2020 年，城际铁路运营里程约 1850 公里（其中，利用路网铁路 1150 公里，新建城际铁路 460 公里），覆盖全部节点城市（11 个）和 60% 左右的县（市）；新建和改扩建国家高速公路约 690 公里
山东半岛地区	济南、青岛、淄博、东营、烟台、潍坊、威海、聊城、泰安、莱芜、滨州、德州 12 市	我国重要的海洋产业聚集区和先进制造业基地	以济青高铁、胶济铁路、青荣城际等轨道交通，青银（G20）、荣乌（G18）等高速公路为骨干	至 2020 年，城际铁路运营里程约 1700 公里（其中，利用路网铁路 800 公里，新建城际铁路 480 公里），覆盖全部节点城市（12 个）和 80% 左右的县（市）；新建和改扩建国家高速公路约 870 公里

续表

城镇化地区	范围	定位/区位	骨干路网	规划目标
哈长地区	哈尔滨、大庆、齐齐哈尔、绥化、牡丹江、长春、吉林、松原、四平、辽源、延边 11 市	重要的装备制造业和粮食生产基地	以哈大、哈佳、京哈、哈齐、哈牡等轨道交通，京哈（G1）、珲乌（G12）、绥满（G10）等高速公路为骨干	至 2020 年，城际铁路运营里程约 1600 公里，全部利用路网铁路，覆盖全部节点城市（10 个）和 45% 左右的县（市）；新建和改扩建国家高速公路约 1120 公里
辽中南地区	沈阳、大连、鞍山、抚顺、本溪、丹东、锦州、营口、辽阳、铁岭、盘锦 11 市	地处东北亚经济圈关键地带，是欧亚大陆通往太平洋的重要通道	以京哈、哈大、沈丹、丹大等轨道交通，京哈（G1）、沈海（G15）、辽中环线（G91）、丹大（G1113）高速公路为骨干	至 2020 年，城际铁路运营里程约 1400 公里（其中，利用路网铁路 1100 公里，新建城际铁路 270 公里），覆盖全部节点城市（11 个）和 60% 左右的县（市）；新建和改扩建国家高速公路约 350 公里
中原地区	郑州、洛阳、开封、新乡、焦作、许昌、平顶山、漯河、济源 9 市	地处我国中心地带	徐兰、京广、济南经郑州至重庆、太原经郑州至合肥等轨道交通，连霍（G30）、京港澳（G4）、大广（G45）、二广（G55）、宁洛（G36）、沪陕（G40）等高速公路为骨干	至 2020 年，城际铁路运营里程约 500 公里（其中，利用路网铁路 200 公里，新建城际铁路 300 公里），覆盖全部节点城市（9 个）和 70% 左右的县（市）；新建和改扩建国家高速公路约 150 公里
东陇海地区	连云港、徐州、日照、临沂、枣庄 5 市	欧亚大陆桥的桥头堡	郑徐、徐连高铁和青连、连盐、连淮铁路以及曲阜经临沂至日照城际等轨道交通，荣乌高速联络线、徐州至明光等高速公路为骨干	至 2020 年，城际铁路运营里程约 700 公里（其中，利用路网铁路 500 公里，新建城际铁路 100 公里），覆盖全部节点城市（5 个）和 50% 左右的县（市）；新建和改扩建国家高速公路约 240 公里

续表

城镇化地区	范围	定位/区位	骨干路网	规划目标
关中—天水地区	西安、咸阳、宝鸡、铜川、渭南、商洛、天水 7 市	西北地区重要的经济中	以徐兰、包西、西成、大西、银西、西武、西渝等轨道交通，沪陕（G40）、连霍（G30）、包茂（G65）、京昆（G5）、福银（G70）、银百（G69）、银昆（G85）等高速公路为骨干	至 2020 年，城际铁路运营里程约 1100 公里（其中，利用路网铁路 700 公里，新建城际铁路 410 公里），覆盖近 90% 的节点城市（7 个）和 70% 左右的县（市）；新建和改扩建国家高速公路约 520 公里
北部湾地区	南宁、北海、钦州、防城港、玉林（市区及北流市、博白县）、崇左（市区及凭祥市、扶绥县）、湛江、茂名、海口、三亚 10 市	地处东盟自贸区前沿，是西南地区最便捷的出海口	以高铁、沿海铁路等轨道交通，兰海（G75）、沈海（G15）高速公路为骨干	至 2020 年，城际铁路运营里程约 1600 公里（其中，利用路网铁路 1300 公里，新建城际铁路 320 公里），覆盖全部节点城市（10 个）和 70% 左右的县（市）；新建和改扩建国家高速公路约 530 公里
太原地区	太原、晋中、阳泉、忻州、临汾、长治、汾阳、孝义 8 市	我国重要的能源和煤化工生产基地、国家资源型经济转型示范区，以及全国重要的能源、原材料、煤化工、装备制造业和文化旅游业基地	以大西高铁和青银、青太、太焦等轨道交通，青银（G20）、京昆（G5）、二广（G55）、青兰（G22）等高速公路为骨干	至 2020 年，城际铁路运营里程约 1000 公里（其中，利用路网铁路 800 公里，新建城际铁路约 190 公里），覆盖全部节点城市（8 个）和 20% 左右的县（市）；新建和改扩建国家高速公路约 140 公里

续表

城镇化地区	范围	定位/区位	骨干路网	规划目标
滇中地区	昆明、曲靖、玉溪、楚雄4市	面向南亚、东南亚辐射中心的核心区域	以沪昆、成昆高铁和南昆等轨道交通，京昆（G5）、杭瑞（G56）、沪昆（G60）、汕昆（G78）、广昆（G80）、渝昆（G85）等高速公路为骨干	至2020年，城际铁路运营里程约1600公里（其中，利用路网铁路1150公里，新建城际铁路440公里），覆盖全部节点城市（4个）和75%左右的县（市）；新建和改扩建国家高速公路约490公里
黔中地区	贵阳、遵义、安顺、毕节、都匀、凯里6市	西南地区重要的陆路交通枢纽	以沪昆、贵广、成贵高铁和渝黔新线、黔桂二线、贵南等轨道交通，兰海（G75）、杭瑞（G56）、沪昆（G60）、厦蓉（G76）等高速公路为骨干	至2020年，城际铁路运营里程约750公里（其中，利用路网铁路600公里，新建城际铁路60公里），覆盖全部节点城市（6个）和60%左右的县（市）；新建和改扩建国家高速公路约300公里
呼包鄂榆地区	呼和浩特、包头、鄂尔多斯、乌兰察布、巴彦淖尔、乌海、榆林7市	我国向北开放的重要桥头堡	以包兰、东乌、呼和浩特—张家口、呼包鄂城际环线等轨道交通，京藏（G6）、京新（G7）、青银（G20）、包茂（G65）、荣乌（G18）等国家高速公路为骨干	至2020年，城际铁路运营里程约700公里（其中，利用路网铁路250公里，新建城际铁路400公里），覆盖70%以上的节点城市（7个）和20%左右的县（旗）；新建和改扩建国家高速公路约170公里
兰州—西宁地区	兰州、西宁、白银、海东4市	地处青藏高原与黄土高原的交汇地带	以兰新第二双线等轨道交通，京藏（G6）、京新（G7）等高速公路为骨干	至2020年，城际铁路运营里程约380公里（其中，利用路网铁路320公里），覆盖全部节点城市（4个）和50%左右的县（市）；新建和改扩建国家高速公路约390公里

续表

城镇化地区	范围	定位/区位	骨干路网	规划目标
天山北坡地区	乌鲁木齐、昌吉、五家渠、石河子、奎屯、乌苏、独山子、伊犁、吐鲁番9市	我国面向中亚、西亚、南亚开放的陆路交通枢纽和重要门户	以兰新高铁和乌鲁木齐至阿拉山口（霍尔果斯）等铁路，京新（G7）、连霍（G30）等高速公路为骨干	至2020年，城际铁路运营里程约1000公里，全部利用路网铁路，覆盖近90%的节点城市（9个）；新建和改扩建国家高速公路约890公里
宁夏沿黄地区	银川、吴忠、石嘴山、中卫4市	地区地处黄河中上游	以银川至西安高铁和包兰、太中银、吴忠至中卫、呼银兰、中卫至武威等轨道交通，京藏（G6）、青银（G20）、银百高速（G69）、银昆高速（G85）等高速公路为骨干	至2020年，城际铁路运营里程约400公里（其中，利用路网铁路220公里，新建城际铁路180公里），覆盖全部节点城市（4个）和县；新建和改扩建国家高速公路约740公里
藏中南地区	拉萨市、日喀则地区、山南地区、林芝地区部分市县和那曲县5市县	西藏的经济、文化中心	以青藏、川藏、新藏等铁路，京藏（G6）、拉萨环线（G6001）、雅叶的西藏段（G4218）、曲乃（G4219）等高速公路为骨干	至2020年，干线铁路运营里程约1000公里，覆盖全部节点城市（5个）和40%左右的县（市）

（二）《综合交通网络规划》与《全国主体功能区规划》对城镇化地区界定的变化

一是将主体功能区规划中，以京津为核心、包括河北部分地区的“京津冀地区”与以石家庄为中心、以河北中南部为主体的“冀中南地区”合并，确定为新的“京津冀地区”。

二是考虑到安徽与长江三角洲地区经济上的密切联系，将主体功能区规划中，以合肥及安徽沿长江的部分地区为主体的“江淮地区”与包括上海市和江苏省、浙江省部分地区的“长江三角洲地区”合并，确定为新的“长江三角洲地区”。

三、京津冀协同发展规划纲要及京津冀三地合作情况

（一）京津冀协同发展的总体背景和要求

早在20世纪80年代初，国家有关部门就开始推动京津冀一体化工作，但由于各种原因，相关规划未能出台或实施，一体化工作进展不大。党的十八大以后，京津冀协调发展进入新阶段，2014年2月，习近平总书记专门听取京津冀协同发展工作汇报并指出，京津冀协同发展意义重大，要上升到国家战略层面；要求打破“一亩三分地”的思维定式，抓紧编制首都经济圈一体化发展的相关规划。2014年国务院《政府工作报告》提出“加强环渤海及京津冀地区经济协作”，2014年12月中央经济工作会议把京津冀与“一带一路”、长江经济带并列作为我国区域发展三大战略。

专栏 4-1

习近平总书记就推进京津冀协同发展提出七点要求

一是要着力加强顶层设计，抓紧编制首都经济圈一体化发展的相关规划，明确三地功能定位、产业分工、城市布局、设施配套、综合交通体系等重大问题，并从财政政策、投资政策、项目安排等方面形成具体措施。

二是要着力加大对协同发展的推动，自觉打破自家“一亩三分地”的思维定式，抱成团朝着顶层设计的目标一起做，充分发挥环渤海地区经济合作发展协调机制的作用。

三是要着力加快推进产业对接协作，理顺三地产业发展链条，形成区域间产业合理分布和上下游联动机制，对接产业规划，不搞同构性、同质化发展。

四是要着力调整优化城市布局和空间结构，促进城市分工协作，提高城市群一体化水平，提高其综合承载能力和内涵发展水平。

五是要着力扩大环境容量生态空间，加强生态环境保护合作，在已经启动大气污染防治协作机制的基础上，完善防护林建设、水资源保护、水环境治理、清洁能源使用等领域合作机制。

六是要着力构建现代化交通网络系统，把交通一体化作为先行领域，加快构建快速、便捷、高效、安全、大容量、低成本的互联互通综合交通网络。

七是要着力加快推进市场一体化进程，下决心破除限制资本、技术、产权、人才、劳动力等生产要素自由流动和优化配置的各种体制机制障碍，推动各种要素按照市场规律在区域内自由流动和优化配置。

（二）《京津冀协同发展规划纲要》的有关内容

2015 年 4 月，中共中央政治局会议审议通过《京津冀协同发展规划纲要》。纲要对京津冀区域整体定位，是以首都为核心的世界级城市群、区域整体协同发展改革引领区、全国创新驱动经济增长新引擎、生态修复环境改善示范区。具体到三个省市，北京市定位为“全国政治中心、文化中心、国际交往中心、科技创新中心”；天津市定位为“全国先进制造研发基地、北方国际航运核心区、金融创新运营示范区、改革开放先行区”；河北省定位为“全国现代商贸物流重要基地、产业转型升级试验区、新型城镇化与城乡统筹示范区、京津冀生态环境支撑区”。

京津冀协同发展规划明确了区域发展目标，近期到 2017 年，有序疏解北京非首都功能取得明显进展，在符合协同发展目标且现实急需、具备条件、取得共识的交通一体化、生态环境保护、产业升级转移等重点领域率先取得突破，深化改革、创新驱动、试点示范有序推进，协同发展取得显著成效。中期到 2020 年，北京市常住人口控制在 2300 万人以内，北京“大城市病”等突出问题得到缓解；区域一体化交通网络基本形成，生态环境质量得到有效改善，产业联动发展取得重大进展。公共服务共建共享取得积极成效，协同发展机制有效运转，区域内发展差距趋于缩小，初步形成京津冀协同发展、互利共赢新局面。远期到 2030 年，首都核心功能更加优化，京津冀区域一体化格局基本形成，区域经济结构更加合理，生态环境质量总体良好，公共服务水平趋于均衡，成为具有较强国际竞争力和影响力的重要区域，在引领和支撑全国经济社会发展中发挥更大作用。

（三）相关配套规划

纲要发布后，其他各领域规划相继开展编制或出台。

2015 年 12 月，《京津冀协同发展生态环境保护规划》完成，规划划定了京津冀地区生态保护红线、环境质量底线和资源消耗上限，将逐步增加生态空间和改善环境质量作为经济建设和社会发展的刚性约束条件。其中，空气质量方面，提出到 2017 年，京津冀地区 PM2.5 年均浓度应控制在 73 微克／立方米左右；到 2020 年，京津冀地区 PM2.5 年均浓度控制在 64 微克／立方米左右。水环境质量方面，提出到 2020 年，京津冀地区地级及以上城市集中式饮用水水源水质全部达到或优于Ⅲ类，重要江河湖泊水功能区达标率达到 73%。资源消耗方面，2015—2020 年，京津冀地区能源消费总量增长速度显著低于全国平均增速，其中煤炭消费总量继续实现负增长。到 2020 年，京津冀地区用水总量控制在 296 亿立方米，地下水超采退减率达到 75%以上。此外，规划提出实施国土生态整治、清洁水、大气污染防治等一批重点工程。对污染源综合防治、清洁能源发展、机动车污染防治等提出了目标和要求。

2015 年 11 月底，《京津冀协同发展交通一体化规划（2014— 2020 年）》获批。京津冀交通一体化的一批重点工程取得积极进展，到 2015 年底，津保铁路实现通车。根据规划，京张铁路、京滨城际、京唐城际、京霸城际等将开工，廊涿城际等正在开展前期工作，首都机场到北京新机场的联络线正在加快规划；公路方面，继续推进首都地区环线廊坊段建设；水运方面，将研究建立新的津冀沿海航区海事综合监管机制，推进天津、河北港口资源共享与统一监管。此外，京津冀运输服务一体化方面也取得成效。编制了《京津冀城乡客运一体化改革总体方案》，加快京津冀道路客运班线公交化改造，推进京津冀道路客运联网售票与客运联程运输发展，并加快推进三地交通一卡通互联互通工作。

2015 年 12 月，在京津冀旅游协同发展工作会议上，三地公布了《京津冀旅游一体化协同发展规划（征求意见稿）》《京东休闲旅游区可行性研究报告》《京东休闲旅游区建设行动计划（2016—2018 年）》三项规划文件草案，并决定京津冀旅游局（委）联合建立乡村旅游协同发展平台、旅游诚信信息联合公示平台。

（四）京津冀三地开展的相关合作

根据规划纲要要求，京津冀三地结合已有合作基础，深入推进交通、产业、环境保护、公共服务、市场监管等各方面的合作。

1. 推进交通对接

天津市加快交通基础设施建设：推动京滨、京唐城际全线开工，打通津石等高速公路“断头路”和国省干线“瓶颈路”，开工建设南疆 27 号通用码头及配套工程等重大项目，启动北运河旅游通航工程建设，提速交通一体化。

河北加快京沈客专、唐曹铁路、首都地区环线等项目建设，开工建设京唐、京霸、廊涿城际和白沟直线，抓好北京新机场及配套综合交通体系建设。

2. 加强产业合作

北京市以城六区企业为重点，加快产业转移与对接。东、西城生产制造业企业将于 2017 年底前全部退出，到“十三五”末，朝阳、海淀、丰台与石景山区的生产制造环节也将基本完成退出。鼓励退出产业向周边迁移。

天津市积极吸纳北京创新资源和优势产业，主动向河北延伸产业链条，并提出加快产业升级转移，深化与京冀产业的对接合作，建设区域合作示范区等十大产业项目。

河北致力于承接京津产业转移，精准承接北京非首都功能疏解，提出推进北京新机场临空经济区、曹妃甸协同发展示范区、渤海新区等省级重点平台建设；并开始与京津共建50家科技园区和一批产业技术创新联盟、科技成果孵化转化基地。

专栏 4-2

北京市中关村与保定市“资产托管、协同创新”合作模式

2014年，中关村管委会与保定市签署《战略合作框架协议》。为落实相关协议，2015年4月，中关村信息谷资产管理有限责任公司与保定国家高新区发展有限公司签署《“保定·中关村创新中心”委托运营协议》，并正式挂牌，成为中关村京外首家创新中心，着力率先建成京津冀协同创新共同体示范基地。双方以“委托运营”模式推进创新要素聚集，信息谷负责招商运营、保定高新区负责做好企业落地服务，双方合作打通了创新要素流动通道。截至2015年11月，创新中心签约企业39家，其中来自中关村的企业超过1/3，而且多数是行业内知名企业。

主要做法：

一是政府支持，企业运作。双方政府设立合作沟通机构，搭建信息共享平台，解决合作过程中的重大问题；企业全盘负责创新中心运营，利用中关村发展集团和软件园平台资源，对接创新企业、孵化器、行业协会，为有跨区域发展需求的企业入驻保定园区提供专业化服务。

二是创新模式，专业运营。资产管理公司引入中关村软件园等专业园区运营模式，探索形成适合保定特点的“轻资产、重服务”的运营方式。

经验启示：

一是通过这种模式，放大了北京作为创新中心的对外辐射作用。资产托管的企业化运营模式，搭建起企业和落地政府之间信赖的桥梁。对习惯中关村管理模式的中关村企业而言，这种“走出去”的模式，有了可靠的“组织”保障。

二是高效利用存量资源，不另起炉灶。创新中心是保定市高新区内原有的建筑，总面积6.2万平方米，资产管理公司利用原有物理空间载体，注入创新空间、创新汇、创新基金等开放性合作支撑平台，聚集起政策、资本、人才、技术等要素，为引入的新企业提供全方位服务。这一充分利用原有资源的模式，既加快了企业入驻的速度，又大大提升了原有资产的利用效率。

北京延庆与河北张家口正以2022年冬奥会为契机联合打造“京西北旅游圈”，加强体育赛事、文化旅游等方面的交流合作；北京房山与河北保定正携手规划“首都西南生态与文化旅游发展带”，京津冀辖区内多个旅游部门之间签订了合作协议，围绕共建旅游市场、优化旅游环境、完善公共服务设施等多方面加强合作。

3. 推进生态环境联防联治

京津冀三地进一步完善生态补偿机制，河北省实施了京津保生态过渡带、北戴河地区环境整治等工程；天津加大水源保护力度，建立起引滦水环境补偿机制；北京除继续实施生态水源保护林建设合作项目等以外，借助南水北调配套工程建设，推动京津冀三地水系连通，促进区域水资源统一调度和高效利用。京津冀三地已经建立“环境执法联动工作机制”，共同打击区域内环境违法行为，逐步实现三地环保一体化。

4. 积极推进公共服务和管理对接

河北积极承接京津医疗、教育、养老等社会公共服务功能疏解，大力推进京津冀异地住院费用直接结算，积极开展京津冀社会保障、公共服务、要素市场一体化等改革试点示范。

2015年，京津冀三地签订了多项管理服务协作机制，推进部分领域管理一体化。建立了三地法院执行工作联动协作机制，推动实现三地执行办案“同城效应”；京津冀警务协同发展框架协议提出共建以联勤指挥体系、情报信息系统、反恐防恐网络、治安防控网络、进京通道查控、公安行政服务、警务资源建设、警媒合作宣传“八个一体化”为主体的警务合作格局。实施检验检疫一体化，相关便利措施已惠及企业2万余家，首都机场口岸“两直”模式已延伸至山西省。启动京津冀区域信用体系及信用奖惩联动机制。商务部门签署了“生活必需品市场供应和应急保障互助框架协议”，进一步加强京津冀市场互联互通，整合三地的市场流通资源。

专栏 4-3

京津冀协同两周年　一盘棋发展步入纵深

自2014年2月京津冀协同发展上升为国家战略，两年来三地“一张图”规划、“一盘棋”建设、“一体化”发展，协同发展逐步推向纵深。

2016年2月，京津冀印发实施中国首个跨省市的区域“十三五”规划。

根据《"十三五"时期京津冀国民经济和社会发展规划》，京津冀地区将探索建立行政管理协同机制、生态环保联动机制、产业和科技创新协同机制等。

目前，北京正在推进首都"瘦身健体"，服装批发市场正向河北等地转移，中关村科技企业正在抢滩布局河北、天津。河北作为承接地，积极与北京对接。比如，作为"明星项目"之一的北京现代沧州工厂按计划将于 2016 年 10 月实现量产。届时，北京现代年产能将达 135 万辆。

2016 年作为全面落实《京津冀协同发展规划纲要》的关键之年，京津冀三地政府部门已逐渐打破"一亩三分地"思维。

产业之外，生态、交通是协同发展的突破口。国家发展改革委、环境保护部于 2015 年底对外发布的《京津冀协同发展生态环境保护规划》，明确了未来几年京津冀生态环境保护方面的一系列目标任务。

环境保护部发布的通报显示，京津冀城市空气质量去年平均达标天数同比提高 9.6 个百分点。2016 年 3 月底前，"京津冀核心区"六市率先试行统一的重污染预警分级标准。

在交通领域，津保铁路去年底开通，京津冀"四纵四横一环"轨道网实现了"一横"。由此，京津冀进入了 1.5 小时圈，三地全面实现高铁互联互通。

截至 2016 年 2 月底，河北省 11 个设区市已全部实现与京津高速贯通，预计 2016 年底，北京大外环高速公路河北段将全线建成通车，河北将有 11 条高速公路直达北京，京津冀交通一体化进程将全面提速。

京津冀更实现了公交跨区运营。去年 12 月，三地的部分线路已经开始试水公交一卡通互联互通业务。

此外，司法、医疗、教育、文化等多领域正在全面开花。

京津冀正在着力打造世界级城市群。北京已打响一场治理"大城市病"的攻坚战，"十三五"期间严控 2300 万人口红线、关停退出上千家污染企业、加快城市拥堵治理；河北今年将加大节点城市扩容和中等城市发展力度、打造一批"微中心"和各具特色的小城镇。

2022 年，北京将携手张家口举办冬奥会。京张在交通、体育、环卫、医疗、旅游、养老等多领域合作也正在如火如荼进行中。

四、长江中游城市群规划及湘鄂赣三省合作情况

（一）长江中游城市群基本情况

2015 年 4 月，《长江中游城市群发展规划》正式发布。该城市群是以武汉城市圈、环长株潭城市群、环鄱阳湖城市群为主体的特大型城市群，涉及湖北、湖南、江西

三省面积约31.7万平方公里，2014年实现地区生产总值6万亿元，年末总人口1.21亿人，分别约占全国的3.3%、8.8%、8.8%。长江中游城市群承东启西、连南接北，是长江经济带的重要组成部分，也是实施促进中部地区崛起战略、全方位深化改革开放和推进新型城镇化的重点区域，在我国区域发展格局中占有重要地位。

（二）长江中游城市群规划的主要内容

《规划》提出按照推进城乡、产业、基础设施、生态文明、公共服务“五个协同发展”的要求，探索科学发展、和谐发展、转型发展、合作发展新路径和新模式。

1. 战略定位和主要目标

城市群总体战略定位为“一极三区”。“一极”是中国经济新增长极，将长江中游城市群建设成为具有全球影响的现代产业基地和全国重要创新基地，打造长江经济带发展重要支撑，带动中西部地区加快发展，构建中国经济新的增长极。“三区”是指中西部新型城镇化先行区，完善城市群融合发展的体制机制，打造农业转移人口就近城镇化典范，促进城乡融合互动，推动建立城市群一体化发展模式；内陆开放合作示范区，以长江黄金水道和重要交通通道为纽带，依托中心城市和产业基地，畅通内外联系，打造内陆地区全方位、多层次开放合作的先行示范区；“两型”社会建设引领区，建立跨区域生态建设和环境保护的联动机制，扩大绿色生态空间，打造具有重要影响力的生态型城市群，为全国“两型”社会和生态文明建设积累新经验、提供典型示范。

发展主要指标和目标方面，规划提出，到2020年，长江中游城市群整体经济实力明显增强，人均GDP由2014年的4.97万元提高到7.5万元；转变经济发展方式取得实质性进展，产业结构由10.2∶52.4∶37.4调整为8∶50∶42，研发经费占GDP比重由1.6%提高到2.5%；交通、能源、信息等基础设施全面对接联网，产业发展格局初步形成；城镇体系更加完善；市场一体化建设取得重大进展，开放型经济向更广领域和更高层次迈进；流域生态环境保护取得积极成效，森林覆盖率由44%提高到47%，地级以上城市空气质量达标比例由75%以上提高到85%以上；基本公共服务体系一体化水平稳步提升，区域常住人口城镇化率由55.5%提高到60%，城镇居民收入由2.51万元提高到4.3万元，农村居民收入由1.2万元提高到2.2万元。到2030年，城市群稳步走上科学发展道路，成为我国经济增长与转型升级的重要引擎和具有一定国际竞争力的现代化城市群。

2. 主要任务

重点围绕城乡统筹发展、基础设施建设、产业协同发展、生态文明共建、公共服务共享、深化开放合作等 6 个领域，明确推进城市群发展的任务措施。

——**推进城乡统筹发展**。依托沿江、沪昆和京广、京九、二广“两横三纵”重点发展轴线，强化武汉、长沙、南昌的中心城市地位，引领带动武汉城市圈、环长株潭城市群、环鄱阳湖城市群协调互动发展，形成沿线大中城市和小城镇合理分工、联动发展的格局。打破行政区划限制，支持长江中游城市群与安徽省若干基础条件好、联系比较紧密的省际毗邻城市合作发展，积极推进咸宁—岳阳—九江、黄冈—安庆—六安、荆州—岳阳—常德—益阳、九江—黄冈—黄石等区域合作发展。走新型城镇化道路，创新城镇联动发展机制，有序推进农业转移人口市民化。

——**推进基础设施互联互通**。统筹推进重大基础设施建设，加快武汉、长沙、南昌全国性综合交通枢纽建设，增强一体化发展的支撑能力。构筑涵盖水运网络、陆运网络、空运网络的综合交通运输网络，推进综合交通运输与城市交通发展改革创新，促进城市群交通联动共享。统筹建设水资源保障体系，共筑防洪减灾体系。加强能源保障体系建设，统筹区域能源储备基地建设，完善能源网络通道，强化能源保障与安全联动，逐步统一能源保障监测体系和能源调度管理等。促进信息基础设施共享。

——**推进产业协同发展**。发挥比较优势，强化分工协作，共同承接产业转移，构建具有区域特色的现代产业体系。促进三省联手打造装备制造业、汽车及交通运输设备制造业、冶金工业、石油化工产业、家电产业、战略性新兴产业等优势产业集群。建设现代服务业集聚区，鼓励金融协同发展，大力发展现代物流业，联合构建无障碍旅游、整合发展长江三峡—荆州—长沙—洞庭湖（岳阳楼）—武汉（黄鹤楼）—九江（庐山）—鄱阳湖—南昌（滕王阁）沿江旅游线路。发展壮大现代农业基地，发展高产高效现代农业和生态农业，提升农业产业化经营水平，增强保障国家粮食安全能力。推进跨区域产业转移与承接，积极实施“回归工程”，建立产业协同发展机制。

——**推进生态文明共建**。建立健全跨区域生态文明建设联动机制，推动城市群绿色发展。共同构筑生态屏障，共同保护水资源水环境，构建以幕阜山和罗霄山为主体，以沿江、沿湖和主要交通轴线绿色廊道为纽带的城市群生态屏障，共建城市群“绿心”。构筑以长江水系、湿地、山体、道路绿化带、农田林网为主要框架的网络化生态廊道，增强生态系统功能。提高资源利用水平，大力发展循环经济，倡导绿色低碳生活方式，促进城市群绿色发展。加强环境污染联防联治，完善生态补偿机制，共建跨区域环保机制。

——**推进公共服务共享**。加强公共服务交流合作，提升基本公共服务均等化水平。加强教育科技、医疗卫生合作交流。共同推动文化繁荣。联合开发人力资源，加快建立一体化人力资源市场，推进三省社会保障信息平台互联互通，逐步统一区域内社保标准，实现城市群同类社会保险关系在不同地区、不同群体之间顺畅接续和合理转移。

——**深化开放合作**。实施开放带动战略，加快武汉、长沙、南昌内陆开放高地建设，大力发展内陆开放型经济，不断深化国内外区域合作。畅通对外开放大通道，加强口岸监管平台和通关一体化建设，共建开放通道和平台。加强与国内其他区域的合作，共建长江经济带，开展跨区域能源合作，重点推进与能源资源大省和大型能源企业的战略合作；全面深化与京津冀、长三角、珠三角及全国其他地区合作。大力推进国际合作，深化与伏尔加河流域合作；加强与密西西比河流域合作；开展与莱茵河流域合作。

（三）湘鄂赣三省开展的合作及配套规划

1. 各省出台的配套方案

城市群规划发布后，各省积极贯彻落实，出台相关配套规划。湖南省颁布《湖南省贯彻落实国家＜长江中游城市群发展规划＞实施方案》，提出要建立与武汉城市圈、环鄱阳湖城市群的合作发展机制。并成立对接实施国家重大战略规划工作的协调领导小组，由省政府主要领导任组长，省直相关部门主要负责人为成员，定期研究、协调《长江中游城市群发展规划》实施过程中的重大战略、重大问题、重大改革和重大项目。

湖北省积极制订实施方案，突出强调交通、旅游、生态环保等有基础的重点领域务实合作，突出三个中心城市的合作共建，突出毗邻城镇协同发展。分别与湖南、江西省签署了《长江中游城市群战略合作协议》，并专门制定了《2015年湖北省推进长江中游城市群建设工作要点》。

江西省关于《贯彻落实＜长江中游城市群发展规划＞实施方案》，提出在城乡统筹发展方面，着力打造以南昌为核心都市区，促进南昌、武汉、长沙三市共推国家启动“沪昆”高铁，加快汉江、湘江、赣江等流域航道整治，构建水上“高速航道”，形成长江中游航运中心；推进产业协调发展，以县城为载体，使县城成为吸纳农业转移人口的重要阵地，力争实现630万人落户城镇；积极探索建立昌九扩大开放试验区。

2. 已开展的合作领域

鄂湘赣三省自 2012 年初就签订了长江中游城市群战略合作框架协议，在基础设施、产业、市场、社会事业等重点领域合作迅速展开，目前区域内跨省交流合作平台已达 30 多个。各省会城市先后签署了《武汉共识》《长沙宣言》等协议，咸（宁）岳（阳）九（江）小三角、九江与黄冈跨江跨区合作开发、新（余）宜（春）萍（乡）与长株潭合作等重点地区一体化发展积极推进。

城市群规划发布以来，三省合作进一步深化发展，签署了相关合作协议。2015 年 4 月，三省签署《长江中游城市群战略合作协议》，着力推进三省在城乡统筹发展、基础设施互联互通、产业协同发展、生态文明共建、公共服务共享、深化合作开放等方面加强合作对接。三省推出的《长江中游城市群战略合作实施方案》则提出要在五个方面进行落实：加强省际毗邻地区城乡规划协作，设立长江中游城市群市政基础设施发展基金；住房公积金实行互认；推动新型城镇化协同发展；建筑市场准入标准和办事程序统一。

在具体工作方面，2015 年 4 月底，长江中游城市群道路运输联席会在武汉召开，赣鄂湘三省运管（客管）部门共同签署备忘录，将在构建物流大通道、省际公交、跨省接驳、一卡通刷、联网售票、小件快运、综合运输、应急联动等 8 大领域进行深度合作，举三省之力促进长江中游城市群道路运输一体化发展，例如，武汉、长沙、南昌城市公交“一卡通”联网互通于 2016 年实施。5 月，长江旅游推广联盟揭牌，并发布长江中游城市群旅游年卡。6 月，首届长江中游城市群省会城市合作协调会在汉口召开，长沙、南昌、武汉正式建立高层协商机制。武汉、长沙、南昌就编制长江中游城市群综合交通体系规划达成初步共识，将打造“轨道上的城市群”。此外，武汉、长沙、南昌已建立包括公积金互提互贷、公共资源交易市场一体化、120 院前医疗急救联盟等 11 个领域区域一体化制度。

五、哈长城市群规划概况

2016 年 2 月 23 日，国务院《关于哈长城市群发展规划的批复》提出，原则同意《哈长城市群规划》。

（一）哈长城市群发展概况

哈长城市群南依辽中南城市群，北临俄罗斯远东地区，东靠朝鲜半岛，西接内蒙古自治区，与京津冀、环渤海地区相呼应，便捷联通北美、欧洲地区，是我国东北地区对外开放的重要门户。该区域是全国重要的老工业基地和最大的商品粮基地，煤炭、石油、天然气等资源禀赋条件良好。哈长城市群是东北地区城市群的重要组成区域，处于全国“两横三纵”城市化战略格局京哈京广通道纵轴北端，在推进新型城镇化建设、拓展区域发展新空间中具有重要地位。

哈长城市群范围包括黑龙江省哈尔滨市、大庆市、齐齐哈尔市、绥化市、牡丹江市，吉林省长春市、吉林市、四平市、辽源市、松原市、延边朝鲜族自治州。核心区以上述市（州）中主体功能定位为国家级、省级重点开发的区域为主，统筹区域其他地区发展，核心区面积约 5.11 万平方公里，2014 年末常住人口约 2000 万人。城市群内拥有哈尔滨 1 座特大型城市，长春 1 座 Ⅰ 类大型城市，大庆、齐齐哈尔、吉林、四平 4 座 Ⅱ 类大型城市，牡丹江、绥化、松原、延吉 4 座中型城市，一批小城市和各具特色的中小城镇快速成长，2015 年底城镇化率为 56.5%。

图 4—2　哈长城市群规划范围示意图

（二）哈长城市群规划内容

在战略定位方面，哈长城市群定位为：东北老工业基地振兴发展重要增长极，重点是建设国家新型装备制造业基地、粮食生产基地、食品医药产业的绿色安全示范区，带动东北地区经济转型发展；北方开放重要门户，着力打造“一带一路”建设我国北方对外开放合作的重要门户；老工业基地体制机制创新先行区，形成促进创新的体制构架，为带动区域协同发展提供示范模式；绿色生态城市群，建设国际知名的生态和冰雪文化旅游目的地，推动形成人与自然和谐发展新格局。到 2020 年，城市群整体经济实力明显增强，功能完备、布局合理的城镇体系基本形成，城乡区域协调发展格局基本形成，初步建成人与自然和谐共处的生态型城市群。到2030年，建成在东北亚区域具有核心竞争力和重要影响力的城市群。

专栏 4-4

哈长城市群区域重点城市功能定位

大庆：石油化工产业基地、装备制造基地、新材料产业基地。
齐齐哈尔：重型装备制造基地、绿色食品基地、生态旅游基地。
绥化：绿色农产品加工与物流集散基地、寒地黑土生态宜居城市。
牡丹江：黑龙江对俄合作桥头堡、国际休闲与北国风光山水旅游名城。
绥芬河：区域商贸物流中心、对俄合作开放示范城市。
吉林：先进制造业基地、面向东北亚的休闲型旅游目的地。
松原：粮畜生产加工基地、绿色产业城市和生态宜居城市。
四平：绿色产业与物流集散基地、蒙吉辽区域合作示范区。
辽源：绿色产业与物流集散基地。
延边：图们江区域合作开发先行区和生态文明示范区。

规划总体内容包括优化空间布局、创新驱动发展、基础设施建设、产业协调发展、生态文明建设、开放合作、公共服务等 7 个方面。

在空间布局方面，按照统筹城市群空间、规模、产业三大结构，推动大中小城市和小城镇分工协作、协调发展，构建布局合理、功能完善的城市群一体化发展格局的总体要求，重点是：强化哈尔滨、长春两市的核心带动作用，建设哈长发展主轴和哈大（庆）齐（齐哈尔）牡（丹江）、长吉（林）图（们江）发展带，构建“双核一轴两带”的城市群空间格局；构建联动发展区。以哈尔滨、长春、大庆、绥化、吉林、松原城区为基础，联动安达、肇东等县（市），形成城市群联动发展区。

在推动创新发展方面，着力以科技创新为引领，大力推进大众创业、万众创新，以改革创新引领城市群创新发展。主要任务包括：突出科技创新引领作用，发挥骨干企业、科研院所等创新主体作用，建立高科技企业孵化中心；促进创新成果转化，支持哈尔滨、长春建设科技创新转化基地；推进哈尔滨、长春国家创新型城市试点建设，推进吉林中部创新转型核心区建设；着力营造“双创”良好环境，构建“双创”平台，完善“双创”扶持政策；建立协作协同发展机制，鼓励黑龙江和吉林两省及相关城市共建产业合作园区，为推进区域产业合作开展先行先试等。

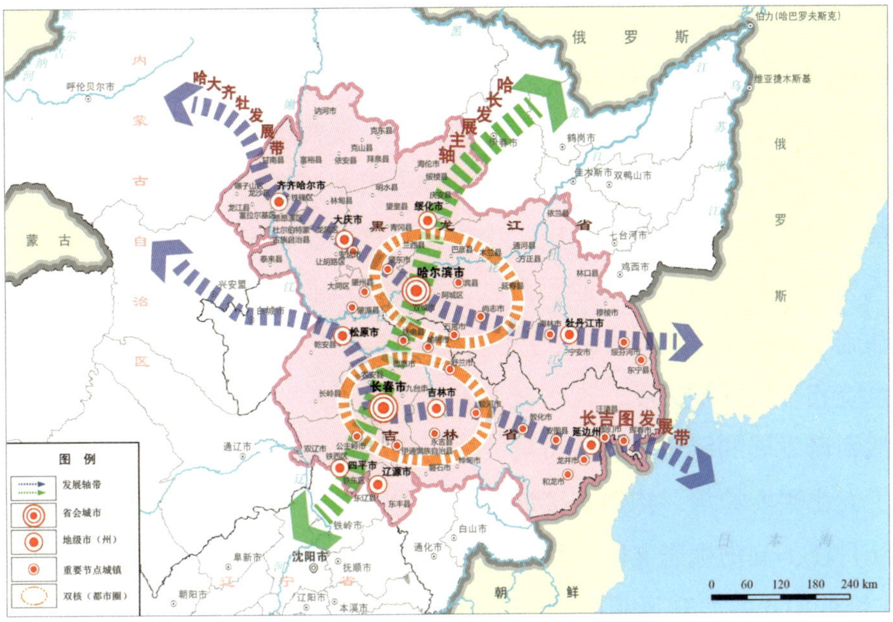

图 4—3 哈长城市群空间格局示意图

在基础设施建设方面，着力构筑铁路、公路、水运、空运综合交通运输网络：推进以哈尔滨、长春为核心的高速铁路及区域连接线建设；构建形成以高速公路为骨架、国省干线公路为基础、农村公路为补充的外通内畅、快速高效、便捷安全的公路交通运输网络；以松花江、嫩江为主，加强航道提升和港口码头建设；构建便捷高效的空运网络；并建设一批集铁路、公路、机场、城市公共交通等功能于一体、实现“零距离换乘”的综合客运枢纽。在水利、能源、信息等基础设施方面，重点是增强供水保障能力，建设哈尔滨松花江水源地工程等重大引调水工程，健全防洪减灾体系，哈尔滨、长春防洪能力达到 200 年一遇；加强能源保障体系建设，建设国家重要的石油、天然气、煤炭储备基地以及新能源和可再生能源基地；加快哈尔滨地下综合管廊试点城市建设，推进哈尔滨、长春“公交都市”示范城市建设，加快实现城市群内公共交通“一卡通”；建设“宽带哈长”“无线哈长”，打造城市群信息共享平台。

在产业协调发展方面，重点是围绕创新链布局产业链，集群发展优势产业和战略性新兴产业，改造提升传统产业，大力发展现代服务业，巩固提升现代农业，落实“中国制造 2025”“互联网 +”行动等，形成支撑新一轮东北振兴发展、辐射东北亚区域的重要产业集聚区。加快联手打造装备制造、汽车、石油化工、农林产品精深加工等优势产业集群。加快形成生物医药、机器人及智能控制设备等战略性新兴产业集群集聚区。加快发展金融服务、现代物流业等服务业。推进信息服务业产业化，建设哈尔滨“云谷”，建设长春卫星遥感图像应用云平台。整合开发沿长白山山脉、松花江沿线旅游景点及资源，协同发展旅游会展业。推进哈尔滨、长春、牡丹江、吉林、松原等城市生态养老基地建设。现代服务业方面，着力夯实现代农业生产基础，深入实施黑土地保护工程，推进黑龙江省“两大平原”现代农业综合配套改革试验，支持哈尔滨、大庆、松原、延边等国家农业科技园区建设，建设以绿色有机为核心的国家现代农业示范区，开展种植业结构调整试点等。

在生态文明建设方面，强化尊重自然、传承历史、绿色低碳等理念，加大自然生态系统和环境保护力度，推动城市发展由外延扩张式向内涵提升式转变，建设人与自然和谐发展的绿色生态城市群。着力构建区域生态屏障，依托长白山脉、张广才岭、大小兴安岭等，构筑连接城市群东北—西南走向的生态屏障，推进四平、延边、牡丹江、五常生态文明先行示范区建设，加快城市群东部森林山地景观风貌区、中东部低山丘陵景观风貌区、中部农田景观风貌区和西部草原景观风貌区建设，打造松花江、嫩江、牡丹江、图们江和拉林河五条水域生态景观廊道，形成“四区、五廊”景观生态空间格局。推进环境综合治理，深化污染联防联治机制，深入做好大气、水、土壤污染防治工作，建立大气污染联防联控机制，加大松花江流域水环境综合治理力度。推动绿色循环低碳发展，发展绿色生态产业。

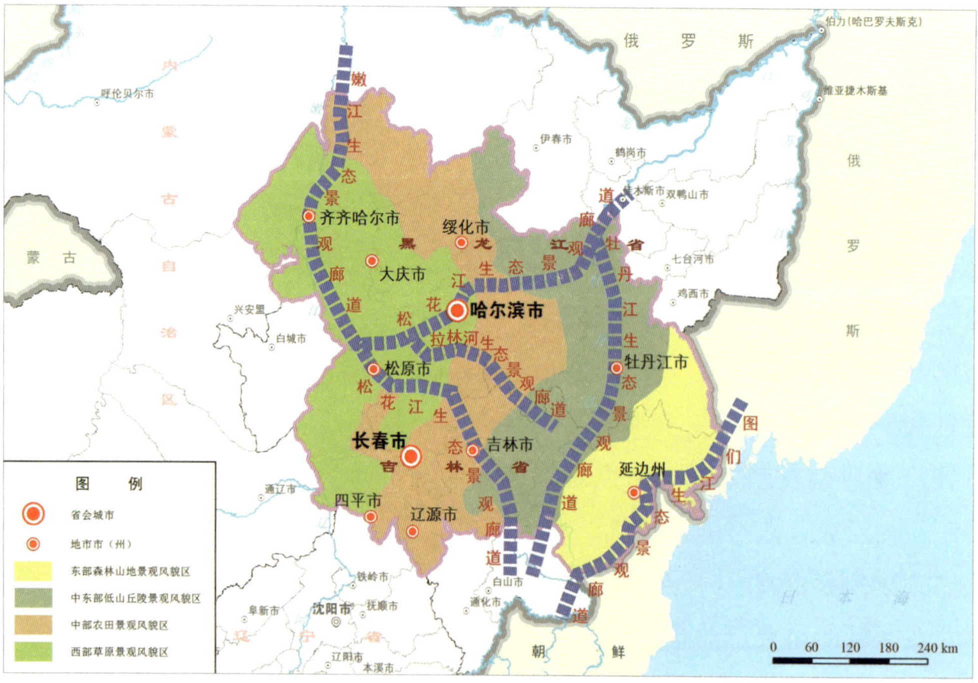

图 4—4 哈长城市群生态格局示意图

在开放合作方面，着力推进体制改革和机制创新，大力发展开放型经济，不断深化国内外区域合作，全面提升开放层次和水平。畅通对外开放大通道，积极参与“一带一路”建设，推动沿边开发开放。打造对外交流合作平台，建设沿边重点开发开放试验区、边境经济合作区、综合保税区、互市贸易区等，提升哈尔滨、绥芬河、长春兴隆等综合保税区发展水平。推进口岸通关便利化，实现“一站式”通关服务。积极加强国内合作，依托京哈干线走廊，大力发展城市群与环渤海地区的立体交通网络，共建“大通关”信息共享平台；增强对东北地区和内蒙古东部地区的辐射带动作用；进一步加强面向长三角、珠三角、港澳台等东部沿海地区的招商引资和市场开拓；积极开展与长江经济带及中西部地区的交流合作。

在推进基本公共服务共享方面，统筹公共服务设施建设，加强社会公共服务资源供给共享，推进城镇常住人口基本公共服务均等化，构建适应城市群发展要求的公共服务体系。加强教育交流合作，推进优质教育资源区域共享，合力创新人才培养机制，鼓励高等院校、职业院校与科研院所、企业共建创新战略联盟。推进医疗卫生合作，健全城市医疗服务体系，共享医疗卫生资源，推动医学科研联合攻关，提高东北地区高发疾病预防控制和诊疗能力；推动医疗卫生信息化建设，完善区域人口健康信息平台。共同推动文化繁荣，推动公共文化服务体系建设和文化产业发展，打造东北亚国际文化交流中心。完善社会保障体系，加强就业创业服务保障，支持农民工等人员返乡创业；推进社会保险体系对接，建立覆盖城乡的社会保障信息网络，逐步实现社会保障“一卡通”；完善住房保障体系，加快推进棚户区、农村泥草（危）房改造及相关配套工程，构建多层次住房供应体系。

六、成渝城市群规划概况

2016 年 3 月 30 日，国务院常务会议通过《成渝城市群发展规划》。

成渝城市群以重庆市和四川省为背景区域，城市群范围包括重庆市渝中、万州、潜江、涪陵、大渡河、江北、沙坪坝、九龙坡、南岸、北碚、綦江、大足、渝北、巴南、长寿、江津、合川、永川、南川、潼南、铜梁、荣昌、璧山、梁平、丰都、垫江、忠县等 27 个区县以及开县、云阳的部分地区，总面积 18.5 万平方公里，2014 年常住人口 9094 万，地区生产总值 37602 亿元，分别占全国的 1.92%、6.65% 和 5.49%。

成渝城市群区位优势明显，具有沟通西南西北、链接国内国外的独特区位优势，是西部地区经济基础最好，经济实力最强的区域之一，电子信息、装备制造和金融等产业实力较为雄厚。成渝城市群城镇体系较为完善，成都和重庆两个核心城市引领作用不断增强，一批中小城市特色化发展趋势明显，县城和建制镇分布密集，目前，城市群内每万平方公里拥有城镇 113 个，高于西部的 12 个和全国的 23 个。但成渝城市群发展也面临一些问题，特别是城市群发展总体条件还不够成熟，距离建成国家级城市圈的目标还有一定距离，核心城市背向发展，次级城市发育不足，基础设施互联互通程度不高，资源环境约束日趋加剧。

（一）成渝合作的基础

近年来，成渝城市群内各个城市围绕城市经济、文化、基础设施、园区建设开展合作，为深入推进国家层面的城市群建设奠定了扎实的基础。

1. 双方全面加强交流对接

2015 年 5 月 20 日，重庆市党政代表团赴四川考察，交流学习、加强对接、推动合作，共商融入国家“一带一路”和长江经济带战略，深化两省市交流合作，携手共筑成渝城市群。5 月 21 日，重庆市政府与四川省政府共同签署《关于加强两省市合作共筑成渝城市群工作备忘录》，标志着川渝合作迈上新的台阶。

双方表示，近期主要推进两方面的合作。一是在交通发展上的合作。成渝城市群将推进城市和城际轨道交通规划建设，构建城市快速交通通道，在有条件的地区开通城际公交，分层次建设“半小时”“一小时”交通圈。二是促进生产要素自由流动。城市群将构建统一市场体系，突破行政区限制和体制障碍，全面清理阻碍生产要素和商品自由流动的各种不合理规定，统一市场规则，促进劳动力、人才、资本、技术等生产要素自由流动，加快发展统一、开放的商品市场和要素市场。

2. 坚持促进双方的文化合作

2011 年，《重庆市成都市统筹城乡文化发展区域合作框架协议》签字仪式在成都举行，标志着成渝两地文化领域的交流与合作开始新局面。这是川渝两地首次实现文化领域的合作。协议主要包括四个方面，亮点是要求成渝合作打造文化品牌项目，比如 川剧。框架协议首先要求建立工作交流协调机制，成立成渝文化交流协调小组，每年召开一次工作交流会、就两地公共文化服务体系建设、艺术创作与生产、文化产业发展、文化体制改革、文化遗产保护、行业行政管理等方面开展经验交流。

3. 重庆、广安构建多领域多层次合作

一是搭建合作平台。2010 年初，广安恢复成立了广安市人民政府驻重庆办事处、广渝合作乡友顾问团和重庆广安商会。政府和民间合作平台的搭建，有力地促进了

渝广合作向多层次、宽领域拓展。二是建立起常态化的党政交往机制，每年组织召开联席会议，确定渝广（广安）年度合作计划，为增强两地合作计划的执行力提供了制度性保障。为培养人才，更新干部知识和理念，广渝两地建立起了人才交流机制。三是把握合作方向。广安市与重庆市人民政府签订了《经贸合作备忘录》，与重庆市发展改革委、经信委、交委、重庆两路寸滩保税港区、北部新区等20多家部门、单位和长寿、渝北、沙坪坝、渝中等区县签订了合作框架协议，同时，广安市与重庆市发展改革委共同牵头完成了2011—2015年重庆广安区域合作规划，进一步明确了渝广合作方向。四是突出合作重点。广安把交通对接和产业合作作为工作的重点，积极推动广安与重庆的务实合作。交通合作方面，与重庆市交委牵头制定了2010—2030年渝广交通合作综合发展规划；与重庆市发展改革委牵头制定了《重庆市与四川省毗邻地区综合交通规划》，将广安铁路、公路、水路、航运等方面与重庆互联互通纳入重点规划建设；渝川陕高速公路渝广巴段项目开工建设，与重庆机场集团公司签订了广安城市候机楼建设经营合作协议，并已投入运营；渝广毗邻公路合作项目全面启动，邻水、华蓥、岳池、武胜四县市的"19+1"通道已全部完成规划编制，全面进入建设实施阶段。产业合作方面，重庆市方面为广安编制了汽摩产业发展规划，积极推动重庆企业进驻广安，有力推进了广安成为重庆产业转移的重要承接地；重庆银行广安分行开业营运；广安农副产品成功进入重庆市场；推动"重庆—广安—遵义—贵阳"红色旅游精品线形成区域特色和优势；积极推动各区市县加强与重庆的产业合作，岳池与沙坪坝区签订了"川渝合作示范产业园"共建协议，整体承接沙坪坝区产业转移和西永微电子产业园二、三级配套项目，武胜银钢产业园建设全面完成并投产，渝广共建的汽摩配件和电子信息零部件产业园区也即将启动建设。

4. 开展旅游合作

2011年9月，四川省旅游局和重庆市旅游局已正式签署"城际旅游—成渝旅游经济合作示范区战略合作备忘录"。根据协议，成渝两地将重点实施城际旅游工程、便捷旅游工程、诚信旅游工程等8大旅游工程，联手打造"成渝旅游经济示范区"。根据双方签署的"备忘录"，双方将协调交通部门，开设两地旅游集散中心直达对方景区的旅游直通车；协调两地火车站，设立成渝城际旅游咨询点；协调铁路部门，在每班城际列车上设立旅游专厢，保证一定数量的旅游团队票。此外，双方还将实施信息旅游工程。即双方将协调114、12301电话，完善旅游咨询；完善城际旅游网，方便游客查询。根据"备忘录"中的诚信旅游工程，双方将联手工商、物价等部门，实施诚信旅游工程。将针对两地共同推荐旅游线路，公布市场指导价。同时，双方将协调质监、工商等关联部门，以明码实价、资料清晰、优质服务为标准，向消费者建立优质旅游企业推荐、挂牌制度等。

（二）成渝城市群规划总体思路

目前，成渝城市群规划已经国务院待审批通过，规划总体思路如下。

城市群总体定位：建设引领西部开发开放的国家级城市群；分领域上，定位为：全国重要的现代产业基地，西部创新驱动先导区，深化内陆开放试验区，统筹城乡发展示范区，美丽中国先行区。城市群发展目标分两步走，到 2020 年，基本建成经济充满活力、生活品质优良、生态环境优美的国家级城市群；到 2030 年，实现由国家级城市圈向世界级城市群的历史性跨越。

在主要任务方面，突出空间布局、产业分工、基础设施、生态环境、开放合作等方面的合作。

在空间结构方面，注重各类城市对空间组织的骨架作用，构建“一轴两带、双核三区”的空间格局，一轴是成渝发展主轴，两带是成德绵乐城市带、沿江城市带。双核是成都和重庆两个国家中心城市，三区是川南、南遂广、达万城镇密集区。优化城市规模结构，在强化重庆和成都辐射带动作用基础上，以培育区域中心城市为重点，以建设中小城市和重点小城镇为支撑，优化城镇规模结构，做强万州、黔江、绵阳、南充、乐山、泸州、宜宾等区域中心城市，建设涪陵、长寿、江津、广安、雅安、资阳、德阳等重要节点城市，并加快培育发展一批小城市、县城和发展潜力较大的特大镇。

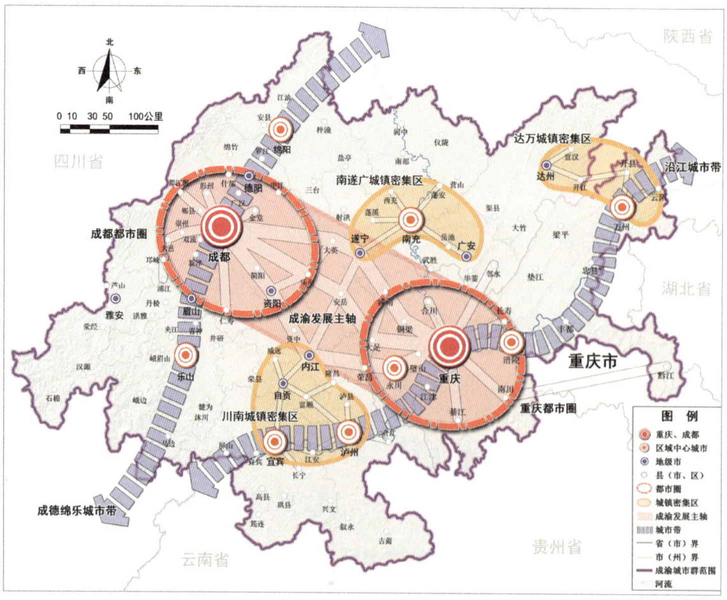

图 4—5　成渝城市群空间布局示意图

在产业分工协作方面，重点是培育优势产业集群，壮大装备制造业集群，发挥长江黄金水道大重件运输通道优势，推动汽车、重型机械、船舶配套设备等向沿江地区集中。培育战略性新兴产业集群。提升能矿资源加工产业集群，发展循环经济，推进资源综合利用示范基地建设。发展现代服务业集聚，建设现代服务业基地，打造具备特色高技术服务产业集群。扶持农林产品加工产业集群。共同打造国际旅游目的地，构建国际精品旅游区，建设充满文化魅力的国际休闲消费中心。积极有序地承接产业转移，依托长江黄金水道、渝新欧、蓉欧国际大通道，支持交通区位条件好的工业园区承接产业转移。整合发展产业园区，建设一批产值千亿百亿级园区，打造成都高新技术产业开发区、成都经开区、重庆经开区、重庆高新区等 34 个千亿级园区。

在基础设施建设方面，着力推动互联互通，依托一横两纵国际级综合运输大通道，以长江上游航运中心和成渝两大综合交通枢纽建设为核心，以高铁、城际铁路和高速公路为骨干，构建综合交通运输网络。实施宽带中国工程，实施成都和重庆国家级互联网骨干直联电管理能力提升工程。完善水资源、能源保障及防灾减灾体系。

在生态环境建设方面，推进生态环境共治，共筑生态安全格局，打造成渝城市圈生态屏障，推进与城市群生态安全关系密切的周边重点生态功能区建设。共建生态廊道，建设长江、岷江、大渡河等为主体的城市群生态廊道。

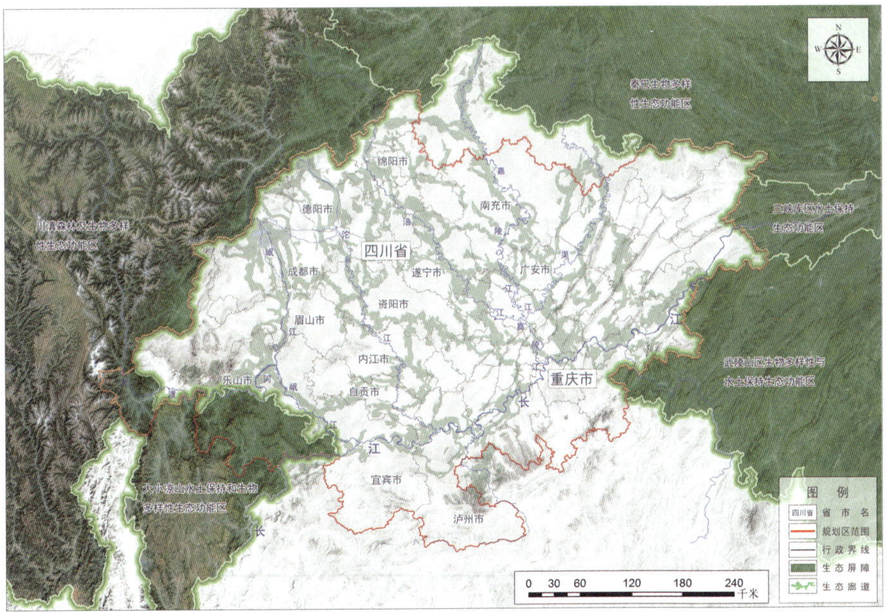

图 4—6 成渝城市群生态屏障示意图

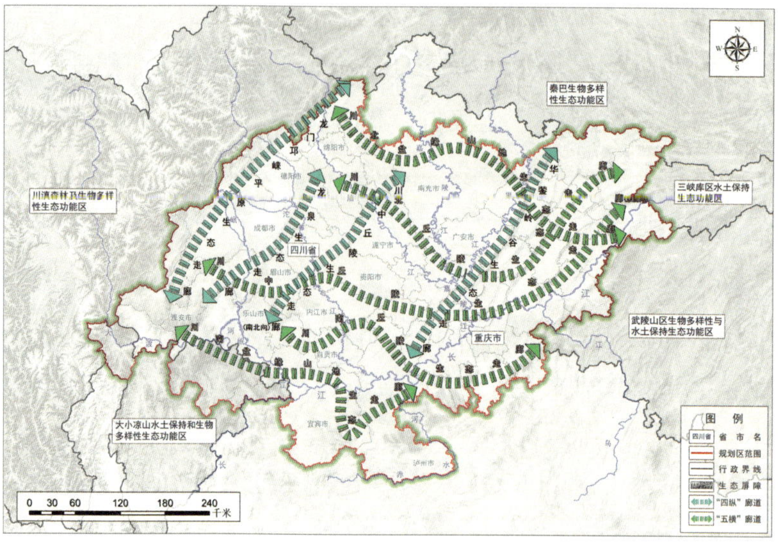

图 4—7 成渝城市群生态廊道示意图

在深化开放和城市群发展机制方面，共建向东出海、向西达欧、向南开放的三大通道，提升对外开放平台。扩大城市群向东向西对内对外开放，拓展内陆开放高地的高度广度深度，形成全方位开放新格局和国际合作竞争新优势。建立健全城市群协同发展机制。围绕生产要素自由流动、基础设施互联互通、公共服务设施共建共享、生态环境联防联控联治等关键环节，建立健全要素市场一体化管理体制，公共服务一体化发展机制和利益协调机制，实现城市群一体化发展。

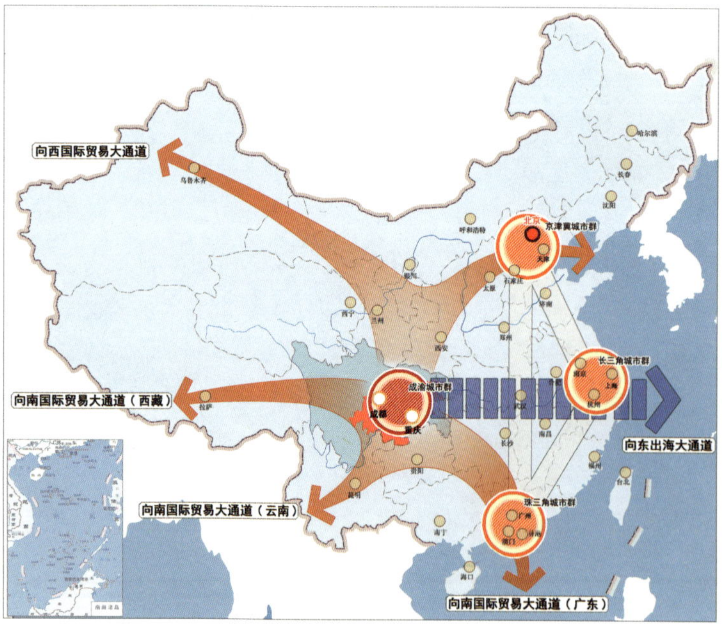

图 4—8 成渝城市群开放合作示意图

七、长三角城市群概况及规划总体思路

（一）长三角城市群发展总体情况

长江三角洲城市群（简称 长三角城市群 ）是我国经济最具活力、开放程度最高、创新能力最强、吸纳外来人口最多的区域之一，是“一带一路”与长江经济带的重要交汇地带，在国家现代化建设大局和全方位开放格局中具有举足轻重的战略地位。

长三角城市群在上海市、江苏省、浙江省、安徽省范围内，由以上海为核心、联系紧密的多个城市组成，主要分布于国家“两横三纵”城市化格局的优化和开发重点开发区域。规划范围包括：上海市，江苏省的南京、无锡、常州、苏州、南通、盐城、扬州、镇江、泰州，浙江省的杭州、宁波、嘉兴、湖州、绍兴、金华、舟山、台州，安徽省的合肥、芜湖、马鞍山、铜陵、安庆、滁州、池州、宣城等 26 市，国土面积 21.17 万平方公里，2014 年地区生产总值 12.67 万亿元，年末总人口 1.50

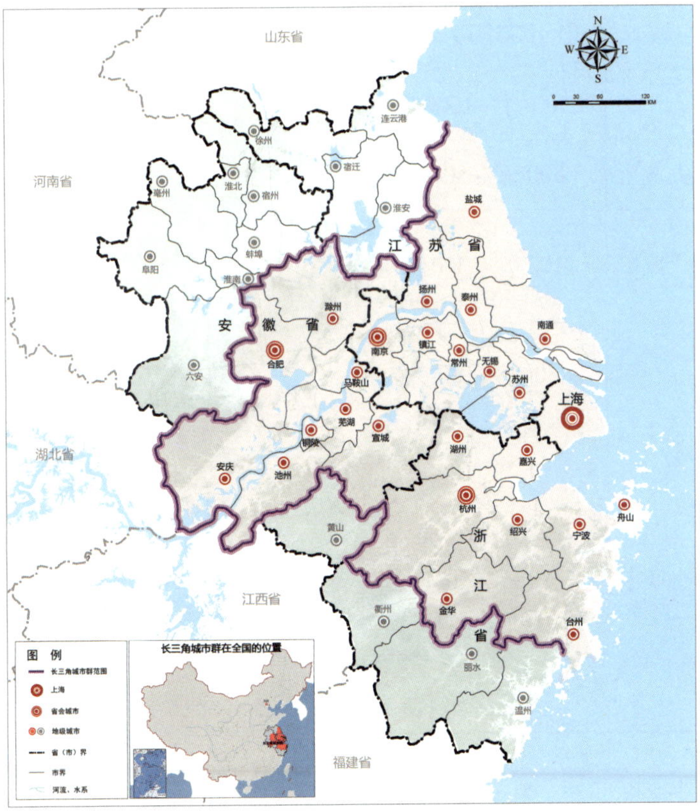

图 4—9 长三角城市群规划范围示意图

亿人，分别约占全国的 2.2%、18.5%、11.0%。长三角城市群内城镇体系完备。区域内大中小城市齐全，拥有 1 座超大城市、1 座特大城市、13 座大城市、9 座中等城市和 42 座小城市，各具特色的小城市星罗棋布，城镇分布密度达到每万平方公里 80 多个，是全国平均水平的 4 倍左右，2013 年常住人口城镇化率达到 64.4%。

1. 合作总体框架不断完善

2011 年，《长江三角洲地区区域规划》《皖江城市带承接产业转移示范区规划》《江苏沿海地区发展规划》《浙江海洋经济发展示范区规划》相继出台，三省一市加强“十二五”规划战略衔接，全面打造长三角地区发展战略相适应的规划体系。从 2010 年起，长三角城市经济协调市长会议扩大成员，除了原长三角核心区 16 城市外，增加了江苏盐城、淮安，浙江衢州、金华，以及安徽的合肥、马鞍山 6 个城市，共 22 个城市参加。

表 4—2　长三角城市群各城市规模等级

<table>
<tr><th colspan="2">规模等级</th><th>划分标准
（城区常住人口）</th><th>城　市</th></tr>
<tr><td colspan="2">超大城市</td><td>1000 万人以上</td><td>上海市</td></tr>
<tr><td colspan="2">特大城市</td><td>500 万—1000 万人</td><td>南京市</td></tr>
<tr><td rowspan="2">大城市</td><td>Ⅰ型大城市</td><td>300 万—500 万人</td><td>杭州市、合肥市、苏州市</td></tr>
<tr><td>Ⅱ型大城市</td><td>100 万—300 万人</td><td>无锡市、宁波市、南通市、常州市、绍兴市、芜湖市、盐城市、扬州市、泰州市、台州市</td></tr>
<tr><td colspan="2">中等城市</td><td>50 万—100 万人</td><td>镇江市、湖州市、嘉兴市、马鞍山市、安庆市、金华市、舟山市、义乌市、慈溪市</td></tr>
<tr><td rowspan="2">小城市</td><td>Ⅰ型小城市</td><td>20 万—50 万人</td><td>铜陵市、滁州市、宣城市、池州市、宜兴市、余姚市、常熟市、昆山市、东阳市、张家港市、江阴市、丹阳市、诸暨市、奉化市、巢湖市、如皋市、东台市、临海市、海门市、嵊州市、温岭市、临安市、泰兴市、兰溪市、桐乡市、太仓市、靖江市、永康市、高邮市、海宁市、启东市、仪征市、兴化市、溧阳市</td></tr>
<tr><td>Ⅱ型小城市</td><td>20 万人以下</td><td>天长市、宁国市、桐城市、平湖市、扬中市、句容市、明光市、建德市</td></tr>
</table>

为合力推进长三角区域合作发展，现已形成三个层次的协调机制：一是决策层，每年召开长三角地区主要领导参加的高层会议，确定下一年的合作目标；二是协调层，每年三四月份举行22个城市常务副市长参加的长江三角洲城市经济协调会市长联席会议，将高层会议确定的合作目标变成合作专题，确定牵头执行城市；三是执行层，由10个专业委员会和城市经济合作协调会组成。这一协调机制，以平等、协商、合作发展为宗旨，以城市合作为特色，以专题合作为纽带，以政府和市场结合为特点，以优势互补、互利互惠、务实合作、共融共进、联动发展为原则。

2015年，长三角城市经济协调会第十五次市长联席会议在马鞍山市召开，30个成员城市市长出席，会议以"适应新常态、把握新机遇——共推长三角城市新型城镇化"为主题。会议签署《长江三角洲地区城市合作（马鞍山）协议》。根据协议，批准在原有新型城镇化、品牌、旅游和会展等4个专业委员会的基础上，新增设长三角协调会健康服务业专业委员会，推进健康服务产业发展，建立覆盖长三角城市的健康服务产业咨询体系、资源共享平台和"长三角名院名科名医网"，加快推进医师多点执业，促进长三角名医资源合作共享。

2. 经济领域合作不断深化

2014年12月，江苏、浙江、安徽和上海市商务部门负责人在上海共同签署了《推进长三角区域市场一体化发展合作协议》，从规则体系共建、创新模式共推、市场监管共治、流通设施互联、市场信息互通和信用体系互认等6个方面加强区域合作，着力打破地区封锁和行业垄断。

一是规则体系共建。结合上海、南京率先开展的国内贸易流通体制改革和发展综合试点，打破条块分割的政策和体制障碍，加快探索建立统一的区域市场规则体系。共同研究制定适应技术创新与商业模式创新要求的准入制度，健全市场化退出机制。在三省一市率先推进实施市场流通领域的国家、行业和地方标准，加强标准与产业政策、市场准入、监督管理等的有效衔接。继续清理市场经济活动中含有地区封锁内容、妨碍公平竞争的规定及各类优惠政策，促进规则透明、竞争有序。

二是创新模式共推。加快市场流通技术和模式创新，提高区域市场流通现代化水平。推动电子商务规模化、规范化发展，加速深化长三角区域各领域电子商务创新应用，促进商业转型升级。借助现代信息技术，全面整合产业链，融合价值链，大力发展平台经济，推动传统的实体商品交易市场转型升级为金融、物流和资讯相配套，商品、要素和服务更加融合的"升级版"市场。积极发展城市共同配送，推广"网订店取（送）"等服务模式，开展以托盘和包装标准化及其循环共用为重点的物流标准化试点，提高物流标准化服务水平。

三是市场监管共治。推动三省一市监管互认、执法互助，形成权责一致、运转高效的区域市场综合监管体系。运用大数据理念和技术，启动建设协同监管信息共享平台，促进政府行业管理和监管执法信息的归集、交换和共享，推动全程动态监管。加强互联网领域打击侵权假冒工作，推广“科技 + 制度 + 保护 + 诚信”治理模式，建立权利人沟通机制和推行网上交易可疑报告制度。升级完善集信息发布、涉嫌案件移送、案件咨询、案件统计等功能为一体的行政执法与刑事司法衔接信息共享平台，优化案件移送、受理、反馈、监督、公开等工作机制。

四是流通设施互联。健全长三角区域基础设施网络，完善长三角综合运输通道和区际交通骨干网络，形成互联式、一体化的交通网络体系。依托长三角区域发达的铁路、航空、公路运输网络、丰富的水路运输资源，大力发展水水联运、水陆联运、公铁联运、空陆联运等多式联运方式。统筹规划，建设和改造一批商业设施、农产品流通设施、物流设施、社区基本生活服务网点等流通基础设施，保障和服务民生。完善区域内信息基础设施布局，推进信息基础设施共建共享，强化同城效应和融合发展。

五是市场信息互通。推进三省一市地方电子口岸平台逐步实现互联互通和信息共享，形成联网申报、核查和作业的通关协作机制，建立长三角区域便捷通关企业统一认定标准和管理互认机制。依托长三角城市市场信息协作网，加强区域商务信息沟通与合作，提高市场运行分析监测水平，引导长三角区域市场资源的优化配置。依托复旦大学、上海交大、南京大学、东南大学、浙江大学、安徽财经大学、中国科技大学等高校，加强现代市场体系发展的科研合作交流。

六是信用体系互认。推动长三角区域流通企业信用信息系统的互联互通，实现三省一市流通企业的行政许可、资质认定、行政处罚、法院判决裁定等信用信息共享，逐步开展企业信用分类管理。加快建立长三角区域质量检测、认证等互认信用体系。引导商圈或平台型企业，建立对入驻商户和上下游企业的信用评价机制，发布失信企业“黑名单”和诚信企业“红名单”。依托行业协会，建立行业诚信公约、企业诚信守法等级评估互认制等，引导企业增强信用意识，形成守信得益、失信受制的行业氛围。

3. 旅游合作持续深入

2015 年 12 月，长三角旅游合作联席会议第五次会议达成《苏州共识》，各方明确“互为客源地、互为目的地”在长三角已是常态。四省市将强化区域旅游一体化发展合作机制，每年召开一次由长三角三省一市分管领导出席的联席会议；联席会议实行轮流主办制，每次联席会议结束时，确定下一次联席会议的主办省（市）；成立长三角旅游发展合作协调办公室，办公室设在上海市旅游局，办公室主任由上海市旅游局负责同志担任；协调办公室每年召开一至两次工作磋商会，分别由主办联席会议的省（市）旅游局负责召集承办；争取把长三角旅游发展合作内容纳入长三角“峰会”的子项目加以推进；建立联席会议和三省一市旅游部门工作会商台账制度。上海、南京、杭州口岸的 144 小时过境免签政策已经获批。这意味着，境外游客在沪苏浙过境免签时间由 3 天延长为 6 天，并可以实现上海进、南京出，南京进、杭州出等多种旅行方式。四地还将积极利用上海自贸区文化市场开放的政策，把演艺娱乐项目辐射到长三角区域重要旅游城市；开通旅游专线，实施旅游客车高速公路过桥过路减免收费、进出城无障碍等方面的优惠政策。

4. 教育领域合作开始起步

2014 年 6 月，教育部印发《关于进一步推进长江三角洲地区教育改革与合作发展的指导意见》。研究制定长三角地区教育合作地方性政策法规和教育一体化发展规划，探索建立区域教育发展跨省决策、执行、监督的协作机制。聚焦教育管理体制、办学体制、人才培养模式、考试招生制度等方面改革，增强区域教育改革的联动性，使教育改革从“各自突进”向“区域联手”转变。加强沟通协调，共同推进简政放权和管办评分离，扩大学校办学自主权；开展跨省市联合办学，组织区域内各级各类学校开展结对合作互助，探索职业院校异地办学；研究制定区域内相对统一的学校、教师评价标准和学生综合素质评价办法，完善区域内高校合作育人机制，逐步实现区域内资源共享、教师互聘、课程互选、学分互认；增强区域内高校面向长三角地区考试招生的自主权，扩大区域内普通高中与高校跨省市协作实施创新人才早期培养试点。

（二）长三角城市群规划总体内容

目前，长三角城市群规划已经报国务院待批，规划总体思路如下。

长三角城市群的总体定位：打造面向全球、辐射亚太、引领全国的世界级城市群；建设最具经济活力的资源配置中心，最具全球影响力的科技创新中心，全球重要的现代服务业和先进制造业中心，亚太地区重要门户和美丽中国建设示范区。

长三角城市群发展的主要目标：到 2020 年，基本形成经济充满活力、高端人才汇聚、创新能力跃升、空间利用集约高效的世界级城市群框架；到 2030 年，全面建成全球一流品质的世界级城市群。

长三角城市群发展要突出空间布局优化、创新驱动发展、基础设施建设、生态环境保护、开放合作交流、一体化发展机制构建等领域。

在空间布局方面，要构建适应资源环境承载力的空间格局。一方面，强化资源环境承载力分区的支撑作用，合理安排人口和城镇发展布局，推动人口趋于均衡发展，这也是国际上相关规划必不可少的内容；另一方面，适应城镇体系向多中心、扁平化方向发展趋势，构建“一核五圈四带”的网络化空间格局，优化提升空间利用效率。“一核”是指上海；“五圈”是指南京都市圈、杭州都市圈、合肥都市圈、苏锡常都市圈、宁波都市圈；“四带”是指沿海发展带、沿江发展带、沪宁合杭甬发展带、沪杭金发展带。

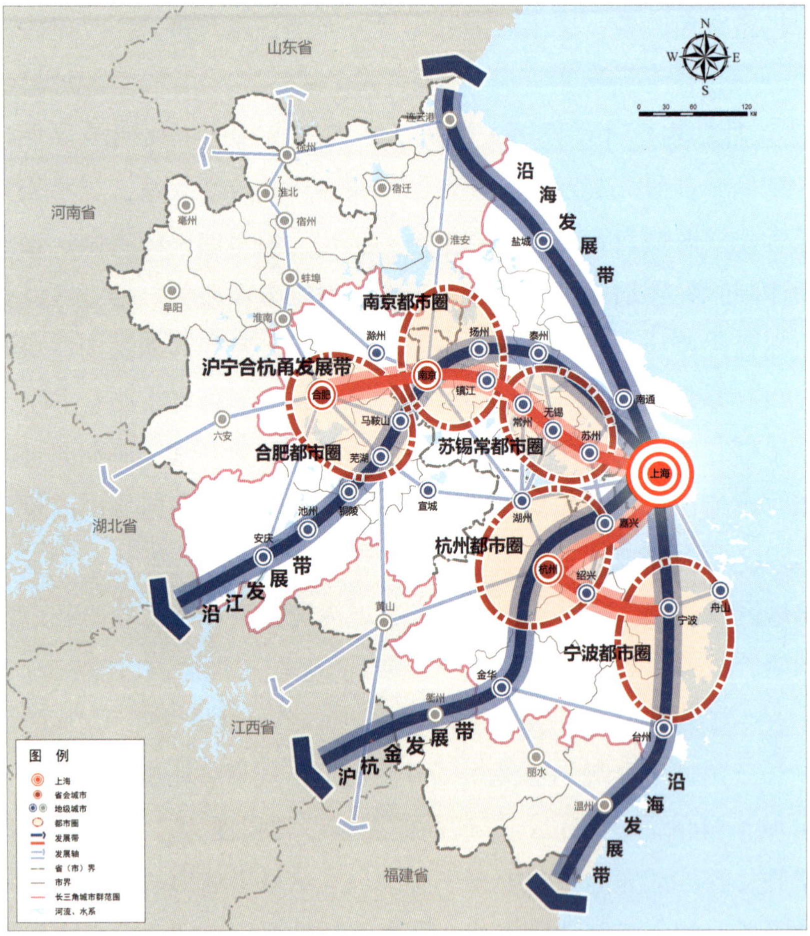

图 4—10　长三角城市群空间布局示意图

在创新驱动方面，重点要围绕建设全球科技创新高地，面向全球聚合创新资源，构建系统创新共同体，增强城市群经济发展内生动力和活力。

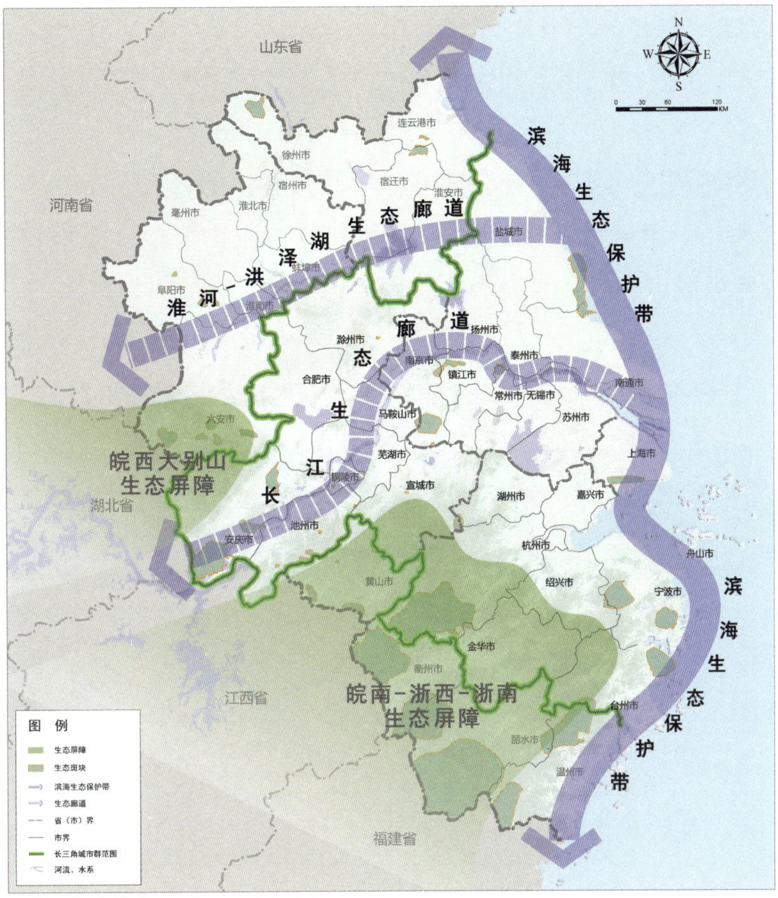

图 4—11 长三角城市群生态格局示意图

在基础设施方面，重点要推进互联互通，围绕更好发挥现代基础设施对城市群发展的支撑引领作用，提出构筑以轨道交通为主的综合交通网络，构建普惠泛在的信息网络，提高能源保障水平，建立安全可靠的水利和供热系统，加快提升长三角城市群基础设施互利互通和现代化服务水平。

在生态环境方面，推进共建共治，着眼改善生态环境，为人民提供更多优质产品，提出加快建设和环境保护一体化，共守生态安全格局，严格保护重要生态空间，推动环境联防联治，全面推进绿色城市建设，打造生态宜居城市群。

在开放合作方面，推进城市群深度融入全球经济体系，围绕提升长三角城市群国际化水平和全球资源配置能力，提出提升对外开放层次，建设高标准开放平台，加速集聚国际化人才，培育跨国公司，提高开放型经济水平。

在体制机制方面，关键是要建立完善跨区域城市分工协调机制。特别是要加强生产要素自由流动、基础设施建设共建共享、公共服务统筹协调、生态环境联防共治等关键环节的体制机制建设，创建城市群一体化发展的长三角模式。

八、国外都市圈发展的经验及借鉴

（一）我国部分城市群与国外部分世界群的比较

京津冀和长三角城市群覆盖的面积超过 20 万平方公里，面积较大，但总体发展水平较世界级城市发展还有较大的差距。

表 4—3　京津冀、长三角城市群与其他世界级城市群的比较

城市群	京津冀城市群	长三角城市群	美国东北部大西洋沿岸城市群	北美五大湖城市群	日本太平洋沿岸城市群	欧洲西北部城市群	英国中南部城市群
核心城市	北京 天津	上海	纽约	芝加哥	东京	巴黎	伦敦
面积（万 km^2）	21.7	21.2	13.8	24.5	10	14.5	4.5
人口（万人）	11053	15033	6500	5000	7000	4600	3650
人口密度（万人 /km^2）	509	709	471	204	700	317	811
GDP（亿美元）	10822	20652	40320	33600	33820	21000	20186
人均 GDP（美元）	9791	13720	62030	67200	48315	45652	55305

注：①京津冀和长三角城市群数据为 2014 年统计数据。②美国东北部大西洋沿岸城市群包括波士顿、纽约、费城、巴尔的摩、华盛顿等城市及周边市镇。北美五大湖城市群包括芝加哥、底特律、克利夫兰、匹兹堡、多伦多、蒙特利尔等城市及周边市镇。日本太平洋沿岸城市群包括东京、横滨、静冈、名古屋、大阪、神户、长崎等城市及周边市镇。欧洲西北部城市群包括巴黎、阿姆斯特丹、鹿特丹、海牙、安特卫普、布鲁塞尔、科隆等城市及周边市镇。英国中南部城市包括伦敦、伯明翰、利物浦、曼彻斯特、利兹等城市及周边市镇。

部分数据资料根据冯奎、郑明媚著《中外都市圈和中小城市发展》（中国发展出版社，2014 年）整理。

（二）城镇化进程中的都市圈人口

1. 日本东京都市圈的人口增长历程

东京都市圈包括 1 都 3 县（东京都、埼玉县、千叶县、神奈川县），其中，东京都区部可认为是都市圈的核心区（主城区、完全城市化地区），东京都区部以外的地区类似核心区近郊区，三县的主体在东京 50 公里的范围内。

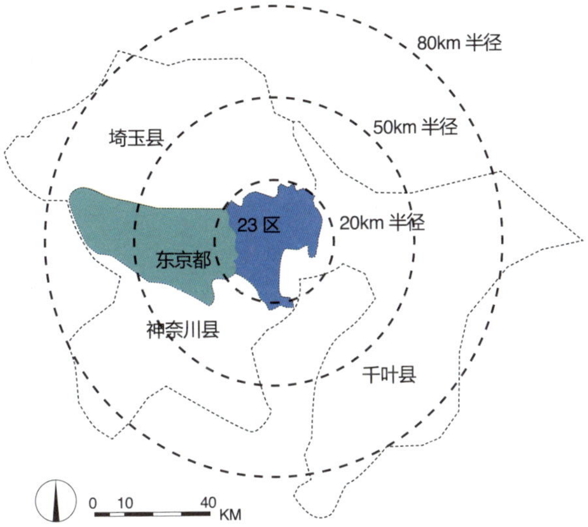

图 4—12 东京都市圈的圈层结构

日本城镇化率从 40% 增长到 70% 期间，东京都市圈核心区人口增长最快，其后核心区基本停止增长，外围三县人口快速增长。在东京都市圈核心区 23 区（半径为 20 公里以内）及东京都人口在战后至 1965 年左右呈现快速增长，三县（埼玉县、千叶县、神奈川县）人口虽也有一定程度的增长，但是增长率小于东京都。此后 23 区人口基本稳定并有回落，在 2000 年后全国城镇化率突破 80% 后有微小的增长趋势。这段时期，三县的人口快速增长，总人口从 1015 万人增长到 2152 万人，远远超过核心区 23 区及东京都的人口，平均增速高达 32%。

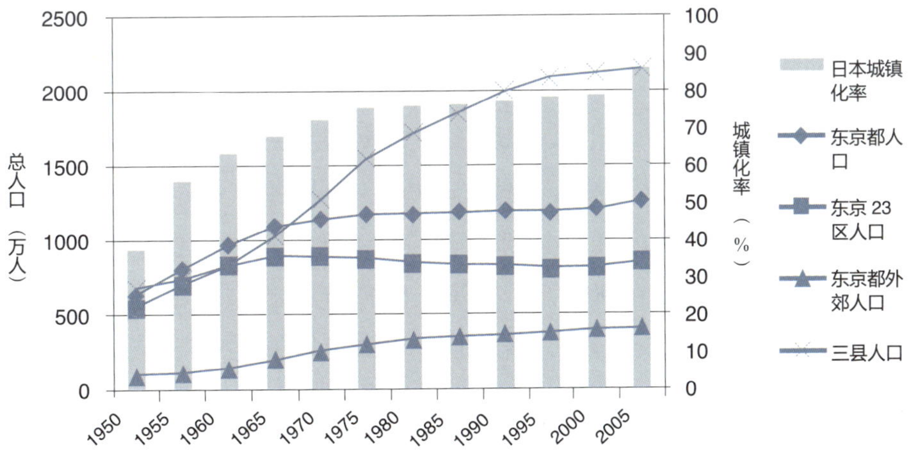

图 4—13 1950—2005 年东京都市圈人口变化及与日本城镇化率

数据来源：根据世界银行、日本国势调查、东京都统计等资料整理。

东京都市圈中 23 区、东京都外郊、三县的人口密度基本稳定在 14000 人 / 平方公里、3000 人 / 平方公里和 2000 人 / 平方公里。其中，23 区的人口密度最高，从战后到 1965 年左右快速增长，并在 1965 年左右达到峰值约 15000 人 / 平方公里，这段时间整个日本的城镇化率从不到 40% 增长到接近 70%。此后 23 区人口密度呈现周期性的波动， 1995 年回落至 13000 人 / 平方公里左右（这段时间日本城镇化率基本稳定），在 1995 年以后随着日本的城镇化率的再次提升而逐步增长。东京都的人口密度增长到 7000 人每平方公里左右趋于稳定，其中 23 区外的部分人口密度仅为 3000 人每平方公里左右。而当半径扩大到 80 公里，三县的平均人口密度在 2005 年仅增长到 2000 人左右。

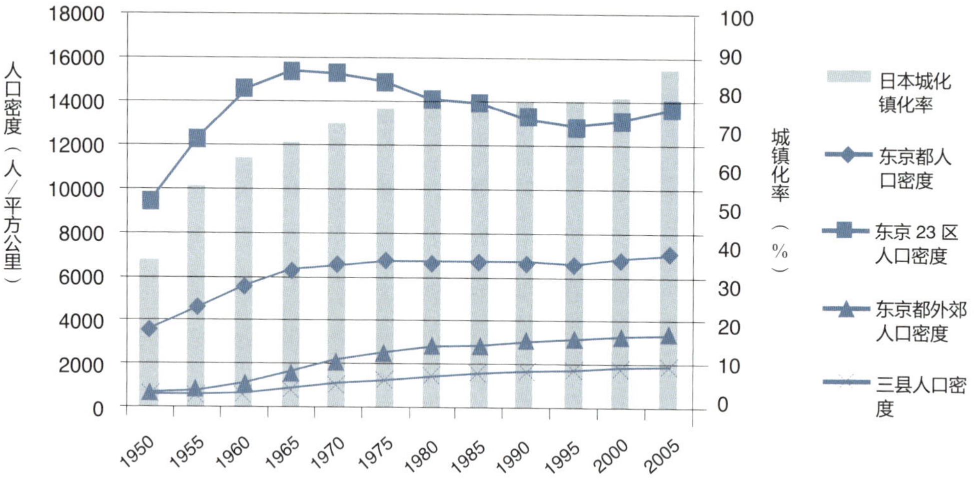

图 4—14 1950—2005 年东京都市圈各圈层人口密度及与日本城镇化率

数据来源：根据世界银行、日本国势调查、东京都统计等资料整理。

从城镇化发展角度看，在城镇化率由 50% 增长到 70%—80% 的阶段，都市圈人口向核心区集聚的趋势明显。例如，1950—1975 年，日本城镇化率由 50% 提高到 78.6% ，东京都核心区（23 区部）人口由 543 万增加到约 900 万，之后经历下降和回升，并基本稳定在 900 万。1970—1990 年，韩国城镇化率由 50.2% 提高到 82.6%。首尔市人口由 554 万增加到 1992 年的顶峰 1092 万，到目前基本稳定在 1000 万。从都市核心区人口密度看，人口密度在 1.5 万—1.8 万人 /km^2 以后，人口基本趋于相对稳定。从都市圈人口增长的圈层看，核心区外围 30—50 公里的中小城市，人口在持续增加。从 2014 年的情况看，北京核心区人口密度与东京和首尔核心区已基本相当。从都市圈外围区域看，北京周边中小城市吸纳人口能力明显不足。对比韩国首尔、日本东京等城市，距离北京市中心 30—50 公里的外围区域内，应大力培育中小城市，吸纳新增人口。

表 4—4　东京、首尔都市圈与北京比较

区域	指　标	北京（2014 年数据）	东京	首尔
核心区	范　围	五环内	23 区部	首尔特别市
	面积（km^2）	667	621	605
	人口（万人）	1053.6	895	1014
	人口密度（万人 /km^2）	1.58	1.44	1.67
都市区	范围	六环内	东京都	—
	面积（km^2）	2267	2187	—
	人口（万人）	1633.8	1315	
都市圈	范围	北京市域	1 都 3 县	首尔、仁川、京畿道
	面积（km^2）	16800	13559	11724
	人口（万人）	2115	3561	2530
大区域	范围	京津冀	本州	韩国
	面积（km^2）	217500	228000	100210
	人口（万人）	10772	10334	5000

数据来源：根据京津冀三地统计年鉴、日本国势调查、首尔都市基本规划、首尔首都圈广域都市规划等资料整理。

注：东京 23 区部是全部都市化区域，类似与城市建成区的连绵区，大致类比于北京五环内区域。首尔特别市全部为城市建成区，不包括类似北京郊区或东京都外围郊区的区域。

（三）国际大城市核心城市功能疏解及经验

1. 东京及都市圈规划发展经验

自 20 世纪 60 年代，日本开始采取措施应对“城市病”，主要包括以下方面。

（1）注重人口调控，通过产业结构调整促进人口合理流动。东京产业结构经历了从城市化初期的劳动密集型向资本、知识密集型逐步过渡的过程。东京在 1959 年通过了《工业控制法》，在首都圈内的部分城市，对一定规模以上的工业、大学等设施的新增项目进行控制。工业控制法的实施，使大批劳动力密集型企业和东京原有的一些重化工业相继迁往郊区、中小城市甚至海外，而以研究开发型工业、都市型工业为主的现代城市型工业开始聚集。资本和技术密集型产业代替劳动力密集型产业在东京高度聚集，既增加了地区生产总值和人均地区生产总值，也大大降低了东京城市的人口总量。

（2）加强规划引导，疏解中心城区功能，促进城市功能合理分工。东京在应对城市病的过程中，从关注城市规模转向关注城市布局转变。1956 年，日本制定了《首都圈整备法》，这一法律首次明确了以东京为中心、半径 100 公里的首都圈地域范围。需要注意的是，日本首都圈只是规划区域或政策区域，并不是行政区域，因此，这些规划都在国家层面进行编制，而非在单一行政区范围内完成。在国家层面编制的跨区域规划，增强了规划的效力，也使城市群布局得以形成，既解决了单一城市人口过于集中带来的问题，也在地域上组成一个相互关联、相互依赖的城市都市圈，扩大了城市的容纳能力，提高了城市影响力。1956 年后，日本五次编制实施《首都圈基本规划》。规划都强调中心城区职能的分散，包括建设城市副中心和新城，根据规划，东京于 1958 年、1982 年和 1987 年分步骤分阶段实施“副中心”战略，使副中心和中心城区一起承担起东京的城市功能，逐步形成了“中心区—副中心—周边新城—邻县中心”的多中心多圈层的城市格局。最近一次规划于 1999 年编制，规划期到 2015 年，提出在东京圈内形成“分散网络构造”。

（3）完善公共交通设施，加强都市圈内各城市之间的联系。东京在发展过程中，高度注重依靠轨道交通引导副中心发展。例如，修建一条环市中心铁路，依托各交通枢纽将各副中心串联起来。然后再以各副中心为起点，修建众多呈放射状、向近郊或邻近城市延伸的轻轨线，并在线路末端发展新的中小城市和工业中心。目前，东京大都市圈现有 300 多公里地铁线，铁路近 3000 公里。轨道交通系统每天运送旅客 2000 多万人次，承担了东京全部客运量的 86%。在早高峰时的市中心区，有 91% 的人乘坐轨道交通工具。

（4）促进公共服务均等化，避免中心城区公共服务资源过度集中。以教育为例，东京按照日本政府相关规定，通过教育经费投入和教师轮岗制度，大力促进教育均等化发展。在经费保障方面，义务教育经费投入由较高层级政府承担，例如，以东京都市圈内县级政府（大致相当于我国省级）为主体，比重在 40% 以上，其余以中央政府承担为主。高级别政府承担教育经费，保障了经费的来源。在师资水平方面，日本公立中小学的教师按公务员对待，由政府统一调剂和管理，根据相关法律规定，一个教师在同一学校连续工作不得超过 5 年。政府直接主导与调整教师的定期轮转流动。通过教师的轮转流动，保证了区域师资力量和教学水平的相对均衡。

2. 纽约及都市圈地区发展经验

（1）重视跨行政区的组织协调，强化规划实施力度。纽约同样进行了旨在疏解城市职能的规划。自 20 世纪 40 年代开始，纽约开始了城郊化进程，首先是城市居住功能郊区化，50 年代纽约的城郊化迈入高潮阶段，大量居民由市中心搬往郊区。进入 60 年代，纽约不断完善郊区城镇功能，形成了具有完善城市功能的新区域，这为纽约郊区创造了大量就业机会，也减少了郊区城镇与中心城区的通勤。

在实施城市规划、促进中心城区功能疏解的过程中，纽约市注重发挥区域协调组织的作用，其中，既有政府支持的组织，也有民间成立的非营利组织。比如1898年成立的大纽约市政府、1929年成立的区域规划协会、20世纪60年代成立的纽约大都市区委员会等，这些组织积极倡导区域规划和区域合作，在区域规划和区域发展协调机制形成等方面发挥了重要作用，并极大地强化了规划的科学性、民主性和权威性。

（2）完善公共交通体系，化解交通拥堵。纽约注重发挥公共交通的作用，缓解交通拥堵。与美国人均每天开车41.6公里的距离相比，纽约居民每天人均开车距离仅为14.4公里。在全美各大城市中，纽约公共交通出行比例最高。

就纽约市区的情况看，发达的地铁线路纵横交错，工作日每天平均运送500多万人次，比美国其他所有城市地铁运送的乘客总和还要多；纽约的公交与地铁线路均为24小时营运。同时，为了保证交通顺畅，如同大多数城市一样，纽约市政府也在交通流量大的路段开辟公交专用道。

3. 国际经验对我国的启示

东京、纽约等国际大都市在应对城市功能高度集中方面有诸多类似之处，可以在中国特大城市缓解“城市病”、带动城市群地区发展中发挥作用，包括提高规划层次，加强规划管理，加大资源配置的均衡性，提高硬件建设的水平等。

（1）加强跨区域的规划协调。国际大都市通常都存在一个跨区域的协调机构，类似于“大都市规划委员会”，对区域城市发展和规划进行协调。都市圈的规划权利集中在规划委员会，由委员会来进行统一的研究、安排，从而可以较好地实现区域内的资源整合和产业合理布局。通过跨区域的规划，构建起多中心的城市群布局，并根据大城市的发展规律，维持大城市的开放性、流动性、多样性和异质性，促进大城市及以此为核心城市的城市体系各成员城市的合作与发展，推动城市群（都市圈）内各城市的协调发展。目前，我国跨区域的城市群规划由中央制订，今后的规划执行还需强化中央和地方的联动，加大宏观层面的指导和调控。

（2）通过立法确立规划的权威性。国际大城市都高度重视规划的权威性，在规划制订阶段，注重公众参与的作用，并反复进行广泛论证，以确保规划的科学性和操作性。同时，在实施规划方面，都通过规划立法，强化规划权威性。例如，日本从法律上界定了首都圈的范围和发展方向。随后又相继颁布了《首都圈市街地开发区域整备法》《首都圈建成区限制工业等的相关法律》《首都圈近郊绿地保护法》《多极分散型国土形成促进法》等多部法律法规。而在伦敦城市规划过程中，英国议会先后颁布了《绿带法》《新城法》《内城法》等法律，有效地保障了伦敦都市圈均衡发展与社会公平。我国城市群规划制定完成后，要注重在强化规划指导地位、增强规划权威性方面多下功夫。

（3）发挥政府调控作用，促进公共资源的均等化配置。国外城市在注重发挥市场机制的同时，也高度重视发挥政府调控引导作用，通过公共资源与服务合理配置，控制人口和资源向大城市的过度集中。在操作模式上，包括引导城市空间沿交通干线或以相对集中建设新城等形式，完善新城综合服务职能，减少通勤人口，将新城建设成为承载人口的重要区域。例如，东京、纽约等城市在公共资源配置方面，都努力避免优质资源的过分集中，特别是教育资源配置方面，根据国家以及地方政府相关立法，促进教师在区域之间的流动，实现教育质量的均等化。国内城市发展也应注重通过公共服务的均衡化布局，提高新城公共服务水平，增强新城服务配套能力。例如，北京、上海等大城市，要通过规划甚至行政手段，分流中心城区高度集中的优质教育、医疗等资源，公共资源供给加快向周边新城以及城市群区域内其他城市倾斜。

专题五：

推进棚户区、城中村和城乡危房改造

住房问题既是民生问题也是发展问题，关系千家万户切身利益，关系人民安居乐业，关系经济社会发展全局，关系社会和谐稳定。党和国家历来高度重视群众住房问题。棚户区、城中村和城乡危房改造可以有效拉动投资、消费需求，带动相关产业发展，实现以人为核心的新型城镇化，破解城乡二元结构，提高城镇化发展质量。

习近平总书记在2013年10月的中共中央政治局集体学习会上指出："十二五"规划提出，建设城镇保障性住房和棚户区改造住房3600万套（户），到2015年全国保障性住房覆盖面达到20%左右，这是政府对人民做出的承诺，要全力完成。2014年3月，李克强总理在政府工作报告中提出，今后一个时期，要着重解决好现有"三个1亿人"问题，改造约1亿人居住的城镇棚户区和城中村是其中的关键组成部分。

近年来，中央和地方各级政府加大力度推进棚户区、城中村和城乡危房改造，进行了许多有益的探索。2015年，城镇保障性安居工程住房基本建成772万套，棚户区住房改造开工601万套，农村危房改造432万户，一大批住房困难家庭圆了安居梦。中央城市工作会议指出，要加快推进棚户区和危房改造，有序推进老旧住宅小区综合整治，力争到2020年基本完成现有城镇棚户区、城中村和城乡危房改造。

从政策层面，主要做了四个方面的工作：

一是加强顶层设计。《国务院关于加快棚户区改造工作的意见》提出，要将棚户区改造纳入城镇保障性安居工程，重点推进资源枯竭型城市及独立工矿棚户区、三线企业集中地区的棚户区改造，稳步实施城中村改造；此外，计划于2013年至2017年改造各类棚户区1000万户，使居民住房条件明显改善，基础设施和公共服务设施建设水平不断提高。《国家新型城镇化规划》进一步提出了"棚户区改造行动计划"，将棚户区改造分为四大类，即城市棚户区改造、国有工矿棚户区改造、国有林场棚户区改造以及国有垦区危房改造。2015年6月，国务院印发了《关于进一步做好城镇棚户区和城乡危房改造及配套基础设施建设有关工作的意见》（以下简称《意见》）。《意见》提出，2015—2017 年改造包括城市危房、城中村在内的各类棚户区住房 1800 万套（其中 2015 年 580 万套），农村危房 1060 万户（其中 2015 年 432 万户）。同时，要抓紧编制 2015—2017 年城镇棚户区改造实施方案，积极推进棚户区改造货币化安置，加快完善相关配套基础设施。

二是抓好具体工作实施。2014 年 12 月，国家发展改革委编制了《推动“三个 1 亿人”城镇化实施方案》，其中针对“改造约 1 亿人居住的城镇棚户区和城中村”，要求统筹编制改造规划，加快项目前期工作，搞好房屋征收补偿、鼓励货币安置，同步建设配套设施，确保工程质量，加强社区管理服务，并提出相关的财税、土地和融资支持政策。2015 年 6 月 17 日，国务院总理李克强主持召开国务院常务会议时指出，加快城镇棚户区和城乡危房改造及配套基础设施建设，事关千百万住房困难家庭生活改善，是惠民生、稳增长相互促进的重大举措，必须在已有成效基础上迈出更大步伐。2015 年 10 月 10 日，全国棚户区改造工作电视电话会议召开。会议对棚户区改造工作提出六点要求，即严格问责考核，确保完成棚户区改造目标任务；做好棚户区改造三年计划特别是 2016 年工作安排；抓紧研究确定 2016—2017 年棚户区改造融资渠道；切实管好用好棚户区改造专项资金；大力推进棚户区改造货币化安置工作；加强工程质量监管。

三是做好资金保障。强化资金保障是推进棚户区、城中村和城乡危房改造的核心。国务院要求通过增加财政补助、加大银行信贷支持、吸引民间资本参与、扩大债券融资、企业和群众自筹等多种办法筹措资金。2015 年 12 月，国家发展改革委与住房和城乡建设部联合下发《关于加强保障性安居工程配套基础设施建设中央预算内投资管理的通知》，要求各地准确把握保障性安居工程配套基础设施的涵盖范围，合理安排中央预算内投资支持配套基础设施建设。财政部于 2015 年 8 月下发《关于做好城市棚户区改造相关工作的通知》，要求各级财政部门落实城市棚户区改造涉及的税费优惠政策，对城市棚户区改造项目，按照财政部规定免收各项行政事业性收费和政府性基金；对城市棚户区改造中的安置住房建设用地实行划拨方式供应，除依法支付土地补偿费、拆迁补偿费外，一律免缴土地出让收入。此外，国务院还力推政府购买棚户区改造服务，鼓励多种所有制企业成为棚户区改造实施主体。建立健全财政投入与价格补偿统筹协调机制，积极推广特许经营等政府与社会资本合作（PPP）模式。国家开发银行于 2014 年 6 月成立住宅金融事业部，采取市场化方式发行住宅金融专项债券，向邮储等金融机构和其他投资者筹资，重点用于支持棚户区改造及城市基础设施等相关工程建设。住房和城乡建设部与国家开发银行、中国农业发展银行等政策性银行联合下发了文件，共同部署开发性金融支持棚户区改造工作，降低资金使用成本。

四是结合城市功能提升做好棚户区、城中村和城乡危房改造。推进棚户区、城中村和城乡危房改造，其目的是全面提升城市功能，完善相关基础设施配套并进行环境综合整治。《中共中央　国务院关于进一步加强城市规划建设管理工作的若干意见》特别指出，强化城中村、老旧城区和城乡结合部污水截流、收集；到2020年，地级以上城市建成区力争实现污水全收集、全处理，缺水城市再生水利用率达到20%以上。《国务院关于深入推进新型城镇化建设的若干意见》提出，要将海绵城市建设与城市更新改造结合起来。在老城区结合棚户区、危房改造和老旧小区有机更新，妥善解决城市防洪安全、雨水收集利用、黑臭水体治理等问题。加强海绵型建筑与小区、海绵型道路与广场、海绵型公园与绿地、绿色蓄排与净化利用设施等建设。在城乡危房改造方面，住房城乡建设部、国家发展改革委、财政部联合发布的《关于做好2015年农村危房改造工作的通知》指出，要强化抗震要求，集中力量加快解决地震高烈度设防地区的农房抗震安全问题，尽快扭转该地区农房抗震性能差、在地震中易造成农民生命财产严重损失的局面。

一、加快推进棚户区改造

棚户区改造是我国政府为改造城镇危旧住房、改善困难家庭住房条件而推出的一项民心工程。做好棚户区改造工作，切实提高棚户区居民居住条件，有助于改善城市环境和完善城市功能配套，是推动以人为核心的新型城镇化建设的重要内容。

习近平总书记指出，建设城镇保障性住房和棚户区改造住房是政府对人民做出的承诺，要全力完成。近年来，李克强总理先后赴包头市、天津市、赤峰市、福州市等地考察棚户区改造工作，并做出重要批示：把棚户区改造放在民生工作的突出位置，进一步围绕重点难点、抓住“硬骨头”矢力攻坚，进一步加大财税金融支持力度、创新机制吸引社会资本参与，不折不扣地按期完成既定任务。此外，中央城镇化工作会议、《国家新型城镇化规划》、十八届五中全会、中央城市工作会议都提及要深入实施城镇棚户区改造，加大城镇棚户区改造力度。

（一）地方实践总结

1. 创新投融资体制机制

2013 年国务院 25 号文规定，2013—2017 年要改造各类棚户区 1000 万户，按照每户 25 万元的建安和基础设施配套成本计算，至少需要 2.5 万亿元资金。各地政府除了加大预算内财政补贴、减免相关税费之外，还积极鼓励政府投融资平台扩大贷款或发行债券，大力推广各种政府与社会资本合作（PPP）模式，引导社会资本参与棚户区改造工作。更为重要的是，以国家开发银行为代表的政策性金融机构对棚户区改造提供了有力的资金保障。

专栏 5-1

国家开发银行设立棚户区改造专项贷款

十八届三中全会提出，要研究建立住宅政策性金融机构。2014 年 4 月初，国务院总理李克强在主持召开国务院常务会议时提出，由国家开发银行成立专门机构，实行单独核算，采取市场化方式发行住宅金融专项债券，向邮储等金融机构和其他投资者筹资，鼓励商业银行、社保基金、保险机构等积极参与，重点用于支持棚户区改造及城市基础设施等相关工程建设。6 月 25 日，银监会批复国家开发银行筹建住宅金融事业部，7 月 29 日正式成立。银监会发布的公告显示，批准其业务范围为，一是办理纳入全国棚户区改造规划的棚户区改造及相关城市基础设施工程建设贷款业务，二是在经批准的额度内办理软贷款回收再贷业务，专项用于棚户区改造项目。

截至 2013 年底，国家开发银行累计发放棚户区改造贷款 4077 亿元，贷款余额 2946 亿元，当年新增贷款 1060 亿元。2014 年新增发放贷款 4086 亿元，支持了全国 30 多个省（区、市）棚户区改造，涉及总建筑面积约 8.6 亿平方米，惠及棚户区居民近 875 万户。2015 年新增贷款进一步攀升至 7500 亿元。

国家开发银行还不断创新棚户区改造专项贷款的投融资机制。2016 年初，国家开发银行向河南省 20 个市县区的 45 个棚户区改造项目新增贷款承诺 340 亿元。该融资项目采用的是政府购买服务模式，由河南省级政府投融资平台——豫资城乡一体化建设发展有限公司（简称“豫资公司”）作为棚户区改造项目的承接主体和全省棚户区统贷统还的融资主体，国家开发银行向其提供统贷资金，贷款资金封闭运行。项目所在地的各市县政府与豫资公司签订政府购买服务协议，以各市县财政向豫资公司支付的政府购买棚户区住房服务资金作为偿还贷款本息的还款来源，以协议项下的应收账款向国家开发银行质押担保，省级财政组织协调项目所在地各市县财政，按照政府购买服务协议约定的期限，将政府采购资金纳入财政预算支出管理。

近年来，武汉市通过成立政府投融资平台、争取各类财政补助、积极引导社会资本参与等方式为棚户区改造提供充足的资金保障。

专栏 5-2

湖北省武汉市拓展棚户区改造融资渠道的做法

一、基本做法

1. 搭建政府投融资平台。以武汉市地产集团、都市产业公司、汉正街控股公司等国有大型房地产开发企业作为政府融资平台，全面统筹棚户区改造过程中所需资金，负责资金的审核、拨付、监管、项目的成本测算、优化征收安置方案和规划方案等工作。同时，落实税费减免优惠政策，通过土地整理储备和挂牌交易等方式弥补征收安置和还建房建设资金不足，实现了“企业参与、市场运作”。

2. 加大财政资金支持力度。将与棚户区改造项目相关的配套基础设施纳入中央补助申报范围，积极争取中央补助资金，完善小区内外配套设施建设。截至目前，武汉市已获批中央专项建设基金棚户区改造项目 19 个，获批额度 13.35 亿元；城市和国有工矿棚户区改造中央预算内资金 0.6 亿元；中央转移支付资金 16.04 亿元；通过地方政府债券筹集资金 2.98 亿元。

3. 加强“银企合作”。一是积极与人民银行武汉分行加强沟通和联系，引导金融机构支持符合贷款条件的棚户区改造项目，全市已有 7 家商业银行机构开办棚户区改造项目贷款业务，贷款余额 197.88 亿元，占全部保障性安居工程贷款余额的 61.92%。二是争取国家开发银行的支持，截至 2015 年 11 月底，武汉全市累计 30 个项目已获得国家开发银行授信，授信总额度为 913.08 亿元，累计发放贷款 332.18 亿元。

二、取得成效

截至目前，武汉市已累计完成各类棚户区改造 27.32 万户，改善了近 80

万居民的住房条件。著名的汉正街在改革开放以来由于缺乏持续投入而呈现交通拥堵、市容脏乱，通过拆迁改造，拥挤的市场和低矮的平房被青翠的草坪、现代化的商业设施所取代，成为武汉市金融服务业和高端商业聚集区，对于武汉市建设国家中心城市具有重大意义。青山区棚户区是华中地区最大的工矿棚户区，从 2007 年启动改造，预计 2016 年 7 月份完工；1.37 万户、4 万余居民将告别低矮简陋的棚户，搬进宽敞明亮的新居。

2. 采取灵活的安置补偿形式

最初，各地棚户区改造通常实行实物安置和货币补偿相结合的方式，由棚户区居民自愿选择。2015 年以来，随着房地产库存量加大，各地在棚户区改造中加大货币化安置的比例，增加被安置群众的选择空间。河南省规定，原则上户均实物补偿一套，其余的采取货币安置的办法；成都市中心城区棚户区改造居民选择货币化安置比例，从 2012 年的 53% 提高到 2014 年的 70% 以上。沈阳市的货币安置比例则超过 90%。

专栏 5-3

辽宁省沈阳市棚户区改造实践

一、提早落实改造任务和资金

一方面，市领导亲自带队，多次与住建部和省住建厅沟通，先后落实了 2014 年、2015 年、2016 年共完成三批共计 34077 户棚户区改造任务，并提前落实了 2016 年 24301 户棚户区改造任务计划。另一方面，搭建了市级融资平台，充分发挥国家开发银行政策性贷款作用。在完成 2014 年国家开发银行贷款授信 59 亿元基础上，2015 年上半年又完成授信 221 亿元，同时又完成 2016 年一期授信 130 亿元，三年共计授信达到 420 亿元。

二、加大货币化安置力度

一方面，通过提高货币补偿及奖励标准，增加被征收居民选择货币补偿的吸引力。另一方面，通过政府购买存量商品住宅安置棚户区改造居民，或以“团购”的方式打通棚户区改造与商品房销售通道。以法库县为例，该县

2015 年通过棚户区改造货币化安置消化了近 50% 的商品房存量。目前，沈阳市全市棚户区改造货币化安置比例超过 90%，远高于全国 28% 的平均水平。

三、建立一整套管理办法

自 2013 年以来，沈阳市加大出台政策法规力度，让棚户区改造有法可依、有章可循。这些政策法规涉及国有土地上房屋征收与补偿管理、安置房屋购买管理办法、改造项目及资金管理办法等，对棚户区改造规划制定、计划落实、征收拆迁、资金使用、安置房建设（购买）、安置房屋分配等全过程进行标准化、制度化、精细化管理。

3. 完善保障措施

一是用地供应，大多数地区将棚户区改造安置住房用地纳入当地土地供应计划优先安排。二是税收优惠，免收相关行政事业性收费和政府性基金，营业税、房产税、城镇土地使用税、土地增值税、印花税、契税等税费减免征收。三是金融支持，多地成立省级政府投融资平台，统借统还，并且出台贷款贴息等专项措施。四是提高审批效率，建立行政审批快速通道，简化程序，对符合相关规定的项目，限期完成相关审批手续。

4. 充分尊重居民选择

多数地区先期深入棚户区住户开展工作，加强宣传，使群众了解棚户区改造相关政策。棚户区改造安置方案须书面征询棚户区居民改造意愿，同意改造户数达不到规定比例的，中止项目改造，并不得采取停水、断电等暴力拆迁行为。安徽省铜陵市在成片棚户区改造工作中，对局部区域未达到但大部分区域达到规定比例、并有条件独立实施的，按照“成熟一片，改造一片”的原则，分片启动，保证棚户区改造工作符合棚户区居民根本利益，维护社会安定有序良好局面。

（二）全国棚户区改造取得的成效

1. 改善了居民生活条件

截至 2014 年底，全国共改造各类棚户区住房 2080 万套，其中 2013—2014 年改造各类棚户区住房 820 万套。2015 年全国计划完成棚户区改造 580 万套，截至 10 月已提前完成任务，全年实际完成 601 万套。棚户区改造工作逐年提速，使得越来越多的棚户区居民因此受益。

专栏 5-4

内蒙古包头市北梁棚户区改造的成效

北梁棚户区是全国最大的集中连片棚户区之一，占地 13 平方公里，居民 12.4 万人。人均收入不足 500 元，人均住宅面积不足 15 平方米，没有暖气、没有燃气、没有上下水，平均 400 多人共用一个旱厕。

2013 年 2 月，国务院总理李克强来到包头市北梁棚户区考察，在探望棚户区居民高俊平家时，光屁股小男孩——高俊平的孙子高宇博钻进被窝“抢镜”，一时成为网络红人。

北梁从 2013 年 2 月启动棚户区改造，2014 年 10 月完成全部 400 万平方米房屋的征拆任务，2015 年底 3.3 万套产权调换安置房全面完成并交付使用。除 1.4 万户居民选择货币补偿，以及约 5000 户居民要求迁回正在建设的“旧北梁”之外，其余自愿搬出北梁的群众已全部得到妥善安置。安置房多在 50 平方米以上，宽敞明亮、设施完备。与广大居民一样，“小屁孩”高宇博一家搬进了客厅、卧室、厨房一应俱全的新居。

棚户区改造不仅让当地百姓实现“安居”，同时也解决了“乐业”的问题。拆迁之前，北梁城镇户籍失业人数约 1 万人，拆空后新增失业人员 8000 人。包头市政府将棚户区改造与居民再就业工程联系起来，从 2013 年至 2015 年，通过实施技能培训、创业扶持、推荐就业、公益岗位及社保补贴等优惠政策，6534 名北梁居民实现了就业和再就业。

棚户区改造不仅改善了居民的物质条件，也提高了他们的生活保障水平。当前，北梁棚户区 15217 名 60 岁以上的老人，可直接享受每人每月 110 元的基础养老金；6994 名养老保险未参保居民，由政府一次性代缴 3 年保险费；政府还为 18522 名未参加医疗保险的居民每人一次性补贴 660 元，纳入城镇居民基本医疗保险。至此，北梁居民养老保险覆盖率达到 90%，医疗保险覆盖率达到 100%。

2. 降低了商品住宅库存

安徽省铜陵市选择梅塘社区推行货币化和“房票”安置，搬迁总户数 1027 户。截至 2015 年上半年已签订协议 883 户，其中：货币化安置 92 户，“房票”安置 812 户，占比 92%。2015 年 1—5 月，由于采取“返乡置业”购房优惠和“房票”安置效应叠加，全市商品住房销售同比增长 31.8%，有效减轻了房地产市场去库存压力。成都市中心城区近3年棚户区改造货币化安置比例均超过50%，且呈逐年增高趋势，为去除商品住宅库存、保持房地产市场稳定、拉动消费和投资提供了有力支撑。

专栏 5-5

安徽省铜陵市棚户区改造实践

一、基本做法

1. 创新性地推出“房票”安置方式。2014年9月，铜陵市政府发布《关于加快推进棚户区改造工作的实施意见》，明确棚户区改造采取货币化补偿、产权调换或虚拟实物安置（下称“房票”）方式进行安置，由棚户区居民自行选择。“房票”安置方式指：棚户区就地或就近没有政府投资安置房安置的，由政府按照相关政策出具“房票”，棚户区居民取得“房票”后，可购买政府投资建设的安置房，也可购买政府出面团购的安置房，这个价格要低于市场价。“房票”仅作为购房时的支付凭证，不可兑换现金。

2. 安置优惠。铜陵市对符合政策的棚户区改造居民实行保底安置，即对棚户区居民在改造前无其他住房、按政策安置后安置面积仍不足50平方米的，可按每平方米1800元价格增购到50平方米。此外，根据“容积率”贡献可获得无偿赠送面积。比如，平房安置到多层或楼房安置到高层的，无偿增加原住房面积的10%；平房安置到高层的，无偿增加原住房面积的20%。

3. “共有产权”。铜陵市还提供“共有产权”方式供居民选择，即对购买政府安置房的，购房人可以按照不低于安置房价格80%的比例，选择与政府实行产权共有。其中，政府产权部分3年内棚户区居民免缴租金，3年后按市场标准缴纳租金。棚户区居民经济条件改善后，可按届时市场评估价格购买，取得包括上市转让在内的全部产权。

4. 财政补助。凡持“房票”选购新建商品房、存量房并缴纳契税的，成交总价不超过房票价值部分，由税务部门依法免征契税，超过房票价值部分由同级财政给予1%的财政补助。

二、取得成效

作为工矿资源型城市，铜陵市面临的棚户区改造任务艰巨。通过市场化的“房票”等创新举措，铜陵市棚户区改造取得不少成绩。以中心城区铜官区为例，2015年该区共实施棚户区改造项目24个，完成项目18个；涉棚户区改造居民4895户，占全市棚户区改造总量的85%以上；累计签订协议

3755户，搬迁3315户，拆除房屋3107户，26.7万平方米。铜陵市棚户区改造的一大经验，是打通存量商品房与棚户区改造之间的通道，以棚户区改造来消化存量、激活需求。这一做法有利于满足群众不同的住房需求，盘活住房市场存量；同时，政府也可分期付款、逐年结算，减轻政府即期支付压力。

3. 提升了城市整体面貌

通过改造，原本以脏、乱、旧面目示人的棚户区变为整洁有序、环境优美的城市街区。贵州省贵阳市南明区通过区内14个非集中成片棚户危房改造，新增绿化面积1.8万平方米，为市民提供活动广场1.4万平方米。山西省太原市作为国家历史文化名城，将棚户区改造与古城保护结合起来，把有历史、有特色的建筑街道保存下来加以修缮，把违章搭建的房屋全部拆除后恢复原貌，发展观光旅游，原本破败的棚户区变成了展现太原传统文化与现代文明结合的载体。

（三）下一步工作展望

正如李克强总理指出的：棚改寄托着千万住房困难家庭改善居住条件的希望，是推进以人为核心的新型城镇化的重要内容和抓手。近年来，在各方共同努力下，棚改取得重大进展。但行百里者半九十，在现有基础上继续推动棚户区改造并带动新型城镇化、包括有关配套和地下基础设施建设等，面临的挑战更多，任务更艰巨。

目前，全国待改造的棚户区多为基础差、改造难度大的地块。在今后的棚户区改造工作中，各级政府应按照已编制的城镇棚户区改造2015—2017三年实施方案，结合现有情况合理确定年度改造目标，加快推进棚户区改造项目建设；进一步加强政策引导，把棚户区改造与商品房市场供应有机结合，逐步提高货币化安置比例，发挥棚户区改造拉动房地产投资、促进住房消费、平抑销售价格等多重作用；积极筹措资金，用好用足政策性银行支持棚户区改造贷款和国家专项建设基金，通过多种渠道努力破解棚户区改造资金难题；确保建设用地供应，继续将棚户区改造用地纳入地方土地供应计划优先安排，简化行政审批流程，提高审批效率，缩短改造周期；坚持统筹推进，以解决群众住房困难为出发点和落脚点，将棚户区改造与改善人居环境、城市危房治理相结合，与完善城市功能、调整产业结构相结合，不断加大实施力度，确保棚户区改造工作科学有序推进。

二、有序推进城中村改造

城中村问题是在快速城镇化进程中产生的，城中村具有集体土地产权和集体经济属性，又紧邻或处于城市建成区之中，基于我国城乡二元化的管理体制，城中村地区的管理建设在户籍、土地、规划、融资、就业、医疗、教育和社会保障等方面具有一定复杂性。合理规划改造城中村，兼顾新区建设和城乡接合部发展，加快基础设施和公共服务设施建设，对提高土地使用效率，优化城市空间布局，提升城乡接合部规划建设和服务管理水平，提升发展集体经济，促进社区化发展，增强服务城市、带动农村、承接转移人口功能有重要意义。

（一）地方实践总结

1. 城中村改造的增值收益要多方共享

大多数城中村的地理位置好，土地价值高。改造后土地出让产生的一次性收益和集体物业的长期收益，在各利益主体之间如何分配是核心困难所在。深圳市的城市更新政策自 2009 年开始推行，在解决错综复杂的历史遗留问题时，允许法外用地和建筑纳入更新范畴，当项目申请方同意把 20% 的“合法外”土地无偿交给政府后，这部分土地就获得了参与城市更新的资格。然后，从余下可开发的土地中，再拿出 15% 作为公共设施的配套用地。其余的收益分配由原村民、村集体及开发商自行商定。

2. 更新改造要同地同价

城中村改造所涉及的地块是集体建设用地或者国有、集体“插花”而成。在当前的土地管理政策法规中，集体土地与国有土地权能完全不同。宁夏回族自治区固原市在推进城中村改造过程中明确，“与市区城市规划区内国有土地上同地段的集体土地上的房屋的征收补偿价值，参照同地段国有土地上房屋征收补偿标准评估确定”，体现了“同地同价”要求，最大限度地保护了群众利益，也有利于打破城乡二元结构，实现协同发展。

3. 改造模式要因地制宜

纳入改造的城中村所处区位、自身规模、村集体经济实力等基础条件各不相同，需要结合不同的改造导向，选择不同的改造模式推进。目前，全国大致存在三种模式，一是政府主导，由政府统一规划、拆迁安置，将节约出来的土地出让以平衡改造成本。二是鼓励有条件的村集体在政府引导监督下自主开展城中村改造，自筹资金或与社会单位共同改造开发。三是由地方政府公布改造方案、具体规则及相关优惠政策，将项目打包并公开招标，由中标开发商主导，筹集资金，完成拆迁补偿、安置回迁及开发土地等工作。上海市青浦区政府近日与中国建筑第八工程局有限公司、中建方程投资有限公司合作，以 PPP 模式推进重固镇 24 平方公里的新型城镇化建设。首期项目包括 731 亩的城中村改造及相关基础设施完善工程。在这个项目中，重固镇集体经济组织也占到了 10% 的股权，今后将获得稳定的收益；同时，整个项目将拿出 5 万平方米商业面积，让渡给重固镇集体经济组织。

4. 更新改造要灵活多样

城中村改造既可以拆除重建，也可以进行功能置换及环境综合整治。广州市的城区更新改造经历市场主导、单一项目、房地产开发导向向政府主导、连片厂房全面改造的转变过程，并在此基础上探索出“微改造”模式。“微改造”注重提升人居环境，保护文化遗产，以保留物业而非拆除重建或立面整饰为主，以促进城市活力、培育创新产业为主要导向。

5. 配套措施要保障有力

城中村的村民身份还是农民，借助改造，大多数地区同时进行三项配套改革，即村庄向社区转变，理顺了社区管理体制；村民向市民和股民的转变，落实了社会保障待遇；集体经济组织向规范的股份制企业转变。与此同时，落实并接续转户农民参加城镇基本医疗保险、城镇养老保险政策。威海市农民在城中村改造后成为“城市居民”，享受养老、医疗等方面社会保障。一般 60 岁以下的原村民，由村集体负担大部分，个人负担小部分，办理城镇职工养老保险，60 岁以上的老人，由村集体和个人各负担一半，一次性支付 5.1 万元办理养老保险。另外，保障整村搬迁异地安置农民子女与城市居民子女平等享有受教育权利，建立完善中小学生学籍信息管理系统，为转户进城居民子女转学升学提供便利。此外，依托旧村改造腾出的土地发展二、三产业，实现转户农民就近就业，促进转户农民转变生活方式，全面融入城市。

（二）城中村改造取得的成效

1. 居民生活显著改善

通过安置房原地回迁，高起点、高标准做好规划，配齐配全社区交通道路、供水供电、通讯、医疗卫生、学校、幼儿园等配套设施，切实改善城中村被征迁群众的居住条件。2013—2014 年，杭州市 21 个镇街实际完成旧住宅区改造建筑面积 115.6 万平方米，涉及 12368 户；完成城中村改造建筑面积 420 万平方米，涉及

5642户。改造之后的安置用房选址位于交通便捷、配套成熟的黄金地段，借城中村改造的契机提升了物业价值。

2. 壮大了村集体经济

在城中村改造过程中，各地主要通过村级留用地，将集体的资源和资产优势转化为惠及每个村民实实在在的经济优势。山东省威海市88个城中村改造完成之后，一次性增加集体收入30余亿元。同时配建的238万平方米商业设施产权归村集体所有，年金收入可达2亿元以上，平均每个村（居）400余万元。大多数村（居）将这笔收入用于为集体经济组织成员缴交物业费、社保，若有剩余则用于进一步开发建设。前峰西村集体为成员支付每个月每平方米0.6元的物业费，每年还能实现1000余元的分红。

3. 推动了城市功能调整

通过城中村改造，使得土地利用更为集约高效。浙江省“三改一拆”项目的土地利用率平均从60%提高到80%。此外，通过改造，打通了断头路，新增了学校、农贸市场、城市公园等社区配套设施，地块市政管线也与城市主管网更好地衔接，生活垃圾无害化处理率也相应提高。上海市推行的城市更新项目解决了建成区内城市活力不足、公共空间和服务设施缺口较大、城市慢行系统便利化程度不高、城市风貌保护不够等问题，以盘活存量土地实现“内涵式增长”。

4. 为城市发展储备了空间

通过城中村拆迁改造，土地实现了集中连片规划开发和集约节约利用。城中村改造腾退出的土地与工业园区腾退出的土地，为城市长远发展开拓了空间，储备了后劲。此外，这些土地的出让在一定程度上也缓解了政府用于基础设施和公共服务设施建设上的资金压力。

三、积极推进城乡危房改造

实施城乡危房改造工程，是党中央、国务院做出的重大决策和重要部署，是落实保民生、保稳定的战略决策，是顺应民心、符合实际的一项重要工程，是改善城乡居住条件、推进城乡一体化的重大举措。2015年3月，国务院总理李克强在部署2015年工作时提出，要加大城乡危房改造力度，要完成农村危房改造366万户，比2014年增加100万户。2015年最终完成了468万户。十八届五中全会通过的“十三五”规划建议也明确，要加大城乡危房改造力度。

（一）地方实践总结

1. 多渠道筹措资金

城乡危房改造已被大多数地方政府纳入财政预算支出范围。各级政府也加大资金投入力度，帮助自筹资金确有困难的特困居民解决危房改造资金问题。除了贷款贴息等支持政策外，还采用了多种方式帮助居民自筹资金，通过投工投劳和互助等降低改造成本，同时积极发动社会力量捐赠和资助，构建了居民自筹为主、政府补助引导、银行信贷和社会捐助支持的多渠道城乡危房改造资金投入机制。不少地方还通过整合相关项目和资金，将自然灾害倒损房屋恢复重建、贫困残疾人危房改造、扶贫安居等资金与城乡危房改造资金有机衔接。

2. 强化房屋抗震要求

在地震设防地区，实施农房抗震改造。严格按照《农村危房改造抗震安全基本要求（试行）》，组织技术力量对原有房屋进行抗震性能鉴定，判定主要结构安全隐患，提出有针对性的加固方案。发挥农村危房改造有效提升农房抗震防灾能力的作用，优先支持地震高烈度设防地区农村危房实施抗震改造，集中力量解决地震高烈度设防地区的农房抗震安全问题。

专栏 5-6

广西百色市那坡县实施农村危房改造工程

百色市那坡县地处桂西南边陲，从 2009 年至 2015 年，那坡县共实施农村危房改造建设 21347 户。

一、主要做法

1. 精准确定改造对象。瞄准全县 9 个乡镇住房最危险、经济最贫困的农户，重点解决基本安全住房需求。对贫困村集中连片改造 10 户以上的未通路的自然村屯的通屯道路建设给予扶持，并按规定进行资金安排和项目管理，配合做好危房改造项目实施工作。

2. 多种渠道筹措资金。2015 年，那坡县通过“争取国家支持一点，自治区级补助一点，市县补助一点，农户自筹一点，社会捐助一点”的办法，多渠道筹集到 6144 万元的农村危房改造资金。其中：中央补助资金 2560 万元，自治区补助资金 2464 万元，县级配套资金 640 万元。

3. 合理实施分类补助。依据不同地区、危房等级、改造方式和补助对象等不同情况对贫困农户进行分类补助。特殊贫困户 4.5 万元 / 户；有亲戚供养的五保、其他残疾户 2.5 万元 / 户；独生子女、双女、军人家庭、建档立卡贫困户 2 万元 / 户；低保户、生态移民困难户 1.8 万元 / 户；其他困难户 1.5 万元 / 户。

二、工作成效

全县 3200 户危房改造工程于 12 月 20 日前全部竣工，危房改造补助资金于 2016 年 1 月 20 日前全部拨付到农户手中。作为地处偏远山区的国家扶贫开发工作重点县，那坡县的危房改造有效缓解了边境一线农村贫困群众的居住不安全问题，极大地改善了民生，有利于稳边、固边，其经验受到国家有关部委表彰。

3. 推广节能环保技术

不少地方在危房改造中鼓励应用建筑节能技术，并开展农村建筑工匠建筑节能技术培训，不断向城乡居民宣传普及建筑节能常识。青海省自农村危房改造工程实施以来，就瞄准节能技术和产品，积极推进危房改造的“绿色发展”。青海省结合互助土族自治县的试点经验，把节能热炕、太阳能暖廊技术、新型建筑结构体系和新型墙体材料引入危房改造工程建设中，努力达到“安全、节能、环保、实用”的目标。西宁市和海东市制定出台政策，要求每个危改户必须推广使用两项节能技术的一或两项。

4. 注重加强风貌特色保护

不少地方在改造中建设具有传统民居特色的现代农房，并对农房附带院落进行整治、美化，注重改造后农房与院落及周边环境的整体协调。海南省住房和城乡建设厅在其门户网站专门开设了“农村风貌设计管控”专栏，专栏下细分海南村庄特色化建设指引、特色民居选型、农村危房改造设计等专题，从村庄设计到建筑单体，从高标准的单体别墅到简单适用的民居，提供数十套可参考的设计方案供农户免费下载使用，提升农村居民改善农房风貌的能力。注重对具有历史、文化价值的传统村落和民居的保护，要求传统村落范围内的农村危房改造符合所在村落保护发展规划要求，并在建筑形式、细部构造、室内外装饰等方面延续原有风格。

专栏 5-7

湖南省祁阳县农村危房改造经验

一、基本做法

1. 美化乡村容貌。祁阳县通过把危房改造与新农村建设融汇一体，有效保护传统院落的完整和美丽。潘市镇柏家村传统院落建筑风格别致，民风淳朴、"乡愁"浓重。在危房改造中，按照"建新如旧""修新如旧"的原则修缮改造，使古村落的历史文明和传统院落浓浓的"乡愁"得到保留和传承。

2. 节约土地资源。坚持"一户一宅，拆旧建新"的基本原则。据匡算，全县通过在危房改造过程中实行集中居住，每年节约土地 230 余亩。同时由于统一建设，建房成本大幅降低，每平方米降低建设成本 600—800 元，每户节约建设成本 3 万—5 万元，有效减轻了危改户的经济负担。

3. 建设"五保之家"。通过整体推进，把危房改造与破解农村集中养老难题有机结合。在征求群众意愿的前提下，充分利用农村空弃的小学或村公所集体场地筹资建设"五保之家"，将村里的五保户集中供养。"五保之家"由村集体统一建设，资产属集体所有，可以循环使用。

二、取得成效

祁阳县自 2009 年开展农村危房改造以来，已完成 8824 户。2014 年共完成危房改造 1527 户，其中五保户 589 户，低保户 175 户，贫困残疾户 36 户，伤残军人户 1 户，原国民党抗战老兵户 1 户，因灾倒房户 18 户，其他贫困户 707 户；一般帮扶对象 1094 户，重点帮扶对象 433 户；建房 3481 间，建筑面积 106007 平方米。

5. 同步提升基础设施

在推进危房改造的同时，多数地区同时加强城乡环境整治和基础设施建设，全方位改善居民居住条件。把农村危房改造与新农村建设相结合，与整合资源、扶持群众发展生产相结合，与乡村规划和环境整治相结合，与旅游村、特色村庄建设相结合，推动农村地区电力、交通、供水、水利等基础设施建设，为农村居民生产生活提供了更多便利。

专栏 5-8

贵州省农村危房改造经验

一、主要做法

1. 全面摸底，科学规划。全省共组织 6.4 万摸底调查人员进村入户调查，在弄清底数的基础上，制定危房改造的总体规划和实施方案，要求各地危房改造规划要突出地方和民族特色，与当地经济社会发展总体规划、村寨建设规划、基础设施布局相衔接；对危房改造户达到 15 户以上的村寨，统筹考虑基础设施配套建设和产业发展等问题，并重视规划的综合效应，近期指导危房改造，远期指导产业发展，提高新农村建设水平。

2. 明确任务，分步实施。本着“先急后缓、突出重点”的原则，确定用 8 年时间、分两个阶段完成全省 192.48 万户农村危房改造任务。第一阶段，在 2012 年前主要完成一级危房改造；第二阶段，再用 4 年主要完成二级、三级危房改造。

3. 因地制宜，经济实用。针对贵州地质结构复杂、地形地貌多样、气候复杂多变的特点，通过提供建筑设计方案，加强技术指导等，积极引导农民建设经济实用、美观大方、功能较全、面积适当和节能、节地、节材的住房，促进人居环境与自然协调，提高抗灾能力。

4. 加强监管，精准补助。将《贵州省农村危房改造政策明白卡》发放到每个危改户。明白卡的内容包括补助对象条件、补助标准、申请程序、资金发放等内容。补助资金实行专项管理、专账核算、专款专用，直接发放到危改户。建立了农村危房改造农户档案管理信息系统，每一户的经济情况和住房情况都录入系统，实现了户户可查，并接受社会公开查询。

二、取得成效

贵州省 2015 年完成扶贫生态移民搬迁 15 万人，减少贫困人口 130 万人，改造农村危房 35 万户。贵阳市 2015 年完成 12516 户农村危房改造，万余户居民在新房中迎来了猴年春节。通过村寨环境整治和水、电、路等基础设施建设，“路难行、水难喝、味难闻”以及人畜混居的状况明显改变，农村群众居住环境明显改善，广大农户住上新房，用上环保清洁的生活用品，展现出“困者安其居，居者乐其业，业者兴其村”的农村建设新面貌。

（二）取得成效

截至 2014 年底，中央累计安排补助资金近 1200 亿元、支持了 1500 余万贫困农户改造危房。户均中央补助标准从初期的 5000 元逐步提高到目前的 7500 元。2015 年中央财政安排了 365 亿元补助资金，支持全国 432 万贫困农户改造危房，截至 2015 年底，全国已开工 457 万户，竣工 398 万户。

1. 精准资助了困难群众

城乡危房改造主要涉及低保户、五保户、困难户，与扶贫发展紧密关联。在贵州省清镇市，2015 年共有 1946 户危房纳入改造范围，其中对五保户、低保户、退伍军人、残疾人等家庭和最危险的房屋进行优先改造。通过实行农户自建、政府补贴相结合的形式，村民享受到的危房改造补贴从 6500 元到 22300 元不等。甘肃省在农村危房改造过程中，对贫困地区实行了重点倾斜。以 2015 年为例，58 个集中连片贫困县的 18.7 万户获得危房改造补助，占全省总数 21.8 万户的 85.8%，且户均获得中央补助资金 8500 元，比其他县（市、区）户均高 1000 元。

2. 显著提升了村容村貌

一段时期以来，贫困农户危房的巨大存量及难以快速消除的状况，成为许多村庄村容村貌治理的主要障碍。在农村危房改造实践中，不少地方按照新农村建设的总体要求，着眼长远，着力当前，统筹推进农村危房改造和村容村貌改善。山西省右玉县依据村庄整治规划和危房改造规划，新建了一些村庄公共服务设施，统筹解决了村内供水、排水、电力、卫生问题，道路简易、污水横流、粪土垃圾沿街堆放现象明显改善。

3. 有力保障了农村居民的居住安全

通过对农村危房改造尤其是抗震水平的提升，易受灾害地区的群众生命财产安全得到了有效保障。2015 年入夏以来，安徽省明光地区普降大到暴雨，明光境内的池河、南沙河河水暴涨。位于两河交汇处的明光街道张湾村大滩村民组两次被洪水淹没，受灾十分严重。地处该村民组的 7 户危改房经历了两次洪水浸泡，但没有一户房屋发生倒垮、地基下沉、墙体开裂、房顶漏水等问题。

4. 平衡协调了城乡发展

农村危房改造工程是统筹城乡协调发展、推进全面建设小康社会的有效载体。贵阳市花溪区引进客商流转土地连片种植西瓜 100 余亩，带动危房改造户边打工边学技术；大方县小屯乡引进企业带动滑石村危房改造户种植刺梨 800 余亩。云南省澜沧县将危房改造与生猪养殖、蚕桑养殖、烤烟种植等产业结合起来，实现居民的快速增收。

5. 稳步提升了村庄规划建设管理水平

首先，随着农村危房改造及扩大试点工作深入推进，试点地区农村住房底数有了较翔实的基础，农房建设管理有人理事、有章理事，农村规划建设管理体制不断健全、技术服务机制日益完善，基层规划建设管理水平显著提高。其次，为了使大量农村贫困户住上抗震安全、功能完善、节能保暖的新农房，各地在工程质量安全、传统地域特色风貌建设、建筑节能保暖及完善农房功能等方面进行了大量的探索与实践，推动了农房建设质量整体提高。

专题六：

体制机制改革创新

新型城镇化是一项复杂的系统工程，“人”“地”“钱”问题个个关乎体制机制深层次矛盾。深化体制机制改革创新，是全面推进新型城镇化的重要保障。《国家新型城镇化规划》指出，要加强制度顶层设计，尊重市场规律，统筹推进财税金融、土地管理等重点领域和关键环节体制机制改革，形成有利于城镇化健康发展的制度环境。

一、创新城镇化资金保障机制

新型城镇化建设的资金需求规模大、期限长、主体多元、结构复杂。改革的方向是创新金融服务，放开市场准入，逐步建立多元化、可持续的城镇化资金保障机制。目前，相关政策措施已陆续出台。

2014 年，国务院印发《关于加强地方政府性债务管理的意见》，着力建立规范的地方政府举债融资机制。相关部门积极创新城市基础设施投融资机制，扩大地方政府债券发行规模，创新债券品种。各地积极推动政府和社会资本合作，取得了一些成效。银行等金融机构也出台了支持城镇化发展的具体意见，积极运用投资、贷款、债券、租赁、证券等综合金融服务为城镇化提供金融支持。

专栏 6-1

重庆市多举措深化投融资体制改革

一、创新重点领域投融资机制

重庆市将交通基础、能源设施、公共服务、农业水利、生态环保、信息基础等六大基础设施领域面向社会资本全面放开，并就投资模式、政府资源配置方式、政府服务方式三个方面提出创新举措。2015 年，全市民间投资完成 7731 亿元、增长 17.9%，对全市投资的贡献率为 55%，拉动投资增长 9 个百分点。

二、精简审批事项，下放政府核准事项

清理取消市级各部门的前置审批及对应的中介服务事项。发布《重庆市企业投资项目核准目录》（2015 年版），切实向市场、向区县放权：对国家要求取消核准的事项，一律取消核准。对备案事项，除国家要求必须上报备案和省级备案的以外，一律下放区县备案。对备案项目，一律实行网上办理。启动全市固定资产投资在线监管服务平台建设，建立投资项目纵横联动协同监管机制。截至 2015 年底，重庆市已累计核准备案企业投资项目 3917 个。

三、推进 PPP 投融资模式改革

印发《重庆市 PPP 投融资模式改革实施方案》及若干配套政策文件，作为 PPP 改革的操作统领和操作依据。截至 2015 年底，已累计签约项目 39 个、总投资 2600 亿元，累计开工 21 个项目、总投资 1557 亿元。

四、改革产业发展扶持资金分配方式

引入社会资本组建 800 亿元战略性新兴产业股权投资基金。组建 100 亿元重庆现代物流产业发展基金，重点投向现代物流项目。采用有限合伙制设立 100 亿元国家开发银行重庆基础设施 PPP 项目投资基金。

（一）加快建立规范的地方政府举债融资机制

近年来，党中央、全国人大、国务院对加强地方政府债务管理高度重视，基本原则是修明渠、堵暗道，赋予地方政府依法适度举债融资权限，并先后出台了一系列措施加强地方政府融资管理。

2014 年 8 月全国人大常委会通过的新预算法和 2014 年 9 月印发的《国务院关于加强地方政府性债务管理的意见》（国发〔2014〕43 号），构建了全面规范地方政府债务管理的总体制度安排。尤其是 2015 年开始实施的新《预算法》，“开前门、堵后门”，明确提出省级政府可以在国务院确定的限额内通过发行地方政府债券举借债务，建立起地方政府举债融资新机制，加大了对地方政府违法举债或担保的惩处力度。2015 年 12 月 21 日，财政部《关于对地方政府债务实行限额管理的实施意见》正式实行，通过多种办法进一步强化地方政府债务限额管理，建立健全地方政府债务风险防控机制，妥善处理存量债务。对于地方政府存量债务中通过银行贷款等非政府债券方式举借部分，国务院准备用 3 年左右时间置换 14.34 万亿元地方政府存量债务。

2015 年是我国地方债发行机制改革全面推进的一年，地方债首次全部由各省级政府自发自还。2015 年 5 月 18 日，江苏省打响当年地方债发行的“首枪”，随后各省地方债发行纷纷登场。截至 2015 年 12 月 18 日，全国地方债共发行约 3.8 万亿元，是 2009 年至 2014 年地方债发行总量（1.6 万亿元）的 2.4 倍，是 2014 年地方债发行量（4000 亿元）的 9.5 倍，年度发行量超过国债和政策性金融债券，成为债券市场发行量最大的品种之一。从发行类型来看，一般债为主，占 74%。

截至 2015 年底，各地基本完成置换债券工作，发行利率与同期限国债利率的利差逐步加大，发行定价市场化水平逐步提高。推进地方债务置换，一是缓解了地方偿债压力。2015 年的置换债券额度实现了对当年到期债务的全覆盖，化解了局部地区的偿债危机。二是降低了地方利息负担。将被置换的存量债务成本从平均约 10% 降至 3.5% 左右，预计将为地方每年节省利息 2000 亿元。三是支持了地方“稳增长”。置换债券虽然不直接增加投资，但在目前土地出让收入减少等情况下能够抵顶减收，为地方腾出资金支持重点项目建设创造了条件。

专栏 6-2

全国地方债务基本情况

2014 年末，全国地方政府债务（政府负有偿还责任的债务）余额 15.4 万亿元，从政府层级看，省级、市级和县级（含乡镇）分别为 2.1 万亿元、6.6 万亿元和 6.7 万亿元，占比分别为 14%、42% 和 44%。

2015 年地方政府债务余额限额为 16 万亿元。其中，一般债务余额限额 9.6 万亿元，专项债务余额限额 6.4 万亿元。

从债务期限看，全国地方政府债务 2015 年到期 3.1 万亿元，占 20%；2016 年到期 2.8 万亿元，占 18%；2017 年到期 2.4 万亿元，占 16%；2018 年及以后年度到期 6.2 万亿元，占 40%；以前年度逾期债务 0.9 万亿元，占 6%。

资料来源：全国人民代表大会常务委员会预算工作委员会关于规范地方政府债务管理工作情况的调研报告（2015 年 12 月 15 日）。

（二）着力推进政府和社会资本合作（PPP）

随着新预算法和《关于加强地方政府性债务管理的意见》的实施，地方政府融资平台公司被剥离政府融资职能，在预算管理和债务约束的情况下，传统的地方政府投融资模式难以为继。政府和社会资本合作的PPP模式是国家引导地方寻求基建投资的新路径，也是公共服务供给机制的重大创新，它是指由政府采取竞争性方式择优选择具有投资、运营管理能力的社会资本，双方按照平等协商原则订立合同，明确责权利关系，由社会资本提供公共服务，政府依据公共服务绩效评价结果向社会资本支付相应对价，保证社会资本获得合理收益。

为深入推进PPP模式，国家发展改革委印发《关于进一步做好政府和社会资本合作项目推介工作的通知》，加强PPP项目推介，并建立了首个国家部委层面的PPP项目库，首批发布1043个PPP项目、总投资1.97万亿元，签约情况较好；第二批发布1488个、总投资2.26万亿元。此外，国家发展改革委还联合全国工商联召开PPP项目推介电视电话会议。从已有的实践效果看，PPP模式的作用不断凸显。

1. PPP模式有助于释放经济活力和创造力

利用PPP模式，民间资本也可以参与提供公共服务。2015年2月13日，财政部、住房城乡建设部联合发布《关于市政公用领域开展政府和社会资本合作项目推介工作的通知》，明确了在城市供水、污水处理、垃圾处理、供热、供气、道路桥梁、公共交通基础设施、公共停车场、地下综合管廊等市政公用领域开展PPP项目推介工作。2015年4月9日，财政部和环境保护部联合发布《关于推进水污染防治领域政府和社会资本合作的实施意见》，提出逐步将水污染防治领域全面向社会资本开放，推广运用PPP模式，具体涉及饮用水水源地环境综合整治、湖泊水体保育、河流环境生态修复与综合整治、湖滨河滨缓冲带建设、湿地建设等10多个细分领域。2015年5月19日，《国务院办公厅转发财政部、发展改革委和人民银行关于在公共服务领域推广政府和社会资本合作模式指导意见的通知》，明确提出在能源、交通运输、水利、环境保护、农业、林业、科技、保障性安居工程、医疗、卫生、养老、教育、文化等公共服务领域，要广泛采用PPP模式。随着上述法规出台，PPP项目涉及领域也进一步扩围。

2. PPP模式促进了财政投入体制和政府管理方式的改变

在地方财力紧张的情况下，PPP模式减轻了当期财政支出压力，这也让一批被搁置的公共服务项目得以上马。北京地铁4号线是国家发展改革委公布的PPP项目示范案例之一，据估测，通过政府与香港铁路公司的合作，可以为政府节省100亿元。

专栏 6-3

北京地铁 4 号线项目

北京地铁4号线全长28.2公里，车站总数24座。工程概算总投资153亿元，于2004年8月正式开工，2009年9月28日通车试运营。北京地铁4号线项目在我国城市轨道交通领域首次探索和实施市场化PPP融资模式，有效缓解了当时北京市政府的投资压力，实现了北京市轨道交通行业投资和运营主体多元化。

一、建立有力的政策保障体系

为推动项目有效实施，政府成立了由市政府副秘书长牵头的招商领导小组，为项目配套出台了《关于本市深化城市基础设施投融资体制改革的实施意见》等相关政策；北京市发展改革委主导完成了4号线PPP项目实施方案；北京市交通委主导谈判；北京市基础设施投资有限公司负责具体操作和研究。

二、构建合理的收益分配及风险分担机制

通过票价机制和客流机制的巧妙设计，在社会投资人的经济利益和政府方的公共利益之间找到了有效平衡点，在为社会投资人带来合理预期收益的同时，提高了北京市轨道交通领域的管理和服务效率。

三、建立完备的项目监管体系

政府的监督主要体现在清晰确定政府与市场的边界、详细设计相应监管机制。比如在文件、计划、申请的审批，建设、试运营的验收和备案，运营过程和服务质量的监督检查三个方面，既体现了不同阶段的控制，也体现了事前、事中、事后的全过程控制。在监管范围上，涵盖了投资、建设、运营的全过程；在监督时序上，包括了事前、事中和事后监管；在监管标准上，结合具体内容，遵守了可量化的尽量量化，不可量化的尽量细化的原则。

3. PPP 模式在一定程度上化解了政府性债务风险

2015年12月17日，财政部公布《关于实施政府和社会资本合作项目以奖代补政策的通知》，对示范项目中验收合格的新建项目，按照投资规模给予定额奖励，着力提高PPP项目运作的规范性和科学性。对融资平台公司转型为PPP模式的存量项目，按照项目实际化解地方政府存量债务额度给予适当奖励，着力推动融资平台公司转型发展。

部分试点地区通过放宽市场准入，创新运用政府和社会资本合作PPP模式，有效解决了城镇化建设钱从哪里来的问题。如重庆市在城市基础设施和公共服务设施建设领域集中签约 PPP 项目 39 个，涉及总投资约 2600 亿元。广州市推出 40 个 PPP 项目，总投资达 2200 亿元。

专栏 6-4

安徽省成立 PPP 产业联盟

近年来，安徽省新型城镇化、工业化加速推进，投资消费潜力巨大，城镇化、国省干线改造项目融资需求旺盛。PPP 模式是服务基础设施建设的重要方式，对于发挥市场机制作用，引入社会资本，降低融资成本，创新投融资体制机制，让专业的人干专业的事，提高项目建设运营效率等具有重要意义。2016 年 1 月 19 日，为促进政、银、企各方在更大范围、更广领域、更高层次上深化合作，实现互利共赢，安徽省住房和城乡建设厅与徽商银行共同设立首个省级层面的城镇化 PPP 基金。该基金总额 500 亿元，将引入专业基金管理人，严格按照基金管理的要求专业化运作，重点投向省内城市基础设施建设项目。同时，徽商银行作为发起人与 12 家知名央企和民营企业共同成立 PPP 产业联盟，徽商银行将发挥自身熟悉地方经济、了解企业的优势，推荐 PPP 项目，引入社会资本，为 PPP 项目提供全流程融资支持。

日本私有轨道（铁路）交通企业利用多元化经营管理优势参与城市建设，特别是促进大都市周边新城建设发展的经验值得借鉴。

专栏 6-5

日本私有铁路公司参与东京城市建设的经验

一、促进新城建设与市场需求相结合

东急是日本最大的私有铁路公司，也是私有铁路多元化经营的成功企业。在建设东京郊区 20.1 公里铁路运输线时，东急公司在沿线平整坡地开发了约 5000 公顷的花园新城，在站点周边建设了百货商场、酒店、饭店、休闲娱乐以及办公等设施。该线路建成之后，东急公司进一步将铁路线路与该公司建设的靠近东京中心区的地铁线和公共运输局经营的城市公交地铁线连接，使列车能够直接进入东京的城市中心。通过这些设施的建设，累计吸引 50 万人

入住花园新城，这些人成为东急公司运输线路上的主要客源。

二、统筹建设包括末端交通在内的新城交通系统

轨道交通与公共交通和出租车之间有着密切的联系，城市末端交通不仅是大运量快速轨道交通业务的重要补充，也是快速交通的重要支撑。保障末端交通可以使更多居民出行选择公共快速交通，减少机动车出行。汽车运输部门是日本私有铁路公司多元化经营部门之一，主要经营业务是与铁路交通相关的巴士和出租车业务等。在东京的 8 家私有铁路公司中，除东急公司将汽车业务委托子公司管理经营外，其余私有铁路公司均自行经营汽车运输服务业务。

三、带动和促进新城区各类服务业发展

服务业是日本私有铁路公司获取盈利的主要行业来源之一。近年来，不少私有铁路公司将服务业务转向旅游和休闲产业，很多私有铁路企业拥有独立的棒球职业队和旅行社，一些公司的旅游收入占公司其他收入的 70%，旅游收入成为企业收入的重要部分。随着信息产业的快速发展，私有铁路企业的多元化经营范围进一步扩大，领域涉及电视广播、文化产业和信息网络等产业。

（三）鼓励引导政策性银行支持新型城镇化

为促进国家新型城镇化综合试点地区加快突破，2015 年 4 月，国家发展改革委与国家开发银行联合下发《关于开发性金融支持国家新型城镇化综合试点的通知》，国家开发银行成为支持新型城镇化工作政策性银行“主力军”。随后，国家发展改革委又分别与农业银行联合下发《关于加大支持国家新型城镇化综合试点的通知》，与农业发展银行联合下发《关于农业政策性金融支持国家新型城镇化综合试点有关工作的通知》，进一步明确了相关机构对城镇化综合试点的支持重点和方式。中国农业银行充分发挥网络覆盖城乡、长期服务“三农”的优势，重点支持城镇化综合试点市政基础设施、城镇改造、保障性住房、特色小城镇、美丽乡村等领域建设，尤其针对各地区差异化融资需求，“一对一”提供差异化融资服务。农业发展银行发挥政策性金融优势，在城镇化综合试点地区推广使用整体城镇化建设贷款等产品，建立总行级绿色通道，优先保障试点融资需求。

1. 国家开发银行发挥支持新型城镇化主力银行作用

国家开发银行一直是新型城镇化的重要支持和推进力量，主要体现在几个方面。一是大力支持棚户区改造。二是配合落实《国家新型城镇化规划》，编制完成省市县新型城镇化融资规划 36 项，省级棚户区改造融资规划 35 项。三是积极开展

试点示范。2015 年，国家发展改革委联合国家开发银行印发《推进开发性金融支持国家新型城镇化综合试点有关工作的通知》，在试点地区开展了建制镇示范试点、县城基础设施投融资体制改革试点等，积极引导金融机构和社会资本参与试点建设。四是积极助力农民工市民化，支持完善城市住房、医疗、卫生、教育、文化等社会保障功能。五是提升城市综合承载能力，支持国家重大区域发展战略，促进民族地区发展。

自 2005 年开始，国家开发银行就积极支持辽宁省率先推进棚户区改造。2014 年 8 月，国家开发银行更是成立住宅金融事业部，进一步加大对棚改工作的支持力度，形成了一套完整的开发性金融运作机制和行之有效的投融资模式：一是坚持规划先行，参与全国和各地保障性安居工程规划编制；二是拓宽融资渠道，加强风险防控，推进建立“三个专项、三个统一”投融资机制；三是强化机制建设，与地方政府共同建立健全贷款还款保障机制和联合监督机制；四是加大政策倾斜，对中西部地区发放棚改贷款占比达到约 60%；五是加强模式创新，积极探索政府购买服务、PPP、“债贷组合”、银团贷款等创新，引导社会资金参与棚改，减轻政府财政支出压力，提高投资与运营效率。截至 2015 年 10 月底，国家开发银行累计发放棚改贷款 14420 亿元，贷款余额 12098 亿元，同业占比 80% 以上。2015 年新增发放贷款 6370 亿元，完成全年 7000 亿元发放目标的 91%，有力保障了棚改建设资金需求。

专栏 6-6

国家开发银行积极支持棚户区改造

2014 年以来，国家开发银行按照党中央、国务院的部署，积极加大棚改货币化安置工作推进力度，助力盘活存量商品房。截至 2015 年 11 月 15 日，国家开发银行累计发放棚改货币化安置贷款 3520 亿元。据住房城乡建设部测算，棚改货币化安置约消化存量商品房 1.3 亿平方米，对于拉动我国经济、促进房地产市场企稳起到了积极作用。

一是加大支持力度。2014 年 10 月，国家开发银行与住房城乡建设部联合印发《关于进一步加强统筹协调用好棚户区改造贷款资金的通知》，将货币补偿占总投资的比例放宽至 40%。2015 年 3 月，进一步提出棚改安置与存量商品房的具体衔接措施，明确对于纳入国家棚改计划和地方政府债务限额管理的棚改项目，取消货币补偿比例限制。

二是加强政策倾斜。2015 年 8 月 26 日，国家开发银行与住房和城乡建设部联合发文，明确要求各地区在安排棚改计划和项目时，按照原则上不低于 50% 的比例确定本地区棚改货币化安置目标，并把目标分解到市、县，落实到具体项目。商品住宅存量大，消化周期长的市、县，要进一步提高货币化安置比例。同时，实行差别化信贷政策，对商品住宅库存量大、消化周期长的市、县，将从严控制对新建棚改安置住房项目的贷款支持；加大对实行货币化安置的棚改项目的贷款支持力度。

三是积极对接推进。国家开发银行与各地政府紧密对接，统筹做好棚改安置与存量商品房衔接，加大棚户区改造货币化安置推进力度。积极配合地方政府制定棚改货币化安置的指导意见和具体安置目标，完善相关政策措施，推动建立公开透明的购房程序，合理控制棚改成本，加快棚改居民安置速度。

四是做好融资服务。为加快推进货币化安置工作，国家开发银行将由实物安置变更为货币化安置的审批权限下放到分行，提高贷款发放效率。同时，贷款期限由最长不超过 8 年延长至最长不超过 25 年。在低成本专项资金支持下，国家开发银行以低来低去的定价原则，自 2014 年 4 月 2 日起 7 次下调棚改贷款优惠利率，由 5.895% 下调到目前执行的 4.145% 的水平，有效降低实体经济融资成本。

此外，国家开发银行还与地方政府积极合作，在国内较早地成立了城市发展基金，经过几年的运作，积累了经验。

专栏 6-7

开元城市发展基金助推曲江新区发展

2009 年 10 月，国家开发银行全资子公司—国开金融有限责任公司（以下简称“国开金融”）与西安曲江新区共同发起成立了中国首个城市发展基金—

开元城市发展（西安）基金（以下简称“开元基金”）。首期募集资金30亿元。

临潼国家度假区项目是开元基金以“投贷结合”方式进行的第一个区域开发投资项目。2010年12月，曲江管委会与开元基金合作成立了西安开元临潼投资发展有限公司，开元基金作为股东向项目累计投资10亿元，从市场层面介入临潼度假区的城市配套、区域规划和产业发展。此后，项目又从国家开发银行申请了45亿元城乡统筹专项贷款。

开元基金的设立以及55亿元专项投贷资金落地临潼，一方面为临潼国家度假区“绿色城乡统筹全国重大示范工程”建设提供了强大的“主导资金”，另一方面也给予了临潼国家度假区一个长期的信用凭证，商业银行贷款和金融机构资金在随后的几年陆续进入。开工建设以来，临潼国家度假区通过与各类金融机构的合作，累计获得了超100亿元的融资资金。

有别于过去直接的借贷关系，开元基金树立起了金融机构与地方政府之间相互支持、真诚合作、共谋发展的新旗帜。对于国家开发银行，临潼项目是金融创新促进新型城镇化的一项重大战略投资，也是在更大范围、更高层次、更宽领域与政府的深化合作。对于地方政府，他们以与开元基金合作为契机，吸引了社会资本和专业团队参与相关的投资和管理，取长补短，提高了资源利用效率。

2015年，国家开发银行金融公司基于多年来推进全国新型城镇化建设的实践经验，提出以市民农庄为抓手推进城乡一体化建设新模式，并率先在北京、天津等大中城市周边、市场条件比较成熟的农村地区开展试点。

专栏 6-8

国开金融创新市民农庄模式，推进城乡一体化建设

市民农庄模式在坚持农村集体土地所有权制度不动摇和充分保障农民利益的前提下，顺应市民阶层对田园生活的向往，以“大企业融合村民企业”为平台，以“顶层设计、系统规划、统筹实施”为方法，通过鼓励市民下乡、投资消费，为乡村建设的巨额资金投入“买单”，统筹解决农民富裕、农业发展、农村面貌改善的“三农”问题。

一、明晰产权、搭建平台

首先，对农民的宅基地、承包地、林地等进行确权颁证，明晰产权；对

农村集体资产进行股权量化。其次，农民在自愿基础上，将所拥有的宅基地等财产权益，连同村集体的相关财产权益，全部注入村集体企业，农民成为股东。最后，村集体企业再与地方政府、金融机构、市场化机构成立混合所有制的合资公司，承担村域范围内城乡一体化的整体开发运营。其中：地方政府（村集体）发挥政策优势、金融机构发挥资金优势、市场化机构发挥运营优势，分工负责，共担风险，共享收益。

二、顶层设计、系统规划

一是建设集中的农民社区。彻底改善农民居住条件，使之达到城镇生活水平。二是在现有农民宅基地或其他农村集体建设用地的基础上，根据山川地形和市场需求，规划大小不一、各具功能的农庄。三是重点拓展乡村办公、乡村旅游、乡村养生等三大产业功能。四是整合引入新能源和节能技术运用、废物处理、智慧乡村等国际先进理念和技术，着力打造绿色乡村。

三、市场运营、多方共赢

乡村开发平台作为市民农庄的综合运营商，一是出资建设农民社区，农民免费入住，并将自身宅基地和农业用地的经营权委托给平台经营。二是出资建设村域范围内的基础设施。三是多种方式完善农庄运营。采取长期租赁的方式，向市民一次性收取若干年的租赁费用，用以支撑乡村建设的前期投入。通过“互联网＋众筹共享”的方式为市民提供购买农庄会员资格的通道。探索允许长期租住的市民自行规划设计农庄。四是设立农业服务公司、物业服务公司等服务性子公司，为市民农庄提供统一服务，为当地农民创造就业机会。五是设立文化旅游、养生健康等子公司，对村域内的产业设施进行统一建设运营，实现长期稳定收益。

2. 中国农业发展银行积极参与新型城镇化

为配合国家新型城镇化战略的实施，2015 年，国家发展改革委联合中国农业发展银行印发《关于农业政策性金融支持国家新型城镇化综合试点有关工作的通知》，要求各省发展改革部门与中国农业发展银行密切合作，发挥政策性银行职能作用，积极开展金融创新，探索建立多元化可持续的城镇化投融资机制。中国农业发展银行要充分发挥政策性金融优势，围绕农业转移人口市民化和城乡公共服务均等化，积极支持城乡发展一体化。

中国农业发展银行在 2015 年出台《关于做好整体城镇化建设项目贷款业务的指导意见》，提出了整体城镇化贷款品种支持农村基础设施建设。在新型城镇化规划范围内，围绕“人的城镇化”和土地集约节约利用而开展的一体化建设，对点状分布、关联度高、具有协同促进效应的建设项目进行统一规划和整体立项，实现城镇化建设“整区域”推进。中国农业发展银行还针对城镇化综合试点地区推出差别化信贷政策，建立总行级绿色通道，对相关项目优先受理、优先审批，统筹调配信贷规模，优先保障融资需求，积极联合其他银行、保险公司等金融机构提供多元化融资。

专栏 6-9

福建省泉州市推出整体城镇化贷款项目

2015 年以来，中国农业发展银行福建省泉州市分行积极创新，形成了信贷支持整体城镇化贷款项目的四种模式。

一是产城一体，融合发展。泉州市分行根据晋江的规划特点，量身打造以“产城融合”为抓手的晋江市龙湖镇产城融合项目，贷款金额 27 亿元。“产”指的是晋江市时尚服饰园，项目通过完善园区内的基础设施，打造“生产专业化、生活社区化、环境生态化”的产业园区；“城”指的是中山街片区改造，项目通过建设“产业服务区”“商业休闲区”和“居住配套区”三个主题功能区，把中山街改造成“服务型城镇中心”。同时，在时尚服饰园与中山街片区之间修建“智造大道”，为“产”和“城”之间生产要素的流动搭起便捷通道。

二是飞地经济，协调互补。泉州市分行立足“飞地经济”，以南翼新城官桥片区整体为切入点，策划了官桥片区城乡一体化项目，贷款金额 18 亿元。通过该项目的实施，建立了地区之间互利共赢的利益机制，推进了城乡要素平等交换和公共资源配置，加速农业人口的市民化，推动区域经济协调发展。

三是旧城改造，提质扩容。泉州市分行以旧城改造为基础，策划了丰泽区南埔山片区整体城镇化项目，贷款金额 32 亿元。该项目通过对片区内依地势散落分布的 2—3 层村民自建用地的老社区进行拆迁安置，优化城镇体系结构与空间布局，提高城镇综合承载能力，提升了片区整体城市形象。

四是构筑新城，城乡一体。泉州市分行结合德化县“小县大城关”的发展实际，与德化县政府共同策划了德化县城东新区整体城镇化建设项目，贷款金额 18 亿元。项目将建成集工业、生活、休闲与于一体的新型瓷都，吸引原本分散在县城周边的陶瓷厂及陶瓷作坊形成产业集聚，进行集中统一管理，实现工业废料、工业垃圾集中处理、重复利用。

（四）发挥财政性资金的引导和杠杆作用，撬动社会资金参与新型城镇化发展

自 2014 年以来，国家发展改革委与银行、保险、基金等金融机构以及全国工商联建立了政银企社会合作对接机制，通过政府和社会资本合作 PPP、特许经营、投资补助等多种方式，鼓励引导社会资本参与基础设施和公用事业建设运营。适当调整和放宽企业债发行条件，鼓励城市停车场、地下综合管廊、战略性新兴产业和养老产业、“双创”平台、电网改造等专项债券发行，出台项目收益债券管理暂行办法，拓宽重点领域重点项目融资渠道。全力打好投资组合拳，对增强地方投资能力，吸引社会资本参与，扩大有效投资，都发挥了积极作用。

部分试点地区发挥财政投入杠杆效应，有效激活了社会投资，减轻了政府财政支出压力。湖南省株洲市设立 5.3 亿元新型城镇化专项发展基金和 6 亿元偿债基金，形成了财政资金—信贷资金—社会资金逐级放大投入模式，城镇化建设融资规模近 600 亿元。武汉市也通过财政资金“拨改租”、股权投资等方式充实资本金，设立了新型城镇化投资基金。

1. 深化县城基础设施投融资体制改革

在县城基础设施领域，2015 年 3 月，国家发展改革委与住房城乡建设部联合发布《关于开展县城深化基础设施投融资体制改革试点的通知》，提出要通过夯实产业基础、加强市政基础设施和公共服务设施建设、加大教育医疗等公共资源配置，促进产业发展、产业转移和人口集聚相统一，增强有条件的县城和重点镇吸纳农业转移人口的能力。全国共 87 个县（市）入选试点范围。

同时，在县城基础设施领域，也积极吸引社会资本参与投资、建设和运营。通过推动市政建设运营事业单位企业化管理，改进市政基础设施价格机制，支持县城和重点镇市政建设运营引入市场化机制，推进市政基础设施投资运营市场化。对于经营收费能够完全覆盖投资成本的项目，通过政府授予特许经营权，采用建设—运营—移交、建设—拥有—运营—移交等模式推进。对于经营收费不足覆盖投资成本、需政府补贴部分资金或资源的项目，通过政府授予特许经营权附加部分补贴或直接投资参股等措施，采用建设—运营—移交、建设—拥有—运营等模式推进。对于缺乏使用者付费基础、主要依靠政府付费回收投资成本的项目，通过政府购买服务，采用建设—拥有—运营、委托运营等市场化模式推进。

2. 成立股权投资基金

股权投资作为重要的融资手段，在发达国家已有几十年的发展历史，是仅次于银行贷款和 IPO 的重要融资手段。近年来，国务院有关部门出台了一系列支持股权投资业发展的政策措施，并已批准设立了天津渤海产业基金、广东核电产业基金、上海金融基金、北京城市基础设施产业基金等 10 支总规模达 1460 亿元的产业投资基金，国家发展改革委和财政部还对电子信息、生物医药、新能源、节能环保等领域股权投资基金给予专项资金扶持。北京、天津、上海、深圳等地也已设立投资引导基金，出台优惠政策，与国内外有实力的股权投资基金合作，大力推动股权投资业发展，逐渐形成股权投资中心。

重庆市将散落在多个部门的产业扶持资金，整合成立近 200 亿元的产业引导股权投资基金，同时组建 800 亿元战略性新兴产业股权投资基金，吸引聚集社会资本投入。总投资 328 亿元的京东方项目、总投资 120 亿元的惠科项目，均在相关基金撬动下快速落地投产，并带动数百家配套厂商，形成千亿元级产业集群。

专栏 6-10

辽宁省大连市设立股权投资基金

辽宁省大连市在市财政局、国资委、金州新区、保税区、高新园区的大力支持和配合下，经市政府批准，由市金融发展局组织，大连融达投资有限公司、市国资委所属公司、大连德泰控股有限公司、大连华拓投资控股有限公司、大连高新园区金融集团 5 家单位为基金发起人，成立股权投资引导基金。基金总规模 30 亿元，分三期到位，每期 10 亿元，存续期 15 年。引导基金将专项投资于在大连设立的各类产业投资基金和创业投资基金。原则上，对同一家基金的出资额不高于该基金总规模的 10%；所投资基金在大连地区的投资额不低于其总规模的 60%。引导基金投资的第一个项目，是由大连市联合辽宁沿海经济带其他 5 市政府和中科招商集团发起设立的，总规模 200 亿元的中科辽宁沿海产业带发展基金。

近年来，广东省积极寻求财政资金与安全性要求高、收益要求较低的保险资金合作，设立城镇化股权投资基金。

专栏 6-11

广东省设立城镇化股权股资基金

2014 年 7 月，广东省发展改革委会同粤财控股、中国人保集团以及广东省建设银行，共同设立了“广东（人保）粤东西北地区振兴发展股权基金”（以下简称“振兴基金”），用于支持粤东西北城镇化建设。基金为有限合伙制股权投资基金，首期规模 121 亿元，其中省财政增资粤财控股 40 亿元，并由粤财控股出资 40 亿元作为基金发起人，中国人保方面出资 60 亿元，省建行出资 20 亿元，中银粤财作为基金管理人跟投 1 亿元。据初步测算，省政府通过投入 40 亿元的财政资金，撬动了各类资金近 720 亿元。

振兴基金的创新体现在：一是从资金分配转变为股权投资，通过省财政注资省属企业，再由省属企业发起设立基金并以股权形式投资有关项目，实现了财政资金的“一资两用”；二是从一次性投入转变为循环使用，通过阶段性持股、适时退出获得合理回报并再次投入的滚动支持方式，有效发挥财政资金的持续支撑作用；三是从无偿拨付转变为有偿使用，通过股权投资、固定回报的交易结构设计，约束和激励地市政府选好项目、管好项目和防范风险；四是发挥财政资金的增信作用，把高等级的省级政府信用转化为粤东西北地区的市场信用，不仅解决了欠发达地区融资难问题，而且大大降低了欠发达地区融资成本。

广东省还积极借鉴振兴基金的股权投资模式，撬动更多社会资金支持包括粤东西北地区在内的全省经济社会发展。一是推行省级产业园区股权投资，通过循环使用、滚动投资的方式投资省级产业园，推动园区扩能增效。二是研究设立广东省铁路发展基金，以财政资金为引导，吸引民营资本在内的各类资金参与铁路建设。三是设立战略性新兴产业股权基金，投入高端新型电子信息、新能源汽车等战略性新兴产业。

3. 设立城市发展基金

福建省厦门市积极筹建城市发展基金，及时补充项目资本金。城市建设发展基金由市属国有企业代表财政部门注入部分资金，并吸引保险资金等社会资本共同合作组建而成，募集的资金可以投入全市重大基础设施建设项目。城市发展基金作为股权资金，具有杠杆效应，可以作为 40% 的项目资本金，相应获取 60% 的银行贷款资金。一是与商业银行合作。目前，基金已与工商银行、兴业银行、平安集团

3 家金融机构正式签署了厦门城市发展基金合作框架协议，合作总额 300 亿元。二是引入保险资金，服务地方基础设施建设。目前厦门市已与中国人寿签订投资协议，前期额度 50 亿元。三是广泛与金融机构商洽，探索市场化多元融资方案。由厦门市财政局牵头，会同相关部门及国有企业，分别与中信证券股份有限公司、海通证券股份有限公司等国内主要券商接触，积极探索多元化融资方案，如邀请海通证券协助轨道集团策划可以作为资本金的永续债。

4. 吸引其他社会资本

随着城市投融资体制改革的深入，大批社会资金也开始主动响应城市融资需求。比如，义乌市国有资本运营中心积极发挥自身投融资平台功能，丰富融资手段，通过发行以运营中心为主的中票、城投集团的企业债、社投集团的项目收益债、水务集团的市政债以及银行贷款、信托等多种形式进行融资。义乌市计划 3 年内融资 200 亿元用于扩大有效投资、增强发展后劲。截至 2015 年底，共完成直接融资 53 亿元，其中包括国资运营中心 40 亿元中期票据。此外，义乌市还由市财政、国资和社会资本共同出资 100 亿元设立产业发展母基金，并准备根据需求逐步设立若干子基金；与农发行合作拟整体包装 50 亿元整体城镇化贷款项目。

二、深化土地管理制度改革

推进土地制度改革、完善土地利用机制，对于提升城镇化发展质量至关重要。随着实践发展和改革深入，现行土地制度与城镇化发展不相适应的问题日益显现，必须通过深化改革来破解。党的十八届三中全会《决定》提出，在符合规划和用途管制的前提下，允许农村集体经营性建设用地出让、租赁、入股，实行与国有土地同等入市、同权同价；缩小征地范围，规范征地程序，完善对被征地农民合理、规范、多元的保障机制；保障农户宅基地用益物权，改革完善农村宅基地制度。这些要求明确了农村土地制度改革的方向和任务。

2015 年 1 月，中共中央办公厅和国务院办公厅联合印发《关于农村土地征收、集体经营性建设用地入市、宅基地制度改革试点工作的意见》，正式开始在全国部署土地制度改革试点，要求试点地区围绕健全城乡发展一体化体制机制目标，以建立城乡统一的建设用地市场为方向，以夯实农村集体土地权能为基础，以建立兼顾国家、集体、个人的土地增值收益分配机制为关键，以维护农民土地权益、保障农民公平分享土地增值收益为目的。

2015 年 2 月 27 日，经全国人大授权，国务院确定在北京市大兴区、浙江省德清县、江西省余江县等 33 个行政区域开展农村土地征收、集体经营性建设用地入市和宅基地制度改革工作。同时，全国人大常委会批准了在上述试点地区暂时调整实施土地管理法、城市房地产管理法关于农村土地征收、集体经营性建设用地入市、宅基地管理制度的有关规定。

2015 年 11 月，中共中央办公厅、国务院办公厅印发的《深化农村改革综合性实施方案》明确提出，深化农村土地制度改革，坚守“三条底线”，防止犯颠覆性错误，实行“三权分置”。深化农村土地制度改革的基本方向是：落实集体所有权，稳定农户承包权，放活土地经营权。落实集体所有权，就是落实“农民集体所有的不动产和动产，属于本集体成员集体所有”的法律规定，明确界定农民的集体成员权，明晰集体土地产权归属，实现集体产权主体清晰；稳定农户承包权，就是要依法公正地将集体土地的承包经营权落实到本集体组织的每个农户；放活土地经营权，就是允许承包农户将土地经营权依法自愿配置给有经营意愿和经营能力的主体，发展多种形式的适度规模经营。

2016 年初，为调动地方政府推进城镇化的积极性，国务院《关于深入推进新型城镇化建设的若干意见》（国发〔2016〕8 号）在总结各地试点经验基础上，对进一步完善土地利用机制提出明确要求：一是要把城市低效土地利用好，通过大力实施旧厂房、旧城镇、旧村庄改造，给城镇化提供用地空间；二是要规范推进城乡建设用地增减挂钩，在保证基本农田不减少的情况下，允许村庄整理增加的用地面积获批准后可以转换为城镇用地指标；三是要统一规划、合理利用丘陵坡地。

（一）推进土地征收制度改革

针对征地范围过大、程序不够规范、被征地农民保障机制不完善等问题，改革方向是：缩小土地征收范围，探索制定土地征收目录，严格界定公共利益用地范围；规范土地征收程序，建立社会稳定风险评估制度，健全矛盾纠纷调处机制，全面公开土地征收信息；完善对被征地农民合理、规范、多元保障机制；建立兼顾国家、集体、个人的土地增值收益分配机制，合理提高个人收益。

2003 年以来，作为国土资源部两次确定的征地制度改革试点城市，南宁市积极探索适应当地经济发展、获得群众普遍接受的征地程序、补偿标准、安置途径和征地管理体制，着力解决征地过程中的制度缺陷，让被征地农民“摇身一变”成为有住、有租、有铺、有保的“四有市民”。“南宁试验”走出了一条依法征地、文明征地、和谐征地的新路子。

专栏 6-12

征地制度改革的“南宁试验”

一、探索期：征管分离＋充分协商

一是促进征地管理与征地事务相分离，把更多操作性工作、更多权力下放到城区、开发区和管委会。二是实行“征地预公告”制度。在征地范围确定后、征地材料组织报批前，预先将征地位置、面积、范围、用途以及补偿标准、安置办法等内容进行公告，为征地补偿协商和落实安置预留更充足的时间，保障农民的知情权、参与权和监督权。

二、攻坚期：同地同价＋产业安置

一是推行征地区片平均价。将南宁市区 6 个城区、3 个开发区土地划分为 4 个区片，同一行政村为同一个区片。2013 年，市政府出台了《南宁市集体土地征收与补偿安置办法》，实现“同村同区片同标准”。二是新增留地安置、自谋职业补助、实物补助、养老保险补助和货币补偿、产权调换等方式，拓宽安置途径。

三、突破期：生活不变＋长远生计

一是在拆迁回购面积上给予保障，让每个安置人口可以申购不超过 60 平方米的小区公寓房。二是对于房屋拆迁款不足以购买人均 40 平方米安置住房的被拆迁家庭，资金不足部分由用地单位补足。三是政府对自行回建的村民在用地面积、规划参数等方面给予照顾，让被拆迁人满足居住之余还有住房出租。四是在用地单位统一建造或提供的商用产业楼内，为被安置人口提供人均不超过 15 平方米的商用产业用房（或人均不超过 20 平方米的住宅用房）；五是对于自谋职业者，除从土地补偿费中领取相应安置补助外，另按每人 6 万元的标准给予补助，便于其结合自身实际发展产业。

四、巩固期：政府让利＋社会保障

一是政府主动让利。除了法律规定的征地补偿费用外，由市政府承担产业用地及其配套基础设施补助费用、拆迁安置用地配套基础设施补助费用。二是完善社会保障。从 2010 年起建立完善由个人、集体、政府三方出资的养老保障金制度，将被征地农民纳入农村基本养老保险体系。将被征地农民全部纳入医保或新农合医疗体制。把符合低保条件的农村贫困家庭纳入最低生活保障范围。完善被征地农民子女入学制度。加强被征地农民的就业技能培训。

资料来源：《中国国土资源报》。

2012 年以来，海南省三亚市、陵水县响应国家政策号召，积极推进征地制度改革，形成了一套较为成熟的做法。

专栏 6-13

海南省三亚市、陵水县征地制度改革的做法

一、让农民成为征地拆迁的实施者

三亚市和陵水县政府在实施征地拆迁时主导但不包办，主要起指导、监督、宣传和协调保障作用。在实施国际旅游岛陵水海洋主题公园 11670 亩土地征收时，大墩村通过村民自主实施拆迁、经营和管理，节约了近 100 万元的土地附着物评估费，从根本上杜绝了由政府、开发商实施拆迁过程中产生的“灰色收入”及特殊利益群体。大墩村项目拆迁结束后，农民集体通过地上青苗附着物补偿及其他工作节余共获得 9700 多万元的村办股份企业发展资金，为村集体经济发展和解决失地农民就业、生活来源和长远发展提供了保障。

二、合理分配土地增值收益，让农民分享城市化成果

三亚市在城中村改造试点中，制订了集体建设用地和国有建设用地按照同地同价的补偿原则。先以政府指导价，按被征土地和拆迁房屋面积对被拆迁人予以足额货币补偿和过渡安置。后由农民自主拆迁腾地。最后，政府进行土地招拍挂，将土地出让收益计提各项税费后，扣除 20% 作为政府前期规划和基础设施投入经费，剩余部分全额返还农民。三亚市 25 度阳光片区（商品房）征用月川居委会 26 亩土地，返还土地出让收益 3200 万元，平均每亩 123 万元，是土地补偿款的 38 倍。月川居委会五组一块 13 亩的土地，返还土地出让收益 1120 万元，是土地补偿款的 350 倍。

三、创新留用地安置，培植适合农民从事的有稳定收入流的产业

陵水县政府按照征地总面积的 8% 给村委会留足建设用地。村委会可在为村民建好安置房屋后，将其余土地转化为商业地产挂牌拍卖或用于创办集体企业。在安排留用地时，县政府优先将所规划项目区内基础设施最完善、地理位置最佳的地段，留给被征地的农村集体经济组织使用，扶持引导被征地农村集体经济组织发展特色商业，参与海南国际旅游岛的建设。

资料来源：刘守英，《海南陵水、三亚征地改革创新调查》。

（二）改革完善宅基地制度

《深化农村改革综合性实施方案》提出，宅基地管理制度改革的主要内容包括以下几个方面：一是完善宅基地权益保障和取得方式，探索农民住房保障在不同

区域户有所居的多种实现形式；二是对历史原因形成的超标准占用宅基地和一户多宅等情况，探索实行有偿使用；三是探索进城落户农民在本集体经济组织内部自愿有偿退出或转让宅基地；四是改革宅基地审批制度，发挥村民自治组织的民主管理作用。为配合改革，全国人大授权在试点地区将土地管理法第 62 条第 3 款“农村村民住宅用地，经乡（镇）人民政府审核，由县级人民政府批准”，暂时调整为“使用存量建设用地的，下放至乡（镇）人民政府审批；使用新增建设用地的，下放至县级人民政府审批”。

各试点地区在试点方案批复后，积极开展工作，目前已经全部申报试点方案，试点正在封闭运行中。

专栏 6-14

湖北省宜城市农村宅基地制度改革试点进展情况

2015 年 3 月，湖北省宜城市被列为全国农村宅基地制度改革试点市。目前，改革试点工作正按时间节点积极稳妥审慎推进，并已取得阶段性成果。

一是摸清了宅基地“家底”。宜城市共有宅基地 11.24 万宗，面积 4.37 万亩，户均 982.4 平方米。一户一宅 9.27 万户，一户多宅 0.87 万户，超占面积 8.63 万户。

二是精心编制《宜城市农村宅基地制度改革试点实施方案》，已于 2015 年 6 月 29 日得到国土资源部批复。

三是制定了 7 个办法（征求意见稿），即《农村宅基地有偿使用办法》《农村宅基地自愿有偿退出办法》《农村宅基地历史遗留问题处理办法》《农村宅基地收益资金管理办法》《农村宅基地回购资金管理办法》《农村宅基地管理办法》和《农村宅基地制度改革村民自治办法》。同时，还起草了《农村宅基地面积标准专题研究报告》。

四是开展试点示范。在该市胡坪、钱湾、新华、白庙、何骆、刘台、黄冲、罗屋 8 个村（社区）先行先试，其村庄建设规划已经编制完成，外业调查工作和属性录入建库工作已经全部完成，宅基地 5714 宗，已经公示 5079 宗，966 宗已经具备发证条件。

自 2008 年以来，重庆市在全国率先探索“地票”制度，不仅有效地实现了农村宅基地的自愿有偿退出，还能通过市场交易之后重新分配土地增值收益，为大量进城农民融入城镇提供了一笔财产性收入。

专栏 6-15

“地票”制度的实验与效果

2008 年，重庆报经中央同意，成立农村土地交易所，启动了“地票”交易试点。实践证明，“地票”交易具有五大功能。

第一，有利于节约利用土地。重庆农村闲置建设用地复垦后，95% 以上面积可转变为耕地，而“地票”使用所占耕地仅占 63% 左右，“地票”落地后平均可节余 32% 的耕地。

第二，打通了城乡建设用地市场化配置的渠道。城乡建设用地指标通过远距离、大范围的空间置换，市场的价值发现功能发挥作用，抹平了城乡建设用地的价值差异，显化了边远地区农村零星分散集体建设用地的资产价值，让“千里之外”的农民分享到大都市工业化、城镇化进程的红利。

第三，开辟了反哺“三农”的新渠道。复垦宅基地生成的“地票”，扣除必要成本后，价款按 15∶85 的比例分配给集体经济组织和农户。这一制度安排，增加了农民收入渠道、推进了新农村建设、缓解了“三农”融资难题。

第四，推动了农业转移人口融入城市。2015 年底，重庆市累计有 429 万农民转户进城，其中相当一部分自愿提出退出宅基地，成为“地票”的重要来源。农民每户 10 万元左右的“地票”收益，相当于进城农民工的“安家费”。有了这笔钱，他们的养老、住房、医疗、子女教育及家具购置等问题，都能得到很好的解决。

第五，优化了国土空间开发格局。目前，重庆已交易的“地票”，70% 以上来源于渝东北、渝东南地区，而“地票”的使用，95% 以上落在了承担人口、产业集聚功能的主城及周边地区。这种资源配置，符合“产业跟着功能定位走、人口跟着产业走、建设用地跟着人口和产业走”的区域功能开发理念，有利于推进区域发展差异化、资源利用最优化和整体功能最大化。

资料来源：改编自黄奇帆，《地票制度实验与效果》，载于《学习时报》，2015 年 5 月。

2009 年，浙江省乐清市顺应经济社会发展需求，大胆探索，开始对本市范围内农业户口之间的农房买卖予以产权登记，积累了丰富的经验。

专栏 6-16

农房入市的乐清探索

2009 年 7 月，乐清市委（2009）4 号文件规定，“对持有集体土地使用权证和房产证的农村房产，允许在全市金融机构抵押，允许在市域范围内农业户籍人口间转让”。也就是说，建于集体土地之上的“农房”，买房人可以不是本村人，但必须有乐清农业户口，在县域范围内，“农对农”可交易、可办证、可更名过户。

乐清市还规定，农民住房抵押或转让需同时满足六个条件：一是农户拥有房屋所有权证及集体土地使用权证；二是农户出具非唯一住房确认书；三是农户出具不再申请宅基地承诺书；四是村集体同意并出具非唯一住房证明；五是受让方必须是该市农业户籍的农民；六是农民住房转让不仅需缴纳契税、营业税等税费（总税率约 6.3%），还要向农民所在村缴纳基础设施配套费，每宗 0.5—1.2 万元不等。

根据乐清市住建局提供的数据，从新政开始后到 2014 年 7 月，总共为 44864 套农房做了产权登记，5111 套农房做了买卖登记，7539 套农房做了抵押登记。

2013 年 8 月底，温州市在乐清探索基础上，制定出台了《农村产权交易管理暂行办法》，规定包括农村土地承包经营权、林地使用权、农村房屋所有权、农村集体经营性建设用地使用权等 12 类农村产权，可在县域范围内公开交易。

2015 年 2 月，义乌市被列入第一批全国农村土地制度改革试点地区，承担农村宅基地制度改革任务。改革试点获批以来，义乌市积极探索，先行先试，结合义乌新型城镇化综合试点等国家级改革，加快推进各项改革任务落实，取得初步成效。

专栏 6-17

浙江省义乌市宅基地制度改革做法及成效

一、探索保障住房的多种实现形式，确保“户有所居”

一是推进多村集中联建。在城镇规划红线范围内，允许农民以合法宅基地置换高层公寓、标准厂房、仓储物流、商业用房、商务楼宇或者货币补偿。二是开展“空心村”改造。在城镇建设用地红线范围外的近郊村，按照“零增地”原则，建设突出地域特征、时代特色、乡土风情、文化传承的美丽乡村。截至2015年底，全市已有49个村开展“空心村”改造，其中退出农村宅基地3.3万平方米。三是实施“异地奔小康”工程。在城镇建设用地规划红线范围外的远郊村，用产权置换或货币置换方式引导农民下山脱贫。截至2015年底，全市共有在建项目5个，总建筑面积86万平方米，可安置下山脱贫对象1.1万人。

二、探索显化住房权益的多种方法，保障农民权益

一是探索宅基地置换权益价值显现方式。允许城乡新社区集聚建设对象自行交易或在政府平台上公开交易置换权益。目前，已累计成交72宗共计7916平方米。二是开展农村宅基地不动产统一登记。设立不动产登记局和不动产登记中心，将农村宅基地住房纳入不动产统一登记。全市登记的农村宅基地住房总数已达700余宗。三是探索农户互保抵押。目前，共有4家银行办理旧村改造建房贷款业务，余额37.7亿元，累计办理114.7亿元。四是探索农民住房财产权抵押。义乌农商银行已累计发放贷款520万元。五是探索在农村更新改造当中以公开竞争方式有偿选位。全市村级经济组织已累计收取选位费76亿元，主要用于基础设施配套和经济困难户建房补助。

三、建立富有特色的宅基地退出机制，促进集约利用

一是以城乡新社区集聚建设为依托实行整村退出；二是依据宅基地基准地价确定不同的置换标准，引导农民部分退出。三是由农村集体经济组织与宅基地使用权人自行协商退出，政府给予每平方米1000元的补助。四是允许存量宅基地以“地票”的方式在市域范围内统筹使用。

（三）建立农村集体经营性建设用地入市制度

针对农村集体经营性建设用地权能不完整，不能同等入市、同权同价和交易规则亟待健全等问题，《关于农村土地征收、集体经营性建设用地入市、宅基地制度改革试点工作的意见》中指出，集体经营性建设用地制度改革的基本思路是：允许土地利用总体规划和城乡规划确定为工矿仓储、商服等经营性用途的存量农村集体建设用地，与国有建设用地享有同等权利，在符合规划、用途管制和依法取得的前提下，可以出让、租赁、入股，完善入市交易规则、服务监管制度和土地增值收益的合理分配机制。最终建立同权同价、流转顺畅、收益共享的农村集体经营性建设用地入市制度。

试点展开后，各地区积极响应、主动作为，已显现效果。广东省佛山市南海区作为改革基础较好的地区，主动做出了示范。

专栏 6-18

广东省佛山市南海区集体经营性建设用地入市初见成效

自集体经营性建设用地入市试点工作启动以来，佛山市南海区积极构建政策体系，谨慎有序推进各项试点改革任务，出台了入市试点实施方案、入市管理试行办法、增值收益调节金与税收征收使用管理试行办法、完善手续实施细则等政策文件，开展了地块基础数据和入市主体意愿两项基础调研。统筹做好农村集体经营性建设用地规划调整，并争取于 2016 年底基本完成全区建设用地范围的控规全覆盖。印发实施了《2014 年建设用地基准地价》，建立了统一地价体系整合用地信息和信息管理系统。积极探索集体土地整备与开发，初步拟定整备管理办法，不断提升土地利用效率。

2015 年 12 月，南海区为广东省敲响集体经营性建设用地入市的“第一槌”。首宗按试点政策执行的地块，在南海区公共资源交易中心挂牌成交。出让地块位于南海区大沥镇太平村北海股份经济合作社，面积约 28.93 亩。佛山市金顺隆物业投资有限公司以单价 200 万元 / 亩，总价 5876 万元竞得该地块 30 年的使用权。当前该地块基本平整，竞得人拟在原址上开发建设幼儿园。如果这块土地租出去建厂房，按市场价 7 元 / 平方米左右的价格，每年收益不超过 170 万元。通过入市流转，村集体收益有了较大提升。幼儿园建成后，预计周边近千村民的小孩在家门口就能享受优质的教育资源。

北京市大兴区西红门镇作为集体土地资源较多的地区，也在获得试点资格后积极推进相关政策的制定，并于 2015 年底推出了首块集体建设用地入市。

专栏 6-19

北京市大兴区西红门镇首宗集体建设用地入市

2015 年 12 月 11 日，北京市国土资源局大兴分局发布了西红门镇的绿隔产业用地[1]挂牌出让通告，这是北京首宗农村集体建设用地入市。

该项目总建设用地面积为2.67万平方米。该宗地竞买保证金为9000万元，交易起始价为45428万元。竞买申请时间为2015年12月11日9时起，并于2016年1月14日下午3时停止竞买申请。此外，该宗地还于2015年12月31日9时开始进行挂牌竞价，截止时间为2016年1月15日下午3时，通过竞价方式确定最终竞得人。

在推进农村集体建设用地流转方面，西红门镇还探索了以"房地分离"为核心的土地利用模式，在拆迁时进行土地确权并流转回村集体后，将使用权登记在集体联营公司负责经营，土地所有权仍归村集体，村民享受联营公司统筹分配的土地收益。

（四）大力推进城乡土地集约节约利用

在国务院有关部门严控城市边界的情况下，存量土地的改造和提升成为未来特大城市发展的重中之重。近年来，各地土地管理者和使用者结合实际、因地制宜，以盘活存量土地、提高建设用地效率为重点，大胆探索节约集约用地的新路子，涌现出一批节约集约利用土地的好模式和好经验。

广东省以"三旧"改造为重点，积极推进城市用地二次开发，促进土地内涵挖潜，提升集约化用地水平；上海市提出实现新增建设用地零增长甚至负增长，新一轮到2020年的规划仍将3226平方公里作为"终极规模"予以锁定，以提高土地资源综合利用效率为核心，切实将节约集约用地放在了首位；江苏省从"空间优化""五量调节""综合整治"等方面探索实践，提出努力实现节地水平和产出效益的"双提升"目标；浙江省实施"亩产倍增"计划，开展"腾笼换鸟""机器换人""空间换地""电商换市"等"四换工程"，扶持发展高科技、高附加值、能耗污染少的产品、企业和产业，进一步优化国土空间开发格局，优化配置土地资源，减少了对土地资源的依赖；山东省对省内东、中、西部工业项目投资强度和税收提出分类要求，从2014年起利用5年时间全面掌握全省城市建设用地节约集约利用现状、

[1] 北京市为了实施城市建设总体规划，防止城市中心地区与外围组团之间连成一片，避免城市"摊大饼式"的发展，实现城市规划"分散集团式"布局，在城市中心区和10个边缘集团之间，以及各边缘集团之间用约240平方公里成片的大绿带进行隔离，由此形成了城市绿化隔离地区。范围涉及朝阳、海淀、丰台、石景山、大兴、昌平6个区，近30个乡镇。绿化隔离地区建设除了植树造林实现绿化目的外，还包括了绿化隔离地区的农民搬迁、土地征用，旧村改造和新村建设、商品房开发，市政基础设施建设等。为了推动绿化隔离地区建设，北京市从1994年至今，专门成立了组织机构，出台了一系列政策法规，对绿化隔离地区的建设进行了规范，其中也包括了绿化隔离地区的房地产项目。由于绿化隔离地区规划面积较大，其房地产项目用地也在北京市的房地产市场占据了一席之地，业界通常将绿化隔离地区的房地产项目称之为"绿隔项目"。

潜力规模、空间分布与变化趋势；天津、安徽等地以地控税、以税节地取得新成效；湖南长沙在推进城乡一体化过程中，建设节地型城市取得阶段性成果；福建泉州探索土地使用权和经营权两权分离机制，高效盘活低效老厂区存量土地。

专栏 6-20

广东省东莞市推进多元化旧城改造

一、主要做法

一是积极引导多元化主体参与。截至 2015 年 5 月，东莞市已经实施（包括已经完成）的项目中，政府主导、原权利人自行改造、村集体自行改造、村企合作改造的比重分别是 18%、39%、18%、25%。

二是促进改造业态多元化。在已经改造完成的项目中，“工改工”项目、“工改商住”项目分别占 17%、81%。2013 年以来，工业地产成为东莞市“三旧”改造的重要方向，改造项目与产业转型升级相结合，大多用于 2.5 产业（生产性服务业），并向研发、设计等环节拓展。

三是大力引入社会资本介入改造。截至 2015 年 5 月底，东莞市“三旧”改造已到位的投资资金达到 272 亿元；其中，政府投入 16 亿元，社会投入 256 亿元，二者的比例为 5.9%:94.1%。

四是政府在土地价款和税费分配上大幅让利。由镇街政府主导改造的项目，土地出让价款和税费市级分成部分返还给镇街政府；由原权利人自改项目补缴的土地出让金，市、镇、村按 4:2:4 或 3:3:4 分成；村企合作改造的“工改居”项目，按基准地价的 70% 计缴地价，市、镇、村按 2:4:4 分成；村企合作改造的“工改商”项目，按基准地价的 70% 计缴地价，市、镇、村按 2:3:5 分成。

五是将城市更新与地下空间开发及轨道交通有机结合。2013 年，位于中心城区的万达广场项目，采取地下空间挂牌出让的方式出让 9802 平方米（每平方米 851 元），开发范围为地下 2 层，出让年限为 40 年，主要用于商业开发和停车场建设。

二、主要成效

一是提高了土地利用效率。东坑镇的三甲工业城在改造前的容积率为 1.2，年产值不足亿元。正在施工建设的一期容积率达到 3.8，整个项目的平均容积率则达到 2.5。项目建成之后，年产值预计达到 20 亿元。

二是促进了产业转型升级。“工改工”项目允许产权分割转让，贴合新兴业态的空间需求，对本地制造业转型升级具有重要推动作用。

三是增加了村民与村集体的收入。以钟屋围旧村改造为例，该项目涉及 344 户农民，户均赔偿 145 万元，最高则达到 3200 万元。此外，村民可以每平方米 2000 元的价格购买回迁安置房，这个价格相当于同一地段商品房的 1/3 左右。

改革开放以来，深圳经济增长迅猛，每年新增建设用地达到近 30 平方公里；与此同时，大量低效用地遍布各处。鉴于此，深圳市于 2009 年提出实施城市更新战略，并在具体操作过程中推进以公共空间营造和绿色低碳为导向的城市更新模式。

专栏 6-21

深圳推进以公共空间营造与绿色低碳为导向的城市更新

一、主要做法

一是鼓励社会资本与原产权所有人（比如集体经济组织）共同投资开发。借用社会资本的开发经验，有效应对深圳城市更新过程中的各种困难。

二是更新改造模式更加多元化。在实施城市更新的早期，以“工改商住”为主，2014 年以来，新区政府出台相关政策，鼓励村（社区）参与“工改工”项目，为产业发展提供条件，引导社区的产业转型升级。

三是增加公共服务设施空间。以公明商业中心为例，建成后用于公共服务的用地空间占项目总占地面积的 34.2%，贡献用地约 6.11 公顷，包括公共绿地 0.97 公顷、中学用地 1.35 公顷以及道路用地 3.79 公顷，此外还配建了保障性住房 7.5 万平方米、公共配套设施 12860 平方米。

四是推行“绿色建筑”标准。以“绿色更新”为指引，以新区政府通过的绿色建筑专项规划、设计导则及管理办法为开发建设依据，在户型安排、房屋结构、给排水、电气暖通等建筑设计的各个环节严格实施“绿色建筑”标准，加大绿色环保和再循环材料的采用量。

二、取得成效

一是提高了土地利用效率。整个新区列入拆除重建类更新项目平均容积率 3.55，相较于容积率不足 1 的利用现状，极大地盘活了存量土地。

二是明显改善了城市的公共服务功能。整个新区城市更新项目的平均公共服务用地贡献率为 28%，最高的项目达到 48%。

三是为绿色生态城市建设提供保障。环保技术与材料的使用在控制环境污染、降低噪声等方面取得显著成效。有效推动了太阳能热水系统、小区太阳能照明系统、雨水集中收集系统以及中水处理回用系统的使用，减少了能耗。

（五）其他改革探索

近年来推进土地制度改革过程中，各地也涌现出一批新的做法、新的经验。同时，针对新的经济社会需求，各地也出台了一些新的用地政策。尽管这些实践和政策的效果仍有待观察，但也提供了新的视角和启发。

1. 探索建立城镇建设用地增加规模同吸纳农业转移人口落户数量挂钩机制

围绕“人地挂钩”，国土资源部积极开展工作：一是在全国土地利用总体规划调整完善中，充分考虑了各地人口数量和变化规律特别是农民工市民化等因素，按照“以人定地”“地随人走”的原则，提出了规划调整方案。二是在编制下达全国土地利用计划时，根据人口转移变化、城镇化水平等情况，合理安排各省区市用地计划指标，并明确要求各省区市根据农村转移人口进城落户情况，合理安排大中小城市和小城镇用地指标，促进新型城镇化发展。三是在推进城乡建设用地增减挂钩试点中，针对农村转移进城落户人口情况，对旧村庄、旧宅基地和闲置农村建设用地进行整理复垦，并调剂到城镇使用，保障进城落户人口建设用地。四是为进一步落实“以人定地”“地随人走”的原则，研究制定《关于建立城镇建设用地增加规模同吸纳农业转移人口落户数量挂钩机制的方案》（初稿），落实“人地挂钩”的政策措施、实施路径和保障措施，为全面实施“人地挂钩”政策奠定基础。

2. 创新发展民营园区

区别于以往政府主导的园区和城市开发模式，各地也涌现出了不少由市场主体投资、规划、建设、运营的园区和城市，激发了社会活力。位于广州市番禺区中北部的番禺节能科技园是一家建设于 2004 年、占地 750 亩的民营科技园区，经过十多年的发展，已逐步成为一个专为中小科技企业提供办公研发用房、园区管理、技术研究对接、融资需求打包、政务服务整合等多项服务的产业聚集区，目前园区内共集聚了近 900 家中小科技企业、2 万多名科技人才，取得各类科研成果超过 5000 项，每亩年产值超过 5000 万元。

专栏 6-22

广州番禺：低碳、集约、高效的民营产业园

一、主要做法

一是明确园区产业定位。专做节能环保、新能源、新一代信息技术，重点集聚研发、销售两个环节。截至 2015 年 10 月，已入驻企业近 900 家，其中节能环保类占 36%，新能源类占 21%，新一代信息技术类占 33%，科技服务类占 10%。

二是满足中小型科技企业对办公环境的独特需求。精致设计园区内部各地块功能和室内办公环境，整体绿化率水平40%以上，总体容积率不超过2.0。分别设计以研发、调试、生产、储存、流通为主的研发大厦，以管理、对外交往、形象及产品展示为主的产业发展大厦，还有以办公为主的总部发展中心、有以居住功能为主的白领公寓等功能区物业。

三是灵活设计企业办公用房。一类是180—2000平方米的组合办公空间，适合成长型企业，第二类是160—3300平方米灵动办公空间，适合小企业搞研发、销售、办公，第三类是3800—6600平方米独栋总部空间，专享大楼独立命名权，适合有一定上市实力的企业。

四是让企业集中精力搞研发。在融资方面，将园区内多家企业的融资需求整体打包，统一对六家银行和相应的担保机构进行招投标，降低了借贷成本。在对接政府方面，积极调查联络企业，反复与政府各部门及事业单位沟通并牵线搭桥。促进园区企业和40多所科研院所合作，设立50多个企业研发中心，引进博士29名，博士后4名，承担国家科研课题50多项，为孵化企业提供租金、科研等补贴累计近3000万元。

二、取得成效

截至2014年底，园区共取得各类科研成果超过5000项，其中126项填补国内技术空白。园区已培育出中海达、海大集团、浩云科技等9家上市企业，还有十多家企业正在培养辅导上市。

3. 利用宅基地及农房发展特色民宿经济

近年来，大城市周边旅游市场日益火爆，不少城市抓住机会，积极依托农村宅基地的流转，发展“农家乐”“民宿”“旅游农庄”等业态，极大地释放了内需。浙江省松阳县在这方面起步早，积累了一些经验。

专栏 6-23

浙江省松阳县依托宅基地及农房发展特色民宿经济

浙江松阳立足“长三角最多的中国传统村落”这个最大的优势，把农家乐、乡村民宿作为旅游养生经济和促进农民增收的着力点和突破口，打造品质民宿，以特色论输赢，以品质论高低，充分挖掘松阳深厚的历史文化底蕴和秀美的田园风光，加快推进形成了多种模式的农家乐和乡村民宿建设。

一是“工商资本”模式。通过招商引资，引进工商业主投资发展乡村民宿业。二是“合作社（协会）+经营户”模式。通过提高经营户的组织化程度，以合作社为经济主体开展经营管理和宣传营销的模式。三是“租赁流转”模式。村民通过异地搬迁，将原居住老房通过租赁流转给工商业主保护开发，每年收取租金。松阳现有农家乐民宿 131 家，2015 年前三季度共接待游客 81.64 万人次，年直接营业收入 3845.79 万元，同比分别增长 49.03% 和 78.66%。即将开通的金丽温高铁将为松阳的民宿带来更多的客源。数据显示，2015 年到松阳来摄影的游客有 15 万人，来绘画写生的游客达 35 万人，形成了越来越庞大的专业旅游群体。

4. 推进农村产权流转和抵押融资

习近平总书记强调，土地流转和多种形式规模经营，是发展现代农业的必由之路，也是农村改革的基本方向。在土地流转实践中，必须要求各地区原原本本贯彻落实党中央确定的方针政策，既要加大政策扶持力度、鼓励创新农业经营体制机制，又要因地制宜、循序渐进，不搞大跃进，不搞强迫命令，不搞行政瞎指挥。2014 年以来，我国已经制订了两部土改领域的政策性文件：一是关于引导土地经营权有序流转和发展农业适度规模经营的文件；二是 2015 年 4 月发布的关于工商资本租赁农地、监管和风险防范的政策性文件。当前政策的基本导向是，鼓励有条件的地方发展以专业大户、家庭农场、农民专业合作社等为主体的多种形式的适度规模经营。

2015 年 8 月 24 日，国务院印发《关于开展农村承包土地的经营权和农民住房财产权抵押贷款试点的指导意见》指出，要稳妥有序开展农村承包土地经营权和农民住房财产权“两权”抵押贷款业务，有效盘活农村资源、资金、资产。2015 年 12 月 27 日，第十二届全国人大常委会决定，授权国务院在天津市蓟县等 59 个试点县（市、区）暂时调整实施《物权法》《担保法》关于集体所有的宅基地使用权不得抵押的规定。浙江省的乐清、青田、义乌和瑞安也被纳入试点范围。政策实施后不到 10 小时，12 月 28 日上午，义乌市黄杨梅村村民季建中就以自家宅基地作为合法抵押，拿到 30 万元贷款，成为全国首个利用宅基地抵押贷款的农民。农村宅基地可以抵押贷款，盘活了农村土地资产，为农村金融注入了活力。

专栏 6-24

浙江省农村宅基地抵押贷款“破冰”为农民创业融资开辟新路径

农村宅基地，是指农村的农户或个人用作住宅基地而占有、利用本集体所有的土地。按照现行法律规定，宅基地所有权属于农村集体经济组织；农民只有使用权，没有处置权，更不能将宅基地抵押。此次“暂时”调整相关法律，为有效盘活农民资产，落实农村土地的用益物权开启了政策大门。

第一个吃到“试点蛋糕”的义乌市村民季建中，经营一家小型吸塑包装厂，年销售额约百万元。但因行业不景气，收款难垫资多，最近又尝试进行网上销售，季建中急需资金度过“年关”。在得知试点政策后，季建中就与义乌农商银行取得联系，提前备齐所需材料。季建中的抵押物为 126 平方米宅基地和一套四层半的自建房。如果以同地段商品房估算，该宅基地价值在 300 万元以上。而季建中只申请了 30 万元贷款，月息 4.5 厘，相当于年利率 5.4%。

办理宅基地抵押贷款需提供《集体土地使用证》和《房屋所有权证》；

需要村集体盖章证明；并向国土部门申请“农村宅基地抵押权”登记。和其他贷款相比，宅基地抵押更方便，不需要担保人，流程和商品房贷款差不多。

义乌的工商业非常发达，许多农户经营小工厂，但是融资比较困难。农户以前只能通过担保人贷款、向亲友借款，或者利用民间借贷。现在放开宅基地抵押，为农民创业融资，打开了新路。

欧美发达国家在农村土地抵押融资方面起步比较早，这些国家的成功经验对我国农村土地经营权抵押市场的发展有着重要的指导意义。

专栏 6-25

国外农村土地抵押融资主要经验

一、实行严格的地籍管理制度

明晰农地产权并建立详细的登记制度，是开展农地抵押融资的前提。美国土地登记制度规定，除少数未开发区域外，所有农地开发均要符合政府土地规划要求，并在政府部门详细登记每块农地的权属、面积、用途等信息；农地所有者以土地抵押向金融机构借款时，须提供合法的土地所有权证并作详细的抵押登记。

二、建立完备的农地金融法律体系

德国出台了《抵押权及破产令》《抵押权法令》等，美国制定了《联邦农业贷款法》《农业信用法》《农业抵押公司法》《紧急农业抵押贷款法》等，赋予农村土地抵押融资法律效力，建立起了能够充分保障金融机构与借款农户相应权益的农地金融法律屏障。

三、构建合作性农地金融组织体系

农地抵押贷款业务覆盖面广、业务分散、办理手续繁杂，大型金融机构直接与各个农户交涉面临较高成本和风险，而由农户以土地入股设立土地合作金融组织是较好的解决方式。如德国的土地抵押信用合作社、美国的农业贷款合作社、日本的农业协同组织，均是这种类型的合作金融组织。有的国家还在土地合作组织基础之上成立大型的土地银行，如德国的联合合作银行和美国的联邦土地银行等，通过吸收资金提供合作社放贷，完善和丰富了整个农地金融体系。

四、加强对农地金融机构资金支持

美国政府 1916 年通过在资本市场上购买土地银行股票的形式扶持建立了联邦土地银行，为农业生产及其相关的领域提供长期的信贷资金与服务，并通过农业生产信贷活动，调节农业发展规模与生产方向，促进农业健康、可持续发展。

五、通过证券化手段拓宽资金来源

发行债券是国外开展农地抵押融资的重要方式，可以满足土地经营投资回收期长的特点，更好地支持农业发展。例如，德国、美国土地银行通过为众多分散的农户提供担保，增强农户通过联合发行土地债券筹集资金的能力；日本政府则允许土地银行发售 10 倍于股金的债券，以增强土地银行资金供给实力。

三、加快城乡一体化发展

处理好城乡关系对我国城镇化健康发展尤为重要。习近平总书记强调，要逐步实现城乡居民基本权益平等化、城乡基本公共服务均等化、城乡居民收入均衡化、城乡要素配置合理化、城乡产业发展融合化。《国务院关于进一步推进新型城镇化发展的若干意见》指出，辐射带动新农村建设是新型城镇化发展的一个特别重要的方面，并且专门提出 4 条政策措施：一是要推动城市基础设施和公共服务向农村延伸；二是要带动农村一、二、三产业融合发展；三是要带动农村电子商务的发展；四是推动易地扶贫搬迁与新型城镇化的结合。

近两年，国务院有关部门在推进城乡发展体制机制改革方面已开展了大量工作。由于政策措施到位，我国一些地区出现了农村居民收入增长快于城镇居民的可喜现象。

（一）推进城乡统一要素市场建设

《关于农村土地征收、集体经营性建设用地入市、宅基地制度改革试点工作的意见》指出，要着力推进以土地要素为核心的要素市场建设。各地围绕这个问题已开展多项工作。为建立健全城乡平等的就业制度，我国着力推进城乡统一的人力资源市场建设，强化公共就业服务，全国 70% 的省份、70% 的地市已完成或正在推进人力资源市场整合改革；农村劳动力培训不断加强，在 2 个省、14 个市和 300 个示范县重点推进实施新型职业农民培育工程，培育有文化、懂技术、会经营的新型职业农民队伍；农村金融制度改革走向深化，出台了《关于金融服务“三农”发展的若干意见》，推动农村金融改革试验，启动农村承包土地经营权和农民住房财产权抵押担保贷款试点。相关部门积极创新面向“三农”的金融服务，开发适合创业需求的金融服务产品，支持返乡农民工创业或再就业；100 个国家农业科技创新与集成示范基地建设正加快推进，资金、人才向创新基地流动的趋势显现。

专栏 6-26

四川省成都市在确权基础上深化流转

成都市在农村产权确权颁证的基础上，开展了以促进生产要素在城乡之间自由流动为核心的农村产权制度改革，着力打开阻碍生产要素在城乡之间自由流动的制度闸门。

一是在符合规划的前提下，鼓励和支持集体建设用地使用权人通过自主开发、公开转让、参股合作等多种方式开发利用集体建设用地，既解决农村建设发展用地之需，又让农民能够获得更多的土地增值收益。截至 2015 年底，全市通过成都农村产权交易所实现集体建设用地使用权交易 97 宗，交易金额 7.28 亿元；建设用地指标交易 1015 宗，交易金额 151.02 亿元，农村集体建设用地流转的渠道初步建立。

二是推进土地适度规模经营。按照“落实所有权、稳定承包权、放活经营权”的思路，创新农业经营机制，形成土地向新型经营主体流转的激励机制和风险防范机制，探索推广土地股份合作、家庭适度规模经营、“大园区+小农场”等土地适度规模经营模式。

三是稳妥推进农民住房抵押、担保、转让试点。重点推进农村房屋抵押和租赁。截至 2015 年底，成都全市建成的 29 个农村房屋流转（租赁）服务中心，开展租赁农村房屋 4112 宗，交易金额 1.13 亿元；办理集体土地上房屋抵押 3789 宗，抵押金额约 6.2 亿元。

四是畅通流转渠道，建立农村产权交易平台。制定出台了《成都市集体建设用地使用权流转管理暂行办法》《成都市农村土地承包经营权流转管理办法》等农村产权流转的配套文件，为农村产权流转提供政策保障；成立“成都农村产权交易所”，建立了农村产权综合交易平台。目前，成都市农村产权交易所累计完成各类农村产权交易额达 434.26 亿元，交易总量居全国同类交易所第一。

资料来源：成都市统筹委 2015 年度工作总结。

（二）着力推进城乡规划一体化

随着我国经济发展进入新常态，城乡建设也开启了新局面。以城市为中心的建设正加速向城乡协调建设转变，实现全面建成小康社会目标、改善农村人居环境的任务更加迫切，美丽乡村越来越成为人们喜爱和向往的家园。规划建设好广大农村，推进美丽中国建设，既是“十三五”时期的迫切任务，也是国家建设的战略任务。习近平总书记指出：“要通盘考虑城乡发展规划编制，一体设计，切实解决规划上城乡脱节、重城市轻农村的问题。”2015 年，住房城乡建设部全面启动了乡村规划工作。《深化农村改革综合性实施方案》也提出，要“尽快修订完善县域乡村建设规划和镇、乡、村庄规划”。

2015 年，住房城乡建设部发布《住房城乡建设部关于改革创新、全面有效推进乡村规划工作的指导意见》（以下简称《指导意见》），强调要落实两大任务：一是到 2020 年，全国所有县（市）要完成县（市）域乡村建设规划编制或修编；二是要实现所有农房建设都有规划管理，所有行政村都有基本的村庄整治安排。要在乡村规划工作中做到五项创新，即坚持建设决策先行、坚持县域乡村建设规划主导、建立相关部门统筹协调的编制机制、创新村庄规划编制内容、创新村庄规划编制机制。

专栏 6-27

全国乡（镇）规划编制情况

2014 年年末，全国已编制总体规划的建制镇 16417 个，占所统计建制镇总数的 93.0%，其中本年编制 1561 个；已编制总体规划的乡 9060 个，占所统计乡总数的 76.3%，其中本年编制 761 个；已编制总体规划的乡（镇）级特殊区域 491 个，占所统计乡（镇）级特殊区域总数的 72.3%，其中本年编制 35 个；已编制村庄规划的行政村 32.2 万个，占所统计行政村总数的 58.97%，其中本年编制 2.1 万个；已编制村庄规划的自然村 76.6 万个，占所统计自然村总数的 28.35%，其中本年编制 5.6 万个。2014 年，全国村镇规划编制投入达 35.47 亿元。

资料来源：《2014 年城乡建设统计公报》。

全国也有不少城市先行一步，率先探索全域规划。成都市近年来着力打破“重城轻乡”“重点轻面”的惯性思维，大力推进城乡一体规划、一体建设。

专栏 6-28

四川省成都市推进乡村规划师制度

一是推进城乡规划满覆盖。针对规划不出城的问题，成都市鲜明提出“全域成都”理念，将城市与农村作为一个有机整体，对全域范围内空间布局、资源分配进行综合设计、统筹规划，开展全域村庄总体布局规划编制，建立了城乡一体、有机衔接的规划体系，初步构建了“一城双核六走廊”的空间布局，形成了包括 1 个特大城市、8 个新型卫星城、6 个区域中心城、10 个小城市和 80 个特色镇的全域城乡规划体系。

二是实施乡村规划师制度。随着城乡统筹实践进一步深入，乡镇和村（社区）对强化规划工作有着实际和迫切的需求。成都市在全国率先创建了乡村规划师制度，分三批面向社会招募了 125 名规划师派驻到乡镇工作，推进规划服务职能覆盖到全市所有乡镇。

三是建立城乡一体的规划监督制度。成立了城乡规划督察专员办公室和规划执法监督局，全市基本形成“统一规划、属地管理、分级审查、强化监督”的城乡规划管理体系，确立了规划基础地位的实施保障。

（三）完善农村基础设施建设机制

近年来，为推进城乡基础设施互联互通、共建共享，创新农村基础设施和公共服务设施决策、投入、建设、运行管护机制，积极引导社会资本参与农村公益性基础设施建设，国务院有关部门完善扶持政策体系，积极推进农村水电路气房等基础设施建设，着力改善农村面貌，基本实现村村通公路，村村通电话，乡乡能上网，广播电视基本全覆盖。2014 年改造农村危房 266 万户，解决了 6600 万农村居民饮水安全问题，在 10 个省市、22 个县、2549 个村开展信息进村入户试点。

专栏 6-29

全国乡（镇）市政公用设施建设情况

在建制镇、乡和镇乡级特殊区域建成区内，2014 年末实有供水管道长度 54.99 万公里，排水管道长度 17.12 万公里，排水暗渠长度 8.76 万公里，铺装道路长度 40.66 万公里，铺装道路面积 28.30 亿平方米，公共厕所 15.06 万座。

2014 年末，建制镇建成区用水普及率达到 82.77%，人均日生活用水量为 98.68 升，燃气普及率达到 47.8%，人均道路面积 12.6 平方米，排水管道暗渠密度 5.94 公里 / 平方公里，人均公园绿地面积 2.39 平方米。乡建成区用水普及率达到 69.26%，人均日生活用水量为 83.08 升，燃气普及率达到 20.3%，人均道路面积 12.6 平方米，排水管道暗渠密度 3.83 公里 / 平方公里，人均公园绿地面积 1.07 平方米。镇乡级特殊区域建成区用水普及率达到 86.95%，人均日生活用水量为 82.76 升，燃气普及率达到 50.3%，人均道路面积 15.95 平方米，排水管道暗渠密度 5.25 公里 / 平方公里，人均公园绿地面积 3.15 平方米。

2014 年末，村庄内道路长度 234 万公里，其中硬化路 72 万公里，道路面积 185 亿平方米，其中硬化路 55 亿平方米。村庄内排水管道沟渠长度 54.2 万公里。全国 62.5% 的行政村有集中供水，9.98% 的行政村对生活污水进行了处理，63.98% 的行政村有生活垃圾收集点，48.18% 的行政村对生活垃圾进行了处理。

资料来源：《2014 年城乡建设统计公报》。

近年来，威海市出台了《关于加快城乡基础设施一体化建设的实施意见》，积极推进交通、垃圾处理、污水处理、燃气、热力等基础设施一体规划、同步建设、综合管理，努力构建市域一体的基础设施体系，让农村居民不离乡即可享受城市生活的便利。

专栏 6-30

山东省威海市推进城乡基础设施五个一体化

一、构建一体化综合交通运输体系

2014 年以来，威海市大力推进“公路升级、铁路提速、港口搬迁、空站扩建”，积极推进市域公交一体化，建立起由城际公交快线、区市公交干线、社区（镇村）循环线相接驳的市域公交一体化线网。

二、构建一体化能源保障设施体系

根据全域能源需求和输配形式，不断加强电网、水网、气网、暖网“四网”建设。编制全域电网专项规划，着力提高新型能源发电比例，推动大中型水库扩建增容，大力实施管网延伸工程，新建、改扩建了一批镇级规模化供水设施，积极拓展上游气源，推动管道燃气向建制镇、新型社区延伸，2015 年，全市 87% 的镇已经通天然气。大规模实施既有居住建筑供热计量与节能改造，推进供热设施向村镇延伸，全市 66% 的镇实现集中供暖。

三、构建一体化智能管理设施体系

坚持“数字威海”战略。积极推进国家首批智慧城市试点，在省内率先开通了市民网，建成智慧交通、智慧供热、智慧供气、智慧供水、智慧供电等项目，50 条公交线路实现智能调度，智慧供暖用户 10 万户，81 个远程燃气数据智能采集点覆盖市域，130 万电力客户实现用电信息自动采集和电费自动核算。城市精细化管理体系覆盖市、区、街道（镇）、社区（村），实现镇村环境卫生和平安建设远程化、实时化双监督，在全省率先实现农村监控全覆盖。

四、构建城乡一体化环卫、污水处理设施体系

通过 BOT 等市场化模式，投资 9.4 亿元建设了威海市区、乳山市、荣成市生活垃圾焚烧处理厂，在全省率先建成横到边、纵到底的“户保洁、村收集、镇运输、市处理”的垃圾集中处理体系。2015 年全市 48 个建制镇全部建有污水处理设施，已建成的污水处理厂全部实施提标改造，新建农村新型社区全部配套分散式污水处理设施，镇区污水集中处理率达 90% 以上。

五、构建城乡生态建设一体化体系

积极实施重大生态工程，森林覆盖率达到 41%，成功创建国家森林城市。积极改善农村居民居住环境，改造危旧房 3.57 万户，累计整治 1690 个村，占需整治村庄总数的 92%，全部达到省生态文明乡村标准，92% 的镇成为“全国环境优美乡镇”。

（四）推动形成城乡基本公共服务均等化体制机制

2015 年 4 月，习近平总书记在中共中央政治局第二十二次集体学习时强调“要推动形成城乡基本公共服务均等化体制机制，特别是要加强农村留守儿童、妇女、老人关爱服务体系建设”。近年来，各地区、各部门围绕这个问题进行了大量探索。2014 年，国务院有关部门印发了《关于建立统一的城乡居民养老保险制度的意见》，出台了《城乡养老保险制度衔接暂行办法》，农村居民与城镇居民养老保险实现并轨，城乡居民月人均领取养老金约 91 元。部分省份已经完成城乡居民医疗保险并轨，天津、上海等 15 个省和 33 个地级市已先行启用基本医疗保险关系转移接续系统。教育、文化、体育事业发展加快，农村办学条件继续改善，义务教育阶段中小学生公用经费基准定额提高 40 元，已有 28 个省份开始解决随迁子女在当地参加高考问

题，为 5.6 万名符合条件的随迁子女在当地办理了高考报名手续，基本实现县有图书馆、文化馆，乡有综合文化站。

专栏 6-31

四川省成都市以“兜底”和“提质”为核心，大力改善农村公共服务

一、坚持“兜底”，健全农村社会保障体系

1. 构建城乡一体的就业促进体系。将处于无业状态的本市农村居民统一纳入全市失业登记管理服务范围，将失业保险参保范围、缴费标准和待遇水平“三统一”，实现城乡劳动者同等享受公共就业服务和就业援助、平等享受失业保险待遇。截至 2014 年底，成都全市城镇登记失业率控制在 2.87% 以内。

2. 构建城乡一体的基本养老保险制度。用人单位及其职工参加城镇职工基本养老保险，无用人单位的城乡居民可自主选择参加任何一项基本养老保险，两种制度全面衔接、自由转移接续。截至 2014 年底，全市城镇职工基本养老保险参保人数达到 547.51 万人，城乡居民基本养老保险参保人数达到 323.79 万人。

3. 构建城乡一体的基本医疗保险制度。全市城乡基本医疗保险实现了市级统筹、城乡统筹、全域结算，做到了筹资标准城乡一致、参保补助城乡统一、待遇水平城乡均等。截至 2014 年底，全市城镇职工基本医疗保险参保人数达到 588.43 万人，城乡居民基本医疗保险参保人数达到 704.85 万人。

二、坚持“提质”，提升农村公共设施配置标准

1. 创新村级公共服务和社会管理机制。一是明确了“公益性服务政府承担、福利性服务适度补贴、经营性服务推向市场”的各类主体供给责任。二是建立村级公共服务和社会管理专项资金，纳入市县两级财政预算，并随财政收入增长而增长，2014 年专项资金最低标准达到 40 万元 / 村。三是推动村级公共事务项目和专项资金使用的“民主议事”。四是按 3000 元 / 百户的最低标准设立城市社区公共服务和社会管理专项资金。

2. 推进公共设施标准化建设。截至 2014 年底，全面完成农村中小学、城乡基层劳动就业社会保障服务中心（站）、乡镇公立卫生院和村卫生站、村文化站、基层农业综合服务站的标准化建设，基本实现优质教育、社保、卫生、文化等公共资源城乡满覆盖。

（五）美丽乡村建设稳步展开

自十八大报告提出建设“美丽中国”以来，各地建设美丽乡村的热情空前高涨。按照发展中心村、保护特色村、整治空心村的原则，各地稳步提高乡村规划水平，科学引导农村住宅和居民点建设，在提升自然村落功能基础上，保持乡村风貌和民族文化特色，发展少数民族特色村寨。

浙江省安吉县早在2008年就全面启动了“美丽乡村”建设。主要分为两个阶段：2008—2012年底为第一阶段，累计建成“中国美丽乡村”精品村164个、重点村12个、特色村3个，覆盖率达95.7%，美丽乡村完成应建尽建，基本实现行政村全覆盖。县乡两级财政以奖代补资金达7.1亿元（其中县财政以奖代补5.1亿元），带动各类基础设施建设投资22.4亿元，其中带动村集体投入7.71亿元，带动农户个人投入1.24亿元；179个村共实施了各类重点建设项目2103个，完成项目投资19.07亿元。2012年到目前为扩面提升阶段。2012年，启动美丽乡村建设规划保留自然村的延伸扩面，全县共有147个自然村完成提升扩面建设，累计投入1.14亿元。2013年开始，着手研究“中国美丽乡村”精品示范村创建，全力打造美丽乡村升级版。目前已创建、在创建的精品示范村共有21个，累计投入4.94亿元。其中，高家堂、双一、尚书干和洪家4个村在2014年通过县考核验收，成为首批精品示范村。

专栏 6-32

浙江省安吉县建设“美丽乡村”经验

一、主要做法

1. 健全“目标分解、规划引领、考核跟进”有机衔接的工作机制。一是明确四项目标。即“村村优美、家家创业、处处和谐、人人幸福”。二是坚持规划引领。研究制订《安吉县建设“中国美丽乡村”行动纲要》及相关技术导则。三是推行联动考核。即坚持“一个标准、三个档次、捆绑考核、动态管理”。

2. 构建“党政主导、农民主体、社会参与”合力争创的共建模式。一是成立政府领导小组和工程组，强化工作督查与考核验收。二是开展“美丽家庭”创评活动，举办建设“中国美丽乡村”培训班，调动广大农民群众的参与热情。三是完成15个重要经济职能部门与乡镇、125个部门与132个建设村、179家企业与169个行政村的结对共建工作。积极吸引社会工商资本投入美丽乡村建设。

3. 实施“村庄建设、村庄管理、村庄经营”三位一体的推进办法。一是建管并重。2013 年修订完善《中国美丽乡村长效管理办法》，启动县、乡镇、村三级联动机制。2015 年对 12 个村黄牌警告、3 个村降级、1 个村摘牌。累计摘牌处理 6 个村。二是提升经营。着力发展集农产品生产加工与休闲体验等功能于一体的乡村旅游新业态。

二、基本成效

一是打响了一个品牌。2015 全年接待游客 1475.2 万人次，实现旅游收入 174.3 亿元，门票收入 3.5 亿元。县农家乐经营户达到 580 户，床位数 11000 余个。二是形成了一个示范。2015 年 6 月 1 日以安吉县为第一起草单位的美丽乡村建设国家标准——《美丽乡村建设指南》正式实施。国际标准化组织《ISO Focus》（ISO 焦点）杂志（2015 年 7—8 月）刊登了安吉美丽乡村标准化案例。三是建设了一批村庄。目前，全县 187 个村（社区）已成功创建精品村 164 个、重点村 12 个、特色村 3 个，12 个乡镇实现了美丽乡村全覆盖，农村的便民服务设施、卫生医疗设施、幼儿教育设施、文体活动设施等更加完善。

钟山县位于广西壮族自治区东北部，面积 1472 平方公里，下辖 10 个镇、2 个瑶族乡，113 个行政村、3 个社区，869 个自然村屯，总人口 43.95 万人。近年来，钟山县着眼发展生态经济，在生态乡村建设中谋划早、投入多、举措实、成效大。特别是以“空心村”整治为突破口，创新推行“三自一补”工作机制和运行模式，充分调动群众的主体作用和创造力，打造出各具特色的生态乡村，形成“一村一品、一村一韵”的格局，先后获得了“国家级出口食品农产品质量安全示范区”“中国长寿之乡”“绿色中国特别贡献奖”“全国生态文明先进县”等荣誉称号。

专栏 6-33

广西钟山县建设“美丽乡村”的主要做法

一、创新推行“三自一补”，带动群众主动参与

一是“自筹资金”解决“谁来出钱”问题。全县已有 77 个自然村开展了村民自筹资金工作，共筹措建设资金 939 万元。二是“自主建设”，解决“谁来建设”的问题。全县共组建村民自主施工队 24 支，拥有 360 余名施工人员，

村民累计投工投劳2.3万余人次，打造生态村屯。三是“自我管理”，解决“谁来管理”的问题。组织引导群众组建生态乡村理事会，以理事会的形式凝聚民力，让村民村事自理、村情自议，自我管理。全县共有575个自然村屯建立了乡村建设理事会，占总数的65.79%。四是“财政奖补”，解决“建设机制”的问题。2015年初，设立乡村建设专项奖补资金2000万元，并出台《钟山县生态乡村建设财政奖补资金管理办法（试行）》，共有30个筹资15万元以上的村屯得到了专项补贴，财政累计补贴资金872.58万元。

二、创新构建“四大保障”

一是建组织保障。乡镇具体抓落实，包村工作组分片包干。自治区、市、县、乡镇下派扶贫工作队办实事好事800余件，筹集建设资金4135万元。二是建制度保障。通过“百姓议事堂”“村长讲堂”等载体，提高村民自治能力。全县869个村屯已有739个完善了村规民约，实现了从“要我参与”到“我要参与”的治理转变。三是建资金保障。2015年，通过本级财政预算安排、“一事一议”和争取财政奖补资金、项目资金共计5400万元，统筹安排用于生态乡村建设。此外，县直单位每年为挂点联系村（每一个行政村）提供1万—2万元资金，累计帮扶资金达191.05万元，为活动持续开展提供了坚实的项目资金保障。四是建技术保障。请专业规划设计机构对生态乡村建设进行整体规划设计；县乡村办成立技术指导组，对各乡镇打造生态乡村进行指导服务。县技术指导组下乡进村开展指导活动500多人次。

三、发挥能人“带头引领”作用

以德高望重的老干部、老党员、致富带头人和村民代表为成员组成村民理事会。全县共发动村屯落实保洁人员230多人，组织外出参观学习30多批次1200多人次，发动群众累计投工投劳1.1万人次。

四、提升城市治理能力和公共服务能力

党的十八届三中、四中全会将理顺城市管理执法体制作为全面深化改革、全面推进依法治国的重要举措，提出了新要求，作出了新部署。2015年12月召开的中央城市工作会议也强调，抓城市工作，一定要抓住城市管理和服务这个重点，不断完善城市管理和服务，彻底改变粗放型管理方式，让人民群众在城市生活得更方便、更舒心、更美好。

2015年12月30日，《中共中央　国务院关于深入推进城市执法体制改革　改进城市管理工作的指导意见》正式印发，这是新中国成立以来中央层面首次对城市

管理执法工作做出全面部署，《意见》对未来的城市管理体制改革提出了五方面要求：权责明晰、服务优先、管理优化、执法规范、安全有序。

（一）深化城市管理体制改革

2016 年 2 月 6 日，中共中央、国务院印发《关于进一步加强城市规划建设管理工作的若干意见》，指出要改革城市管理体制。明确中央和省级政府城市管理主管部门，确定管理范围、权力清单和责任主体，理顺各部门职责分工。推进市县两级政府规划建设管理机构改革，推行跨部门综合执法。在设区的市推行市或区一级执法，推动执法重心下移和执法事项属地化管理。加强城市管理执法机构和队伍建设，提高管理、执法和服务水平。

城市管理的主要职责是市政管理、环境管理、交通管理、应急管理和城市规划实施管理等。一是明确主管部门，国务院住房和城乡建设主管部门负责对全国城市管理工作的指导。二是综合设置机构，推进市县两级政府城市管理领域大部门制改革，整合市政公用、市容环卫、园林绿化、城市管理执法等城市管理相关职能，实现管理执法机构综合设置。三是推进综合执法，重点在与群众生产生活密切相关、执法频率高、多头执法扰民问题突出、专业技术要求适宜、与城市管理密切相关且需要集中行使行政处罚权的领域推行综合执法。四是下移执法重心，按照属地管理、权责一致的原则，合理确定设区的市和市辖区城市管理部门的职责分工。

专栏 6-34

广东省东莞市推广积分制管理

近年来，东莞市在社会基层治理的多个层面上创新导入“积分制”，取得可喜成效，在公共服务领域构建起了“同城共享”积分管理体系；在社会管理领域，建立风险预警量化机制；在社会信用领域，实施诚信积分管理制度；在居民自治领域，建立文明行为积分卡；在志愿服务领域，建立服务积分互换制度。经过多年努力，东莞市已初步形成了“以贡献赢得积分，按积分享受服务”的公共服务供给模式。2009 年以来，全市累计提供 13.6 万个积分制入学学位。在积分制管理等基层治理创新举措的带动下，2014 年刑事案件破案数上升 11.8%，涉及 30 人以上劳资突发事件、欠薪逃匿和劳资信访案件分别下降 58.7%、73.2% 和 50%，医闹事件下降 38%。涌现出 698 名“东莞好人”和一大批社区好人，逐步形成“好人接力”“好人森林”的生动局面。

（二）统筹政府、社会、市民三大主体参与城市治理

中央城市工作会议提出，要统筹政府、社会、市民三大主体，提高各方推动城市发展的积极性。要坚持协调协同，尽最大可能推动政府、社会、市民同心同向行动，使政府有形之手、市场无形之手、市民勤劳之手同向发力。政府要创新城市治理方式，特别是要注意加强城市精细化管理。要提高市民文明素质，尊重市民对城市发展决策的知情权、参与权、监督权，鼓励企业和市民通过各种方式参与城市建设、管理，真正实现城市共治共管、共建共享。

专栏 6-35

上海浦东新区探索多方参与社会治理

一是基层社区治理不断优化。稳步推进社区自治体系、社区共治体系、社区支撑体系、社区服务体系建设，着力推进形成政社互联、多元互动、功能互补的城乡社区治理服务格局。全区 36 个街镇基本完成“一口受理”达标工作。顺利完成全区 1217 个居村委换届选举。全面推广实施居村委换届选基层自治工作法，实现居村全覆盖。成立 36 家街镇社区发展基金，其中 2 家为社区基金会。

二是社会组织规范有效运作。全区社会组织总量累计达到 1882 家。推进公益项目“供需对接一站式服务”平台建设，目前正在为 67 个公益服务项目提供一站式服务，其中 52 个公益项目供需对接成功。社工队伍不断发展壮大，具有国家职业资格证书的社会工作者达到近 4000 人，拥有专业社工机构 43 家。

三是人口综合管理服务工作有序推进。采取有力措施，加大对“无合法稳定住所，无合法稳定就业”来沪人员的调控力度。截至 2015 年 12 月上旬，整治取缔群租 7047 套，整治取缔无证无序设摊 7614 个，行政处置无证六小行业 3243 户、取缔 1233 户，规范学前儿童看护点 333 个、关闭 157 个。

近年来，贵阳市认真贯彻落实党的十八大和十八届三中、四中全会精神，结合贵阳实际，积极探索创新，构建了“一核多元”的城市基层社会治理体系，形成了“五力共治”的良好格局。“一核多元”，即以社区党委为核心，社区服务中心、居民议事会、居委会、驻社区企事业单位、社会组织等多元主体共同参与。“五力共治”，即“党委全力、政府主力、社会协力、群众得力、制度给力”，实现社会各个层面良性互动、各种治理手段优势互补，形成基层社会治理的强大合力。

专栏 6-36

贵州省贵阳市围绕“一核多元”，强化“五力共治”

一、主要做法

1. 构建“一核多元”的治理体系。撤销原有 49 个街道办事处，设立了 94 个新型社区。在新型社区实行“一委一会一中心”治理模式：“一委”，即社区党委，为区域性建制党委，是新型社区的领导核心；“一会”，即社区居民议事会，为社区议事协商机构，进行民主决策、民主管理、民主监督；“一中心”，即社区服务中心，是在党委领导下政府在社区开展公共服务和管理的平台。同时，强化居委会自治功能；发挥社区大党委统筹功能；培育发展社会组织。一个以社区党委为核心，社区服务中心等各个层面共同参与的“一核多元”治理体系初步形成。

2. 强化党在基层社会治理中的政治引领和领导核心作用。贵阳市在各社区成立了“中国共产党 ×× 社区社会建设委员会”（简称“社会建设党委”），由社区党委书记兼任社会建设党委书记，社区党委班子成员及辖区内机关、企事业单位、社会组织党组织负责人兼任社会建设党委委员，通过建立健全社会建设党委运行机制，统筹抓好辖区社会领域党的建设工作。

3. 完善多元治理结构。一是明确职能职责和治理方式。社区党委和服务中心的主要职责是从“加强党的建设、服务经济发展”等八个方面深化社会治理和公共服务，构建“15 分钟服务圈”，解决服务群众“最后一公里”问题。二是以信息化手段整合各方面资源和力量。全面启动“社会和云”大数据平台建设，建立市、区（市、县）、社区社会治理块数据，确保各级各部门、各个治理主体之间信息互通、资源共享。

二、取得成效

实现了五力共治：一是党委全力，领导核心作用和统筹协调作用得到有效发挥；二是政府主力，公共管理和公共服务水平不断提升；三是社会协力，社会组织成为社会治理的有益补充；四是群众得力，公众参与自治、共治的积极性逐步提高；五是制度给力，社会治理的法制体系进一步完善。

（三）健全依法决策的体制机制

中央城市工作会议指出，要健全依法决策的体制机制，把公众参与、专家论证、风险评估等确定为城市重大决策的法定程序，对关系全体市民切身利益的重大事项，要履行法定程序，坚决杜绝随意决策，杜绝急功近利、劳民伤财的政绩工程。要深入推进城市管理和执法体制改革，创新执法理念，完善执法程序，加强执法机构建设，确保严格规范公正文明执法。

近年来，佛山市、武汉市等地在完善政策决策机制方面做了不少探索。

专栏 6-37

广东省佛山市顺德区探索科学民主的决策机制

顺德区公共决策咨询委员会（以下简称区决咨委）成立于2010年9月，是全国首个县域公共决策咨询机构。委员通过单位或个人推荐、内部物色、公开征集等方式产生，人员来自社会各专业领域、功能界别的杰出人士。全体委员组成的委员大会是决咨委的最高决策机构，大会下设主任委员会、4个功能小组（分别为改革创新组、经济产业组、城乡建设组及社会文化组），并设立常设工作机构秘书处负责各项日常工作。

区决咨委立足顺德实际进行深入细致的调查研究，依托问计问策会、凤城讲堂和体制改革讲座为载体，通过咨询会议、委员沙龙、论坛讲座、合约委员制度等形式就全区战略决策、公共政策、政府重点难点工作以及关系广大群众利益的热点民生问题为区委、区政府的决策提供专业参考意见。自成立以来，区决咨委共提出各类意见或建议1000余条，其中半数以上被党委政府采纳。不仅政府的决策水平得到新的提升，社会参与公共事务的能力也得到锻炼提升。

目前，顺德全区区镇两级共有决策咨询机构30家，其中区级4家、区属部门成立的16家、镇（街道）10家，全区十镇（街道）全部成立了公共决策咨询委员会。此外，决策咨询机构也向村（社区）和公营机构（学校、医院等）基层单位延伸，在顺德形成了广泛覆盖和参与的决策咨询体系。

武汉市则从制度层面入手，建立健全了重大行政决策机制，取得了良好的效果。

专栏 6-38

湖北省武汉市建立健全政府重大行政决策机制

武汉市政府 2015 年出台实施了 1 部地方政府规章和 5 个配套执行文件，形成重大行政决策制度框架体系，进一步建立健全了政府重大行政决策机制。武汉市政府出台实施《武汉市人民政府重大行政决策程序规定》《武汉市人民政府重大行政决策事项清单》《武汉市人民政府 2015 年度重大行政决策事项目录》《武汉市人民政府重大行政决策事项清单和年度目录管理办法》《武汉市人民政府重大行政决策风险评估办法》和《武汉市人民政府重大行政决策责任追究暂行办法》等。

上述规章制度，一是进一步明确界定了重大行政决策的内涵与外延，合理划分市政府重大行政决策的范围，有效厘清不同决策主体的决策内容和权责界限，避免责权不清或者替代决策，增强决策事项的计划性和可确定性。二是通过对公众参与、专家论证、风险评估、合法性审查和集体讨论决策等重大行政决策法规程序作出完整规定，增强政府重大行政决策程序相关规定的可操作性，防止形式走样或者流于形式，从而提高了决策程序的完备性和可操作性。三是完善了向行政系统内部、向社会公众和向政协机构征求意见的程序，切实保障人民群众的知情权、表达权、参与权和监督权。四是建立健全了重大行政决策失误责任终身追究、责任倒查的责任机制，对违法决策、决策不作为、决策严重失误等情形进行责任追究，并在问责和纠错的过程中，区分责任主体，明确决策机关、起草单位、实施单位各自承担的责任，明确监督主体；对应当追究责任的行政首长、负有责任的其他领导人员和其他直接责任人员，其调职、离职、辞职、退休等都不影响对其责任的追究。

（四）确保严格规范公正文明执法

《中共中央　国务院关于深入推进城市执法体制改革　改进城市管理工作的指导意见》提出，要杜绝粗暴执法和选择性执法、保证执法公信力，要规范执法制度、改善执法方法，提升城市管理效能和人民群众的满意度。各地城管部门只有严格落实中央要求，才能自觉让依法履职的理念、文明执法的要求、为民服务的宗旨融入每一次执法行动中。

李克强总理指出，要完善法律法规和标准规范体系，全面推进依法依规治理。

目前我国城市规划建设管理领域只有 3 部法律、19 个条例，很多方面还是空白。要加快制定城市管理、住宅、城市设计管理等方面的法律法规，确保城市规划建设管理有法可依。城市管理者要自觉运用法治思维和法治方式治理城市。要规范城市规划建设管理重大决策的法定程序，加大对违法行为的查处力度。

2014 年，北京市为加快推进城市管理体制改革，在石景山区开展城市管理体制改革试点，并印发了《关于开展区县城市管理体制改革试点工作的指导意见》。一年来，石景山区在深化“崇文模式”和“东城模式”的基础上，按照“区级指挥、归口管理、部门共治、街道统筹”的思路，抓住“综合”“下沉”两个关键，在体制调整幅度不大的前提下，注重机制创新，积极推进管理职责、机构人员和执法力量“三个整合”，着力完善统筹协调、双重管理、绩效考核、干部激励“四个机制”，在城市管理体制架构、城市管理效能、城市环境整治、城市顽疾治理等方面取得明显成效。

专栏 6-39

北京市石景山区改革城市管理体制

一、综合管理

一是大力推进“行政综合”“法治综合”“上下综合”，改变了部门分工过细，职责交叉的状态，解决了原来互不隶属、谁也管不了谁的问题；二是实施法律法规、执法力量和执法手段三个方面的综合，基层一线执法人员得到了更多制度“武器”；三是将 380 项行政处罚权下沉，让街道（社区）有权干事。

二、职能下沉

要求机关人员下到基层，从制度上充实一线专业执法力量。城管、公安、环保、安监、食药监、工商、消防等区级执法部门在街道（社区）设立办事处并安排人员。目前，全区 9 个街道综合执法队伍达到 273 人，每个街道不少于 30 人。

三、联合执法

8 个部门执法人员加强联合日常巡查、专项行动，化解同一违法行为中的多种违法形态处理难题。对于重要案件，行政执法人员与公安机关密切配合，形成证据对接、快速出警的执法链条，暴力抗法事件大幅减少，秩序类治安案件同比下降 28%。

四、转变考核方式

修订《机关事业单位实施工作目标督查考核暂行办法》，赋予区委城管工委、区城管委对全区78个党政机关和事业单位参与城市管理工作情况考核权，对区委系统、区政府系统、各街道系统考核权分别是5%、5%、10%，提高了区委、区政府各系统、各部门参与城市管理的热情。另外，赋予街道对相关委办局配合参与街道属地管理工作的考核权，改变了以往职能部门单向考核街道的做法，促使各部门共同参与、全力配合辖区城市管理工作，增强了城市管理整体合力。

多年来，上海、南京两地以立法为突破口，着力推进城市管理综合执法改革，积累了不少经验。

专栏 6-40

上海、南京推进城市管理依法行政

上海市早在2000年就出台了《上海市城市管理综合执法暂行规定》，并于2012年根据新的形势制定《上海市城市管理行政执法条例》，在理顺体制、规范行为、提高效能、完善监管等方面作出了具体而明确的规定。南京市经过深入细致的调研，于2012年出台《南京市城市治理条例》，以城市治理作为立法理念，把理顺和转变政府职能作为立法的切入点、着力点和关键点，为部门之间的职权冲突设置了科学化、法治化的解决渠道，进一步明确了城管综合行政执法涵盖的内容，规范了执法行为，构建了综合行政执法体制。

两地在认真开展执法人员培训的同时，注重加强制度建设，约束执法人员的行为，努力打造政治坚定、业务精湛、作风过硬的高素质城管综合行政执法队伍。上海市专门聘请政风监督员对城管综合行政执法工作进行明察暗访，并定期开展社会测评活动，听取人大代表、政协委员、市民群众和新闻媒体的意见建议，将评议结果作为区县绩效考核的重要依据。南京市先后细化了23项制度和工作规范，对执法队伍的权限、身份、责任等事项进行较为全面系统的规定，同时市总队坚持每天督察，对各区大队、中队的执法绩效和队伍管理定期检查。

两地城管综合行政执法部门努力转变执法理念，坚持以人为本、执政为民，杜绝野蛮执法、暴力执法。积极开展社区走访、上门沟通、零距离服务活动，与企业和居民交流，听取意见建议，认真解决大家反映强烈的问题。通过发放宣传资料、拍摄专题片等方式，让社会各界进一步了解和认可城管综合行政执法工作。

五、加快推进生态文明建设

大力推进生态文明建设，关系人民福祉，关乎民族未来，是中华民族实现永续发展的长远大计。“十二五”特别是党的十八大以来，党中央、国务院把生态文明建设摆在中国特色社会主义五位一体总体布局的战略高度，大力推进生态文明建设。

2015 年 4 月 25 日，中共中央、国务院印发《关于加快推进生态文明建设的意见》，阐明了我国生态文明体制改革的指导思想、理念、原则、目标、实施保障等重要内容，提出要加快建立系统完整的生态文明制度体系，为我国生态文明领域改革作出了顶层设计。

2015 年 9 月 11 日，中央政治局召开会议，审议通过了《生态文明体制改革总体方案》，提出树立“六大理念”，秉承“六个坚持”，构建“八项基础性制度或体系”。《方案》无论是在理念层面还是在制度建设层面，都堪称生态文明建设顶层设计的里程碑。从《中共中央关于全面深化改革若干重大问题的决定》中关于“加快生态文明制度建设”的规定，到《中共中央国务院关于加快推进生态文明建设的意见》，再到此次的《方案》，可以看出，生态文明建设的顶层设计，已经逐渐从“理念”“政策”层面，深入到“具体操作”层面。

（一）落实主体功能区规划制度

建立国土空间开发保护制度，核心是“主体功能”。不同区域自然条件不一样，应根据主体功能进行开发和保护程度不一的监管和管理。最终目的是要建立空间治理体系，这是关于开发保护制度的核心问题。近年来，各地围绕进一步落实全国主体功能区规划，积极开展工作。

2013 年 9 月，重庆市委四届三次全会提出建设五大功能区的规划，即：主城 5 区内环以内的区域为都市功能核心区，主城 9 区除都市功能核心区以外的区域为都市功能拓展区，主城周边涪陵、长寿、江津等 12 区县为城市发展新区，渝东北 11 个区县、渝东南 6 个区县分别为生态涵养发展区和生态保护发展区。五大功能区域发展战略推动了重庆市各区县差异化发展，为全市生态文明建设提供了科学合理的空间格局保障。2014 年 11 月，重庆市出台了《关于加快推进生态文明建设的意见》，以五大功能区域发展战略统筹谋划生态文明建设，更加突出环境保护和生态建设：渝东北生态涵养发展区和渝东南生态保护发展区严格落实“面上保护，点上开发”原则，更多发展特色农业、生态产业；新增工业项目更多向城市发展新区布局，现代服务业更多向都市功能核心区和拓展区聚集。各区域形成推进生态文明建设的合力，严守耕地、林地和森林面积三个生态保护红线。

江西省作为长江中下游、珠江流域水生态安全的重要保障区，全境于 2014 年 7 月 22 日被国家正式列为首批生态文明先行示范区建设地区。早在 2013 年 2 月，江西省就制定出台了《江西省主体功能区规划》，将全省国土空间划分为重点开发区域、限制开发区域和禁止开发区域三类主体功能区。

专栏 6-41

江西省落实主体功能区规划

根据江西省主体功能区规划，重点开发区域属资源环境承载能力较强、经济和人口集聚条件较好的区域；限制开发区域属限制进行大规模高强度工业化城镇化开发的农产品主产区和重点生态功能区；禁止开发区域包括依法设立的各级自然保护区、风景名胜区、森林公园、地质公园、重要湿地等相关区域。各类开发必须以保护自然生态为前提，以资源承载能力和环境容量为基础，划定生态红线并制定相应的环境标准和环境政策。把保护水域、湿地、林地等放到与保护耕地同等重要位置。

2014 年 11 月底，江西省委、省政府召开全省生态文明先行示范区建设启动大会，遂川县等 13 个县（市）入选国家主体功能区建设试点示范名单。试点县（市）将立足当地实际，根据主体功能区定位和发展方向，科学划定城镇、农业、生态空间，主要完成以下五大任务：一是增强生态产品供给能力，加强生态系统建设与管理、污染物治理、重金属污染防治、生物多样性保护；二是发展壮大特色生态经济，注重产业链延伸、产业价值链提升、产业集群发展和产业园区建设；三是在生态保护和发展中改善民生，探索生态价值转化为城乡居民收入的有效途径；四是完善空间结构和布局，研究提出生态红线范围及具体管制措施；五是建立国土空间开发保护制度，完善限制开发及生态补偿机制。推动形成符合生态文明要求的生产生活方式，探索限制开发区域科学发展的新模式，建设人与自然和谐相处的示范区。

（二）推动技术创新和结构调整，提高发展质量和效益

生态文明建设的关键，是处理好人与自然的关系，使发展建立在资源能支撑、环境能容纳、生态受保护的基础上，根子在于生产方式的转变，让增长变得更轻、更绿。近年来，随着我国经济结构调整、产业升级、节能减排步伐的加快，在经济发展等方面上演了一场绿色变革，有力地推动了生态文明建设。

2011—2014 年，全国淘汰钢铁 1.55 亿吨、水泥 6 亿多吨、造纸 3266 万吨，分别是“十二五”目标任务的 1.6 倍、1.6 倍、2.2 倍，“十二五”重点行业淘汰落后产能任务提前一年完成。2014 年，清洁能源消费量占能源消费总量的比重为 16.9%，比 2010 年提高 3.5 个百分点。2011—2014 年，单位国内生产总值能耗累计下降 13.4%，2015 年上半年同比下降 5.9%；继 2013 年服务业成为国民经济最大产业之后，服务业增加值占国内生产总值比重持续提升，2015 年达到 50.47%。

过去依靠“挖矿山、卖资源”的河北省临城县抢抓京津冀协同发展机遇，忍痛关停 1400 多个矿山资源类企业和加工摊点，并将 41 家高能耗企业“拒之门外”后，引进新能源汽车、太阳能光伏电站等一批带动作用强、技术含量高的项目，投资构建以绿色生态农业为主体的生态经济示范区，努力探索保护生态与经济发展的双赢之路。

浙江省着力推进资源要素市场化配置改革，开展用能权有偿使用和交易试点，倒逼结构转型升级，提高能效水平。福建、江西建立健全覆盖全流域的生态补偿机制，深圳市探索核算生态系统生产总值，浙江湖州开展自然资源资产负债表编制试点，江苏镇江推进“生态云”信息化管理平台建设。

专栏 6-42

福建省节能减排降碳成效显著

福建省制定实施节能减排综合性工作方案和控制温室气体排放实施方案，建立完善节能减排降碳目标责任制，注重源头控制，推动产业转型升级，加快淘汰落后产能。

节能降碳方面，预计 2015 年全省单位 GDP 能耗、二氧化碳排放累计均下降 3% 左右，国家下达的“十二五”单位 GDP 能耗下降 16% 的节能目标和单位 GDP 二氧化碳排放下降 17.5% 的降碳目标均可以完成。

主要污染物减排方面，至 2014 年底，全省化学需氧量、二氧化硫减排

已提前一年完成"十二五"减排6.3%、7.0%的目标，氨氮减排已完成"十二五"减排目标8.4%的97%；氮氧化物减排已完成"十二五"减排目标8.6%的94%，4项指标减排累计进度名列全国第九，"十二五"末均可控制在国家下达的指标内。

淘汰落后产能方面，截至2014年底，全省实际完成淘汰落后产能：炼铁41.2万吨、炼钢21.5万吨、铁合金9.69万吨、水泥2048.88万吨、造纸221.08万吨、制革174.5万标张、印染47.34万千米、电石6万吨、化纤0.73万吨、铅蓄电池1032.88万千伏安时，提前一年超额完成国家下达的"十二五"淘汰落后产能目标任务。2015年，福建省又给自己加码，下达了淘汰水泥、造纸、制革、铅蓄电池等落后和过剩产能目标任务。

（三）促进资源节约循环高效使用，推动绿色循环低碳发展

完善资源总量管理和全面节约制度的核心是"扩围"，要把严格的保护制度从耕地、水拓展到其他各类自然空间和各类自然资源。着力降低经济增长的资源消耗强度，推进节能减排指标约束、节能节水重点工程、合同能源管理等市场化机制。

近年来，我国全面实施煤电节能减排升级改造行动计划，开展环境污染第三方治理试点示范，在大气污染治理重点城市推进煤炭消费总量控制。建立节能目标晴雨表月度发布机制，督促地方强化目标责任、完善政策措施，吉林、河北、贵州等大幅超额完成"十二五"节能目标，北京、广东、江苏万元GDP能耗达到或接近发达国家水平。启动第一批低碳城镇试点，组织开展省级政府碳排放强度降低目标责任考核评估。在7个地方开展碳排放权交易试点，依靠市场化手段降低排放并形成了良性循环。完善低碳试点示范工作体系。启动第一批8个国家低碳城镇试点。深化低碳省市试点工作，发起成立"中国达峰先锋城市联盟"，推动试点城市碳排放率先达峰。编制印发了低碳社区建设指南，推进低碳社区试点。开展55家国家低碳工业园区试点，批复首批39家低碳工业园区试点实施方案。

贵州省六盘水市号称"江南煤都""西部煤海"。煤炭在给当地带来经济腾飞的同时，也导致了严重的环境污染，20世纪八九十年代，六盘水的森林覆盖率最低跌至7.55%，水土流失面积占了总面积的80%以上；境内小煤窑遍地开花，煤矿、洗煤厂没有经过任何处理的污水，源源不断地排进长江上游的三岔河；空气也受到严重污染，六盘水成为全国酸雨的重灾区；2007年初，六盘水登上国家环保总局"区域限批"名单。为实现由"黑"变"绿"，走绿色发展的道路，六盘水市大力推进循环经济示范市创建。

专栏 6-43

贵州省六盘水市建设循环经济示范城市

一是实施创新驱动。按照“科技引领、循环发展、项目支撑、园区承载、基地带动”的思路，坚持投资驱动与创新驱动共同推进，大力改进生产工艺、研发高新技术、引进新兴产业，实现科技、知识与经济一体化。推进大企业、大项目向园区聚集发展，中小企业入驻标准厂房，提高资源就地加工转化率、资源循环利用率、原材料就近采购率。

二是按照“一产转型、二产升级、三产优化”的思路，全面推动三次产业结构调整。一产方面，促进农业从传统向现代、从分散向集中、从自给向商品转型。二产方面，以实施煤电化、煤电钢、煤电铝、煤电材“四个一体化”为抓手，着力提高资源就地转化率。三产方面，围绕建设国际标准旅游休闲度假城市目标，充分发挥气候优势、生物资源优势，着力打造“贵州屋脊•中国凉都”旅游品牌。

三是建设生态文明。立足“五位一体”总布局，坚持转型发展、统筹发展、持续发展和共享发展，系统构建绿色经济、宜居城镇、自强文化、友好自然、和谐社会、清明政治“六大生态体系”。

六盘水市作为典型的资源型城市，逐步摆脱了资源依赖，防止了矿竭城衰。森林覆盖率由低谷时的7.55%提高到目前的45.4%，营造林每年正以1.8个百分点的速度增加；煤矿数量由2475个减至300个以下，累计淘汰落后产能2000余万吨，走出了一条绿色循环可持续发展的道路。

（四）加大自然生态系统和环境保护力度，切实改善生态环境质量

中央《关于加快推进生态文明建设的意见》指出，良好的生态环境是最公平的公共产品，是最普惠的民生福祉。要严格源头预防、不欠新账，加快治理突出生态环境问题、多还旧账，让人民群众呼吸新鲜的空气，喝上干净的水，在良好的环境中生产生活。在具体工作思路上，一是要保护和修复自然生态系统。二是全面推进污染防治。三是要积极应对气候变化。

2015年，一场以“绿色”为主题的革新在青海高原快速蔓延：三江源、青海湖、祁连山等重点水源涵养区和生态功能区县域生态环境质量稳中向好；生态保护和建设的决策、评价、管理、考核和生态补偿等制度进一步完善，作为生态文明体制改

革重要内容之一的国家公园体制试点全面启动；智慧生态畜牧业、生态旅游、新能源等生态经济产业发展蹄疾步稳，“大美青海”生态画卷徐徐铺展开来。

专栏 6-44

青海省：绿染江源守生态红线 绿色发展谋生态红利

2015 年，青海确立“生态保护第一”，提出将生态文明制度建设作为重要突破口和形成特色的重点领域，致力于打造全国生态文明先行区。生态优先理念在扎实有效的实践中落地生根。

——严格划定生态红线，各级政府负责人考核实行重大生态问题“一票否决”。在市州考核指标中，生态环境保护考核指标由原先的 5 项大幅增加至 10 项。

——落实主体功能，国土面积的近九成被列入限制开发区和禁止开发区。2014 年 3 月实施的《青海省主体功能区规划》已全面落实，其中，三江源草原草甸湿地生态功能区等被划入限制开发区域，约占全省面积的 58%，而禁止开发区域约占 32%。

——林田河湖休养生息，生态环保理念深入人心。在河西走廊生态屏障的祁连县，一年退耕还林 1 万亩，三年种植青海云杉、祁连圆柏等苗木 500 万株。县林业局为村民们办理林权证，每亩每年发放 160 元补贴，护林造林光荣，更不愁生活没保障。

——创新体制机制，绿色发展动力强劲。2015 年 3 月，青海首次以地方立法为生态文明建设保驾护航，《青海生态文明建设促进条例》分别对生态建设的责任主体、规划与建设、保护与治理、监督检查等作了明确规定。2015 年 11 月，青海省委、省政府又出台《贯彻落实〈中共中央国务院关于加快推进生态文明建设的意见〉的实施意见》，提出到 2020 年，青海资源节约型和环境友好型社会建设取得重大进展，主体功能区布局基本形成，基本建成生态文明先行区和循环经济发展先行区。

随着生态环境的逐步恢复，越来越多游客纷至沓来。青海省旅游局的数据显示，2015 年青海省旅游总人数达 2315.4 万人次，比前一年增长 15.45%；旅游总收入 248.03 亿元，同比增长 22.8%。据中国工程院最新研究测算，三江源地区生态资源存量价值为 1.4 万亿元，年生态产品和服务价值为 4918 亿元。

（五）健全生态文明制度体系

《生态文明体制改革总体方案》提出，到 2020 年，我国要构建起由自然资源资产产权制度、国土空间开发保护制度、空间规划体系、资源总量管理和全面节约制度、资源有偿使用和生态补偿制度、环境治理体系、环境治理和生态保护市场体系、生态文明绩效评价考核和责任追究制度等八项制度构成的产权清晰、多元参与、激励约束并重、系统完整的生态文明制度体系，推进生态文明领域国家治理体系和治理能力现代化，努力走向社会主义生态文明新时代。

中组部制定的《党政领导干部生态环境损害责任追究办法（试行）》规定，对在生态环境和资源方面造成严重破坏负有责任的干部不得提拔使用或者转任重要职务。完善了政绩考核，加大了资源消耗、环境保护、生态效益等方面的考核权重，将环保考核结果与干部选拔任用挂钩，真正发挥考核评价和选人用人的“指挥棒”作用。

环境保护部制定《环境保护督察方案（试行）》，切实落实地方党委和政府环境保护主体责任，加快解决突出环境问题，促进环保产业发展，推动发展方式转变，全面提升生态文明建设水平。对存在国家下达任务没有完成，领导干部在环境保护方面不作为、乱作为，甚至失职、渎职、滥用权力这六种情形需要追究党纪政纪责任的，将会按程序向纪检监察部门移送。

审计署《关于开展领导干部自然资源资产离任审计的试点方案》提出，对领导干部任职前后，区域内自然资源资产实物量变动情况进行重点审计，对重要环境保护领域也要进行重点审计。对人为因素造成自然资源资产数量减少的、质量下降的、环境恶化的、污染比较严重的这些问题，要实事求是地界定领导干部应承担的责任。审计报告将送给干部管理部门，如果涉嫌犯罪的，还要移交给司法机关。审计结果将对落实责任、问责追责以及对干部的使用、任免和奖惩提供重要依据或者基础。

国家统计局提出了《编制自然资源资产负债表试点方案》，通过探索编制自然资源资产负债表，构建土地资源、森林资源、水资源等主要自然资源的实物量核算账户，推动建立健全科学规范的自然资源统计调查制度，努力摸清自然资源资产的“家底”，为完善资源消耗、环境损害、生态效益的生态文明绩效评价考核和责任追究制度提供信息基础，为推进生态文明建设和绿色低碳发展提供信息支撑、监测预警和决策支持。

建立全国碳排放权交易市场是生态文明体制改革重点任务，是充分利用市场机制推动节能减排，同时引导经济实现低碳化发展的一项制度创新。2011 年 10 月 29 日，国家发展改革委印发了《关于开展碳排放权交易试点工作的通知》，批准北京、天津、上海、重庆、湖北、广东和深圳 7 省市开展碳排放权交易试点，为建立全国碳市场摸索经验。试点工作启动以来，各试点省市开展了一系列卓有成效的工作。

专栏 6-45

全国碳排放交易市场建设

自 2013 年 6 月到 2014 年 6 月，7 试点省市的碳市场相继启动运行，逐步形成了要素完善、特点突出的地方碳市场。

一、企业整体履约率保持较高水平

经过近两年的试点实践，北京、天津、上海、广东和深圳 5 个试点省市已经完成了 2 个履约周期，湖北、重庆两个试点完成了 1 个履约周期，各试点被管控企业的整体履约情况良好。2015 年，北京、上海、广东、湖北履约率达到 100%，深圳、天津履约率达到 99%，重庆履约率为 90%。

二、形成初具规模的区域碳市场

各试点通过建立交易平台，形成了以地方分配的碳排放配额交易为主体，以温室气体自愿减排项目产生的中国核证减排量交易为补充的 7 个区域碳市场。截至 2015 年 9 月底，7 个试点共有 2000 多个企事业单位超过 13 亿元人民币。同时，各试点积极开展碳金融产品创新，探索开展了碳配额账户托管、碳资产配额质押贷款、碳债券、碳基金等金融产品和服务，对活跃各试点碳市场、形成价格发现机制起到了积极作用。

三、市场交易情况显现差异化

随着试点逐步深入，各试点碳市场在配额成交量、配额交易价格、交易方式上体现出一定的差异化。在累计成交量方面，湖北碳市场由于体量大，交易量约占全国的近一半；在累计成交额方面，湖北、北京、深圳、广东、上海 5 个试点碳市场突破 1 亿元，其中仅湖北、北京、深圳 3 个试点的配额累计成交额就占全国总成交额的近 73%。在配额交易价格方面，2015 年 6 月履约期间，7 个试点的平均配额价格为 25 元 / 吨，其中北京最高为 44 元 / 吨，天津最低为 13 元 / 吨。

作为全国生态文明建设试点县和国家循环经济示范县，湖南省安乡县在生态文明建设方面积极探索和实践“多规合一”的思想，建立了规划委员会集体审批制度，设立了专门的项目建设生态审查委员会，将生态预审作为所有建设项目的前置条件，并在城市与乡镇的生态文明建设领域建立、实施和完善了一批新的工作机制。

专栏 6-46

湖南省安乡县生态文明建设的工作机制

构建城市环境管理的三大机制：一是建立了“共建共享、共治共创”的城管新机制。实行公安、交警、城管、运管“四警合一”，组织机关、社区、门店、干部、居民、保洁员“六位一体”共同参与，重点整治商业经营秩序、交通秩序和建筑秩序。二是建立了环卫和渣土运营的市场化机制。2014 年底，通过县公共资源交易中心网上公开招标的方式，对县城区（含大鲸港）144 万平方米面积环卫和渣土管理工作实行了市场化运营。在环卫所的日常督查下，运营公司建立了全覆盖和不留死角的环卫保洁体系。三是积极推行垃圾分类工作试点，不断提高小区居民环保意识。按照“环卫处负总责、居委会直接抓、物业单位协助抓”的工作方式，以优先推进垃圾源头减量为重点，上门跟踪指导试点小区居民的垃圾分类收集。

创新乡镇绿色发展的六大机制：“分类减量、按量收费”的环境整治机制、“禁止投肥、生态养殖”的水源保护机制、“河湖连通、渠溪相连”的水利冬修机制、“共建共享、共治共创”的村民自治机制、“规模经营、自愿有偿”的土地流转机制、“一村一品、一乡一业”的专业合作机制。安乡县将这六大机制有机融入村规民约、居民公约，充分调动群众参与生态环保的积极性。

在处理农村垃圾的问题上，安乡县创新性的形成了从源头控制垃圾污染的“三个三分之一”处理模式：一是“三分之一”的有机垃圾沤肥，二是“三分之一”的可回收垃圾、有害垃圾回收，三是“三分之一”的垃圾如枯树枝、废纸片等焚烧。这一农村垃圾处理模式简便易行，得到了部委省市相关部门的认可，并在全国基层环保工作者培训班上进行典型推介。

专题七：

有序开展试点示范工作

党中央、国务院历来高度重视各类改革试点工作，习近平总书记强调，中央通过的改革方案落地生根，必须鼓励和允许不同地方进行差别化探索。改革的实践证明，我国关键领域的重大改革推进无不是上下结合、广泛试点的成果，经过基层大胆探索并予以完善的经验，是符合国情民意、经得起实践检验的。李克强总理指出，新型城镇化是一个综合载体，各地情况差别较大、发展不平衡，推进新型城镇化要因地制宜、分类实施、试点先行。2016年国务院发布的《关于深入推进新型城镇化建设的若干意见》强调，要充分发挥国家新型城镇化综合试点作用，及时总结提炼可复制的经验，带动全国新型城镇化体制机制创新。

一、加快推进新型城镇化综合试点实现率先突破

新型城镇化综合试点，就是要在《国家新型城镇化规划》明确的改革总体目标和原则的基础上，围绕农民工市民化成本分担、城镇化投融资、农村土地管理、设市模式等难点问题，选择不同区域、不同城市，按照《国家新型城镇化综合试点总体实施方案》提出的各项试点任务总体要求，重点在农民工融入城镇、新生中小城市培育、城市（镇）绿色智能发展、产城融合发展、开发区转型、城市低效用地再开发利用、城市群协同发展机制、带动新农村建设等领域，结合本地发展实际，重点突破薄弱环节，积极探索，闯出新路。截至目前，国家发展改革委会同中央编办、公安部、民政部、财政部、人力资源社会保障部、国土资源部、住房城乡建设部、农业部、中国人民银行、银监会等11个部门先后确定了两批国家新型城镇化综合试点地区。

第一批将江苏、安徽两省和宁波等62个城市（县、镇）列为国家新型城镇化综合试点地区。第二批将北京市房山区等73个城市（县、镇）列为国家新型城镇化综合试点地区。在第二批试点扩面中，体现了如下几个原则：一是向中西部地区和东北地区适当倾斜；二是根据京津冀协同发展要求适当向京津冀地区倾斜；三是

在长江经济带地区选择若干具备条件的开发区进行城市功能区转型试点；四是优先考虑改革意愿强、发展潜力大、具体措施实的中小城市、县、建制镇及符合条件的开发区和国家级新区；五是将农村土地制度改革试点一并确定为国家新型城镇化综合试点地区。

各试点地区按照国家批复的试点工作方案，开展了一些基础性和探索性的工作，总体上试点正在有序推进。多数试点地区成立了由“一把手”任组长的试点工作领导小组，建立了试点工作推进机制。按照批复方案，部分试点地区还制定了具体实施方案，明确了年度目标、进度安排、责任部门和成果形式，如广州市制定的试点三年实施方案提出 24 项具体举措、12 项扶持政策；株洲市将综合试点任务细化成 28 项指标，建立了可供考核的指标体系。

表　国家新型城镇化综合试点地区名单

第一批	省：江苏省、安徽省
	直辖市、省会城市和计划单列市：重庆主城九区、广州、石家庄、长春、哈尔滨、武汉、长沙、宁波市、大连市、青岛市
	市、县、区：北京通州区、天津蓟县、吉林省吉林市、黑龙江齐齐哈尔市、黑龙江牡丹江市、上海金山区、浙江嘉兴市、福建莆田市、江西鹰潭市、山东威海市、山东德州市、河南洛阳市、湖北孝感市、湖南株洲市、广东东莞市、广东惠州市、深圳市光明新区、广西柳州市、广西来宾市、四川泸州市、贵州安顺市、云南曲靖市、甘肃金昌市、青海海东市、宁夏固原市、河北定州市、河北张北县、山西介休市、内蒙古扎兰屯市、辽宁海城市、吉林延吉市、浙江义乌市、福建晋江市、江西樟树市、山东郓城县、河南禹州市、河南新郑市、河南兰考县、湖北仙桃市、湖北宜城市、湖南资兴市、海南儋州市、四川阆中市、贵州都匀市、云南大理市、西藏日喀则市桑珠孜区、陕西高陵县、青海格尔木市、新疆伊宁市、新疆阿拉尔市
	建制镇：浙江苍南县龙港镇、吉林安图县二道白河镇
第二批	市、县、区：北京房山区、北京大兴区、天津东丽区、内蒙古包头市、上海浦东新区（临港地区）、上海松江区、浙江台州市、河南濮阳市、广东茂名市、重庆綦江区、重庆大足区、四川成都市、四川绵阳市、四川眉山市、贵州贵安新区、云南红河州、陕西西咸新区、青海西宁市、河北威县、山西孝义市、山西泽州县、内蒙古赤峰市元宝山区、内蒙古和林格尔县、内蒙古准格尔旗、辽宁新民市、吉林梨树县、吉林抚松县、黑龙江同江市、黑龙江安达市、黑龙江青冈县、浙江德清县、福建永安市、福建邵武市、江西南昌高新区、山东章丘市、山东龙口市、山东邹城市、河南长垣县、湖北宜都市、湖北松滋市、湖南津市市—澧县、湖南芷江县、广东佛山市南海区、广西北流市、广西全州县、广西平果县、海南琼海市、海南文昌市、贵州遵义县、贵州湄潭县、贵州玉屏县、西藏曲水县、陕西韩城市、甘肃敦煌市、甘肃高台县、甘肃陇西县、青海门源县、宁夏平罗县
	建制镇：天津中北镇、河北白沟镇、山西巴公镇、辽宁前阳镇、吉林林海镇、江西艾城镇、山东义堂镇、广东狮山镇、海南演丰镇、云南板桥镇、西藏八一镇、西藏泽当镇、宁夏宁东镇、新疆榆树沟镇、新疆北泉镇

(一)试点重点任务

1. 建立农业转移人口市民化成本分担机制

——**任务内容**。按照户籍制度改革要求调整户口迁移政策，出台具体可操作的农业转移人口和其他常住人口落户标准，并向社会公布。建立居住证制度，以居住证为载体建立健全与居住年限等条件相挂钩的基本公共服务提供机制。建立健全由政府、企业、个人共同参与的农业转移人口成本分摊机制，根据农业转移人口市民化成本分类，明确成本承担主体和支出责任。按照事权与支出责任相适应的原则，合理确定各级政府在教育、基本医疗、社会保障等公共服务方面的事权，建立健全城镇基本公共服务支出分担机制。

——**试点工作进展和突破**。对于市民化成本分担，绝大多数试点地区还处于探索和研究阶段，一些试点地区对市民化成本进行了细致测算，成本在每人 10—22 万元不等。一些地区在建立合理的农业转移人口市民化成本分担机制方面进行了积极探索，如武汉市建立了成本动态监测制度，泸州市设立了农业转移人口市民化基金，并明确农业转移人口市民化成本承担主体和支出责任。

专栏 7-1

四川省泸州市：农业转移人口市民化成本分担机制的探索

一、核算转移成本

按基础设施建设成本、公共设施建设成本和公共服务成本三大类、22 个小类进行了成本测算。中心城区人均转移成本为 13.6 万元、县城为 11.4 万元、试点镇为 9.2 万元。

二、划分责任主体

政府主要承担公共基础设施建设及维护成本，约占总成本的 73%；社会和企业主要承担水、电、气、通讯等建设成本，金融、商贸、交通等配套服务成本，以及就业人员的社会保障成本，约占总成本的 17%；农业转移人口需承担生活、教育和住房成本，约占总成本的 10%。

三、清理城乡政策差异

对城乡差异政策进行全面梳理，清理出城乡居民最低生活保障、烈属抚恤金标准、因公牺牲军人遗属补助标准、病故军人遗属补助标准、就业困难人员帮助、创业贴息贷款、就业资金管理等城乡差异政策 8 条。

四、多元化筹集资金

一是促进投资主体多元化。通过政府购买公共服务、PPP 等方式，吸引社会资本参与市政建设。积极推进城乡土地“双挂钩”、农村产权抵押融资、农村宅基地制度改革等试点探索农民资产资本化，将单一的政府投入模式转变为“政府＋社会＋个人”多元化投入模式。二是促进融资渠道多样化。探索发行企业债、项目收益债、公司债、私募债、永续债等。2015 年共筹集城镇建设资金 360 亿元。其中地方政府债券 60.24 亿元、企业债 10 亿元、项目收益债 20 亿元、公司债 27 亿元、政策性银行贷款 195.1 亿元、商业银行贷款 40.8 亿元、国家专项建设基金补充新型城镇化建设项目资本金贴息贷款 6.89 亿元。

2. 建立多元化可持续的城镇化投融资机制

——**任务内容**。把地方政府债务纳入全口径预算管理，编制公开透明的城市政府资产负债表，建立健全地方政府债券发行管理制度，允许政府通过发债等多种方式拓宽城市建设融资渠道。依据城市规划编制城市基础设施建设规划和融资规划，针对不同项目性质设计差别化融资模式与偿债机制。理顺市政公用产品和服务价格形成机制，放宽准入，完善监管，制定企业通过政府和社会资本合作（PPP）等模式进入特许经营领域的办法，鼓励社会资本参与城市公用设施投资运营。

——**试点工作进展和突破**。在建立多元可持续的城镇化投融资机制方面，试点地区也取得了一些经验：一是充分有效利用金融机构进行融资。大部分试点地区主要以国家开发银行、农业发展银行等政策性金融机构为主，个别试点地区利用中国建设银行、中国农业银行、中国光大银行等商业银行进行融资。二是推行政府和社会资本合作（PPP）模式，吸引社会资本参与城镇建设。重庆市在城市基础设施和公共服务设施建设领域集中签约 PPP 项目 39 个，涉及总投资约 2600 亿元。广州市首批 40 个合作试点项目总投资达到 2200 亿元。云南省大理市将垃圾处理分解为不同环节，在政府投入收集与监控设备的前提下，通过 BTO、BOT 等方式引入社会资本参与垃圾转运与焚烧等环节。三是建立专门性政府投资基金，发挥财政投入杠杆效应，撬动社会投资。重庆市利用政府资金与社会资本合作成立 1000 亿元产业投资基金，使政府信用、社会资本捕捉投资机会的能力与促进本地产业转型升级相结合，提高政府资金使用的精准性和收益率。大连市出资 20 亿元设立了股权投资引导基金，专项用于中心镇建设。武汉市通过财政资金“拨改租”、股权投资等方式充实资本金，设立了城镇化投资基金。湖南省株洲市设立 5.3 亿元新型城镇化专项发展基金和 6 亿元偿债基金，形成“财政资金—信贷资金—社会资金”逐级放大投入模式，城镇化建设融资规模近600亿元。四是提高低成本、长期融资比重。江苏省、天津蓟县、广西柳州、重庆主城九区等地，增加政策性金融机构贷款及各类债券在政府融资中的比例。

专栏 7-2

安徽省合肥市 PPP 探索：污水处理厂资产权益转让项目

合肥市王小郢污水处理厂是安徽省第一座大型城市污水处理厂。项目分两期建设，日处理能力合计30万吨，建设总投资约3.2亿元。2003年，合肥市成立了招标领导小组，并组建了由市国资委、建委、城建投资公司及相关专家组成的王小郢TOT项目办公室。项目采用TOT（转让—运营—移交）模式，通过国际公开招标转让王小郢污水厂资产权益。特许经营期（23年）内，项目公司提供达标的污水处理服务，向政府收取污水处理费。特许经营期结束后，项目公司将该污水厂内设施完好、无偿地移交给合肥市政府指定单位。该项目值得借鉴的经验主要有：

一、规范运作和充分竞争实现项目价值最大化

王小郢项目整个运作过程规范有序，对潜在投资人产生了很大的吸引力，实现了充分的竞争。开标现场所有投标人的报价均远超底价，最高报价接近底价的1.8倍。

二、充分的前期工作保障项目有序推进

合肥市政府对王小郢项目成立了专门的决策和工作机构，并聘请了高水平的顾问团队。整个团队在研究和确定项目条件、落实前期各项工作等方面做了大量基础工作，避免出现拍脑袋决策的情况。

三、合理的项目结构与合同条款确保后期顺利执行

王小郢项目的结构设计对接了国际国内资本市场的要求，符合水务行业的一般规律，得到广大投资人的普遍认可。项目合同中规定的商务条件、对权利义务和风险分配的约定比较合理，协议条款在执行过程中得到了很好的贯彻，为项目顺利执行奠定了基础。

四、践行契约精神对PPP项目的执行至关重要

王小郢项目运作期间政府每月及时足额与项目公司结算水费，严格按照法规和协议要求进行监管，并按照协议规定的调价公式对水价进行了四次调整（十年累计上涨不超过0.25元/吨）。此外，双方还参照协议完成了提标改造等一系列工程。合肥政府和项目公司对契约精神的践行保障了项目的长期执行。

3. 深化土地管理制度改革

——**任务内容**。缩小土地征收范围，规范土地征收程序，完善对被征地农民合理、规范、多元的保障机制，建立兼顾国家、集体、个人的土地增值收益分配机制，合理提高个人收益。允许土地利用总体规划和城乡规划确定为工矿仓储、商服等经营性用途的存量农村集体建设用地，与国有建设用地享有同等权利，在符合规划、用途管制和依法取得的前提下，可以出让、租赁、入股，完善入市交易规则、服务监管制度和土地增值收益的合理分配机制。在保障农户依法取得的宅基地用益物权基础上，改革完善农村宅基地制度，探索农民住房保障新机制，对农民住房财产权作出明确界定，探索宅基地有偿使用制度和自愿有偿退出机制，探索农民住房财产权抵押、担保、转让的有效途径。及时总结经验、不断完善，形成可复制、可推广的改革成果。

——**试点工作进展和突破**。新型城镇化综合试点中，已将国土资源部土地制度改革试点全部纳入试点范围，这些试点在农村土地征收、集体经营性建设用地入市、宅基地制度改革等方面已经进行了前期研究和准备。除了三项改革之外，试点普遍开展了农村土地确权工作，同时一些试点地区也在“增减挂钩”“三旧”改造、闲置低效用地再开发等方面做了大量工作，取得了一些好的经验。目前已有探索和取得经验主要有：一是农村土地确权取得了一定成果。安徽全省开展了农村土地确权。辽宁省海城市提出农民进城“离根不离权”，通过确权赋予农民清晰、可携带的权益，消除农民进城后失去权益的顾虑。嘉兴市到 2014 年宅基地发证率达到 96.03%。柳州市基本实现农村宅基地、集体建设用地确权登记发证全覆盖。高陵县建立了现代农业资产管理体系和农村产权交易大厅，实现了农村产权确权登记全覆盖。二是土地使用权流转的效果显现。在山东省德州市，交易品种涉及宅基地使用权、农房所有权等，除交易信息集中、公开、易得之外，在平台交易的价格可比私下交易价格高出 50%。三是适度放大农村宅基地的财产功能。云南省大理市对福利性应保障的宅基地面积之外的用地，试行有偿获取。重庆通过在全市范围内交易的“地票”制度，有效推动了宅基地的有偿退出，截至 2015 年底“地票”累计交易 16.3 万亩，交易金额 326.4 亿元，11.16 万亩“地票”落地使用，农民户均获得“地票”收益 10 万元左右。还有一部分试点在允许农房、宅基地、农地经营权、建设用地指标等进行抵押方面进行了探索。四是激活社会资本参与存量建设用地挖潜。东莞市允许原产权人通过自行或与社会资本合作等多元化模式进行“三旧”改造，将低效工业用地改造为利用效率更高的工业地产，促进了城市更新，提高了土地产出效率，其东坑镇三甲工业城改造前后年产值从不足 1 亿元增加到 20 亿元。广东省已完成的改造项目平均容积率由 0.66 提高到 1.5。

专栏 7-3

浙江省嘉兴市姚庄镇以农房改造集聚促进城乡统筹

2008 年以来，姚庄镇以统筹城乡一体化发展为目标，以城乡建设用地增减挂钩试点为契机，开展以农村住房置换城镇房产、农村宅基地复垦增量为主要内容的农房改造集聚工作。截至 2015 年，姚庄镇先后编制农村土地整治项目 5 个，累计完成农村土地整治 823.4 亩，土地开发 2081.9 亩，全镇农户集聚率已达 40%。其主要经验有：

一、促进土地集约节约利用

编制土地整治项目后，将置换户的农村住房、非住宅房及附属物等全部拆除，高标准、高质量开展土地复垦，获得的周转指标 1/3 用于农房改造集聚新社区建设，2/3 用于工业项目和城市建设，有效破解了土地要素瓶颈制约。

二、保障村集体的收益

一方面，土地开发整理的补助和奖励资金，除去统一支付土地开发整理项目实施过程中产生的费用外，结余部分全额下发到所在行政村。另一方面，将复垦的土地由行政村统一招标发包，增加村集体经济收入。近三年，全镇各村累计获得土地整治、土地开发补助净收益 5000 多万元。

三、保障农民的权利、收益和公共服务

第一，探索“农民带地进城”的户籍制度改革，保障农民权益。对已进新社区的农村居民，在行政村登记的基础上，在社区再次进行户籍登记，明确置换农户“权利两地共享、义务两地共担”，建立了居民“双向”管理服务制度。第二，改善了农民的生活条件。农民住进了户均面积在 200 平方米至 400 平方米不等的新房，改善了居住条件。第三，保障了农民的财产性收入。农户通过房屋置换，不仅使原有的房屋实现了增值，并通过空余房屋出租增加了财产性收入。如桃源新社区目前租住新居民 5000 多人，经测算，仅租房收入一项就至少可以为农户增收 1200 万元。

四、激活城乡实体经济

一方面，拉动了农民消费需求。通过农房改造的实施，累计吸引 1.5 万多农村居民向城市集聚，占户籍总人口的 38% 左右。据不完全测算，仅农村居民集聚后对住房的装潢总消费就接近 5 亿元。另一方面，促进了现代农业发展。通过集聚，一部分不适宜从事现代农业发展的农户，把土地流转给了规模经营大户，促进了现代农业发展，搞活了农村市场。

4. 建立行政管理创新和行政成本降低的设市模式

——**任务内容**。按照城市设置与简化行政机构联动原则，在符合行政区划合理调整的前提下，选择部分有条件的地方进行撤镇设市设区试点，优化行政层级和行政区划设置，积极借鉴经济发达镇体制改革试点的经验，探索更加精干、高效的组织构架和行政体制。推进扩权强镇改革，促进这些镇更好地吸纳人口、增强经济实力，实现经济社会更好更快发展，充分发挥其在新型城镇化建设中的示范带动作用。

——**试点工作进展和突破**。在行政管理创新和降低行政成本方面，试点地区在扩大特大镇经济社会管理权限、创新行政管理、加大财力倾斜和保障等方面进行了改革探索，在完善社区自治、推动公共服务供给由“花钱养人”向“花钱办事”转变等方面迈出重要步伐。东部地区试点在特大镇设市上有所考虑，浙江省苍南县龙港镇、广东省东莞市虎门镇和长安镇，对撤镇设市、撤镇设区进行研究论证，为下一步区划调整做了前期准备。中西部地区的一些试点在乡镇合并、扩权强镇等方面进行探索。

专栏 7-4

浙江省温州市龙港镇为特大镇设市所做的探索

龙港镇地处浙江省东南部。1984 年建镇初期，通过户籍改革、土地有偿出让、发展民营经济三大改革，建成了农民自费造城的样板，被誉为“中国第一座农民城”。经过 31 年的不断发展和三次行政区划调整，由 5 个小渔村逐步发展成为鳌江流域中心城市。现辖区面积 172.05 平方公里（其中建成区面积 19 平方公里），户籍人口 37.1 万、常住人口 44.3 万、外来人口 10 多万。2014 年实现地区生产总值 206.1 亿元，财政总收入 20.8 亿元。龙港镇先后被列为温州市强镇扩权改革试点、浙江省小城市培育试点、国家新型城镇化综合试点等，为特大镇撤镇设市做了一些前期准备和探索。

一、实行县级单列管理体制

将龙港定位为县级单位，赋予县级职能，并相应赋予县级行政主体资格，实现县镇之间权责关系由不稳定向稳定转变。龙港党委、人大、政府三套班子“一把手”按副县长级配备，三套班子其他领导按正科长级配备，镇下属部门正职按副科长级配备。

二、合理赋予县级权限

按照权责对等、科学合理的原则，由苍南县发文下放行政管理、行政审批、行政执法等县级权限给龙港，并将县派驻的分局、站、所的人、财、物随权限下放，实行属地管理。人权、事权、财权相对独立。

三、推行“大部门”制改革，优化横向管理

按照“党政机构合一”、职能相近部门合并和打破条条对口的原则，将县派驻的分局、站、所与龙港内设机构及事业单位进行合并，建立若干个“大部门”。

四、完善综合执法和行政审批服务平台

将行政执法职能进行剥离和整合，纳入综合执法平台，设立龙港综合行政执法局。完善龙港行政审批服务平台建设，设立行政审批服务局，将可纳入统一审批的事项尽量纳入龙港行政审批服务中心，实行“一条龙”服务。

五、建立多网合一和并网运行的基层管理体制

创新“一张网”机制，强化社会服务管理中心建设，将公共安全网格、计生网格、综治网格等进行并网运行，切实加强基层基础和社会治理。

六、调整优化人员结构和编制

从严重新核定行政事业人员编制，相应减少一般岗位人员编制，适当增加专业技术岗位，并通过培训教育和内外交流来解决干部队伍结构问题。

5. 综合推进体制机制改革创新

——**任务内容**。鼓励试点地区从推进新型城镇化实际出发，在城乡一体化体制机制、城乡规划编制和管理体制机制、农业现代化体制机制、城市“多规融合”制度、城市生态文明制度、城市社会治理体系，以及新型城镇化标准体系建设和创新城市、智慧城市、低碳城市、人文城市建设等方面开展形式多样、富有特色的改革探索。

——**试点工作进展和突破**。在推进体制机制改革创新方面，部分试点地区进行了重要探索。一是在“多规融合”方面先行先试。按照中央提出的“一个市县一本规划、一张蓝图”的改革要求，部分试点地区在统领衔接各类用地规划和统一各类规划在规划期限、基础数据、技术标准等方面的差异做出重要探索。云南省大理市、甘肃省敦煌市等编制完成了市（县）城市总体规划，安徽省主动开展市县“多规合一”试点工作。二是在新型城镇化标准化体系建设方面积极探索。新型城镇化综合试点中，已将国家标准委、国家发展改革委联合开展的国家新型城镇化标准化试点全部纳入试点范围，试点地区在标准体系、推进模式等方面迈出重要步伐。江

苏省围绕新型城镇化的重点领域，初步构建起城镇化标准体系的框架。三是智慧城市建设取得进展。江西省鹰潭市率先在国土、人社部门实施数据整合，建立了“五险合一”信息系统和“一图三平台”，相对于以往的政府大数据、云计算，在思路上有明显改进。安徽省合肥市建设2000个社区网格化管理系统，提供便民服务。四是低碳城市建设成果显现。广州市绿色建筑建设累计完成1600多万平方米，在绿色建筑上全国领先。湖南省株洲市建设自行车绿道约80公里，并对全市74条城市道路进行了自行车专用道的改造，共建成非机动车道265公里并有效串联。

（二）试点工作展望

1. 完善试点工作推进机制

——**建立健全试点工作指导机制**。推动11部委协同制定配套政策，推动相关政策和改革举措率先在试点地区落地，促进“一融双新”工程率先在试点地区突破。探索建立经常性、常态化的试点工作交流沟通机制，通过各种渠道，采取多种方式，广泛宣传试点典型经验和做法。

——**建立经常性、常态化信息报送机制和督导机制**。督促试点地区评估总结试点工作进展情况，各试点地区原则上每半年报送一次试点工作进展情况，每年报送一次试点年度总结报告。引入第三方评估机制，形成调研督导报告，并以适当方式进行通报。

——**强化年终评估**。总结提炼经验，加大对进展较快地区的宣传力度，试行对进展缓慢地区的淘汰机制。根据评估结果，进一步督促试点地区按照目标导向排时间，按照问题导向定任务，制订年度行动计划，强化责任分工，明确按其可突破的重点区域和重点领域，用钉钉子精神，集中攻关，切实抓出成效，确保届时试点经验能出得来、推得开。

2. 支持试点地区深化改革

——**农业转移人口市民化推进机制**。统筹推进本地农业人口与外来流动人口市民化，明确年度落户目标和居住证承载的基本公共服务内容，探索建立城镇基本公共服务供给制度改革与农村“三权”处置改革联动机制、人口市民化成本分担机制。

——**多元化可持续投融资机制**。推动地方政府债务纳入全口径预算管理，编制公开透明的城市政府资产负债表，建立健全地方政府债券发行管理制度，允许地方政府通过发债等多种方式拓宽城市建设融资渠道。探索基础设施资产证券化，提高城市基础设施直接融资比重。

——**土地制度改革**。进一步完善农村土地征收制度，缩小土地征收范围，规范土地征收程序，完善对被征地农民合理、规范、多元保障机制。建立农村集体经营性建设用地入市制度，完善农村集体经营性建设用地入市范围和途径，建立健全市场交易规则和服务监管制度。改革完善农村宅基地制度，完善宅基地权益保障和取得方式，探索宅基地有偿使用制度，探索宅基地自愿有偿退出机制，完善宅基地管理制度。建立兼顾国家、集体、个人的土地增值收益分配机制，合理提高个人收益，完善土地增值收益在国家与集体之间的分配机制，健全土地增值收益在农村集体经济组织内部的分配机制。

——**特大镇功能设置改革**。开展特大镇的功能设置试点，探索拓展特大镇功能的途径和方式，开展特大镇设市试点。

——**体制机制改革创新**。进一步推动城乡一体化体制机制、城乡规划编制和管理体制机制、农业现代化体制机制、城市“多规融合”制度、城市生态文明制度、城市社会治理体系，以及新型城镇化标准体系建设和创新城市、智慧城市、低碳城市、人文城市建设等方面的改革探索。

二、统筹推进相关领域改革试点

（一）“多规合一”试点

开展市县空间规划改革试点，推动经济社会发展规划、城乡规划、土地利用规划、生态环境保护规划“多规合一”。形成一个市县一本规划、一张蓝图，是中央全面深化改革工作中的一项重要任务，得到了党中央、国务院的高度重视。2015年12月，中央城市工作会议指出，要推进规划、建设、管理、户籍等方面的改革，以主体功能区规划为基础统筹各类空间性规划，推进“多规合一”。

1. 试点工作启动

早在2003年，国家发展改革委就已探索在广西壮族自治区钦州市、江苏省苏州市等六个市、县开展“三规合一”试点工作。其后，上海、武汉等城市开展了“两规合一”工作，广州等城市主动开展了“三规合一”工作，取得一定成效。2014年8月，国家发展改革委、国土资源部、环境保护部和住房城乡建设部四部委联合下发了《关于开展市县“多规合一”试点工作的通知》，正式启动全国28个市县“多规合一”试点工作。2014年11月，国家发展改革委发布《关于“十三五”市县经济社会发展规划改革创新的指导意见》，明确提出了市县规划改革创新的总体要求与具体路径，强化“多规合一”顶层设计。按照中央相关指示要求，各部委相继发布了指导市县开展“多规合一”试点工作的政策文件。国家发展改革委和环境保护部于2014年12月联合下发了《关于进一步推动市县“多规合一”试点工作的通知》；国土资源部于2015年1月下发了《关于同意嘉兴市等“多规合一”试点工作方案的批复》；住房城乡建设部于2015年1月下发《关于进一步推动市县“多规合一”试点工作的通知》。2015年8月，国家发展改革委发布了《市县经济社会发展总体规划技术规范与编制导则（试行）》，按照严格落实主体功能定位的要求，利用标准统一的地理空间基础数据、地理国情普查成果与检测技术，明确了城镇、农业、生态三类空间的划分方法与发展任务布局要求。

2. 试点工作进展

——市县“多规合一”试点工作有序推进。一是试点市县均按要求上报了“一本规划”成果。按照中央提出的“一个市县一本规划、一张蓝图”的改革要求，国家发展改革委和环境保护部指导的试点市县编制完成了市县发展总体规划，国土资源部指导的试点市县编制完成了市县国土综合空间规划，住房城乡建设部指导的试点市县编制完成了市（县）城市总体规划。二是划定了城镇、农业、生态三类空间，并以此为基础，落实统一的规划目标任务，统领衔接各类用地规划，实现一张蓝图干到底。三是统一了各类规划在规划期限、基础数据、技术标准等方面的差异。

——相关“多规合一”试点工作不断深化。2014年8月，宁夏回族自治区启动“三规合一”及“多规融合”工作，制定了“多规合一”编制技术指引和成果数据标准，建立了城乡规划和土地利用总体规划的用地分类对应关系，统一了“多规合一”规划期限和坐标体系。在四部委选定的28个试点市县之外，2015年以来，甘肃、福建、江西、安徽等多个省份相继主动开展市县“多规合一”试点工作。2015年6月，中央全面深化改革领导小组第十三次会议同意海南省就统筹经济社会发展规划、城乡规划、土地利用规划等开展省域“多规合一”改革试点。

3. 试点工作经验

各地在试点工作中按照“一个市县一本规划、一张蓝图”的总要求，结合自身实际情况，积极创新，在规划体系、技术方法、体制机制等多个方面积极探索，初步形成了若干可复制、可推广的经验。例如，浙江省开化县以实现规划体系、空间布局、基础数据、技术标准、信息平台和管理机制的“六个统一”为目标进行改革。广西自治区贺州市通过绘制“一张蓝图”，构建起总体规划、空间规划与专项规划相结合的规划体系，建立了统一的规划信息管理平台，积极探索刚性与弹性相结合的规划调整机制。

专栏 7-5

广西贺州市推进“多规合一”的主要做法

一、形成“一本规划”，构建“1+3+X”地方规划体系

以主体功能区规划为基础，依托经济社会发展规划，统筹各类规划，编制形成贺州市发展总体规划，即“一本规划”。构建以发展总体规划为龙头，城乡、土地利用、环境保护为三个主要空间性规划，以及交通、林业、水利等多个专项规划组成的“1+3+X”规划体系，统一各类规划的规划期限、基础数据、技术标准等。

二、统一绘制“一张蓝图”

发布全市试点工作指南和统一技术规定，对基础数据、坐标系、三类空间和三大控制线的划定方法等内容进行了详细的规定，市县按照统一的技术要求绘制“一张蓝图”。

三、探索将发展目标任务落实到三类空间

在发展总规中确定统一的规划目标任务，将资源环境、经济发展、城镇建设、耕地保护等规划要求，通过定量、定线、定政策的方式有效落实到三类空间，探索以产定地，解决长期以来经济社会发展规划和空间土地规划“两张皮”的问题。

四、探索合理的规划弹性调整机制

提出城镇用地“规模刚性、布局弹性”的创新模式，在规划期内保持城镇用地总规模不变的前提下，允许布局进行规定幅度以内的弹性调整，以增强规划应对发展不确定性的弹性应对能力。在城市开发边界以内划定相应规模的“白地”，作为城镇用地进行布局弹性调整时的优先备选地，避免规划调整的随意性。

五、建立统一的规划信息管理平台

通过建立统一的规划信息管理平台，统一全市各类规划的空间坐标体系和数据标准，保障空间信息的共享；并通过政务网络接入三县两区和各委办局，实现业务协同。通过优化行政审批流程，提高行政审批效率，提升政府现代治理能力。

六、探索构建规划衔接协调机制

谋划成立贺州市规划委员会，负责指导、审查、协调各类规划，在规划的编制、审批、实施监管等环节建立相应的规划衔接协调机制。

（二）特大城市开展划定城市开发边界试点

1. 试点工作进展

为贯彻落实中央城镇化工作会议精神，防止城市无序蔓延，促进城市紧凑布局和集约发展，国土资源部和住房城乡建设部于 2014 年 7 月共同确定了全国 14 个城市开展划定城市开发边界试点工作。首批试点城市包括北京、沈阳、上海、南京、苏州、杭州、厦门、郑州、武汉、广州、深圳、成都、西安和贵阳。

目前，14 个城市立足资源环境现状、经济社会发展和土地管理实际，已形成城市开发边界划定阶段性成果，在城市开发边界划定的总体思路、技术要点、成果表达、实施管理等方面进行了有益探索和实践，为全面开展划定工作积累了经验。在此基础上，国土资源部和住房城乡建设部组织技术力量，总结形成了《城市开发边界划定技术要点（初稿）》。2015 年 12 月，中央城市工作会议指出，要坚持集约发展，树立“精明增长”“紧凑城市”理念，科学划定城市开发边界，推动城市发展由外延扩张式向内涵提升式转变，为城市的开发边界划定工作提出了更高的要求。

2. 试点工作经验

14 个试点城市在划定城市开发边界试点工作中进行了大量的理论研究与实践探索，按照试点工作要求，结合自身当前空间开发与保护的实际情况，为今后其他城市划定开发边界提供了大量可资借鉴的经验。2015 年，上海市在国内省市中首次提出规划建设用地总量要实现“负增长”，并打出一套土地新政“组合拳”，在城市开发边界划定、建设用地减量化、存量用地盘活等方面取得实质性推进，开启城市“逆生长”阶段。

（三）中小城市综合改革试点

1. 试点工作进展

开展中小城市综合改革试点，加快农民进城步伐，是落实《国家新型城镇化规划》的重要举措，也是稳增长、调结构、惠民生的需要。为落实《国家新型城镇化规划》要求，国家发展改革委下发了《关于开展中小城市综合改革试点的意见》《关于开展中小城市综合改革试点工作的通知》，启动中小城市综合改革试点工作。试点旨在培育和发展一批城市功能完善、发展特色鲜明、空间布局合理、治理体系健全、产业和人口吸纳能力强、以城带乡和就地就近市民化成效显著的宜居宜业中小城市，为全国中小城市改革发展探索路径、积累经验。

中小城市综合改革试点将重点推进五方面的改革探索：一是创新产业和城市融合发展机制，提高人口吸纳能力；二是创新多元化投融资机制，增强城市发展活力；三是健全土地要素流动机制，促进土地集约节约利用；四是创新公共服务供给机制，提高民生保障水平；五是推进城市管理体制改革，增强城市治理能力。

目前，全国已在 61 个地区开展了中小城市综合改革试点工作，试点单位涉及26个省、自治区、直辖市和7个省会城市共计61个地区，其中地级市20个、区14个、县（市）23 个、镇 4 个。

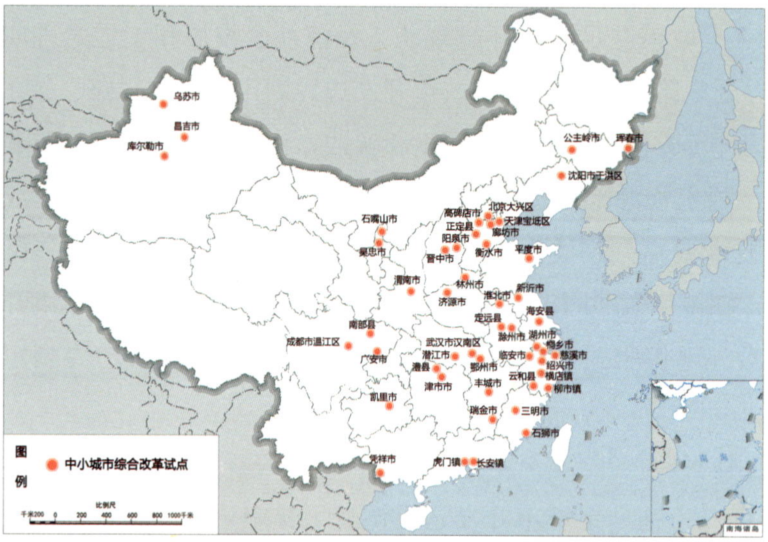

图 7—1 全国中小城市综合改革试点分布图

2. 试点工作经验

在推进中小城市综合改革试点方面，浙江省东阳市横店镇结合全省小城市培育试点工作，依托影视文化业和旅游业发展基础，在投融资、行政管理等方面进行了一系列探索。

专栏 7-6

浙江省东阳市横店镇中小城市综合改革试点的主要做法

《东阳市横店镇中小城市综合改革试点实施方案》中提出，通过两年时间的试点，着力提升政府服务力、影视竞争力、企业创新力和城市吸引力，努力构建促进中小城市健康发展的体制机制，打造有限有效服务型政府，成功走出一条“政府主导、政企共建”的新型城市化发展道路。其推进试点的主要做法有：

一、构筑产城融合的发展格局

发挥横店影视文化与旅游休闲融合互促的产业优势，着力推进产业功能、城市功能和生态功能有机衔接，实现影视基地与山水风光相协调、城区景区园区相融合，构筑宜居宜业宜游的产城融合发展格局。

二、充分运用社会资本

坚持"小政府、大市场"运作模式和"政府主导、政企共建"原则，在社会资本参与城市建设、运营和管理等方面形成"横店模式"；率先开展了影视文化产业众筹试点，包括成立了一些小额贷款公司，支持民营企业发起设立影视文化银行，探索创新影视制作项目和影视旅游众筹等融资方式；探索建立民间投资"负面清单"，积极打破基础设施、社会事业、影视传媒、非银金融等行业垄断和市场壁垒，有效降低准入门槛。

三、逐步完善"市民化"机制

允许在横店镇有合法稳定职业或固定住所的农业转移人口落户。本地农民进城落户后，依附在农村户籍之上的政治、经济和社会权益予以保留，子女教育、失业保险、就业扶持等方面享受与城镇居民同等待遇。积极探索政府在规划、城管、养老等领域向社会力量购买公共服务，规范和完善购买公共服务的招投标机制、资金管理制度和绩效评估机制。建成横店医院医疗信息化服务平台，建成集政府公共管理、公用事业、社会保障服务、小额支付、身份识别、电子凭证等功能于一体的市民"一卡通"平台。

四、创新行政管理体制改革

依法下放横店属地范围内东阳市级部分审批（管理）权限，赋予横店镇更多的经济社会管理权限。构建重心下沉的"新型政府治理体系"，深化"网格化管理，组团式服务"模式，实现了全域联防队组织体系的全覆盖等。

与横店镇不同，福建省石狮市旨在围绕增强城市人口资源环境综合承载能力，加快推进城市空间管理、产业转型、公共服务、城市治理等重点领域改革，探索完善中小城市宜居宜业、健康发展的"石狮模式"。

专栏 7-7

福建省石狮市中小城市综合改革试点的主要做法

一、建立试点协调机制

依托由福建省发展改革委牵头的泉州市民营经济综合配套改革联席会议

制度，建立由福建省直部门、泉州市和石狮市共同参与的综合改革试点协调机制，研究解决改革的重大问题。需要国家发展改革委协调解决的改革事项，由福建省发展改革委报送。

二、制定试点实施方案

制定《石狮市开展国家中小城市综合改革试点实施方案》，将利用3年左右时间，增强城市人口资源环境综合承载能力，实现全域城市化。

三、明确改革任务

在城市空间管理和产业转型方面，改革规划管理体制，实行城市空间“一张图”管理，提升城市建设品位；完善产业发展引导机制，做大做强纺织服装、海洋经济“两大产业链”，提升城市竞争力。在公共服务和城市治理方面，创新公共服务提供方式，促进人才、人口、人气“三人”聚集，提升城市活力；转变政府职能，规范运行权力、责任、收费、负面“四张清单”，提升城市治理水平，基本形成与全域城市化相协调的经济社会发展体制。

北京市平谷区结合自身实际，牢牢把握京津冀协同发展的历史机遇，走出了一条以区域协同发展促进城市建设的改革发展之路。

专栏 7-8

北京市平谷区中小城市综合改革试点推进情况

一、主要做法

1. 成立编制小组，认真编制方案。2015年3月，平谷区获批国家中小城市综合改革试点后，区发展改革委迅速组织成立了编制小组，开展实施方案的研究和编制工作。依据《京津冀协同发展规划纲要》《国家发展改革委关于开展中小城市综合改革试点的意见》和连维良主任在全国中小城市综合改革试点工作座谈会上的讲话精神，以制约平谷区发展的土地、资金等关键问题为核心进行精准研究，形成了《平谷区中小城市综合改革试点实施方案》。

2. 推进改革工作，落实方案任务。一是推进固定资产投资审批改革，将平谷区涉及固定资产投资的各部门审批事项全部纳入固定资产投资项目办理专厅“一站式”办理。二是平谷区政府与廊坊市政府、三河市政府签订了京冀通航产业园区合作协议。三是平谷区与天津蓟县，河北三河市、兴隆县建立了联席会议制度，并签署了《京津冀协同发展区域合作框架协议》。四是平谷区、天津蓟县、河北廊坊北三县（香河县、大厂县、三河市）共同申报生态文明先行示范区。五是拟开展农村承包土地的经营权抵押贷款、农民住房财产权抵押贷款两项试点。六是开展农业综合行政执法体制改革试点，制定了《平谷区农业综合行政执法体制改革试点工作方案》。

二、经验与成效

1. “平蓟三兴”四地合作取得实质性进展。四地已率先迈出合作步伐，目前已建立成熟的联席会议制度，四地在战略规划统筹衔接、交通基础设施互联互通、生态环境保护、京东旅游休闲示范区和重点产业合作等5大领域40项具体工作达成合作共识，签署了《京津冀协同发展区域合作框架协议》及道路交通、旅游两份具体领域合作协议。

2. 平谷区固定资产投资审批专厅的正式对外运行，加快推进行政审批制度改革，提高固定资产投资项目审批效率，方便企业和群众办事。

（四）海绵城市试点

近年来，北京、广州等城市多次因强暴雨引发严重内涝，给群众的生命财产安全造成巨大威胁。城市发生内涝，除城市地下排水系统滞后于城市建设的原因外，主要是因为城市建设大幅度改变了地表径流量，增加了地下管网的负担。推进海绵城市试点与建设，则可以将自然途径与人工措施相结合，在确保城市排水防涝安全的前提下，最大限度地实现雨水在城市区域的积存、渗透和净化，统筹解决城市内涝、雨水资源化利用等多个问题。

1. 试点工作进展

根据习近平总书记关于“加强海绵城市建设”的讲话精神和近期中央经济工作会议要求，2014年12月，财政部、住房城乡建设部、水利部发布《关于开展中央财政支持海绵城市建设试点工作的通知》，决定开展中央财政支持海绵城市建设试点工作，对海绵城市建设试点给予专项资金补助，一定三年，具体补助数额分档确定。

2015年4月，财政部、住房城乡建设部、水利部公布2015年海绵城市建设试点名单。根据竞争性评审得分，排名在前16位的入选城市包括迁安、白城、镇江、嘉兴、池州、厦门、萍乡、济南、鹤壁、武汉、常德、南宁、重庆、遂宁、贵安新区和西咸新区。为了对试点工作开展绩效评价，2015年7月，住房城乡建设部办公厅印发《海绵城市建设绩效评价与考核指标（试行）》，明确了海绵城市建设绩效评价与考核指标。2015年8月，水利部发布《关于推进海绵城市建设水利工作的指导意见》，提出了海绵城市建设水利工作的总体思路和主要任务，完善试点配套政策。目前，首批试点各项工作正在稳步推进，示范效应初步显现。全国共有

133 个城市投入海绵城市建设，这为在全国范围内全面推进此项工作奠定了基础。

2. 试点经验

通过试点工作，各地对海绵城市建设进行了很多有益探索，成效显著：一是推进了公共服务供给侧优化。海绵城市建设符合现代城市发展理念，是“集约发展、精明增长”思路的集中体现，对于提升城市建设水平，补齐城市公共服务短板，提高市政管线基础设施供给效率，保障城市水生态安全具有重要的现实意义。二是推进了相关产业发展和有效投资。中央财政资金充分发挥撬动作用，短时间内形成了大规模的有效投资，带动了相关行业的发展，催生出了新兴工业细分行业，为“去库存”腾挪了较大空间。

专栏 7-9

贵州省贵安新区海绵城市试点建设工作及经验

贵安新区海绵城市试点建设区域面积为 19.1 平方公里，2020 年规划人口为 20 万人，年径流总量目标控制率为 80%，共有 8 大类 67 项工程，三年共计投资 46.7 亿元。

一、成立领导机构，明确职能职责

2015 年 4 月，成立贵安新区贵安生态新城（中心区）及海绵城市建设指挥部，7 月组建贵安新区贵安生态新城（中心区）党工委管委会。新区各部门在海绵城市建设指挥部的统一领导下，按各自职责，共同推进贵安新区海绵城市试点建设。

二、完善制度建设，规范运行机制

从规划管控、水环境保护、水资源利用、水安全管理、资金与投融资、考核评估 6 个方面，编制完成《贵安新区直管区海绵城市建设项目规划建设管理暂行办法》《贵安新区直管区生态环境负面清单制度》等 16 项管控制度，保障海绵城市建设理念在规划建设各环节的落实。

三、全面掌握基数，构建规划体系

《贵安新区总体规划》确立了整个新区的低冲击开发理念。《贵安新区海绵城市总体规划》从生态海绵、弹性海绵、活力海绵及智慧海绵等方面构建海绵城市，指导贵安新区全域范围内开展海绵城市建设。

四、丰富项目总盘，加快基础建设

根据《贵州贵安新区海绵城市试点建设三年实施计划（2015—2017）》，贵安新区海绵城市建设包含 8 大类 67 个工程项目，总计投资 46.7 亿元，其中 2015 年计划建设完成 3 个项目，面积为 0.32 平方公里，计划开工建设 14 个项目，面积为 6.47 平方公里，计划投资 9.08 亿元。

五、抓好产业引进，强化科技支撑

为了保障贵安新区海绵城市顺利建设，新区邀请了硅砂资源利用国家重点实验室在贵安新区设立了贵州研究院，同时通过招商引资，与北京仁创科技集团共同出资建设了贵仁生态砂西南产业总部基地，基地集研发、生产、销售于一体。

六、创新融资模式，盘活存量资产

贵安新区城市基础设施及政府性投资项目均由贵安新区开发建设的运作层和载体——贵安新区开发投资有限公司负责投融资工作，通过运用资产抵押、基金、企业债券、政府与社会资本合作等多种融资渠道，目前累计签约 888 亿元，2015 年到位资金 283.57 亿元，为新区海绵城市建设提供了资金保障。

（五）地下综合管廊试点

在新型城镇化和现代化城市建设的背景下，地下综合管廊建设是履行政府职能、完善城市基础设施的重要内容，需要先行做好试点工作。

1. 试点工作进展

2015 年 4 月，根据《关于开展中央财政支持地下综合管廊试点工作的通知》和《关于组织申报 2015 年地下综合管廊试点城市的通知》，财政部、住房城乡建设部公示了 2015 年地下综合管廊试点城市评审工作结果，包头、沈阳、哈尔滨、苏州、厦门、十堰、长沙、海口、六盘水、白银等十个城市入围。

为推进试点工作，中央财政对地下综合管廊试点城市给予专项资金补助，一定三年，具体补助数额按城市规模分档确定。试点城市应在城市重点区域建设地下综合管廊，将供水、热力、电力、通信、广播电视、燃气、排水等管线集中铺设，统一规划、设计、施工和维护，解决“马路拉链”问题，促进城市空间集约化利用。试点工作明确了对建设里程的比例要求，同时通过奖优罚劣的绩效考核，形成有效的激励和约束。2015 年 8 月 3 日，国务院办公厅下发《关于推进城市地下综合管廊建设的指导意见》，进一步明确工作目标，并从规划、建设、管理、支持等方面对城市地下综合管廊建设提出指导意见，要求总结试点经验和有效做法，成为地下综合管廊试点城市推进工作的重要指南。

2. 试点经验

地下综合管廊试点工作开展以来，各地结合自身实际情况，充分利用既有工作基础，围绕规划编制、项目建设、运营管理、体制机制等方面积极探索，初步取得了一些试点经验。珠海市以横琴新区综合管廊建设为开端，向全市推广建设综合管廊。横琴新区从 2010 年起开展地下综合管廊建设，目前已建成综合管廊全长 33.4 公里，覆盖全区主要干道。横琴新区综合管廊纳入电力、通讯、给水、中水、供冷（热）及垃圾真空系统等 6 种管线，同时预留了未来发展空间，设立了三座监控中心，实行智能化管理，确保了入沟管线及施工人员的安全。横琴新区综合管廊是目前国内里程最长、规模最大、体系最完善的综合管廊，共节省了约 40 万平方米的城市建设用地，为城市合理利用地下空间提供了良好的样板和示范，为各地城市规划建设地下综合管廊提供可复制的经验。

专栏 7-10

广东省珠海市地下综合管廊建设做法及经验

一、推动规划编制与实施

2015 年底，珠海市通过了《珠海市综合管廊专项规划（2014—2020 年）》，明确了综合管廊的布局、内容、建设时序等。根据规划，至 2020 年珠海市将新建 69 公里综合管廊，至 2020 年全市总建成 102.4 公里；2021 年至 2030 年新建 117 公里，至 2030 年总建成 220 公里。

二、加强法制保障

《珠海经济特区综合管廊管理条例》于 2015 年底通过并发布，这是国内首部专门规范地下综合管廊建设与管理的地方性法规，将国务院及各部门关于管廊建设的政策精神法定化，为珠海市管廊建设提供法制保障。

三、采用 PPP 模式推进建设实施

2015 年 9 月，经市政府批准，市西城局与中冶华发公共综合管廊有限公司（下称“中冶华发”）签订了战略合作框架协议，并经市政府和华发集团授权，中冶华发作为珠海西部城区综合管廊首期项目的建设单位，正在按规范程序推进各项工作。同时，市西城局积极推广运用 PPP 模式加快推进西部中心城区后续综合管廊的投资建设及运营工作。

（六）建制镇示范试点

加快发展建制镇，有助于缓解大中城市的“城市病”，促进大中小城市和小城镇协调发展，有力促进新型城镇化和城乡发展一体化进程。开展建制镇示范试点工作，有助于发掘新型城镇化低成本发展空间，为建制镇发展转型提供新动力。

1. 试点工作进展

根据中央城镇化工作会议精神和《国家新型城镇化规划》总体要求，2014 年 12 月，财政部、发展改革委、住房城乡建设部等联合下发《关于开展建制镇示范试点工作的通知》。目前已在全国新型城镇化试点地区、全国重点镇等范围内选择 90 个建制镇，从 2014 年起，开展建制镇示范试点工作，获批的试点乡镇可获中央财政每年 2000 万元转移支付补助，连续支持 3 年。

试点将重点围绕城乡发展一体化体制机制、建制镇投融资体制、公共服务供给体制等领域，探索建立健全有利于建制镇良性发展的体制机制和政策措施，努力将建制镇发展成为以城带乡、乡村联动、一体发展的重要载体，增强建制镇的可持续发展能力、综合承载能力和辐射带动能力，打通基本公共服务“最后一公里”问题，为全国建制镇发展提供可借鉴推广的经验和模式。

2. 试点经验

自被确定为示范试点以来，苏州市吴江区震泽镇围绕加快建设“科技新城、蚕丝古镇、田园乡村”和“宜居、宜业、宜游”发展思路，以实施“美丽震泽 1335 工程”为抓手，以城乡统筹的规划、科学合理的布局推进各项工作，试点成效初现。

专栏 7-11

江苏省苏州市吴江区震泽镇建制镇示范试点情况

一、基本做法

1. 健全组织架构。成立了区长为组长，区财政、发改、住建等部门主要领导和震泽镇党委政府主要领导为成员的试点工作领导小组，统筹推进试点工作。

2. 完善方案和系列配套规划。围绕建制镇示范试点工作要求，震泽镇结合实际，在镇总规及历史文化名镇保护规划获得省政府批复的基础上，进一步完善方案，编制建制镇示范试点系列配套规划，为建制镇示范试点提供规划指导。

3. 明确目标和阶段性任务。以建设“宜居、宜业、宜游”城镇为目标，明确了重点推进“三个加快”工作，探索小城镇新型城镇化建设机制体制，最终实现“人的城镇化”与“人的新农村”有机融合等不同阶段的重点任务。

二、试点成效

1. 较好地完成了各项目标任务。2015 年，震泽镇在践行打造新业态、完善新形态、培育新生态、丰富新文态、提振新状态“五新”理念方面，基本完成任务。

2. 体制机制日趋完善。大力实施“五新”行动，在城乡发展一体化、投融资、公共服务供给、产业转型升级和古镇保护发展等 5 个方面，探索建立了 17 项新机制，分 3 年有序推进 48 个项目建设，各项体制机制改革工作取得了阶段性成果。

（七）深化县城基础设施投融资体制改革试点

1. 试点进展

为加强县城基础设施建设，增强综合承载能力，国家发展改革委、住房城乡建设部联合印发了《关于开展县城深化基础设施投融资体制改革试点的通知》，决定从 2015 年起开展县城深化基础设施投融资体制改革试点。

在试点选择上，结合新型城镇化综合试点工作，县城基础设施投融资体制改革试点选择了 87 个具有文化旅游、商贸物流、资源加工、交通枢纽等特色资源和区位优势、资源环境承载力强、吸纳人口潜力大的县（市、区）开展试点，对列入的试点地区给予中央预算内投资支持。

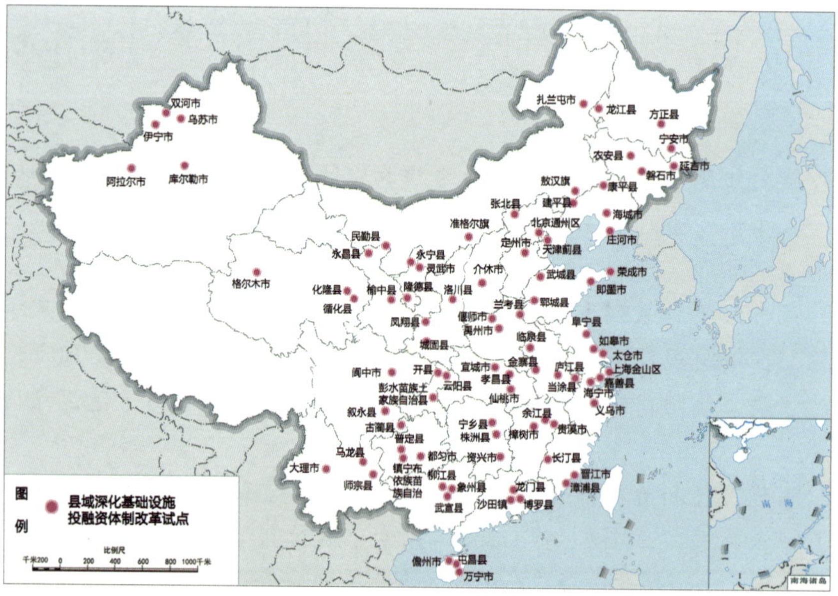

图 7—2　县城基础设施投融资体制改革试点分布图

试点工作的主要目标是把有条件的县城和重点镇发展为中小城市，夯实产业基础，加强市政基础设施和公共服务设施建设，加大教育、医疗等公共资源配置，促进产业发展、就业转移和人口集聚相统一，增强其吸纳农业转移人口的能力。重点进行六方面改革探索：一是推进管理体制和运行机制改革创新；二是加强规划指导；三是围绕重点领域加强县城基础设施建设；四是推广使用政府和社会资本合作（PPP）模式；五是积极拓宽市场化融资渠道；六是完善市政基础设施价格机制。另外，明确对试点情况进行考核，建立试点动态淘汰机制。

2. 试点经验

试点县城重点推动采取 PPP 模式建设的市政基础设施项目和供排水、燃气、供热地下管网、地下综合管廊、保障性安居工程配套基础等建设项目，取得了一定成效，为全国县城基础设施建设提供可复制、可推广的经验和模式。

专栏 7-12

河北省定州市试点工作的做法与成效

在推进县城基础设施投融资体制改革试点工作中，定州市突出抓以下三个方面创新：

一是创新理念，开放融资领域。定州城市规模大、基础弱、功能欠缺，人均可用财力不及全省平均水平的一半，不足以支撑城市建设。对于“钱从哪里来”的问题，坚持政府主导、社会参与、市场运作，盘活用好国有资产，能放开的领域全部放开，走一条具有定州特色的良性循环之路。

二是创新方式，拓宽融资渠道。不断加强与商业银行、企业集团的合作，积极探索新的融资方式，并进行长期信贷投资。先后向北京银行贷款 10 亿元，向信托投资公司融资 3 亿元，争取省补助 1000 万元，吸纳社会资金 8500 万元，用于重点工程建设。省开行授信贷款到位 8.27 亿元，其中货币补偿 2.77 亿元、实物安置 5.5 亿元，完成 2014 年棚户区改造项目相关工作。通过多种形式，撬动和引导社会资金投向基础设施建设，充分发挥了投融资的杠杆和桥梁作用。

三是创新体制，完善融资体系。设立投融资管理委员会，健全了决策机制；成立投融资协会，完善了促进机制；同时，以投融资体制改革为契机，推进工程管理、土地储备、资产交易等一系列改革，强化了政府债务风险防范机制，最大限度地促进土地资源增值，提高了政府的融资效益。

（八）新型城镇化标准化试点

1. 试点工作进展

标准化在我国城镇化进程中的作用越来越重要，从《国家新型城镇化规划》有关内容来看，城镇的建设、管理、运营，以及城镇的社会管理和公共服务，都需要标准化的支撑和规范，标准化是城市规范化、精细化管理的现实需求，也是解决当前城镇化工作薄弱环节和具体问题的内在要求。新型城镇化标准体系建设作为体制机制改革创新的内容写入《国家新型城镇化综合试点方案》，成为新型城镇化综合试点的一项重要任务。

为落实国家新型城镇化规划及新型城镇化综合试点要求，国家标准委办公室、国家发展改革委办公厅发布《关于扎实推进国家新型城镇化标准化试点工作的通知》，确定在江苏省、安徽省、浙江省宁波市、山东省青岛市、广东省广州市、北京市通州区、浙江省嘉兴市、山东省威海市、深圳市光明新区、四川省阆中市 10 个地区同步开展标准化试点，并明确提出，到 2020 年，要初步建成体现以人为本，注重绿色、智慧和人文的新型城镇化发展理念，以资源配置、规划要求为重点，层次分明，科学合理，适用有效，基本覆盖新型城镇化建设核心关键环节，满足新型城镇化发展需求的标准体系。

新型城镇化标准化体系建设主要包括四个方面：一是农业转移人口市民化、城镇化布局和形态、城市可持续发展、城市治理、城镇土地集约利用等社会管理和公共服务标准；二是绿色建筑建材相关标准，市政基础设施建设相关标准，战略性

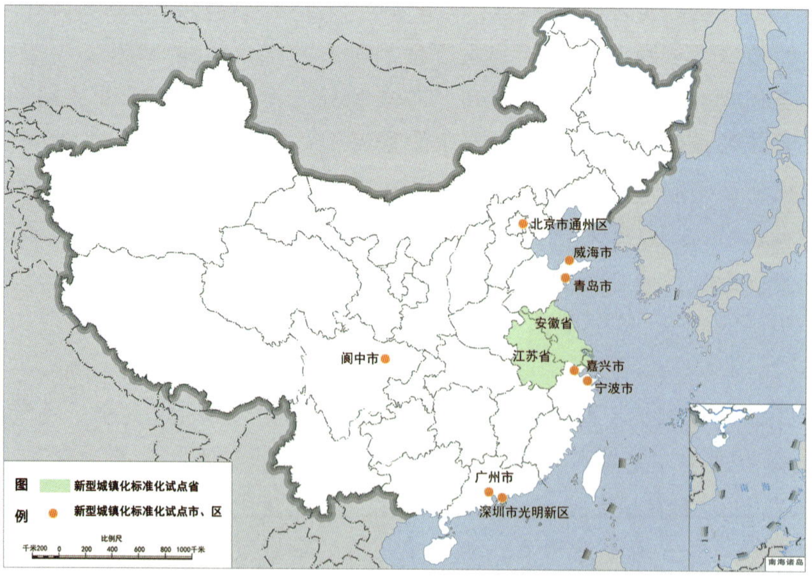

图 7—3　全国新型城镇化标准化试点分布图

新兴产业相关标准；三是城市能源基础设施相关标准，安全防范基础设施建设相关标准，智慧城市建设相关标准；四是新农村建设相关标准，现代农业相关标准。推进新型城镇化标准化试点工作，就是要围绕主要任务，组织研究支撑新型城镇化建设和管理的关键、核心标准，推动标准化在新型城镇化发展过程中的应用和实施，探索建立可复制、可推广的标准化模式，促进城镇化建设的法治化、规范化。

2. 试点经验

各地在试点工作中按照标准化体系建设的要求，结合自身实际，在标准体系、推进模式等方面积极探索，初步形成了若干可复制、可推广的经验。江苏省围绕新型城镇化的重点领域，初步构建起城镇化标准体系的框架，建立了分工协调的推进模式。

专栏 7-13

江苏省推进试点工作的主要做法

一、开展前期研究

扎实开展新型城镇化标准体系前期研究，编制了《江苏省新型城镇化标准化体系建设前期研究报告》，组织高校科研机构专家开展研讨交流，并承办国家标准委组织的“2015 年新型城镇化标准化培训班”。

二、构建标准体系框架

在前期研究的基础上，初步构建了包含通用基础、技术提供和管理保障三个部分组成的新型城镇化标准体系框架，梳理出 1004 项已有标准清单，提出标准制定的重点领域，涵盖基本公共服务、社会治理、基础设施、生态文明建设、农业现代化、投融资机制、土地管理、城乡规划、产城融合、城市群区域协调、监督与评价等城镇化重大问题。

三、建立分工协调的推进模式

研究制定《江苏省新型城镇化标准化试点工作实施方案》，明确了指导思想、总体目标、工作内容和进度安排，提出考核指标，建立由省级统筹推进，部分试点市、县（市）、镇作为承担单位具体实施，相关专业研究机构提供主要技术支撑的“2+X+1”的新型城镇化标准化工作推进模式。

专题八：

深入开展城镇化国际合作

中国正在推进人类历史上最大的城镇化进程，市场潜力大，与发达国家和发展中国家的合作都充满机遇，大有可为。《国家新型城镇化规划》提出，深化中欧城镇化伙伴关系等现有合作平台，拓展与其他国家和国际组织的交流，开展多形式、多领域的务实合作。2014 年，在北京举行的 APEC 领导人会议批准了《共建 APEC 城镇化伙伴关系合作倡议》。2015 年 APEC 领导人非正式会议上，习近平主席宣布中方将于 2016 年主办首届 APEC 城镇化高层论坛，为亚太城镇化合作搭建交流平台。李克强总理在《开启中欧城镇化战略合作新进程》讲话中指出，当“欧洲设计”遇上“中国制造”，“欧洲技术”遇上“中国市场”，就会产生显著的效应。新型城镇化已成为我国国际合作的新平台、新亮点。城镇化国际合作，既让我国与世界分享了城镇化建设带来的发展机遇和外溢效应，也为中国引进了国际经验与资源。

一、总体情况

（一）国家层面的主要进展

随着中国经济全面、深刻地融入世界经济中，中国的城镇化与国际的交流、合作也不断加深，从国家战略层面提出了多个中外城镇化领域加深合作的框架性文件，也与其他国家的政府、城市、企业、机构等，在具体领域开展了多种形式的合作。《新型城镇化工作进展情况的报告》中指出，要采取联合研究、项目合作、人才交流等方式，加强与欧盟、经合组织等国际组织和国家间的合作，积极推进中欧、中英、中韩等双边城市、园区和企业的深化合作。

从 2012 年中国与欧盟联合签署《中欧城镇化伙伴关系共同宣言》，到 2014 年《国家新型城镇化规划》中特别提出要延伸城镇化领域现有国际合作平台，再到提出“一带一路”发展战略、积极筹建亚洲基础设施投资银行、批准通过《亚太经合组织城镇化伙伴关系合作倡议》[1] 等举措来看，中国正在从国家战略的层面，运用中国智慧，不断推动和构建城镇化领域国际合作的大框架。

---

[1]《北京纲领：构建融合、创新、互联的亚太——亚太经合组织第二十二次领导人非正式会议宣言》，2014 年。

表 8—1 城镇化领域国际合作重要文件摘编

时间	名　称	相关内容
2015 年 1 月	《中国与拉美和加勒比国家合作规划（2015—2019）》	围绕政治与安全、贸易投资金融、基础设施建设、能源资源、工业、农业、科技人文等重点领域开展整体合作
2014 年 11 月	《北京纲领：构建融合、创新、互联的亚太》	将“城镇化”作为亚太发展新动力的五大支柱之一，签署《亚太经合组织城镇化伙伴关系合作倡议》
2014 年 11 月	《关于加强绿色、低碳城镇化合作的谅解备忘录》	支持中英两国在绿色、低碳城镇化方面，开展联合研究、企业投资、经验借鉴、产业园区等形式的合作
2014 年 10 月	《中德合作行动纲要：共塑创新》	深化中德工业、城镇化及农业等领域的创新合作
2014 年 9 月	《中华人民共和国和印度共和国关于构建更加紧密的发展伙伴关系的联合声明》	探讨新的经济合作领域，包括产业投资、基础设施建设、节能环保、高技术、清洁能源、可持续城镇化等
2014 年 7 月	《第六轮中美战略与经济对话框架下经济对话联合情况说明》	城镇化领域合作作为附录内容专门列出
2014 年 6 月	《中华人民共和国政府和大不列颠及北爱尔兰联合王国政府联合声明》	加强在低碳城市规划、空气和水污染治理、医疗发展和改革方面的政策交流和技术合作
2013 年 9 月	《习近平在哈萨克斯坦纳扎尔巴耶夫大学的演讲》	发展与沿线国家的经济合作伙伴关系，共同打造政治互信、经济融合、文化包容的利益共同体、命运共同体和责任共同体
2013 年 11 月	《中欧合作 2020 战略规划》	将可持续发展框架下的“城镇化”领域列为重要合作倡议之一
2013 年 11 月	张高丽副总理出席“中欧城市博览会”开幕式	加强政府间的沟通和协商，发挥企业主体作用，有效利用各种平台和完善合作交流机制，全面加强中欧城镇化合作
2013 年 11 月	李克强总理出席“中欧城镇化伙伴关系”论坛闭幕式并讲话	中欧新型城镇化合作潜力巨大，将成为中欧合作的重要支柱
2013 年 7 月	《第五轮中美战略与经济对话框架下经济对话联合成果情况说明》	推动工业化、城镇化、信息化、农业现代化进程，与美方进行信息交流、经验分享和务实合作
2012 年 5 月	《开启中欧城镇化战略合作新进程——李克强在中欧城镇化伙伴关系高层会议开幕式上的讲话》《中欧城镇化伙伴关系共同宣言》	从城市群、城市基础设施、城市公共服务和城市管理等 14 个方面推动中欧城市、企业在城镇化领域的务实合作

（二）重点领域

城镇化国际合作覆盖范围广、领域多，既有传统行业，也有前沿领域，涉及经济、能源、教育、社会保障等方方面面。随着城镇化国际合作的深入开展，合作领域已经超越传统的贸易往来，变得更加宽广；合作层次超越简单的买卖关系，以提升合作水平为目标，向更高层次发展。目前城镇化合作的重点主要是围绕智慧城市、低碳生态、公共产品和公共服务等领域开展。

1. 智慧城市领域

智慧城市作为信息化与城镇化的最佳契合点，是经济转型、产业升级、城市提升的新引擎。2015 年 9 月，习近平主席在访美期间参加了第八届“中美互联网论坛”，美国联邦政府同期启动了智慧城市周并发布美国智慧城市行动倡议；10 月访英期间，习近平主席参观了国际移动卫星公司、帝国理工学院大数据研究院等。这些均表明，我国领导人在构建中美新型大国关系和中英关系“黄金时代”中，重视智慧城市领域的国际交流与合作。

中外城市间已经开展了不少务实合作，并在发展战略、空间布局、智能交通等领域取得了初步成效。例如，中韩智慧城市产业园项目已在广东省东莞市东城街道落地，利用韩国技术和经验，推动东城区实现创新驱动、转型发展，园区合作项目共有 26 项，总投资预计超过 65 亿元。中外企业及机构合作深入推进，美方企业与中国地方城市的智慧城市领域政企合作项目有 30 余个。2015 年 6 月 29 日中欧城镇化伙伴关系论坛在比利时布鲁塞尔召开期间，中欧之间首个智慧城市领域的联合实验室“中国—欧盟智慧城市实验室”正式签约。

2. 低碳生态城市领域

中国在低碳生态领域已经积极开展了多项国际合作，涉及城市绿色建筑、城市生态环境保护与治理、城市能源供应与管理等方面。中国与美国在生态城市领域合作密切，自 2013 年以来，住房城乡建设部与美国能源部确定了若干中美合作城市试点，其中包括河北廊坊市、山东潍坊市、日照市、河南鹤壁市、济源市、安徽合肥市等。中国与欧洲国家也开展多项合作，例如，住房城乡建设部与欧盟联合开展的“中欧低碳生态城市合作项目”。

以与芬兰合作为例，截至 2014 年底，中芬部际间生态合作试点项目共开展四个：中芬合作共青数字生态城、中芬（丹阳）数字生态园区、中芬生态谷和中芬北京移动硅谷生态创新园；地方性产业型合作项目两个：中芬高新技术产业园（浙江杭州）和中芬绿色科技产业园（江苏常州）；三个生态城市试点正在推动中：中芬可持续生态城（江苏苏州）、香港中芬生态城（辽宁大连）、中芬生态产业园（江苏扬州）。

专栏 8-1

北京中芬“生态谷”项目的主要做法

门头沟区是北京的老矿区，多年挖煤采矿造成山体受损，生态环境受到破坏。2010 年 5 月 26 日，“中芬生态谷”选址门头沟区，与门头沟区“生态涵养发展区”的功能定位相契合。“生态谷”利用低碳、天然的形式，不露痕迹地修复生态，并且建设一个宜居的低碳城市。主要做法有：

一、理念先进，定位明确

“生态谷”采用世界先进的生态发展理念，通过生态谷项目，建设北京未来生态产业的载体与孵化器，实现生态产业和生态文明建设相互促进，为中芬在生态科技方面的合作提供成功典范，为首都建设低碳城市和绿色北京服务。

二、设计建造低碳建筑

“生态谷”建设了 25 座展览馆和会展中心，建筑物充分利用采石场挖空的山体，依山而建，高达数百米。通过巧妙的生态设计，利用山地充足的光热条件，构建成四季常青的低碳山体建筑。

三、采用绿色低碳的社会运行体系

“生态谷”拥有发达的信息系统，城市废水、垃圾能够循环利用，居民出行采用清洁能源的交通工具，城市里有风能电厂，还有粮田、果园、菜园，能源、粮食都可以做到自给自足。“生态谷”还设计了独特的社会运行体系，包括能源、人居环境、交通、信息、产业等九大系统，确保“谷”中居民过上低碳、环保的绿色生活。

四、规划发展生态高新技术产业

“生态谷”规划建设我国首个生态高新技术产业园，生态科技研发、精神疗养心理医院、野外生存素质教育等前瞻性的绿色产业，这些将成为“生态谷”的主要产业。另外，全新的生活理念将使这里衍生更多的有潜力的新产业。

3. 基础设施和公共服务领域

中国新型城镇化正在快速发展，也面临转型升级，需要政府提供便利的基础设施、基本的公共服务、良好的治理环境。发达国家教育、医疗、休闲、时尚等产业发展水平高，中国可以在已有合作基础上，继续吸引国外企业来华拓展市场，利用国外资本和技术。同时，中国在基础设施领域，特别是建设能力、成套装备等方面有一定比较优势，可以通过国际合作促进中方企业参与各国城市升级改造。

基础设施建设方面的国际合作稳步推进。2014 年 3 月 18 日，第三次中印战略经济对话，确定未来5年中国将争取向印度工业和基础设施发展项目投资200亿美元。由中国主导成立的亚洲基础设施投资银行也是基础设施领域国际合作的一个亮点。

在改善政府治理方面的国际合作具有广阔前景。目前全球已有 10 多个国家拥有开放政府数据的门户网站，澳大利亚、加拿大、爱沙尼亚、挪威、英国、美国和新西兰等都设有开放政府数据部门，为城市发展提供支撑。通过网络和数据方面的国际合作，中国将进一步提升信息化水平，充分利用社交媒体等在内的互联网力量，扩大公民参与，提升国家治理能力。

4. 城镇化相关研究

开展联合研究是城镇化国际合作的重要领域和方法，有利于中外国家城镇化经验的交流借鉴。国际机构对中国城镇化一直保持高度关注，近年来，联合国开发计划署、世界银行、亚洲开发银行等国际机构与国务院发展研究中心、国家发展改革委宏观经济研究院、国家发展改革委城市和小城镇改革发展中心等中国知名智库开展了城镇化课题研究合作（见表 8—2）。

表 8—2　国际机构在中国城镇化领域参与的重大研究课题

报告名称	相关机构	内容概述
2012 年 9 月《中国城镇化战略选择政策研究》	亚洲开发银行东亚局、国家发展改革委规划司、中国城市和小城镇改革发展中心	报告围绕中国城镇化存在的问题及成因，研究中国城镇化战略选择政策，展开了中国城镇化进程的路径与格局、空间布局和结构比较、环境挑战与对策、区域交通发展、关键性体制机制五大专项研究，对中国城镇化发展趋势做出了基本判断，并提出了促进中国城镇化健康发展的政策措施
2013 年 8 月《2013 中国人类发展报告——可持续与宜居城市：迈向生态文明》	联合国开发计划署、中国社会科学院城市发展与环境研究所	报告探讨了在城镇化大背景下，中国经济、社会和环境挑战间的联系，着重指出这三者会对政府在人类发展方面的关注点产生影响，并列举了多个有关中国城镇化管理的重要研究成果及政策性建议
2014 年 4 月《中国：推进高效、包容、可持续的城镇化》	世界银行、国务院发展研究中心	报告全面系统地阐述和分析了中国城镇化取得的成就和面临的挑战，对城镇化进程中迫切需要实施的改革提出了可操作的政策建议，建言中国要推进高效、包容、可持续的城镇化，同时描述了改革情境下 2030 年的中国城镇化格局
2015 年 4 月《中国国家城市政策评估报告》	经济合作与发展组织、国家发展改革委、中国城市和小城镇改革发展中心	这是经济合作与发展组织首次以中国城镇化为主题进行的研究，采用城市功能区的方法，重新制定融合了土地使用、交通及劳动力市场的城市边界，并对城市的土地、劳动力市场及城市治理等方面给出了政策性意见

（三）地方层面推进城镇化国际合作的主要做法

地方政府是城镇化国际合作的主体，其开展城镇化国际合作的做法主要有创建友好城市、开展园区示范、建立交流机制三种。

1. 创建友好城市

创建友好城市旨在推动双边城市政府在经济、文化、基础设施、公共服务以及城市管理各方面的全面合作。在创建方式上，基于双方城市的地理环境、经济基础、支柱产业以及人口文化等条件，选择具有类似特征或者借鉴意义的对象，缔结友好城市关系，开展合作项目，促进双方经济、城市建设领域的发展。

我国创建友好城市活动起源于 1973 年，由中国人民对外友好协会主管，归口外交部领导。地方友好城市工作归口各省、自治区和直辖市人民政府外事办主管。截至 2014 年底，我国的 30 个省、自治区、直辖市（不含港澳台地区）与国外已经成功建立 2120 对友好城市（图 8—1）。此外，其他机构和组织也开辟了多种城市外交渠道和对外合作窗口。例如，中国市长协会在促进城市国际合作方面发挥了积极作用。在中欧城镇化伙伴关系框架下，国家发展改革委与欧盟能源总司共同选取了 12 对中欧城镇化伙伴关系结对子城市和 2 个示范区，以具体项目为载体，有效推动了中欧城市间在城镇化领域的务实合作。

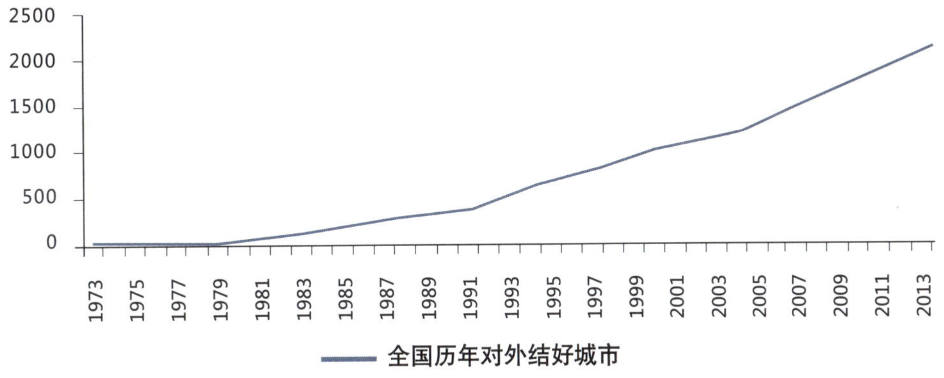

图 8—1　全国历年对外结好城市数量

数据来源：中国国际友好城市联合会友城统计。

在过去 40 年的发展过程中，我国创建友好城市活动呈现了增长快、数量多、区域特征明显等特点。从全国友好城市每年新增数量来看，1973—1977 年结对友城数仅为 5 个，2010—2014 年 5 年间新结的友好城市数量则达到 467 个。从单个国内城市与国外城市结对数量来看，仅北京市就与国外 60 座城市建立了友好城市关系，上海市的国外友好城市数量则高达 71 个。同时，我国友好城市结对具有明显的区域特征，国内城市主要集中于东部沿海省份，江苏、广东和山东分别以 267 对、167 对、146 对位列前三名；国外城市侧重于欧、美、日等经济发达的地区和国家。

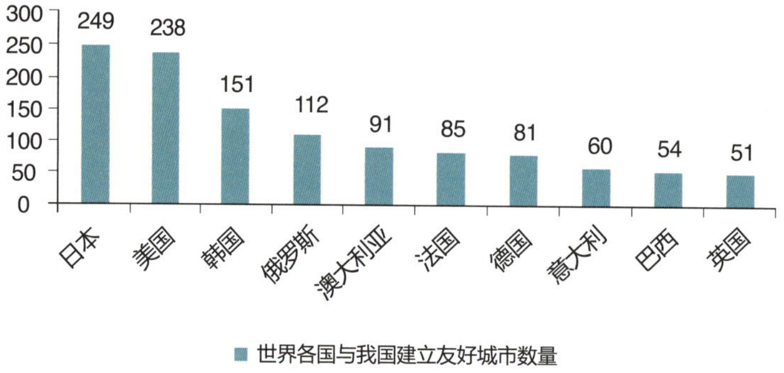

图 8—2　世界各国与我国建立友好城市数量

数据来源：中国国际友好城市联合会友城统计。

专栏 8-2

中欧城镇化伙伴关系结对子城市——浙江省海盐县与丹麦松德堡市的主要经验

2013 中欧城镇化合作论坛活动中签署了合作框架协议，成为中欧城镇化伙伴关系结对子城市之一，合作的主要经验有以下方面：

一、合作建设“零碳屋”

海盐县“零碳屋”是落实中欧合作、建设绿色生态示范城区的重要成果，2015 年 11 月开馆。“零碳屋”（能源学校）位于海滨公园，总建筑面积 530 平方米，项目总投资 1800 万元。建设内容主要包括一幢两层主体建筑及地下室，这些建筑采用智能光线调节、高效保温、智能空调等六大节能系统，应用导光筒采光、自然遮阳、预冷预热地道通风、冷辐射等 20 项节能技术。上述技术使光伏发电和风力发电最佳结合，实现建筑能耗零排放、水资源利用最大化、室内温度和湿度达到人体最佳舒适度等效果。该项目通过了国家绿色建筑三星级认证及美国 LEED 铂金级认证。

二、设立“假日学校”

海盐县和丹麦松德堡市签署了《中欧城镇化合作建设框架协议附录》。根据附录，海盐县将与松德堡市、丹佛斯集团共同合作，将北荡公园改造成为海盐丹佛斯乐园，在提供家庭娱乐的同时，设立“假日学校”，为不同年龄段人群提供自然科普等教育课程。

2. 开展园区示范

中外合作示范园区可以吸引国外资金、技术以及先进管理经验，推动产业结构调整和转型升级，是开展国际交流与合作的重要载体。近年来，国际合作园区的建设水平不断提升，合作领域从最初的工业园区拓展到生态园区、科技园区、健康园区等领域。

中外城市开展示范园区的主要做法有：第一，城市政府牵头合作。典型的合作园区如中欧城镇化伙伴关系示范区佛山新城、中新苏州工业园区、中新天津生态城、青岛中德生态园等。第二，创新管理模式。园区经营管理模式从早期的由政府直接经营，发展为政府提供政策扶持、规划指导等职责范围内的高效服务，把园区经营交给独立投资、自主经营、市场化运作的企业主体。第三，注重产业结构调整及优化升级。各产业园区纷纷研发和转化了大批高质量的项目，实现了产业结构的优化。第四，以绿色发展理念为指导。合作园区在新区设计、旧区改造的过程中，突出节能、环保理念，力求实现低能耗、低污染、低排放的产业集聚。

专栏 8-3

中欧城镇化伙伴关系示范区——佛山新城的主要做法

2014 年，在中国城镇化高层国际论坛上，佛山新城与国家发展改革委城市和小城镇改革发展中心、欧洲发展机构协会签订框架性合作协议，成为中欧城镇化伙伴关系合作示范区。为推动中欧城镇化合作，佛山新城在低碳环保、海绵城市等六方面深化发展特色，积极吸取国内外优秀经验及先进指标体系，高标准、高质量地推进新城建设。

一、以低碳生态引领新型城镇化建设

规划设计方面，借鉴欧洲标准，编制了一系列以低碳、环保为主题的规划。建设方面，参照国际经验，构建以持续发展为目标的用地开发模式，构筑生态功能层次清晰的城市建设格局，继承桑基鱼塘的生态水系格局基础，大力推行佛山新城绿色建筑全覆盖。

二、以海绵城市理念建设现代岭南水城

编制《佛山新城海绵城市建设规划设计导则》，实施雨污分流排水体系，保证水体防洪功能，发挥水网密布优势。具体实践上，开展了一系列建设项目，包括杨滘水利枢纽配套新开河涌工程、潭洲水道城市绿化工程等。

三、以打造绿色建筑为重要抓手

编制了《佛山新城绿色建筑专项规划》《佛山新城能源规划》等，制定绿色建筑碳排放规划指引，明确绿色建筑关键指标，制定绿色建筑控制图则。新城在建绿色建筑面积400多万平方米，取得绿色建筑设计标识认证总建筑面积约170万平方米。其中，GBL三星级认证绿色建筑1处，二星级3处，一星级4处，正申报美国LEED认证绿色建筑1处，另有依云水岸等绿色社区。

四、以智慧城市助力新城转型升级

按照“一个中心、一张网络、八大服务”的总目标，在智慧交通、智慧家居、智慧警务等方面开展工作。具体项目包括：智慧安监巡检项目、智慧市监项目、校园物联网项目等。

五、以现代交通保障新城高效运行

编制了《佛山新城交通建设规划研究》，推进新能源公交及新能源汽车充电桩推广、广佛地铁二期建设、道路建设、城市滨水慢行交通建设、智能公交系统建设，新城现代交通系统逐步完善。

3. 建立交流机制

在全球化的时代背景下，交流机制开展的主体与形式多种多样，既有政府间交流合作机制，也有非政府组织、民间层面的交流合作机制。

目前，国内以交流机制形式开展国际合作大体分为三种类型：一是签约型交流机制，由国家层面签订框架协议，在中方进行试点，开展城镇化框架下的国际交流。二是会员网络型交流机制，通过汇集各国知名企业的会员机构，以年会、论坛等形式探讨城镇化框架下的问题，并衍生一系列合作项目。三是论坛型交流机制，论坛型交流机制形成品牌后，能够汇聚相关领域的顶级代表，共同深入探讨某一领域的合作事宜。

专栏 8-4

中欧共同举办城市博览会

2013年，为落实中欧双方领导人签署的《中欧城镇化伙伴关系共同宣言》精神，推动双方城镇化务实合作，由国家发展改革委和欧盟能源总司共同举办，国家发展改革委城市和小城镇改革发展中心承办中欧城市博览会，展示双方在政府城市管理、智慧城市建设、历史文化继承和生态环境保护等方面的理念和实践，探讨交流城市建设经营的做法和经验。

中欧城市博览会以“交流借鉴互利合作面向未来创新发展”为主题，共有158家中欧城市和企业参展（中方123家，欧方35家），展出面积2万平方米（中方60%，欧方40%），近900个国际标准展位。同时，还举办论坛、研讨会、交流洽谈推介会、签约仪式和媒体专场等丰富多彩的交流活动。

博览会设1个综合馆和9个专题馆。综合馆分中、欧和中欧合作三个展区，展示中国城镇化发展主要成就、欧盟城镇化发展历程与经验、中欧城镇化交流合作的历史与未来。9个专题馆包括城市规划馆、绿色低碳馆、基础设施馆、智慧城市馆、金融服务馆、人文历史馆、公共服务馆、宜居城市馆和新技术馆。

中欧城市博览会受到中欧双方的高度重视。中欧双方领导人及多位政府部门负责人参观了展览，多个欧洲国家的驻华大使、城市负责人和专家学者参观展览并出席相关活动。博览会受到社会广泛关注，国内多个地区的政府、企业、高校、研究机构、社会团体等，组团或派人参观了博览会。同时，博览会还吸引了不少社会大众。据不完全统计，4天展会期间共有7万余人观展。

博览会上，沈阳市与法国勒阿佛尔市签署了下一届“中国欧洲”投资贸易战略合作协议，襄阳市与法国勒兰西市签订了建立城镇化合作伙伴城市协议。上海市宝山区、广东佛山中德工业园与欧盟有关城市、科研院所就合作建设新型城镇化示范区进行了讨论，达成了意向。

二、积极推动与欧美国家的城镇化国际合作

（一）中欧建立城镇化伙伴关系

2012年2月14日，第十四次中欧领导人会晤期间发表了《联合公报》，宣布支持“中欧可持续城镇化伙伴关系”。5月3日，中欧城镇化伙伴关系高层会议在欧盟总部布鲁塞尔举行，时任副总理李克强与巴罗佐主席签署了《中欧城镇化伙伴关系共同宣言》（以下简称《宣言》），标志着中欧城镇化交流合作长效机制正式建立。《宣言》内容广泛，涉及公共服务体系、基础设施建设投融资以及城市治理等全方位的合作。

欧洲城镇在历史文化传承、规划体系和管理理念等方面有很多值得学习的经验。从欧洲城镇化经验出发，中欧城镇化合作的重点在于：城镇化发展战略和政策，城镇化空间布局，城市公共服务体系，城市基础设施建设投融资机制，城市住房供

应体系和模式，城市交通（公共交通和智能交通），城市绿色建筑，城市生态环境保护与治理，城市历史文化风貌保护和景观塑造，以及城乡一体化发展等领域和内容。

为进一步落实《宣言》达成的共识，2013 年 11 月，国家发展改革委与欧盟委员会在北京共同主办了“2013 年中欧城镇化伙伴关系论坛”，同期还举办了“中欧城市博览会”。2015 年 6 月，在布鲁塞尔举办了“2015 中欧城镇化伙伴关系论坛”。

中欧城镇化交流平台的建立和合作机制的完善，让中欧双方在交流城市发展理念、分享中国城镇化和欧洲高技术产业化带来巨大合作效益的同时，根据优势互补、互利共赢的原则开展了合作，为中欧经贸关系的发展注入新的动力。

（二）中英城镇化合作密切

在城镇化国际合作方面，中英政府部门间、城市间和企业间交流与合作紧密。2014 年 11 月，国家发展改革委与英国社区及地方政府事务部签署了《关于加强绿色、低碳城镇化合作的谅解备忘录》，致力于推动中英城镇化发展情况及政策交流、促进中英城镇化领域务实合作。2015 年 9 月，英国财政大臣乔治•奥斯本访华出席中英城镇化论坛。10 月，在出席中英工商峰会期间，习近平主席和英国首相卡梅伦见证了中英城镇化等多个合作项目的签署。中英双方 2016 年将进一步扩大英国外交与联邦事务部“中国繁荣战略项目基金”资助金额，支持中英城镇化等领域加强合作。

（三）中美重点推进智慧城市合作

中美城镇化合作的重点是在智慧城市领域。2008 年 11 月，IBM 首次提出“智慧地球”概念，随后向美国政府正式建议投资建设新一代智慧型信息基础设施。2009 年 8 月，IBM 发布《智慧地球赢在中国》计划书，将智慧地球与中国关联起来。2014 年 11 月，中美两国领导人共同签署发表的气候变化联合声明提出，中美将在清洁能源开发、气候智慧型、低碳型城市等方面开展广泛沟通和合作。2015 年 4 月，李克强总理会见美国总统代表、商务部长普利兹克时明确提出，要将建筑节能、清洁能源、智慧城市三个领域作为新型城镇化合作的重点。2015 年 9 月，美国联邦政府在习近平主席访美期间发布“智慧城市行动倡议”，中美在智慧城市建设领域进入务实合作阶段。

中美智慧城市未来的合作将重点在以下领域开展：建立长效的合作机制；推进智慧产城融合，构建经济引擎；以政策为激励，推动金融多元化，夯实合作根基；增强双边部际合作，推行试点示范；支持市场主体作用，合理开放领域；兼顾战略发展与民生保障；锁定领域实现突破，进而改善城镇功能；构建智慧网络，增强城市韧性。

三、务实推进与东亚国家的城镇化国际合作

（一）中韩城镇化合作前景广阔

中韩两国都经历过城镇化高速增长时期，同时存在资源（特别是土地资源）紧缺等问题，韩国经验更容易被中国借鉴，中韩政府之间、企业之间合作的空间很大。

2014 年 7 月，在习近平主席访韩期间，国家发展改革委主任徐绍史和韩国企划财政部部长玄旴锡签署了《中华人民共和国国家发展和改革委员会与大韩民国企划财政部关于携手创新促进经济可持续发展的谅解备忘录》。2015 年 1 月，第十三次中韩经济部长会议在北京召开，决定将习近平主席提出的“一带一路”战略和朴槿惠总统提出的“欧亚倡议”作为 2015 年中韩双边合作的要点，共建“新万金韩中经济合作园区”，围绕产业投资、战略性新兴产业、风险投资、城镇化、大气污染治理与气候变化等重要议题展开交流合作。2015 年 10 月，在北京举行中韩城镇化合作会议。

中韩城镇化合作重点突出体现在以下几个方面，即城市空间布局、公共服务体系、基础设施投融资、住房供应体系、智慧城市、交通可持续发展、绿色建筑等。

（二）中日建立城镇化合作交流机制

中国在城市化快速发展时期所面临的背景、环境、挑战等与日本存在诸多相似之处，日本在节能环保与可持续发展、城市规划及基础设施建设、土地资源集约利用、交通导向发展等方面拥有丰富的经验。

中日两国城镇化国际合作的重点在节能、环境保护、可持续发展等领域，借助论坛等形式推动务实合作。2006 年 5 月 29 日至 31 日，在日本东京举办了首届“中日节能环保综合论坛”，标志着中日两国在城市发展领域正式展开政府间合作。论坛自首次举办以来，每年在两国轮流举办，至今成功举办九届，累计达成合作项目 285 个，成为两国经贸合作的一个亮点，也是两国城市发展、节能环保领域合作的重要平台。

除节能环保综合论坛外，其他城镇化领域的中日合作也在不断开展。2015 年 3 月 29 日，在中国召开中日绿色城镇化国际研讨会，讨论“绿色城镇化指标体系”“城市发展与社会”“城市发展与环境”等议题。中日城镇化交流机制的建立，对于从技术层面加强和推进中日两国经济界在城镇化和智慧城市的务实合作上具有极其重要的现实意义。

四、促进国际组织与中国在城镇化领域的合作

（一）APEC 伙伴关系

2013 年，巴厘岛《亚太经合组织第二十一次领导人非正式会议宣言》正式认可城镇化为亚太地区新的增长领域。2014 年，亚太经合组织领导人一致认为，亚太地区正在经历快速城镇化进程，城镇化健康、可持续发展有助于推动亚太地区创新增长，实现繁荣、包容及可持续发展。因此，亚太经合组织领导人批准了《亚太经合组织城镇化伙伴关系合作倡议》。2015 年，亚太经合组织第二次高官会批准了城镇化“主席之友”职责条款，为推动城镇化领域成果落实提供了进一步的指导。

为进一步落实城镇化领域成果落实，2016 年国家发展改革委和外交部将共同主办首届“亚太经合组织城镇化高层论坛”，通过搭建交流平台，分享经验教训，促进各国投资、贸易、基础设施建设等方面合作融合，推动城市品质提升。

（二）联合国人居署

联合国人类住区规划署（简称“联合国人居署”）与中国在城镇化领域的合作关系良好，曾经举办“2008 中国人居典范推介活动暨联合国人居署全球最佳范例奖中国推介活动”。第三届联合国住房和可持续城市发展大会将于 2016 年 10 月在厄瓜多尔召开，主题为“可持续的城市化和我们现有城市的未来”，此次会议上将举办中国主题活动。与联合国人居署合作，推动联合国人居署全球最佳范例项目在中国推广应用，有利于推进中国生态城市、绿色环保住宅的建设，加快中国人居达到国际先进水平的步伐。

（三）亚洲开发银行

亚洲开发银行（简称“亚行”）与中国政府共同发布了 2011—2015《国别合作伙伴战略》，重点关注城市发展，强化贷款技术援助与区域合作及一体化项目的协同作用。亚行还与中国城市和小城镇改革发展中心合作开展课题研究，并为辽宁、河北、山西等小城镇发展示范，重庆市、甘肃天水、新疆阿勒泰等基础设施建设，武汉、湖北黄石等环境治理的相关项目进行贷款援助。

综上所述，城镇化国际合作中应坚持以实际需求为导向，通过政府引导、企业主导，“引进来”与“走出去”并重方式，推进战略层面与具体领域的务实合作。通过拓展加深国外政府、机构、企业间的交流，促进国际经济要素有序自由流动、资源高效配置和市场深度融合，为我国经济社会在新常态下的稳步增长寻求新动力。

第三篇

地方篇

北京市

新 型 城 镇 化 推 进 情 况

2015 年全市常住人口城镇化率 86.5%，增长 0.15 个百分点。主要工作进展和成效有：

一是加强政策统筹，推进体制机制改革。推进建设用地管理制度改革，启动农村村庄地籍调查试点工作，进一步优化土地储备开发项目审批流程，进一步规范企业投资土地一级开发项目利润管理；整理规范农村集体建设用地使用权确权登记发证工作成果，按照京津冀协调发展纲要和通州行政副中心建设要求，梳理全市集体建设用地并确定减量发展目标。推进人口制度改革，研究制定积分落户制度和居住证管理办法，逐步有序解决符合首都城市功能定位和经济社会发展需要、长期在京稳定就业和生活的常住人口落户问题，提高人口服务管理水平。推进农村体制机制改革，服务首都城市战略定位全面推进城乡发展一体化，出台了相关配套政策文件，推进农村土地承包经营权确权登记颁证工作，引导农村产权流转交易市场健康发展；推进农村金融改革，支持小额贷款公司服务“三农”，开展生态公益林保险试点，在大兴区建立创新型“三农”保险示范区。

二是加大资金投入，夯实发展基础。创新城镇化投融资体制，重点推进小城镇污水处理市场化建设，开展 3 批 8 个区小城镇污水处理设施市场化建设项目；采用“源网分开”模式，启动 6 个远郊区镇域供热市场化试点。推进城乡结合部建设，实施城乡结合部建设三年行动计划，按照“安居、乐业、一体化”目标，全年完成城乡结合部 50 个重点村建设。支持 42 个重点镇为主的小城镇建设，提升重点镇综合承载能力，吸纳本地从业人员 5.6 万人就业。完善农村基础设施，进一步明确农村基础设施长效管护资金渠道，理顺财政支农专项转移支付资金的分配及管理模式，开展农村地区“减煤换煤、清洁空气”行动，全年完成减煤换煤 140 万吨；加快实施农村电网改造，实施农网项目 385 项。

三是加大协调力度，推进改革试点。大力推进国家级新型城镇化综合试点，结合土地一级开发、棚户区改造等方式助推本地农民就地市民化，统筹集体建设用地集中集约利用，设立新型城镇化投资基金、组建PPP项目库等方式吸引社会资本、金融机构参与新型城镇化建设。通州区制定农村产权流转交易市场建设试点，开展新型城镇化标准化建设；大兴区推进农村集体经营性建设用地入市试点，首宗集体土地完成入市交易；房山区开展农业水价综合改革试点；平谷区开展中小城市综合改革试点。统筹推进市级城镇化试点工作，开展“一道绿隔”地区城市化试点，完成腾退集体产业256万平方米，拆除违法建设47万平方米，疏解人口约7万人，新增规划绿地156.7公顷；开展“二道绿隔”地区统筹集体建设用地试点，推进“规划还绿”，缓解人口资源环境矛盾，解决农民在社会结构转型过程中的利益依托问题；开展怀柔区盘活闲置农宅发展休闲养老试点，建立“农民所有、合作社使用、企业经营、政府管理服务”四位一体的运行机制，丰富城市养老体系，有效促进当地农民增收致富。开展海淀区四季青镇整建制农转非试点，整建制转居25370人。

天津市

新型城镇化推进情况

2015年全市常住人口城镇化率82.64%，增长0.37个百分点。主要工作进展和成效有：

一是加快推进户籍制度改革。创新人口管理，加快推进户籍制度改革，稳步推进义务教育、就业服务、基本养老、基本医疗卫生、计划生育、住房保障等城镇基本公共服务覆盖全部常住人口。

二是扎实推进居住证管理制度。2014年起试行居住证管理制度，居住证持有人可享有11个方面的基本公共服务，按照“居住证+积分入户+员额总量”的原则，对居住证持有人实行积分入户，已有55.9万人领取居住证，1.8万人获得积分入户资格。

三是积极推进农村“三改一化”改革试点。推进农村集体经济股份制改革、“农改非”、“村改居”，实现城乡一体化的“三改一化”改革试点，积极鼓励农业人口转为非农业户籍，为最终实现城乡户籍一元化管理奠定基础。2011 年以来为 4.91 万户、12.6 万名农村人口办理了农业户口转为非农业户口手续。

四是不断扩大农民工社会保障覆盖面。2010 年起，天津市医保制度实现从城镇到乡村、从职工到居民、从新生儿到老年人、从本市人到外来务工人员、台港澳人员和外国人的全覆盖，参保率稳定在 95% 以上。大力保障农民工各地职工养老保险、居民养老保险关系的顺畅转移和衔接。

五是积极解决农民工住房问题。连续 9 年将住房保障工作列入年度 20 项民心工程，不断加大政府投入力度、扩大保障性住房建设规模。全年开工建设保障房 3 万套，基本建成保障房 7.5 万套，新增发放“三种补贴”1 万户。在外来务工人员集中的滨海新区建设蓝白领公寓，供外来务工人员租赁居住，目前已建设并配租此类住房 3 万余套。

六是着力提升农民工职业技能水平。每年对 8 万农村转移就业劳动者开展就业技能培训，对 10 万在岗农民工开展岗位技能提升培训，按课时给予一定的生活费补贴，对于取得相应职业资格证书的给予一定的鉴定费补贴、培训津贴。

七是加快推广绿色建筑。发挥中新天津生态城引导作用，开工建设 10 片区域绿色建筑项目。推行绿色建筑设计、竣工验收、运行的三段式评价机制。绿色建筑开工建设占同期建设的建筑项目比重达到 20% 以上。

八是积极推进城镇基础设施投融资体制改革。下放投资建设管理权限，以区域城市建设体制改革为试点，发挥市区两级基础设施投资建设的作用。对于部分供热、污水等经营类项目，开展特许经营，通过公开招标吸引社会资本投资建设运营；对建筑垃圾资源化利用，研究建立特许经营工作机制；对轨道交通部分新建项目，组织相关部门研究合资合作或 PPP 投资建设模式；对于城市道路、排水等公益类项目，组织研究政府采购、投资建设一体化、吸引社会资本运营等建设管理模式。

河北省

新 型 城 镇 化 推 进 情 况

2015 年全省常住人口城镇化率 51.33%，增长 2 个百分点。主要工作进展和成效有：

一是全面推进新型城镇化与城乡统筹示范区建设。推进落实《京津冀协同发展规划纲要》，省委省政府出台《关于加快新型城镇化与城乡统筹示范区建设的意见》，组织召开新型城镇化与城乡统筹示范区建设专题研讨班，明确以县域经济、县城建设和美丽乡村建设为重点的新型城镇化工作。编制完成《河北省城镇化发展报告》，对近 10 年来河北省城镇化发展情况进行梳理总结。

二是推进农业转移人口融入城镇。将农民工纳入城市住房保障体系，大力发展县城寄宿制中小学校，将外来务工人员随迁子女纳入公共教育体系。探索将城镇保障房政策向农村特别是贫困地区延伸，将农业转移人口纳入住房保障体系，逐步拓展至乡镇教师、医护人员、政府公职人员。

三是加强城镇产业就业支撑。加快产业结构调整，新增科技型中小企业 5000 多家，第三产业增加值占全省生产总值比重达到 37.2%，大力营造良好创业就业环境，落实税收优惠政策，全省减免小微企业、高新技术企业所得税 4.7 亿元。

四是优化城镇化布局形态。把县城作为推进城镇化的突破口，部署开展县城建设三年提升行动，每年安排 4.2 亿元的专项资金推动 38 个试点县（市）加快城建投融资改革，促进县城建设提档升级。积极推进设区市行政区划调整，县城数量从 132 个减少至 128 个，保定市和秦皇岛市辖区面积分别扩大 2219 平方公里和 1620 平方公里，辖区人口分别增加 160 万人和 50 万人，发展空间进一步拓展。

五是推进新型城市建设。推进石家庄市等 13 个地区开展国家智慧城市试点。支持迁安市在 21 平方公里区域内开展海绵城市建设试点，颁布实施《河北省城市地下管网条例》、地下综合管廊建设技术导则和规程。积极推广绿色建筑，推行居住建筑 75% 节能标准，发展被动式低能耗建筑建设。

六是提升城镇规划建设管理水平。全面开展城乡总体规划编制工作，全省城市（含县城）市政基础设施投资完成 2100 亿元，保障性住房和棚户区改造住房开工 20 万套、基本建成 17.5 万套，实施县级中小型体育场所建设，新增室内外体育设施面积 13.5 万平方米。

七是推动城乡一体化发展。大力推进石家庄市等 5 个地区开展国家新型城镇化试点工作，印发《河北省省级新型城镇化综合试点工作方案》，公布了 17 个市、县（镇）为试点地区。在 21 个县启动城乡发展一体化试点，着力推进产业向农村拓展、基础设施向农村延伸、公共服务向农村覆盖。圆满完成冬奥沿线风貌景观总体规划和 3006 个美丽乡村重点村规划设计任务，在 50 个县开展城乡垃圾一体化处置试点。确定 33 个农村改革试点，支持新型农业经营主体发展。

山西省

新 型 城 镇 化 推 进 情 况

2015 年全省常住人口城镇化率 55.03%，增长 1.24 个百分点。主要工作进展和成效有：

一是农业转移人口市民化有序推进。成立山西省户籍制度改革工作领导小组，召开全省进一步推进户籍制度改革工作电视电话会议，积极推进户籍制度改革。全面推动流动人口居住证制度，保障居住证持有人享有规定的合法权益和基本公共服务。加快推进义务教育均衡发展，实行中小学教师“县管校聘”管理改革。全年完成农业转移劳动者职业培训 39 万人次，培训合格率达到 91%。加大保障性住房建设力度。全民参保登记计划试点扩大到全省 7 个地市，实现部省两级全民参保登记系统的数据共享和同步。深入推进“五险统征”体制建设。

二是城镇综合承载能力明显提升。县级市控制性详细规划覆盖率达到 50%，县城达到 40%，35 项村庄规划编制试点全部完成。全年完成城市市政基础设施建设投资459.78亿元。创建容貌示范街道40条，保洁示范街道44条。加快“宽带中国”示范城市建设步伐，提升城市宽带接入能力。全省获得绿色建筑标识项目9项，大型公共建筑、政府投资类公益性建筑的绿色建筑标准执行率100%，保障性住房绿色建筑标准执行率83.45%。加快园林绿化建设，继续深入推进园林城市创建。加强大气污染防治，淘汰燃煤锅炉1732台，太原等7个市完成重污染天气监测预报预警系统建设。

三是城镇空间布局不断优化。太原晋中同城化建设进展顺利，晋北、晋南、晋东南三大城镇群发展加快，“一核一圈三群”的城镇化布局不断优化。以山西科技创新城建设为抓手，加快推进太原晋中同城化，山西科技创新城完成相关规划批复，中科院、清华大学等27家研发机构确定入驻，科技创新综合服务平台、核心区基础设施以及一批研发机构项目开工建设，两市在道路、公共租赁住房建设、公交互通、通信、金融联通等方面取得明显进展。大同都市区、上党城镇群和临汾百里汾河经济带建设加快推进。

四是城镇化体制机制不断完善。出台《山西省新型城镇化规划》，制定《山西省推进新型城镇化2015年重点任务》，建立省级城镇化推进工作领导小组会议制度，工作机制不断健全。全省下达城乡建设用地增减挂钩周转指标超过14万亩，在108个县区的217个项目区开展工作。下达工矿废弃地复垦利用新建指标7000亩。13座露天矿获批开展露天采矿临时用地改革试点，面积总计22.88万亩。有序推进泽州县开展农村集体经营性建设用地入市试点。推动山西股权交易中心加大创新力度，支持企业股权融资。组织召开“山西与各大银行座谈会”，积极争取与各大银行和相关金融机构合作支持城镇化建设。支持鼓励有条件的县积极开展城镇化建设基金组建工作，争取创新县域经济市场化融资机制、推动政府转变职能，更多地发挥民间资本的作用。

内蒙古自治区

新 型 城 镇 化 推 进 情 况

2015年全区常住人口城镇化率60.03%，增长0.79个百分点。主要工作进展和成效有：

一是城镇化进程明显加快。“十二五”期间常住、户籍人口城镇化率年均分别提高0.9和0.4个百分点，新增城镇常住人口135万人。深入推进户籍制度改革，进一步放宽户口迁移条件，全面放开中等城市、建设镇落户限制，农牧业人口进城落户增速明显加快。城镇体系逐步完善，大中小城市和小城镇横向错位、纵向分工协作的格局正在形成，城镇控制性详细规划覆盖率已达到80%以上。

二是城镇公共服务能力进一步增强。推进居民身份证区内异地办理。学籍管理实行人在籍在、人走籍转、籍随人走、跟踪到底的管理办法，保障随迁农（牧）民工子女实现无障碍就读小学、规范就读中学的接续办法，确保不让一个随迁子女失学。全区义务教育阶段进城务工随迁子女28.99万人，在公办学校就读的比例达到95.73%。充分发挥国家级转移就业示范县、示范点带动就业作用，组织开展“区内东西部劳务对接”“京蒙劳务对接”和“周边省区劳务对接”工作，着力打造特色服务品牌和家庭服务品牌，进一步提高农村牧区富余劳动力输出组织化程度。社会保障水平逐步提高，全年下拨社会救助资金59.38亿元，将13.5万户城镇困难居民纳入住房保障，为14.1万名农村牧区困难群众进行危房改造，帮助就业困难人员实现就业5.4万人。城镇居住条件进一步改善，全年实际开工城镇保障性住房28.5万套，基本建成18.9万套。

三是产城融合能力进一步增强。通过出台相关政策，优化产业布局，引导人口向产业集聚区转移。推进服务业加快发展，设立现代服务业股权投资基金，推进52家自治区级服务业集聚区建设，服务业就业人员占全社会就业人员比重预计达到45%。降低住房公积金贷款和提取门槛，实施异地公积金贷款政策，合理控制房地产市场增量，积极消化库存。全年城镇创造了90%以上的地区生产总值，容纳了近60%人口，创造了87.5%的消费能力，完成了93%的投资，成为集聚人口、资源、产业的最大平台。

四是城镇承载能力持续增强。“十二五”期间，新增公路里程1.7万公里、铁路运营总里程4500公里、机场12个，呼和浩特市轨道交通开工建设，包头市轨道交通已批复线位规划，各城市内部公交出行率明显提高，现代综合交通运输体系逐步完善；累计完成城建投资3700多亿元，人均道路面积、公园绿地面积、垃圾无害化处理率均高于全国平均水平。不断推广绿色建筑及建筑节能，完成1554万平方米既有居住建筑节能改造。呼和浩特市等4个城市通过“国家园林城市”验收，76个旗县市启动“生态宜居县城”创建活动。包头市列入国家地下综合管廊建设试点城市，呼伦贝尔市等地海绵城市示范工程建设稳步推进，鄂尔多斯市等5个市开展国家智慧城市试点。着力提高社区基础设施建设标准，城市社区达标率86%。

辽宁省

新型城镇化推进情况

2015年全省常住人口城镇化率67.35%，增长0.3个百分点。主要工作进展和成效有：

一是城镇布局更加协调。编制发布全省新型城镇化规划，修编全省城镇体系规划，引导优化城镇布局和形态。完善“一群、一带、一轴”的空间布局结构。建设辽宁中部城市群，以沈阳市为核心，推进沈抚同城化、沈本一体化、沈铁一体化、鞍辽一体化，推进营口出海口建设。建设辽宁沿海城镇带，以大连市为核心，以营大为主轴，以丹东、锦葫为两翼，统筹建设金普新区等重点园区与城区。建设沈大城镇轴，发挥沈阳和大连中心城市带动作用，促进沿海和腹地发展互动。

二是基础设施更趋完善。城镇交通、通信、电力、燃气、供排水、垃圾和污水处理等基础设施日趋完善，城镇综合承载能力不断提高。沈丹客专、丹大快速铁路建成通车，轨道交通线路达到 6 条、总里程 137 公里，绥中电厂改接华北电网工程顺利投产。抚顺新抚区等城区老工业区搬迁改造取得进展，沈阳市列入地下综合管廊试点城市，铁岭、盘锦市编制完成海绵城市建设专项规划。2010 年以来，全省完成城中村、城边村改造 100 多万户，城镇人均居住面积 31 平方米，住房保障覆盖率超过 17%。

三是公共服务体系逐步健全。扩大学前教育公益普惠性范围，提高对残疾学生和家庭经济困难学生资助水平，增加普通高中、中职学校国家助学金标准。出台了高校创新创业教育改革和地方高校向应用型转变的意见，提升高校人才培养质量和服务经济发展能力。城市公立医院综合改革试点取得成效，89 家县级公立医院全部取消药品加成。新改建了 52 所乡镇卫生院和 1007 个标准化村卫生室，实现了每个乡镇有 1 所政府办卫生院目标。城乡居民大病保险实现全覆盖。疾病应急救助制度基本建立。企业退休人员基本养老金标准月人均提高到 2230 元，城乡低保标准平均提高 10%。上调了最低工资标准。城镇居民医疗保险和新型农村合作医疗政府补助标准均提高到 380 元。积极推动文化惠民项目，“书香辽宁”建设取得新成果。新修缮的阜新“万人坑”死难矿工纪念馆，成为爱国主义教育示范基地。

四是支撑条件明显改善。发挥沿海港口优势，参与“一带一路”建设。大连港中韩俄国际大通道建设取得新进展，营口中韩自贸示范区建设全面启动，丹东加快构建东北东部经济带出海新通道。葫芦岛承接京津冀产业转移取得新成果，铁岭与四平、通辽构建经济协作区起步顺利。沈阳被列为国家全面创新改革试验区，中德（沈阳）高端装备制造产业园建设方案获得国务院批复。大连金普新区改革步伐加快，先行先试取得初步成效。实施碧水、青山、沃土和蓝天工程，集中开展大气污染治理专项行动，辽河流域、大伙房水源保护区成为国家首批生态文明先行示范区。

吉林省

新 型 城 镇 化 推 进 情 况

2015年全省常住人口城镇化率55.31%，增长0.5个百分点。主要工作进展和成效有：

一是城镇体系规模不断优化。国务院批复撤销九台市，设立长春市九台区。全省城市数量达到28个，城市建成区面积达到1293.82平方公里，100万以上人口的大城市2个，初步形成了中部城市群、东部图们江区域组团、东南部通白城镇组团、西部白城城镇组团“一群三组团”城镇化发展格局。

二是城镇综合承载能力不断增强。设立长吉产业创新发展示范区，推动长春、吉林两个大城市提升质量、转型升级。全年城镇保障性安居工程建设基本建成9.07万套，分配入住2.8万户。全面推进城市综合管廊试点，完成投资6.5亿元。白城市开展海绵城市试点，完成投资14亿元。“气化吉林”进程加快，长春市、吉林市等10个城市实现管输供气。全面启动10个城区老工业区和33个独立工矿区搬迁改造，搬迁改造城区老工业区60户重点企业，重点实施独立工矿区改造搬迁项目89个。

三是农业转移人口保障水平不断提高。全年城镇人口增加58937人，农业转移人口进城落户7061人。实施农民工职业技能提升计划，全年培训农民工11万人。新建15个农民工市民化服务中心，服务培训农民工5000人次。开展农村劳务经纪人培育试点。保障进城农民在就业、经商、养老保险等方面享有与城镇居民同等待遇，到城市自主创业和兴办实体的，享受城市下岗职工优惠政策。符合住房保障条件的，可按规定申请公共租赁住房。建成省内异地即时结算平台，全面落实流动就业人员医疗保险关系转移和异地就医即时结算政策。12.6万名适龄随迁子女申请并在流入地接受义务教育。

四是城镇化保障机制不断创新。全年安排省级新型城镇化建设专项资金2.85

亿元。各市县编制完成城镇化发展规划和城市总体规划。建立县乡两级土地流转管理服务中心 881 个，全省农村土地流转 1683 万亩，占二轮承包面积的 27%。开展农村集体资产产权制度改革试点，探索建立集体土地股权化、集体资产股份化模式。深化用地审批制度改革，完善城镇化用地快速审批机制，全年批准城镇建设用地 2968 公顷。

五是新型城镇化试点示范不断深化。推动长春市等国家新型城镇化综合试点地区项目融资工作，发放城镇化专项贷款约 500 亿元。长春市选择东北新区、九台区和农安县为试点，推进"四规合一"规划编制。全省在 18 个镇实施重点城镇扩权改革试点，5 个县市启动生态城镇化试点。22 个示范小城镇共建成农民集中居住社区 29 个，累计转移农业人口 7.8 万人，形成城乡双向一体化、就地城镇化等多种发展模式。

黑龙江省

新　型　城　镇　化　推　进　情　况

2015 年全省常住人口城镇化率 58.8%，增长 0.79 个百分点。主要工作进展和成效有：

一是城镇基本公共服务体系更加完善。保障体系不断完善，全省城镇职工基本养老保险、城镇基本医疗保险、工伤保险、生育保险参保人数分别达到 1111.8 万人、1594 万人、515 万人、357.05 万人。出台流动就业人员基本医疗保障关系转移接续暂行办法，为解决流动性、季节性等灵活就业人员医保转移接续困难问题提供政策保障。就业质量不断提高，组织专场招聘会 486 次，开展各类培训达 49064 人。实施资源型城市和老工业基地城市困难企业专项就业帮扶计划。医疗卫生服务水平持续改善，公立医院改革进一步深化，在政府办县级医院逐步取消药品加成，引进社会资本参与公立医院改制和经营，推进了 100 个区域医疗联合体建设。基本药物制度和基层运行新机制得到巩固完善，全省政府办基层医疗卫生机构全部实施国家基本药物制度，二级以上公立医院基本药物配备率达到了20%以上。在哈尔滨等19个市县开展流动人口基本公共卫生计生服务均等化试点，覆盖全省70%的流动人口。办学条件和教育质量不断提升，实施第二期学前教育三年行动计划，新建和改扩建公办幼儿园100所。推进县（区）域内义务教育学校校长教师交流轮岗。研究探索高职院校分类考试招生模式。推进高教强省建设和高教综合改革试点。

二是**城镇基础设施建设加快推进**。哈齐客专、牡绥扩能改造建成通车，哈尔滨集装箱中心站建成，哈佳快速、哈牡客专加快建设，哈尔滨火车站改造启动。全年交工高速公路263公里，一、二级公路916公里，农村公路3000公里。哈尔滨机场改扩建进展顺利，建三江、五大连池机场开工建设，绥芬河机场前期工作取得积极进展。哈尔滨地铁1号线三期、3号线一期工程进展顺利，2号线一期、3号线二期工程开工建设。通信基础设施建设成效显著，完成基站建设3.1万个，新建光纤端口4.7万个。城镇基础设施功能不断提升，全省“三供三治”开复工建设项目325项，升级改造净水厂28座，新增日供水能力29万吨；改造老旧供热管网1454.77公里，撤并小锅炉761台；新增供气用户9.36万户，新增污水日处理能力22万吨，新增垃圾日处理能力2430吨。购置清冰雪机械设备286台套，13个地级市清冰雪机械化率达到92%，县城清冰雪机械化率达到55%。保障性安居工程进展顺利。城镇基础设施建设投融资模式创新取得积极进展，建立全省统一PPP项目库，储备项目271个，实施了哈尔滨地铁工程、哈尔滨综合地下管廊等项目。

三是**国家新型城镇化综合试点情况**。省政府印发《关于推进国家新型城镇化综合试点的若干措施》，制定了21条支持试点工作的具体政策。各试点城市按照国家批复的方案要点有序进行试点工作。哈尔滨市实施差异化落户政策，4个主城区落户门槛进一步降低，创新设立生活困难群体助保贷款。齐齐哈尔市出台农民工子女接受义务教育政策，农民工子女不受区域限制，自主择校就学。牡丹江市开展18个重点镇简政放权试点，优化了镇级机构设置。

上海市

新 型 城 镇 化 推 进 情 况

2015 年全市常住人口城镇化率 87.6%，减少 2 个百分点。主要工作进展和成效有：

一是城镇规模结构进一步优化。持续推进新城功能建设，适度把握新城开发节奏。分类推进镇的发展，完善镇村规划体系。根据城市化面积和常住人口规模合理设置基本管理单元，充实基层服务管理力量。开展强镇扩权试点。

二是城乡基本公共服务均等化水平不断提高。统一全市城乡居民最低生活保障标准、城乡低收入认定标准和城乡特困供养对象救助标准，实现养老服务补贴城乡一体化。全面落实新农合“五统一”，城乡居民医疗保障水平差距进一步缩小。统一上海城乡户籍职工参加失业保险办法，约 48 万上海农村户籍职工参加了失业保险。打通职业农民参加职业保险的通道，约 50 家农业经营组织办理了集体参保申请。义务教育基本公共服务市级统筹力度加大，在明确学校建设、装备配置、教师配置及收入等标准的基础上，形成全市统一的义务教育生均拨款基本标准动态调整机制。

三是郊区基础设施建设进度切实加快。调整郊区轨道交通、国省干道、区区对接道路等基础设施支持政策，推动郊区基础设施建设进度，全年新增 40 公里轨道交通投入运营，沿江通道、越江隧道等工程进入主体结构施工阶段，完成 774 座桥梁改造和 2744 条、总长为 1058 公里的薄弱村道路改造。

四是郊区产业转型升级进展良好。推动各类开发区二次开发和产业升级，提高乡镇产业地块的开发管理水平和招商层次。加强新城和镇域空间内的产城融合。明确保留提升、转型发展、淘汰关停的产业类型和企业目录，加快淘汰落后产能和拆除非集建区内工业点。

五是郊区城市管理水平逐步提高。研究出台做实基本管理单元的相关政策。

编制完善综合管理标准，将城市网络化管理向农村延伸，逐步实现全覆盖。下沉执法管理力量，基本完成郊区县市场监管体制改革，将区县市场监管局管理和执法力量的 65% 左右编制配置到基层市场监管所。

六是农村水环境和生态综合整治成效显著。加强对农村河道整治工程和管理养护的政策支持，推进 200 公里重点河道整治。实施水污染防治行动计划，确定截污纳管和整治不规范中小畜禽养殖两项改善水环境重点工作，全面完成郊区建成区直排污水点截污纳管任务，全年完成 17 个规模化养殖场污染减排项目，查处存在违法排污行为养殖场 41 家。出台进一步加强生态环境综合整治工作的实施意见，启动涉及 9 个郊区县的 11 个重点地块生态环境综合整治。

七是各项农村改革稳步推进。大力推进农村集体经济组织产权制度改革，累计有 1458 个村级集体经济组织完成产权制度改革、90 个镇完成镇级集体资产产权界定工作，15 个镇级集体经济组织完成产权制度改革。推进土地承包经营权规范有序流转，全市 1061 个村完成确权登记工作，承包地流转比例达到 73.7%。

江苏省

新 型 城 镇 化 推 进 情 况

2015 年全省常住人口城镇化率 66.52%，增长 1.31 个百分点。主要工作进展和成效有：

一是深化改革完善制度，农业转移人口市民化有序推进。进一步放宽城镇落户条件，实行本地居民凭合法稳定住所户口通迁制度。出台《江苏省流动人口居住管理办法》，累计发放居住证 1933 余万张。推进农业转移人口各类社会保险关系跨地区、无障碍转移接续。全年城镇住房新增保障外来务工和新就业人员超过 10 万人。南京等地出台共有产权住房实施细则，常州等地开展公共租赁住房租售并举试点。开展“千企万人”调查，下达省级就业培训补贴资金和农村劳动力职业技能培训鉴定获证奖补资金 2.5 亿元。

二是优化城乡空间布局和城镇体系，新生中小城市和新型城市建设步伐加快。发布实施《江苏省城镇体系规划》，开展《宁镇扬同城化发展规划》等区域性规划编制。调整优化常州、盐城、无锡 3 个中心城市市区行政区划设置，减少 2 个区县建制。在 20 个经济发达镇开展行政管理体制改革试点。实施苏北地区重点中心镇建设及临海城镇培育行动计划。积极推进 10 个创新型城市、62 个创新型县（市、区）和 205 个创新型乡镇建设，推进苏州工业园区国家开放创新综合试验区建设。颁布施行《江苏省绿色建筑发展条例》，出台推进建筑产业现代化的意见。开展“智慧苏南”战略规划研究，推进扬州等地开展中欧智慧城市合作试点和国家智慧城市建设试点。实现历史文化名城、名镇、名村保护规划全覆盖，大运河项目成功入选世界文化遗产名录。南京江北新区获批国家级新区。

三是统筹谋划全面推进，全省城乡基本公共服务体系加快完善。出台促进就业创业各类政策 114 条。实现所有学段教育经费保障机制和生均财政拨款标准全覆盖，实现县域义务教育基本均衡全覆盖。义务教育阶段进城务工人员随迁子女在公办学校就读比例达 87%。全省 35 个统筹地区实现城乡居民基本医疗保险制度整合。实施全民参保登记计划，城乡社会保障待遇水平稳步提高。城乡基层医疗卫生机构基本实现服务全覆盖，“15 分钟”健康服务圈基本形成。颁布实施《江苏省养老服务条例》，省级财政对社会养老服务体系建设投入 7.2 亿元。

四是多措并举上下联动，城乡社会治理水平进一步提升。在 906 个乡镇（街道）推行“政社互动”。114 个单位获得全国和谐社区建设示范单位称号。全年用于购买社会组织服务或支持社会组织发展的资金 9692.58 万元。将持有当地居住证的非本地户籍人口纳入临时救助范围，39 个县（市、区）实现城乡低保标准并轨。全省综治信息系统实现市、县、镇、村全覆盖。

五是标本兼治统筹推进，城乡生态环境进一步改善。13 个省辖市均印发辖区生态红线规划、管控办法、补偿政策。累计有 4 万多家企业领取了排污许可证，在无锡市等地开展刷卡排污试点，推进排污权有偿使用和交易试点。推进水环境区域补偿由太湖、通榆河流域扩展到全省。煤炭消费总量、煤炭占能源比重连续第二年“双下降”。组织实施全省重点环境风险企业环境安全达标建设工程。推进覆盖拉网式农村环境综合整治。

浙江省

新 型 城 镇 化 推 进 情 况

2015年全省常住人口城镇化率65.8%，增长0.93个百分点。主要工作进展和成效有：

一是坚持规划引领。开展《浙江省域国土空间总体规划》编制工作。推进实施《浙江省新型城市化“十二五”发展规划》《浙江深入推进新型城市化纲要》。编制实施环杭州湾、温台、浙中三大城市群规划，启动编制杭州、宁波、温州、金—义四大都市区规划。编制实施新一轮省域城镇体系规划和县（市）域总体规划，加快推进县（市）域城市化。全省近200个中心镇完成新一轮城镇化总体规划修改，近2万个村完成村庄规划编制。

二是坚持产城融合。推进“五水共治”“四换三名”工程，推进互联网和制造业统筹发展。推进大平台大产业大项目大企业“四大建设”，实施小城市培育试点，打造15个省级产业集聚区和100个现代服务业集聚示范区，规划建设100个特色小镇。

三是坚持城乡统筹。积极改善城乡人居环境。全力推进大气防治、“三改一拆”、交通治堵、“四边三化”和村庄整治。深入实施大气污染防治行动计划。大力改造旧住宅区、旧厂区、城中村，腾出土地约32万亩。进一步开展公路边、铁路边、河边、山边等区域的洁化、绿化、美化行动，累计建成46个美丽乡村创建先进县、581个国家级生态乡镇。推动基本公共服务均等化向农村延伸，省、市、县、乡、村五级文化设施网络基本实现全覆盖。城乡养老和医疗保障制度实现全覆盖，居家养老服务设施基本覆盖城市社区和75%以上的农村社区。

四是坚持改革驱动。深化农村产权制度改革，积极推进“三权到人（户）、权跟人（户）走”，推进农村“三权”确权颁证和农村产权流转交易市场建设。深化公共服务制度改革，推进“统一登记、城乡并轨”的户籍管理制度，逐步取消依附于原有户籍基础上的各项差异政策。积极稳妥推进宅基地空间置换改革。深化县域改革试点，推动县域经济加快向都市区经济转型发展。

五是坚持试点先行。国家新型城镇化综合试点地区取得初步成效。人口信息基本实现共建共享共用。建立财政专项经费构建覆盖流动人口的公共服务体系。建立 PPP 项目库，引入一批大企业参与重大工程项目的投资运作。建立全口径预算决算制定、审查和监督制度，实现部门预算和“三公经费”预算公开。加强与开发性金融机构的战略合作，编制融资规划。组建国有资本运营中心或转贷公司等，拓展融资渠道，降低融资成本。深化国资国企改革，推动投资、管理、运行模式转变。推进义乌、德清开展全国农村宅基地制度改革试点。推进以“四张清单一张网”为重点的行政审批制度改革，权力清单、负面清单、责任清单、专项资金清单通过全省政务服务网公布。探索开展市与县政府行政审批一体化改革，探索相对集中审批权。研究探索新型城镇化标准体系建设。有序推进村经济合作社股改工作。稳步推进“多规合一”试点。

安徽省

新 型 城 镇 化 推 进 情 况

2015 年全省常住人口城镇化率 50.5%，增长 1.35 个百分点。主要工作进展和成效有：

一是新型城镇化全省试点有序推进。成立推进新型城镇化试点省工作领导小组，印发《安徽国家新型城镇化试点省三年行动计划》，配套制定 17 项相关政策文件。围绕“人、地、钱、规划、建设、管理”6 个方面，重点推进农业转移人口市民化“1+5”、城乡统筹发展水平提升、产城融合“三促进”和要素支撑保障 4 项行动。

二是户籍制度改革迈出较大步伐。全面实施居住证制度，全省 16 个市全部出台居住证管理规定。常住人口信息系统全面改造完毕，在系统中取消农业和非农业户口性质区分，实现了“一元化”户口登记。全面放开建制镇和小城市落户限制。

阜阳等8个市出台市级户籍制度改革文件。

三是农业转移人口住房供应体系进一步完善。明确将在城镇有稳定就业且符合条件的农业转移人口纳入住房保障范围，对自愿退出宅基地并进城购买商品住房的农民给予一次性购房奖励。积极推进利用住房公积金贷款支持保障性住房试点，淮南市等4个试点地区累计发放住房公积金项目贷款37.58亿元。

四是农民工随迁子女教育保障切实增强。切实保障农民工子女和城镇学生“一样就读、一样入学、一样免费”，出台文件规定“逐步取消接收随迁子女入学的定点学校，实现所有公办学校对随迁子女开放”。2015年，全省义务教育阶段省内农民工随迁子女达46万人，其中90%以上实现在公办中小学就读。

五是新型城镇化融资渠道逐步拓宽。积极筹措低成本棚户区改造及产城一体化资金，其中国开行向全省棚户区改造项目发放贷款342.78亿元。创新市场化融资模式，挂牌成立省城市基础设施PPP中心，城市基础设施领域收集270个PPP项目，总投资1160亿元。徽商银行与阜阳市政府联合设立30亿元城镇化专项基金。临泉县等4个县开展县城深化基础设施投融资体制改革试点。

六是农村土地制度改革取得积极进展。全省整体推进农村土地承包经营权确权登记颁证试点工作。2015年上半年，全省土地流转面积3578.7万亩，其中耕地2658.7万亩，耕地流转率达到42.5%。金寨县农村宅基地制度改革试点稳妥推进，正在进行摸底调查、地籍调查和村庄布点规划。

七是城镇规划建设管理水平大幅提升。扎实开展寿县国家级“多规合一”试点，确定合肥等7市开展省级“多规合一”试点。积极推进34家开发区产城一体化试点和国家产城融合示范区创建。池州市列入国家“海绵城市”建设试点，宿州市等4个市（县）列入国家智慧城市试点，淮北市、定远县列入国家中小城市综合改革试点城市，亳州古井镇等4个镇列入国家建制镇示范试点。

福建省

新　型　城　镇　化　推　进　情　况

2015 年全省常住人口城镇化率 62.6%，增长 0.8 个百分点。主要工作进展和成效有：

一是农业转移人口市民化有序推进。采取积分落户和条件落户两种方式，努力引导和鼓励农业转移人口优先向中小城市和建制镇转移。实施随迁子女入学“两为主”政策和电脑派位入学办法，实施随迁子女“异地高考”政策，公办学校接收随迁子女比例达 87.6%。全年实现劳动力转移就业 42 万人，农村劳动力职业技能培训 21 万人。有序推进流动人口卫生计生公共服务均等化工作。城镇基本医疗保险覆盖率达 96%，城乡居民参保率达 97.7%。

二是城镇化空间布局进一步优化。开展莆田城乡一体化、石狮全域城市化试点和南安、福清、福鼎县（市）域城乡总体规划编制试点。福州新区获批为国家级新区。支持武夷新区加快绿色发展。开展海峡西岸城市群规划编制研究。推动出台实施厦漳泉大都市区同城化发展总体规划、综合交通一体化规划等文件，实施一批同城化重大项目。审慎推进行政区划调整，完成市县改区 2 个、撤乡设镇 7 个、撤镇设街 2 个。

三是城镇化产业支撑进一步加强。出台促进工业园区提升发展 6 条措施，建立工业园区省级联席会议制度。推进军民深度融合示范产业园、国家新型工业化产业示范基地、国家级循环化改造试点园区建设。加大力度推进技术改造，全省技术改造完成投资 3762.09 亿元。加快推进现代农业建设，获得全国休闲农业与乡村旅游示范县 9 个、示范点 30 家，全球重要农业文化遗产 1 个、中国重要农业文化遗产 3 个。推动金融、物流、商务服务、服务外包等生产性服务业与实体经济有机融合。

四是城镇综合承载力进一步提升。高速路通车里程突破 5000 公里，国省道二级及以上公路比例约 67.5%，基本实现“镇镇有干线”目标。完成港口货物吞吐量 5.08

亿吨，新增沿海港口吞吐能力 2480 万吨，城市公交基础设施及配套建设项目完成投资 18 亿元。安排宜居环境建设项目 5163 个。供水综合生产能力达 900 万吨 / 日，污水日处理能力 515 万吨 / 日，垃圾无害化处理能力 2.7 万吨 / 日。强化水源保护和水环境、大气污染、重金属、危废污染防治监督管理和风险防范。

五是城镇化机制体制有所创新。晋江等地区新型城镇化试点取得初步成效，在晋江组织召开全国新型城镇化试点工作交流会。深化省级小城镇综合改革建设试点，积极推动 15 个中心镇开展“小城市”培育试点。开展第三批小城镇机构改革试点。对开展新型城镇化试点市、县和拟培育为小城市的中心镇，给予用地重点保障。稳步开展晋江宅基地制度改革试点。推动城市综合管理试点工作。大力推进省级有关权限向市、县下放。出台城镇住房保障办法，扩大保障范围，将一线环卫工人和公交司机等 8 类住房困难家庭列入分类保障范围。

江西省

新型城镇化推进情况

2015 年全省常住人口城镇化率 51.62%，增长 1.4 个百分点。主要工作进展和成效有：

一是有序推进农业转移人口市民化。有序放开南昌市中心城区落户限制，积极放开其他设区市中心城区落户限制，全面放开县级城市和建制镇落户限制。取消“农业户口”与“非农业户口”性质区分，实现户籍制度与公共权益、社会分配相脱钩。按照“保障基本、循序渐进”的原则，逐步提高农业转移人口享有城镇基本公共服务水平。积极创造就业岗位，扩大城镇就业容量，全年城镇新增就业 55 万人。逐步将有稳定职业的农民工全部纳入城镇住房保障体系，保障性住房覆盖率达 21.1%。将随迁子女义务教育全部纳入当地教育发展规划和财政保障范围。积极推进农业转移人口在养老、低保、医疗等方面享受与当地城镇居民同等待遇。

二是着力优化城镇空间布局。积极开展环鄱阳湖生态城市群、南昌大都市区、九江都市区、新宜萍城镇群、吉泰城镇群等规划编制。深入实施赣州都市区总体规划，构建互联互通的交通设施体系。全省三大城镇群（带）和三大都市区的城镇总人口达到 1980 万，占全省城镇总人口的 82.5%，“一群两带三区四组团”的城镇空间格局初步形成。实施中心城市带动战略，制定支持昌九一体化发展的若干政策措施，推进苏区振兴发展、赣东北扩大开放合作、赣西经济转型和抚州深化区域合作。积极支持区位条件优、产业基础好、经济实力强的县级市和县城率先发展为中等城市。

三是全面提高城镇综合承载力。全省铁路运营里程突破 4000 公里，高速铁路里程近 900 公里，高速公路通车里程突破 5000 公里，统调电力装机 1800 万千瓦。全年投资 20 亿元建设城市公共停车场，投资 24 亿元新建和改造 2400 公里城市燃气管道，投资 68 亿元改造和新建供水管道 1200 公里、排水管道 1500 公里，城市污水集中处理率达到 84%，城市生活垃圾无害化处理率达到 93.6%。萍乡市海绵城市建设试点扎实推进，南昌地铁 1 号线建成通车。加快公共服务设施建设，每千人口医疗卫生机构病床数达 4.4 张，建成各类民办养老机构 162 家，公共文化设施覆盖全省所有乡镇。

四是大力改善人居环境。加快发展绿色产业，构建以绿色工业、生态农业和现代服务业为主要内容的绿色产业体系。加大对闲置土地清理处置力度，土地批而未用率下降到 54.71%。加强生态环境保护，推行低冲击型城市建设模式，严格保护各类山体、绿地、水系、湿地以及其他自然斑块。各设区市空气质量优良率达到 90% 左右，全省地表水监测断面Ⅲ类以上水质比重达到 80% 以上，集中式饮用水源地达标率 100%。全省世界遗产 4 处，国家森林城市 3 个，11 个设区市全部进入国家园林城市行列。

五是努力提高城镇化体制创新和管理水平。印发江西省新型城镇化发展质量评价指标，推动鹰潭等城镇开展国家新型城镇化综合试点，出台支持省直管试点县（市）加快发展的若干政策，“多规合一”取得阶段性试点经验。加强城市交通拥堵、城市建筑违章、城市环境恶化等突出问题的治理力度。加快推进数字化城管建设，推动城市管理法治化、精细化、网格化和人性化。

山东省

新 型 城 镇 化 推 进 情 况

2015年全省常住人口城镇化率57.01%，增长2个百分点。主要工作进展和成效有：

一是稳步推进市民化配套政策改革。深化户籍制度改革，省市各级政府出台户改具体方案，加强流动人口登记管理，发放居住证540余万张。深入推进农村产权、林权制度改革，全省基本完成承包地确权登记颁证工作，集体土地所有权证发证率达到99.35%，宅基地使用权证发证率达到96.12%，集体建设用地使用权证发证率达到98.09%，林权流转总面积达到165.41万亩，38个县开展了土地经营权抵押贷款业务。省财政对人口流入县，将计划生育、基本公共卫生、保障性住房等8类基本支出需求，按常住人口测算增强人口流入县的财力保障能力。省政府出台居民基本养老、解决大班额、提高就业创业能力等9个政策文件，保障进城务工人员享受市民待遇。改进城镇化统计和行政区划调整工作，建立全省年度1%人口抽样调查制度，推进济南、菏泽等市符合条件的县（市）改区，对5个镇实施撤镇设办、8个镇进行规模调整。

二是不断提升城镇综合承载能力。跨区域交通设施建设加快推进，17市全部通铁路。全年全省完成城市建设投资1000亿元，设立6亿元的城镇化发展引导基金，撬动社会资本近100亿元。大力推进重点项目建设，青岛地铁三号线北段已正式运营，济南轨道交通R1线开工，临沂高架路建成通车。城市污水集中处理率、生活垃圾无害化处理率稳居全国前位，供水供气供热能力持续提升。59个市、县建成运行数字城管系统，56座下穿式立交桥安装积水警示系统。累计绿化裸露土地1.06亿平方米。出台《山东省国有土地上房屋征收与补偿条例》，完成棚户区改造安置住房开工和货币补偿47.45万套（户）。

三是推进县域城镇化。县域城镇常住人口达2842.02万人，集聚了全省52.8%

的城镇人口。县域经济加快发展，2015 年全省生产总值超过 500 亿元的县（市、区）达到 36 个，6 个县（市、区）突破 1000 亿元大关；公共财政预算收入超过 50 亿元的县（市、区）达到 29 个。县域城乡一体化深入推进，全省县域新增道路 881 公里，新增用水、用气人口 43.39 万人、44.79 万人，集中供热面积增长 11.5%，132 个县（市、区）通过城乡环卫一体化全覆盖认定。深入推进“百镇建设示范行动”，省财政拨付示范镇奖补资金 9.35 亿元，市县落实配套资金约 11.2 亿元。农村新型社区建设稳妥推进，新开工建设 300 个农村新型社区，累计建成入住农村新型社区达 3803 个，农村新型社区集中供水率、燃气普及率、集中供热率分别达 100%、90%、13%。

四是大力推进产城融合发展。进一步优化产业结构，扩充就业容量，实现城镇新增就业 116 万，农村劳动力转移就业 128 万。把推动产业结构升级与城市功能优化紧密结合，培育国家级新型工业化产业示范基地 20 个、省级高端装备制造产业园区 45 个，烟台市省级以上园区集聚人口达 188 万，产业就业支撑能力进一步增强。深入开展职业技能培训，全面推行企业订单、劳动者选单、培训机构列单、政府买单“四单”培训模式，提高培训针对性和有效性。

河南省

新　型　城　镇　化　推　进　情　况

2015 年全省常住人口城镇化率 46.85%，增长 1.65 个百分点。主要工作进展和成效有：

一是强化“一基本两牵动三保障”，加快农村人口转移落户城镇。突出产业为基、就业为本，强化住房、教育牵动，完善社会保障、农民权益保障、基本公共服务保障，加快推动农村人口向城镇转移。“十二五”以来，全省累计转移农村劳动力及其随迁家属累计接近 650 万人，年均超过 160 万人。全省取消农业户口与非农业户口性质区分，统一登记为居民户口。扎实开展农村土地承包经营权确权登记颁证工作。

积极探索进城落户农民集体经济收益分配权等权益保障机制。

二是坚持实施中心带动，着力增强城市群辐射带动作用。大力实施中心城市带动战略，不断完善中原城市群联动发展机制。加快推进郑州航空港实验区建设，全年实验区生产总值增长25%以上、固定资产投资增长30%以上。加快推进郑州国际商都规划建设，开展组合型大郑州都市地区规划布局问题研究，深入推进郑汴一体化发展，推动郑州与毗邻城市融合发展。加快推进中原城市群综合交通体系建设，米字形高速铁路网、城际铁路网加快建设，城市群交通一体化框架初步形成。

三是着力推进产业发展载体建设，提升产业支撑能力。把推进城镇化与调整产业结构、培育新兴产业、发展服务业、促进就业创业结合起来，加快产业发展载体建设，促进产业向城市、园区集中，带动农村人口转移就业。加快服务业“两区”（商务中心区、特色商业区）建设。突出商务中心区生产性服务功能、特色商业区生活性服务功能，大力发展总部经济和楼宇经济，打造一批支撑服务区域主导产业创新转型的高端商务服务平台、一批跨区域辐射的特色服务业集群。

四是着力加强基础设施建设，增强新型城市综合承载能力和可持续发展能力。加快推进节约型城市、生态宜居城市、人文城市和智慧城市建设，海绵城市试点建设顺利推进。全年城市基础设施建设完成投资2500亿元左右，城市公共供水普及率达到93%，生活污水和垃圾处理率均超过90%。实施城市河流清洁行动计划，完成城市河流综合整治830公里。实施生态宜居城市建设，全省20个设市城市获得国家园林城市称号，14个城市获得省级园林城市称号。执行绿色建筑标准的保障房项目进行财政补贴，新建建筑执行节能设计标准执行率达到100%。

五是推进城乡一体化发展，构建新型城乡关系。深入推进新型城镇化试点，重点依托洛阳等6个国家级和20个省级新型城镇化综合试点，积极探索有利于新型城镇化持续健康发展的体制机制和政策环境。加快城乡一体化示范区建设，推动16个城乡一体化示范区加快城市功能区开发，全年完成投资1000亿元以上。启动实施重点镇建设示范工程，确定了全省第一批68个重点示范镇名单。有序推动新农村引导点建设，确定了33个村庄作为全省第一批新农村引导点。

湖北省

新　型　城　镇　化　推　进　情　况

2015 年全省常住人口城镇化率 56.85%，增长 1.18 个百分点。主要工作进展和成效有：

一是编制发布湖北省新型城镇化规划。省委、省政府联合印发《湖北省新型城镇化规划》及其主要目标和重点任务分工方案、2015 年推进新型城镇化工作重点，全面部署规划实施工作。

二是积极稳妥推进户籍制度改革。出台户籍制度改革分解方案，全面推进全省城乡一体化户籍制度改革工作。

三是着力提升基本公共服务水平。全面推行流动人口居住证制度，实现省内“一证通”。合并实施城乡居民养老保险制度，基本养老保险、基本医疗保险覆盖率分别达到 60.1%、59.5%。城镇人均住房保障面积增加到 16 平方米，被保障人群增加至 188 万人，住房保障覆盖城镇常住人口的比例达到 18.84%。

四是加快推进城市市政设施建设。设市城市及县城生活污水处理率超过 90%、生活垃圾无害化处理率达到 88.7%，城市建成区人均公园绿地面积 11.1 平方米，县域生活垃圾治理规划编制率达到 90%，市政设施供给能力和服务水平明显提升。推进武汉市、十堰市开展全国海绵城市和地下综合管廊建设试点。

五是大力构建立体交通运输网络。完成国省道路网调整工作，公路通车总里程将达 25 万公里。推进武汉长江中游航运中心建设，汉江下游航道整治相继完工，引江济汉通航工程建成并投入使用，武汉港突破百万标箱。加快推进武汉市和 7 个省级公交都市示范城市创建。全面推进农村客运发展，实现村村通客车。

六是推进城乡统筹发展。深入推进城乡一体化改革试点、“四化同步”示范乡镇试点、小城镇综合改革试点、经济发达镇行政管理体制改革试点、新农村建设试点。启动 11 个国家级现代农业示范区和 16 个省级现代农业示范区建设工作。大力推进农村改革，扩大土地承包经营权确权登记颁证工作试点，加快完善农村综合产权交易体系和农村土地流转服务平台建设。

七是扎实推进新型城镇化综合试点。注重突出以人为本，武汉市建立针对失地农民的大病医疗救助基金和困难家庭临时救助基金；宜城市出台政策，保障进城农民享有城镇市民的基本待遇并保留农村合法权益。注重突出地方特色，宜城市立足国家农产品主体功能区实际，着力推进农业现代化和农村宅基地改革；武汉市探索制定积分入户管理办法，在推进农业转移人口落户城市的同时防止人口的过快过度增长。注重突出产业支撑，仙桃市着力打造“城镇＋社区＋工业园”的产城融合模式。注重突出体制创新，武汉市对武汉经济技术开发区与汉南区的党政领导体制及机构进行优化整合，推进开发区向城镇型行政区转型。

湖南省

新　型　城　镇　化　推　进　情　况

2015 年全省常住人口城镇化率 50.89%，增长 1.61 个百分点。主要工作进展和成效有：

一是城镇布局和规模结构进一步优化。发布实施《湖南省新型城镇化规划》，全面对接融入长江中游城市群建设。长株潭城市群一体化程度不断增强，洞庭湖、大湘西、湘南地区城镇化加快推进。1978—2015 年，全省城市数量从 10 个发展到 29 个。

二是城镇综合承载能力不断提升。高速公路通车里程 5653 公里，铁路通车里程 4591 公里，其中高铁通车里程 1296 公里。机场总数达到 6 个，共运营国际国内航线 158 条。城市用水普及率为 97.05%，城市燃气普及率为 91.24%，县以上城镇污水、垃圾无害化处理率分别达到 92.2%、99.2%，城市建成区人均公园绿地面积达 9.12 平方米。拥有普通中学 3906 所，卫生机构 5.8 万个、总床位数 40.3 万张、总医生数 14.77 万人。

三是城乡社会服务体系逐步完善。“十二五”以来，累计新增城镇就业 385 人，新增农村劳动力转移就业 360 万人。城乡居民社会养老保险实现全覆盖，全民医保体系基本建成，城乡基本医疗保险参保率稳定在 95% 以上。城乡低保分别覆盖 127.3 万人和 318 万人，基本实现应保尽保。建设保障性住房和改造各类棚户区 222.5 万套，改造农村危房 91.6 万户，解决了 1000 万居民的住房困难问题。

四是城市可持续发展能力增强。“两型”社会综合配套改革试验扎实推进，建设美丽湖南形成广泛共识，生态文明建设迈出坚实步伐，“十二五”以来，全省单位地区生产总值能耗累计降低 21%，单位工业增加值用水量累计降低 51.6%，主要污染物排放明显减少，湘江流域水污染治理等重点整治工程初见成效，城乡生态环境质量稳步提高。

五是重大改革不断推进。资兴市开展了生态移民和户籍改革综合试点，浏阳市开展了农村宅基地制度改革试点，株洲市开展农村土地承包经营权和农户财产权抵押贷款。出台鼓励和支持民间资本参与公共领域投资的若干意见和投融资指南，269 个签约项目总投资约 1865 亿元，引进社会资本约 1346 亿元。启动乡镇区划调整改革工作，撤并乡镇 524 个，减幅约 25%。赋予浏阳市大瑶镇部分县级经济社会管理权限，探索经济发达镇管理新模式。

六是全面开展试点示范。大力推进长沙市等开展国家新型城镇化综合试点、中小城市综合改革试点、县城深化基础设施投融资体制改革试点等工作。推进临湘市国家级“多规合一”试点，启动长沙县、浏阳市、宁乡县等省级“多规合一”试点，形成一个县市一本规划、一张蓝图。

广东省

新 型 城 镇 化 推 进 情 况

2015 年全省常住人口城镇化率 68.71%，增长 0.71 个百分点。主要工作进展和成效有：

一是深入推进户籍制度改革工作。分类调整各类城市户口迁移政策，实行与城市综合承载能力相适应的落户制度。广州市、深圳市继续实施以参加社会保险年限、连续居住年限等为核心的积分制入户政策；其他城市按人口规模和综合承载能力，实行与就业和参加社会保险年限相挂钩的异地务工人员户籍迁移准入制度。

二是进一步推动基本公共服务向全部常住人口覆盖。进一步完善以居住证为载体积分享受公共服务制度，推动异地务工人员通过积分或满足一定条件等方式阶梯式享受随迁子女义务教育、住房保障等紧缺公共服务资源。将异地务工人员纳入各市住房保障范围，逐步提高异地务工人员住房保障供给水平。2015 年全省义务教育阶段随迁子女中有 226.1 万人入读公办学校，占异地务工人员子女的 51.6%；全省高中阶段教育共招收随迁子女 12.53 万人，同比增长 12.58%。建立异地务工人员失业保险待遇领取和医疗保险参保就医费用结算“绿色通道”，实现了基本养老保险关系省内顺畅转移接续。2015 年发放社会保障卡 8228 万张，基本实现异地务工人员社会保障卡全覆盖。

三是继续完善城镇空间建设管理。基本完成珠三角全域空间规划编制工作，明确珠三角建设世界级城市群的空间战略、政策路径和具体行动。编制实施粤东西北各市中心城区扩容提质建设规划，稳步推进地级市中心城区扩容提质和新区建设。积极推动低碳生态城市示范省建设，制定完成 11 个城市生态控制线划定工作方案。继续推进城市基础设施建设，全省高速公路通车总里程达到 7018 公里，城际轨道总路程达到 145 公里，以广州为中心的一小时经济圈正逐步形成。绿道建设累计总里程超过 12000 公里。城镇生活垃圾无害化处理率达 90.1%，城市集中式饮用水源水质保持 100% 达标。积极推进城市历史文化保护，惠州市获批成为全省第 8 座国家历史文化名城，中山市孙文西路被认定为中国历史文化街区。

四是建立健全城镇化发展体制机制。召开推广运用政府和社会资本合作（PPP）模式项目推介会，推出 122 个项目，总投资额达 2814 亿元。在全省 18 个县和 6 个镇共 24 个单位开展农村土地确权试点工作，目前 24 个试点单位已有 113 个镇 12171 个经济合作社启动了确权工作，完成了实测面积 79 万亩，颁发农村土地承包经营权证书 5.5 万份。积极完善农村土地流转服务市场，设立各种类型的农村土地流转服务中心 763 个。

五是积极推进新型城镇化综合试点。积极推进广州市等国家新型城镇化试点城市工作，各项试点任务进展顺利。在全省选取 2 个地级市、5 个县（市、区）和 10 个建制镇，围绕一张图管理、产城融合、城市更新等十大领域开展省级综合试点。

广西壮族自治区

新 型 城 镇 化 推 进 情 况

2015 年全区常住人口城镇化率 47.06%，增长 1.05 个百分点。主要工作进展和成效有：

一是农业转移人口市民化有序推进。实施三级差别化落户政策和城乡统一的“一元化”户籍登记制度。北部湾经济区户籍同城化加快推进，实现身份证换领和补领异地办理、户口迁移网上审批。全面实行中等职业教育注册就读制度。以农民工为重点的住房保障体系加快建立。启动 14 个市农民工创业园项目试点建设，设立农民工创业专项扶持资金，重点扶持培育 20 个广西优秀劳务品牌。扎实推进母婴安康、妇女健康和儿童健康“三大工程”建设。城镇企业职工基本养老保险区级统筹更加完善，启动实施城乡养老保险制度衔接政策，将在农村参加的医疗保险规范接入城镇社保体系，实现参保无政策障碍。

二是新型城镇建设取得积极进展。开展环北部湾城市群发展专题研究，完成北部湾城镇群、桂中城镇群、西江干流城镇带、桂贺旅游城镇带规划编制，完成 100 多个乡镇总体规划及控制性详细规划编制和 5084 个村庄规划编制。珠江—西江城镇带发展有序推进。东兴和凭祥国家重点开发开放试验区、中越跨境经济合作区、沿边金融综合改革试验区建设不断加快。实施大县城战略提高县域城镇化发展水平。制定生态保护红线划定工作方案，完成市县空间功能区划划分工作。实施承载力提升百项建设工程。综合交通运输网络支撑能力得到增强，全区县县通高速率达 80%，高铁通达 11 个市。城镇品质提升工程稳步推进，成功组织桂林市和河池市环江县申报世界自然遗产，梧州市、北流市获“国家园林城市”称号，南宁市等 8 个国家智慧城市试点建设加快推进。

三是城镇化发展体制机制逐步完善。继续实行差别化的用地计划管理，重点保障重大项目用地。采取加快土地利用总体规划调整完善、加大盘活存量建设用地、推进“旱改水”，落实占补平衡政策等措施，加快城镇化项目落地。全区财政统筹整合资金约175亿元，投入公共服务设施建设，基本公共服务均等化水平不断提高。鼓励和引导社会资本平等参与城镇公用设施领域建设和运营，全区推出31个示范项目先行先试。以农民工住房为重点的住房保障供应体系加快建立，进城落户生态移民、扶贫移民纳入城镇住房保障政策措施逐步完善，货币化安置、“以购代建”棚改模式、“老乡家园”有序推进。积极完善市辖区设置和推进县改市工作，南宁市武鸣县撤县设区、百色市靖西县改市得到国家批准。撤乡设镇工作适度有序开展，扩权强县和扩权强镇工作稳步推进，市县政府部门权力清单制度试点进展顺利，向乡镇放权力度不断加大。

四是新型城镇化试点示范工作有序开展。柳州市等国家新型城镇化综合试点工作全面启动。柳江县等3个县列入国家深化县城基础设施投融资体制改革试点，柳州市柳北区沙塘镇等3个镇列入国家建制镇示范试点。自治区级新型城镇建设试点扎实推进，开展20个示范县建设工程、百镇建设示范工程，推进30个工业园区产城互动发展试点。

海南省

新 型 城 镇 化 推 进 情 况

2015年全省常住人口城镇化率55.12%，增长1.36个百分点。主要工作进展和成效有：

一是制定配套文件，从政策上支持城镇化发展。完成新型城镇化规划、实施意见、监测评估办法等系列成果。出台户籍制度改革实施意见和实施细则、投融资改革、农业转移人口市民化、城镇棚户区改造等配套政策文件。

二是通过“多规合一”等改革，科学谋划储备项目。开展省域“多规合一”改革试点，编制完成《海南省总体规划》，划定生态保护红线、资源消耗上线、环境质量底线等三条线，明确了功能分区和产业布局，规划布局六类产业园区和基础设施“五网”。通过“多规合一”，扎实推进百个产业小镇建设工作，谋划生成一批重大项目。

三是保障性安居工程等超额完成，城乡居住条件改善。全年全省城镇保障性安居工程开工 4.03 万套、基本建成 3.43 万套，棚户区改造开工 3.58 万套，农村危房改造 4.4 万户。大力开展老楼危楼排查整治，累计排查房屋 16 万幢、70 万套，面积 7488 万平方米，累计整改房屋 704 幢、1730 套，面积 18 万平方米。

四是狠抓特色风情小镇和美丽乡村，城乡统筹成效显著。陆续开展“百镇建设计划”、旅游风情小镇和特色风情小镇建设，制定出台特色风情小镇（村）建设总体规划、技术导则等，把小城镇作为城镇化建设的突破口，通过规划引领和技术管控措施，集中力量培育一批特色风情小镇，打造海南特色名片。全省初步建成海口市云龙镇等 25 个特色风情小镇、琼中县什寒村等 181 个美丽乡村。

五是抓专项治理，提升城镇化质量。大力开展城乡环境综合整治，在城市开展“清洁城镇”工程，在农村开展“清洁家园”行动，城乡生活垃圾无害化处理率达到 80% 以上。深入开展整治违法建筑三年攻坚行动，全省拆违 870 万平方米，腾出土地 3300 亩。开展全岛 1823 公里海岸带专项检查和整改行动，开展工程质量治理两年行动。

六是狠抓城乡基础设施建设，提高城镇综合承载能力。全面启动城市地下管线普查工作，完成了全省地下管线综合管理信息系统开发，海口等市县已完成地下管线外业探测。海口市成功入选全国首批地下综合管廊试点城市。在全省 22 个镇开展农村建房报建试点，采取激励约束机制，做到农村危房改造与特色风貌管控相结合。

七是稳步推进试点示范工程，积极探索富有海南特色的新型城镇化经验和模式。儋州市等地开展国家新型城镇化综合试点，取得阶段性成果。文昌市开展农村集体经营性建设用地入市试点，已有一宗经营性建设用地成功入市交易。三亚市在推进城市地下综合管廊和海绵城市建设的同时，开展“山、河、海”生态修复和海岸线生态恢复工作，开展城市风貌整治、绿化改造等一系列“城市修补”工作。

重庆市

新　型　城　镇　化　推　进　情　况

2015 年全市常住人口城镇化率 60.94%，增长 1.34 个百分点。主要工作进展和成效有：

一是积极融入国家发展战略优化城镇发展格局。积极对接国家“一带一路”战略和建设长江经济带重大机遇，推动成渝城市群建设，推动交通、信息、市场、公共服务、资源环境保护与利用、产业等“六个一体化”发展。实施五大功能区域发展战略，初步形成“一区两群”城镇空间格局。编制实施《重庆市大都市区规划》，加快编制《渝东北城镇群规划》《渝东南城镇群规划》。推动市域、主城区、区县（自治县）、镇乡、村规划编制工作。

二是促进农业转移人口市民化。统一城乡户籍登记，以居住证为载体，推动常住人口基本公共服务全覆盖。重点引导渝东北生态涵养发展区、渝东南生态保护发展区人口向都市功能核心区、都市功能拓展区以及城市发展新区有序转移。全年新增进城落户 20 万人，全市累计转户 429 万人。在农民工享受平等就业服务、子女入学、住房保障、社会保障、医疗救助、城市融入等方面出台细化政策。引导全市农民工返乡创业达到 37.2 万户。扩大医保单病种试点和异地就医跨省结算合作范围。城乡养老保险参保率达到 95%，城乡医疗保险参保率稳定在 96% 以上。累计开工建设公租房 69.2 万套。

三是加快重大基础设施项目建设。铁路通车里程达到 1937 公里，高速公路通车里程达到 2525 公里。港口货物吞吐量达 1.6 亿吨，初步形成“四枢纽九重点”现代港口体系。江北国际机场旅客吞吐量突破 3300 万人次。城市轨道通车里程增至 202 公里，新增城市道路 664 公里，大力推进油气管网建设。

四是优化城市环境。城市生活污水和生活垃圾集中处理率分别为 90% 和 99%。制定并推进“蓝天行动”实施方案，全年都市区空气质量优良天数 292 天。

深入推进公园绿地建设工程、绿道绿廊建设工程、园林景观建设工程、生态修复建设工程、数字园林管理工程等“五大工程”，新增城市绿地 1000 万平方米。

五是推动现代城市建设。新增光纤到户覆盖家庭 212.6 万户，綦江等 20 个区县纳入国家“宽带乡村”试点范围。建成首个省级智慧城市市民融合服务平台“在重庆”并上线运行，共推出水、电、气等便民服务 120 余项。印发实施《市级美丽山水城市规划》《重庆市主城区城市空间形态规划管理办法》，启动开展《主城区地下空间规划》。推动十大商务区建设，完成投资 360 亿元。

六是扎实开展国家新型城镇化综合试点工作。大力推进 PPP 投融资改革，集中签约项目 26 个、1300 亿元。创设 200 亿元产业引导基金和 800 亿元战略性新兴产业股权投资基金。农村集体资产量化确权改革试点取得阶段性工作成效，农村产权抵押贷款达 803 亿元。完善地票制度，累计交易地票 17.2 万亩，交易额 344 亿元。在 20 个区县开展农村集体“三资”监管信息平台建设试点。设立 10 亿元环保产业股权投资基金。废气、污水、垃圾等排污权有偿使用和交易工作有序开展，完成 1019 家企业排污权核定工作。

四川省

新 型 城 镇 化 推 进 情 况

2015 年全省常住人口城镇化率 47.69%，增长 1.39 个百分点。主要工作进展和成效有：

一是把握核心，农民工融入城镇取得新突破。加快推进户籍制度改革，成都市制定了《居住证积分管理试行办法》，全省其他大中小城市和建制镇全面放开落户限制，基本实现进城落户“零门槛”。扩大农民工保障覆盖面，推进城乡社会保险制度有效衔接和并轨，下调企业职工基本养老保险缴费基数下限，实现省内跨地区、跨医保制度间的顺畅转移和接续。实施“百万安居工程建设行动”，协调开发性金融机构棚户区改造贷款 1110 亿元，全年安排省级财政专项资金 14 亿元，向农民工定向提供公租房 1.04 万套，19 个市（州）出台支持住房消费政策，对进城农民工购房实施税费减免、财政补贴等。提高农民工职业保障能力，开展“春潮行动”，完成农民工品牌培训 12.1 万人，搭建省级公共就业信息服务平台，让农民工在“指尖”上享受免费便捷的公共就业服务。

二是以城市群为主体形态，加快培育新生中小城镇。加快成都平原、川南、攀西、川东北四大城市群协同发展，建立完善省级协调机制，加快建设城际铁路和快速通道，推动基础设施互联、公共服务共享、产业协作配套，形成“一小时经济圈”。实施“城镇基础设施建设行动”，省级财政安排新区建设专项资金 20 亿元，重点支持道路桥梁、园林绿化等基础设施建设。成都等 5 个城市开展省级地下综合管廊建设试点，遂宁市启动国家海绵城市试点建设。全年安排基础设施债券资金 323 亿元，完成城镇基础设施投资 1500 亿元。实施“百镇建设行动”，对 300 个旅游、工业、商贸特色示范镇实施分类指导，安排省级财政专项资金 5 亿元支持示范镇市政公用设施建设，就地就近吸纳转移农业人口 30 万人。

三是注重质量，加快新型城市建设取得新成效。出台 26 条政策措施促进大众创业万众创新，安排 30 亿元专项资金支持科技创新和成果转化，高新技术产业产值突破 1.3 万亿元。支持孵化器建设，建立返乡人员创新创业园，打造满足创新创业需求的孵化楼宇、社区、小镇，形成创新创业集聚区。推动城市紧凑发展，完成新一轮城市和县城总体规划编制，合理确定城市规模，划定开发边界。建立健全城镇低效用地再开发激励约束机制，推进老城区、旧厂房、城中村改造和保护性开发。发展绿色能源，推广绿色建筑，在攀西地区发展分布式光伏电站，在川北和攀西地区建设小型风力发电系统，分散接入供应城镇用电需求。累积推广绿色建筑面积 783.5 万平方米，既有居住建筑节能改造 280 万平方米，成都市等 8 个城市获批国家可再生能源示范城市。建设智慧城市，建成省级数字化城管平台，加快建设全省统一联网的房地产信息管理系统，城市管理信息化精细化水平不断提升。启动绵阳等 13 个国家智慧城市试点工作。建设人文城市，加强旧城功能修补，增加绿化空间，加强历史文化资源保护和挖掘。结合城乡环境综合治理，深入实施“环境质量、城乡绿化、环境设施、城乡容貌、文明素质”五大提升工程。

贵州省

新　型　城　镇　化　推　进　情　况

2015 年全省常住人口城镇化率 42.01%，增长 2 个百分点。主要工作进展和成效有：

一是城镇体系结构基本完善。以贵阳—安顺都市圈、遵义都市圈为重要节点，贵安新区获批国家级新区，黔中城市群骨架基本形成，城镇化主体形态作用逐步凸显。以贵阳市中心城区和贵安新区同城化为核心，以市（州）政府所在地城市为区域性中心城市，以小城市和县城为重要节点和骨架，以小城镇为基础，以新型农村社区为补充的现代城镇体系格局初步形成。

二是基础设施条件大幅改善。强力推进区域基础设施建设大会战和工程实施三年行动计划，积极推进城镇市政基础设施建设多元化投融资发展。实现县县通高速，高速公路通车里程突破 5100 公里，出省通道增至 15 个。铁路通车里程突破 3000 公里，出省通道增至 12 个。“一枢九支”民用航空体系初步形成。黔中水利枢纽一期下闸蓄水，夹岩水利枢纽全面开工，一批骨干水源工程加快建设。城镇市政基础设施建设力度进一步加大，城市供水普及率达 91.9%，燃气普及率达 70.6%，县城以上生活污水处理率达 89.3%。实现县县建有垃圾无害化处理设施，垃圾无害化处理率达 82.8%。大力实施“四在农家·美丽乡村”小康路、小康水、小康房、小康电、小康讯、小康寨六项行动计划，完成投资约 410 亿元。

三是公共服务水平不断提高。大力实施教育“9+3”计划、学生营养改善计划和中职“百校大战”。基础教育覆盖面不断扩大，高等教育和职业教育质量显著提升，九年义务教育巩固率、高中阶段毛入学率、高等教育毛入学率分别比 2010 年提高 8 个、30 个和 10 个百分点。通过城镇医疗卫生设施、农村基层卫生人才队伍建设和城乡医院对口支援工程实施，城镇医疗卫生服务保障能力大幅提升。实施城镇保障性安居工程约 50.22 万套，改造农村危房 35 万户，城乡住房条件极大改善。

四是产业支撑进一步增强。以大数据为重点的电子信息、新医药大健康产业、现代山地高效农业、文化旅游产业、新型建筑建材产业等五大新兴产业加快发展。出台支持“五张名片”“四个一体化”等传统特色优势产业加快发展政策措施，推动传统特色优势产业改造提升。出台支持现代物流业、电子商务等加快发展的意见，启动实施“十百千”工程，培育发展省级现代服务业集聚区。产业园区实现工业总产值约 7030 亿元，占全省工业总产值的比重提高到 70%。

五是平台建设进一步夯实。设立贵州山地特色新型城镇化示范区，有序推进安顺市等 6 个国家新型城镇化综合试点和 18 个省级试点，同步推进贵安新区海绵城市试点、六盘水市地下综合管廊试点，依托试点平台探索山地特色城市建设模式。积极融入“一带一路”、长江经济带、珠江—西江经济带国家战略，构建“1+7”国家级开放平台增强对外合作交流。发挥“5 个 100 工程”集聚生产力的载体作用，全年完成投资 5513 亿元，提高对城镇化的产业支撑。

云南省

新　型　城　镇　化　推　进　情　况

2015 年全省常住人口城镇化率 43.33%，增长 1.6 个百分点。主要工作进展和成效有：

一是制定年度实施计划。省政府印发 2015 年加快推进新型城镇化的实施意见，从进一步提高认识、促进农业转移人口融入城镇、加快特色城镇建设和新型城市建设、推进云南国家新型城镇化综合试点、建立健全工作推进机制 6 方面内容，明确全年推进新型城镇化的 23 项工作重点，并将各项工作进行了任务分工，保障年度工作的推进落实。

二是推进户籍制度改革。从突破城镇地区落户限制、突破直系亲属投靠落户限制、突破租赁房屋的落户限制、突破农村地区返乡落户限制、突破现役军人家属投靠落户限制、突破解决户口遗留问题的限制六个方面加快改革突破。截至 2015

年底，全省累计转户 6011586 人。

三是继续深入推进农业转移人口市民化。从落实国家和省户籍制度改革政策、保障农业转移人口的权益、增强城镇吸纳人口能力、做好农业转移人口相关政策宣传引导、提高认识改进工作方法、强化组织保障等 11 个方面做好新形势下深入推进全省农业转移人口市民化的各项工作，重点在保障转移人口权益和新老政策有效衔接方面进行了安排部署和推进落实。全省转户居民年新增带动消费达 150 亿元、年增加产值 100 亿元左右，土地流转、林权流转、土地集中分别达 500 万亩、210 万亩、450 万亩。

四是加快推进国家新型城镇化综合试点。试点地区健全工作机制和试点报告制度，制定落实试点任务年度实施计划。研究制定省级层面支持国家新型城镇化综合试点地区政策措施。在国家专项建设基金中争取对试点地区加大支持力度。师宗县等 3 个县市纳入国家深化县域基础设施投融资体制改革试点县。各试点地区和金融机构合作，启动和实施了一批新型城镇化试点项目建设。

五是改革完善转移支付制度和推进实施 PPP 模式。省政府印发改革和完善省对下转移支付制度实施方案、推广运用政府和社会资本合作模式实施方案等政策文件。转移支付方面，结合事权与支出责任的划分，进一步优化转移支付结构，提升转移支付使用绩效，逐步完善以促进基本公共服务均等化和弥补财力缺口为主要目标的转移支付制度体系。PPP 模式方面，鼓励县级以上政府将市政、保障性安居工程、医疗和养老服务等城市基础设施建设和公共服务项目，以特许经营的方式实施 PPP 试点，促进新型城镇化健康持续发展。

六是谋划“十三五”期间加快推进新型城镇化。结合全省“十三五”规划编制，开展统筹推进新型城镇化的专题研究，确定从加快农业转移人口市民化、加快特色城镇和新型城市建设、完善城镇基础设施、促进产城融合、推进美丽宜居乡村建设等多个方面加快推进全省新型城镇化建设步伐。

西藏自治区

新 型 城 镇 化 推 进 情 况

2015年全区常住人口城镇化率27.74%，增长1.99个百分点。主要工作进展和成效有：

一是大力优化城镇化空间布局和规模形态。全面实施“一圈两翼三点两线”城镇化发展战略，大力提升拉萨—泽当城镇圈，培育壮大以日喀则市桑珠孜区、林芝市八一区镇为中心的东西两翼，统筹推进藏东卡若区、藏北那曲镇和藏西狮泉河镇，巩固发展边境沿线、交通沿线重要小城镇。拉萨、昌都、日喀则等城市建设稳步推进，重点县城基础设施改善明显，城市品位全面提升、城市承载能力明显增强。各县市集中打造了一批中心城镇、重点城镇，辐射带动全地区城镇建设。依托城镇主体功能定位，大力发展特色畜牧、林下资源、特色种植、养殖业、矿产开发等优势产业，加快发展第三产业，促进城镇向生产服务型方向发展，带动农牧民群众实现增收致富。

二是发挥拉萨首位城市重要带动作用。拉萨市充分发挥产业发展、基础设施建设优势，以大产业支撑城镇发展，以大项目带动城镇建设。特色工业快速发展，设立发起拉萨市第一支净土产业发展基金，打造形成了天然饮用水骨干生产企业以及以饮品、食品、药品、饰品为主的健康产品。旅游业发展成为全市支柱产业地位不断巩固，2015年实现旅游收入154.93亿元。产业园区转型升级创新发展，园区承载能力、规模效益、集聚作用明显提升。交通骨干网络纵横贯通，城区交通顺畅通达，通村公路方便快捷，市政基础设施加快推进。

三是以国家新型城镇化综合试点带动区域城镇化水平。日喀则市桑珠孜区进一步强化产业发展对城镇建设的支撑作用，规划建设了日喀则国家级农业科技示范园区、日喀则市工业园区、日喀则综合物流园区等一批产业园区，培育发展青稞酒业、生态肉业等一批产业化龙头企业，充分挖掘“一峰三线三口岸”等旅游资源，倾力打造日喀则“后藏世界文化旅游目的地”的旅游品牌。山南市乃东区泽当镇和林芝市巴宜区八一镇各项新型城镇化试点任务稳步推进。拉萨市曲水县积极开展全国农村土地制度改革试点。

四是积极抓好自治区级特色小城镇发展。自治区财政每年拿出 10 亿元，支持全区 20 个特色小城镇发展。一大批特色鲜明的农畜产品重镇、物流大镇、外贸强镇、文化古镇、旅游名镇不断涌现，增添了发展活力。

五是稳妥推进户籍制度改革。研究制定《西藏自治区关于进一步推进户籍制度改革的实施意见》。健全和完善城镇社会保障制度，全面放宽城镇落户条件，促进在城镇有稳定就业的农牧业转移人口市民化，进城农牧民享受到了与城镇居民平等的公共服务。

六是积极鼓励县域开展“多规合一”探索。鼓励各地市重点在县级层面开展经济社会发展规划、城乡规划、土地利用规划、生态环境保护规划“多规合一”，为形成一个县一本规划、一张蓝图奠定基础。目前，山南市、阿里地区已选定部分县，就“多规合一”进行试点。

陕西省

新 型 城 镇 化 推 进 情 况

2015 年全省常住人口城镇化率 53.92%，增长 1.35 个百分点。主要工作进展和成效有：

一是推进建立工作机制和政策规划制定。建立陕西省推进新型城镇化工作联席会议制度，印发《陕西省新型城镇化规划》及分工方案、《陕西省 2015 年推进新型城镇化重点工作》，研究编制关中城市群核心区战略规划、陕西省沿黄城镇带规划，出台《关于加快西咸新区发展的若干意见》等政策文件。

二是积极推进户籍制度及相关改革。全省全面放开中小城市户籍，实现统一城乡户口登记，全年办理 100.22 万农村居民进城落户，“十二五”期间累计转移转化农业人口超过600万人。到2020年争取累计实现1000万人落户和建立新型户籍制度，从落户政策、户口登记、实施居住证制度、健全人口信息管理等方面对户籍制度进行总体调整。

三是统筹推进移民搬迁、保障房及小城镇建设。大力实施避灾扶贫移民搬迁工程，陕南地区搬迁人口超过50万人，对陕南城镇化率提高贡献3个百分点以上。保障性住房主要满足低收入家庭和进城农民工需求，全年基本建成保障性住房48万套，入住39.3万户，新增发放租赁补贴2万户。从2011年起培育35个重点示范镇和31个文化旅游名镇，省级分别提供1000亩、200亩土地增减挂钩指标和连续5年每年1000万、500万元资金，支持其完善功能、做强产业。

四是不断改善城镇人居环境。设立了小城镇基础设施专项资金1.2亿元，全省市政公用设施维护管理财政性支出876.26亿元。城镇污水垃圾处理率分别达到83.2%、85.4%，人均公园绿地面积10.2平方米，城市市政公用设施实现县城以上全覆盖，实现镇村幼儿园全覆盖，推进医疗服务县镇一体化。

五是推动城镇化相关机制创新。计划搭建省级混合型城镇化投融资平台，为向投融资能力较薄弱的县城、乡镇、新型农村社区和移民搬迁安置提供融资支持。吸引社会资本参与城镇基础设施和公共服务建设，设立陕西省PPP融资支持基金为PPP项目提供增信支持。通过行政区划调整进一步激发小城市发展活力，西安市高陵县、渭南市华县实现撤县设区，韩城省内计划单列试点，神木和府谷省直管县综合改革试点等持续稳步推进。

六是新型城镇化试点有序推进。西安市高陵区等国家新型城镇化综合试点地区各项工作全面铺开，制定《陕西省新型城镇化试点方案》，确定11个省级试点地区。稳步推进西安等4个市和延川等6个县区划定城市开发边界试点，全面启动榆林等7市县“多规合一”试点工作。加快小城镇体制机制改革探索，选择神木县大柳塔镇等4个镇开展小城市培育试点。

甘肃省

新　型　城　镇　化　推　进　情　况

2015 年全省常住人口城镇化率 43.19%，增长 1.51 个百分点。主要工作进展和成效有：

一是开展“多规合一”试点。以主体功能区规划为基础，统筹城乡规划、土地利用规划、生态环境保护等空间规划，建立定位清晰、功能互补、统一衔接的空间规划体系，推进“多规合一”。在加快玉门、敦煌国家“多规合一”试点市县工作的基础上，在省级层面开展 17 个试点县市、30 个试点镇“多规合一”工作。

二是加快推进户籍制度改革。制定具体实施细则，全面放开全省建制镇和小城市落户限制。积极推行居住证制度，建立城乡统一的户口登记制度。大中专毕业生实行先落户后就业政策，引进人才落户不受住房和居住时限等限制，未安置转业士官、复员退役士兵可自愿申请户口迁往城镇。规范人口信息服务，创新服务方式，积极推行“预约服务”、“绿色通道”和“一站式”等服务模式。

三是着力解决进城务工人员随迁子女的教育问题。促进高初中向城区集中、中心小学向乡镇所在地集中、新增教育资源向城区学校和乡镇所在地学校集中、民族县义务教育向县城集中，以输入地政府管理为主、以全日制公办中小学接收为主，将进城务工人员随迁子女平等接受义务教育纳入当地教育事业发展规划，列入教育经费预算，纳入公共教育体系。

四是强化公共就业医疗服务体系和社会保险体系建设。进城务工满 6 个月的农民工纳入就业失业登记范围，享受免费公共就业服务和就业扶持政策。全年全省开展农民工培训累计达到 14.6 万人。积极推进公共就业服务体系、创业孵化基地和创业园区等建设，促进带动就业创业。合并新型农村养老保险和城镇居民养老保险，实施统一的城乡居民基本养老保险制度，全面推进城乡居民养老一体化进程。及时为农业转移人口提供在城市的基本医疗和卫生公共服务，推进纳入城镇医保体系，保障进城落户人员健康需求。

五是加大对农业转移人口的财政转移支付力度。改革和完善省对市县转移支付制度，探索建立财政转移支付同农业转移人口市民化挂钩机制，增加人口净流入地区的均衡性转移支付规模。按照属地原则，全部按实有学籍数测算分配教育转移支付，保障农民工随迁子女享受户籍人口同等待遇。按常住人口完善基本公共卫生转移支付测算办法，支持农业转移人口接受地提高公共卫生服务水平。

六是探索建立多元化投融资机制。建立全省 PPP 项目库，筛选项目 260 个，总投资 5117 亿元。开展永昌、榆中、民勤县城深化基础设施投融资体制改革试点工作。

七是启动农村集体经营性建设用地制度改革。大力推进陇西农村集体经营性建设用地入市试点工作。全面启动土地利用总体规划的调整完善工作，合理确定用地界线，划定永久基本农田保护红线，更新土地规划信息数据库。加强城镇环境治理和生态保护，进一步加强大气、水系等污染防治工作，切实改善城镇居住环境。

青海省

新 型 城 镇 化 推 进 情 况

2015 年全省常住人口城镇化率 50.3%，增长 0.52 个百分点。主要工作进展和成效有：

一是强化规划对城镇化的引导调控作用。建立青海省推进新型城镇化工作联席会议制度，加强对新型城镇化工作统筹协调。坚持先规划后建设、先地下后地上，启动编制西宁市、海东市、六州州府所在地地下空间利用和综合管廊建设规划，推动西宁、海东城镇地下综合管廊试点。发布实施《青海省城镇体系规划》，研究编制《青海省东部城市群发展总体规划》以及其城市基础设施、交通设施、水利保障、电力保障、公共服务体系规划等专项建设规划。启动省级“多规合一”试点，贵德县、格尔木市等试点取得明显进展。

二是有序推进农牧业转移人口市民化。全面放开建制镇和小城市落户，有序放开西宁市户籍限制，着力提高高校、职校毕业生和技工等常住人口的城镇落户率。完善转移人口养老、医疗、教育等保障办法，做好异地衔接。围绕解决“四个一部分人”的问题，对近年已转为城镇户口人口，进一步细化分类、完善政策，推进基本公共服务均等化，使农牧民既能进得来、又能留得住、更能发展好。

三是提升城镇建设管理和综合服务水平。建立健全多元化投融资体系，鼓励社会资本参与，共同推进市政基础设施建设。统筹推动中心城市、中小城市和城镇合理布局、功能互补、协同发展。组织编制《海东市新型城镇化建设 PPP 模式项目实施方案》《格尔木市新型城镇化建设 PPP 模式项目实施方案》《2015 年度新兴城市建设方案》。坚守耕地数量和质量双红线，严格保护湟水流域和黄河谷地的优良耕地。组织编制青海藏区重点城镇供排水、供热、供气等专项建设规划，加强城镇基础设施和公共服务设施建设，构建连接中心城市、新兴城市和重点城镇的交通、能源和信息通道。支持西宁市充分利用南北高速环线，构建内网外环的交通新格局，有效解决交通拥堵问题，增强西宁中心城市的支撑力和影响力，提升海东、格尔木、德令哈、玉树等区域中心城市的承载力和发展力。支持有条件的县提高规划建设管理水平，以城市标准规划建设管理县城，组织开展共和等 8 个新兴城市培育重点县的总体规划编制工作。2015 年在地方政府债券资金中设立“新型城市建设”专项，安排 3 亿元资金重点支持“补短板”建设。

四是加快美丽城镇和美丽乡村建设。围绕加快推动城乡一体化，加快美丽城镇和美丽乡村建设。坚持连片式与串联式、卫星式发展并举，在县城和重点旅游交通沿线，集中打造 80 个生态环保、设施配套、宜居宜业的美丽城镇，提升城镇功能和品质，增强城镇辐射带动能力。整合相关项目和资金，统筹住房建设、环境整治、基础设施和公共服务配套建设，开展田园美、村庄美、生活美的美丽乡村建设，力争到 2020 年美丽乡村实现全覆盖。全年完成 16 个“美丽城镇”和 300 个“美丽乡村”建设，有 32 个城镇的品质显著提升、上千个村的村容村貌得到根本性改变。

宁夏回族自治区

新　型　城　镇　化　推　进　情　况

2015 年全区常住人口城镇化率 55.23%，增长 1.62 个百分点。主要工作进展和成效有：

一是全面推进规划改革。出台《宁夏空间发展战略规划条例》，全面梳理确定空间规划体系，启动 103 项配套规划的编制工作，开展规划研究 14 项，编制标准导则 13 项，制定管理办法 4 项。深化规划管理体制和审查机制改革，成立自治区规划管理委员会办公室，建立空间规划体系规划编制联席会议制度。启动建立统一的规划管理信息平台，各项规划在一个平台上实现对接联系，加快“三规合一”及“多规融合”步伐。

二是推动户籍制度改革及相关配套政策落地。合理放宽银川市城区落户条件，全面放开其他城市市区和建制镇落户限制。所有地级市全部制定具体的户籍制度改革实施方案。自治区政府制定进一步做好为农民工服务工作的实施意见、社会保险“五险合一”经办体制改革方案等政策，推进农业转移人口市民化等相关工作。

三是推动土地和农村产权制度改革政策落地。启动新一轮土地利用总体规划调整。对照宁夏空间发展战略规划，推进城市开发边界、永久基本农田保护红线划定。加快不动产登记制度落实，成立自治区不动产登记局和不动产登记事务中心，研究制定涉及土地、房屋、草原、森林等全区统一的不动产登记办法。开展土地确权“整省推进”试点。在平罗县开展农村宅基地改革试点。

四是深化城市建设管理制度改革。积极推进建筑产业现代化，启动建筑产业化技术标准体系建设，积极解决工业化建筑工程交易环节法规制度障碍和质量安全监管问题，加快以政府投资工程为主导的建筑产业化试点示范工作开展。制定完善绿色建筑标准定额体系，深入开展绿色建筑行动。研究制定《宁夏城市特色风貌控制导则》《六边控制导则》等，推行城市设计制度，培育城市特色风貌。创新城市管理，在城市推广中卫市“以克论净、深度保洁”模式，在农村推广泾源县城乡一体化环卫管理模式，积极推进城乡规划建设管理综合执法。成立自治区推进智慧城市建设协调议事机构，组织中卫市开展国家智慧城市建设试点。推进建筑工程招投标制度改革，在房屋建筑和市政工程总承包领域推行建筑业企业“分灶吃饭”等制度，全面放开非国有资金投资工程项目招投标限制，实行限额以下项目随机抽取中标人等新措施。

五是开展城镇化相关试点改革。固原市等地积极推进国家新型城镇化综合试点，细化完善试点工作方案，明确试点内容、责任单位、时间节点、工作流程等，全力推进试点工作开展，在农业转移人口就业培训、建立市民化成本分担机制、随迁子女接受城镇义务教育、失地农民养老保险、住房保障、城镇基础设施特许经营、PPP 融资、扩权强镇等方面取得积极进展。石嘴山市等地积极推进中小城市综合改革试点，建设宜居宜业中小城市。灵武市等地积极开展深化县城基础设施投融资体制改革试点。

新疆维吾尔自治区

新 型 城 镇 化 推 进 情 况

2015 年全区常住人口城镇化率 47.23%，增长 1.16 个百分点。主要工作进展和成效有：

一是城镇化体制机制逐步完善。建立推进新型城镇化工作领导小组，研究制定关于推进新型城镇化的意见。深入推进户籍制度改革，落实和调整户籍管理、创新人口管理、保障农业转移人口合法权益等方面政策。制定丝绸之路经济带核心区建设实施意见和行动计划，开展新疆天山北坡城市群规划编制研究，全面推进丝绸之路城镇发展带建设。积极调整行政区划，加快在条件成熟的地方推进撤地建市、撤县建市、撤乡设镇的进程，设立地级吐鲁番市。深入推进伊宁市和昌吉市榆树沟镇开展国家新型城镇化综合试点。

二是城镇现代产业体系初步形成。喀什和霍尔果斯经济开发区建设初具规模，阿拉山口、喀什综合保税区封关运营，中哈霍尔果斯国际边境合作中心配套区正式验收，乌鲁木齐综合保税区获得国家批准设立并奠基建设。“十二五”期间，工业增加值达到2804亿元，年均增长10.3%。传统优势产业发展步伐加快，电力装机和发电量分别增长3.5倍和3.1倍。新能源、新材料等战略性新兴产业迅速成长，云计算产业以及“数字城市”、“两化”融合试验区、软件园加快发展。现代服务业加速推进，商贸物流业迅猛发展，社会消费品零售总额达到2602亿元。5A级旅游景区增加到9家，全区共接待国内外游客2.5亿人次，成为国际旅游重要目的地。2015年实现城镇新增就业43万人，农村富余劳动力转移就业250万人次。

三是城镇社会事业蓬勃发展。财政性教育经费支出占生产总值的比例连续多年高于4%的国家规定目标，构建了从学前教育到高等教育较为完善的资助体系。南疆四地州在全国率先实现了14年免费教育。县级公立医院综合改革扩大到所有县市，国家基本药物制度实现全覆盖。建立了统筹城乡、覆盖全民的基本养老保险和基本医疗保险制度，社会保险比全国提前一年实现全覆盖，各项保险参保人数达到2236万人次，216万城乡生活困难群众享受到低保政策，补助水平连年提高，临时救助制度全面建立。体育场馆、健身广场等公共体育设施覆盖城乡，“四馆一站”免费开放和文化惠民演出深受各族群众好评。

四是城镇基础设施不断夯实。创新投融资机制，大力推行政府和社会资本合作模式，推出涉及投资4045亿元的445个项目，促进一大批交通、水利、能源、通信等项目开工建设或建成投产。铁路营运里程达到6152公里，兰新铁路第二双线开通运行，新疆进入了高铁时代。国家和地方高速公路总里程达到4316公里，民用机场增加到18个。南疆天然气主干管网建成投产，44个县市400多万各族群众用上了天然气。“十二五”期间，累计建成安居富民、定居兴牧、城镇保障性住房300多万套。大力开展园林城市创建、节水型城市创建、洁净工程等工作，进一步促进市政基础设施建设和管理。

新疆生产建设兵团

新 型 城 镇 化 推 进 情 况

2015 年区域内常住人口城镇化率 65%，增长 1 个百分点。主要工作进展和成效有：

一是加强组织领导，形成工作合力。落实中央精神、结合兵团实际，出台《关于开展兵团城镇化提升年活动的意见》，从城镇规划、管理、基础设施建设、基本公共服务、住房保障、区域城镇化、居民文明素质等 7 个方面对新型城镇化发展予以明确，成立新型城镇化工作领导小组统筹协调重大问题，健全各级各部门协作机制，形成了纵向到底、横向到边的新型城镇化工作推进体系。

二是重视战略谋划，强化规划引领。开展兵团“十三五”时期提升城镇化发展质量研究，编制《兵团新型城镇化“十三五”发展规划》。在 19 个城镇开展城镇特色风貌塑造和城市设计试点，启动了铁门关、五家渠市芳草湖农场“三规合一”试点。

三是注重宣传引导，突出典型带动。通过多种媒体平台加强新型城镇化工作部署和先进典型宣传，深化理解认知，增强参与感获得感，营造良好环境氛围，兵团党委、兵团专题召开城镇化提升年活动推进会，选择具有突出特点、示范效应的参观点进行观摩，总结交流各师推进城镇化建设的新举措、新成效、新经验，有效发挥了典型带动作用。

四是创新融资模式，加快市政基础设施建设。坚持把保障性住房和配套基础设施、公共服务设施建设作为最大民生工程和城镇化重要抓手优先予以推进，全年共有 17 个城镇供水、供热、生活垃圾收集处理、污水处理、管道燃气建设项目纳入 PPP 模式试点，兵团给予 4.6 亿元补助，撬动社会资本 6.1 亿元。城镇硬件建设和软件服务水平有效提升，产业和人口承载聚集功能得到增强。

五是健全考核机制，确保任务落实。建立健全分类指导、分工明确、定期考核的新型城镇化工作考核机制，纳入单位绩效和领导考核，组织开展了全年系统考核，针对实施薄弱环节和未完成任务及时推进整改，把年度目标和总体目标、兵师团目标有机结合起来，强力推进新型城镇化任务落实。

附录Ⅰ：重要政策文件

国务院关于进一步推进户籍制度改革的意见

国发〔2014〕25 号

各省、自治区、直辖市人民政府，国务院各部委、各直属机构：

为深入贯彻落实党的十八大、十八届三中全会和中央城镇化工作会议关于进一步推进户籍制度改革的要求，促进有能力在城镇稳定就业和生活的常住人口有序实现市民化，稳步推进城镇基本公共服务常住人口全覆盖，现提出以下意见。

一、总体要求

（一）**指导思想**。以邓小平理论、“三个代表”重要思想、科学发展观为指导，适应推进新型城镇化需要，进一步推进户籍制度改革，落实放宽户口迁移政策。统筹推进工业化、信息化、城镇化和农业现代化同步发展，推动大中小城市和小城镇协调发展、产业和城镇融合发展。统筹户籍制度改革和相关经济社会领域改革，合理引导农业人口有序向城镇转移，有序推进农业转移人口市民化。

（二）**基本原则**。

——坚持积极稳妥、规范有序。立足基本国情，积极稳妥推进，优先解决存量，有序引导增量，合理引导农业转移人口落户城镇的预期和选择。

——坚持以人为本、尊重群众意愿。尊重城乡居民自主定居意愿，依法保障农业转移人口及其他常住人口合法权益，不得采取强迫做法办理落户。

——坚持因地制宜、区别对待。充分考虑当地经济社会发展水平、城市综合承载能力和提供基本公共服务的能力，实施差别化落户政策。

——坚持统筹配套、提供基本保障。统筹推进户籍制度改革和基本公共服务均等化，不断扩大教育、就业、医疗、养老、住房保障等城镇基本公共服务覆盖面。

（三）**发展目标**。进一步调整户口迁移政策，统一城乡户口登记制度，全面实施居住证制度，加快建设和共享国家人口基础信息库，稳步推进义务教育、就业服务、基本养老、基本医疗卫生、住房保障等城镇基本公共服务覆盖全部常住人口。到 2020 年，基本建立与全面建成小康社会相适应，有效支撑社会管理和公共服务，依法保障公民权利，以人为本、科学高效、规范有序的新型户籍制度，努力实现 1 亿左右农业转移人口和其他常住人口在城镇落户。

二、进一步调整户口迁移政策

（四）**全面放开建制镇和小城市落户限制**。在县级市市区、县人民政府驻地镇和其他建制镇有合法稳定住所（含租赁）的人员，本人及其共同居住生活的配偶、未成年子女、父母等，可以在当地申请登记常住户口。

（五）**有序放开中等城市落户限制**。在城区人口 50 万至 100 万的城市合法稳定就业并有合法稳定住所（含租赁），同时按照国家规定参加城镇社会保险达到一定年限的人员，本人及其共同居住生活的配偶、未成年子女、父母等，可以在当地申请登记常住户口。城市综合承载能力压力小的地方，可以参照建制镇和小城市标准，全面放开落户限制；城市综合承载能力压力大的地方，可以对合法稳定就业的范围、年限和合法稳定住所（含租赁）的范围、条件等作出具体规定，但对合法稳定住所（含租赁）不得设置住房面积、金额等要求，对参加城镇社会保险年限的要求不得超过 3 年。

（六）**合理确定大城市落户条件**。在城区人口 100 万至 300 万的城市合法稳定就业达到一定年限并有合法稳定住所（含租赁），同时按照国家规定参加城镇社会保险达到一定年限的人员，本人及其共同居住生活的配偶、未成年子女、父母等，可以在当地申请登记常住户口。城区人口 300 万至 500 万的城市，要适度控制落户规模和节奏，可以对合法稳定就业的范围、年限和合法稳定住所（含租赁）的范围、条件等作出较严格的规定，也可结合本地实际，建立积分落户制度。大城市对参加城镇社会保险年限的要求不得超过 5 年。

（七）**严格控制特大城市人口规模**。改进城区人口 500 万以上的城市现行落户政策，建立完善积分落户制度。根据综合承载能力和经济社会发展需要，以具有合法稳定就业和合法稳定住所（含租赁）、参加城镇社会保险年限、连续居住年限等为主要指标，合理设置积分分值。按照总量控制、公开透明、有序办理、公平公正的原则，达到规定分值的流动人口本人及其共同居住生活的配偶、未成年子女、父母等，可以在当地申请登记常住户口。

（八）**有效解决户口迁移中的重点问题**。认真落实优先解决存量的要求，重点解决进城时间长、就业能力强、可以适应城镇产业转型升级和市场竞争环境的人员落户问题。不断提高高校毕业生、技术工人、职业院校毕业生、留学回国人员等常住人口的城镇落户率。

三、创新人口管理

（九）**建立城乡统一的户口登记制度**。取消农业户口与非农业户口性质区分和由此衍生的蓝印户口等户口类型，统一登记为居民户口，体现户籍制度的人口登记管理功能。建立与统一城乡户口登记制度相适应的教育、卫生计生、就业、社保、住房、土地及人口统计制度。

（十）**建立居住证制度**。公民离开常住户口所在地到其他设区的市级以上城市居住半年以上的，在居住地申领居住证。符合条件的居住证持有人，可以在居住地申请登记常住户口。以居住证为载体，建立健全与居住年限等条件相挂钩的基本公共服务提供机制。居住证持有人享有与当地户籍人口同等的劳动就业、基本公共教育、基本医疗卫生服务、计划生育服务、公共文化服务、证照办理服务等权利；以连续居住年限和参加社会保险年限等为条件，逐步享有与当地户籍人口同等的中等职业教育资助、就业扶持、住房保障、养老服务、社会福利、社会救助等权利，同时结合随迁子女在当地连续就学年限等情况，逐步享有随迁子女在当地参加中考和高考的资格。各地要积极创造条件，不断扩大向居住证持有人提供公共服务的范围。按照权责对等的原则，居住证持有人应当履行服兵役和参加民兵组织等国家和地方规定的公民义务。

（十一）**健全人口信息管理制度**。建立健全实际居住人口登记制度，加强和完善人口统计调查，全面、准确掌握人口规模、人员结构、地区分布等情况。建设和完善覆盖全国人口、以公民身份号码为唯一标识、以人口基础信息为基准的国家人口基础信息库，分类完善劳动就业、教育、收入、社保、房产、信用、卫生计生、税务、婚姻、民族等信息系统，逐步实现跨部门、跨地区信息整合和共享，为制定人口发展战略和政策提供信息支持，为人口服务和管理提供支撑。

四、切实保障农业转移人口及其他常住人口合法权益

（十二）**完善农村产权制度**。土地承包经营权和宅基地使用权是法律赋予农户的用益物权，集体收益分配权是农民作为集体经济组织成员应当享有的合法财产权利。加快推进农村土地确权、登记、颁证，依法保障农民的土地承包经营权、宅基地使用权。推进农村集体经济组织产权制度改革，探索集体经济组织成员资格认定办法和集体经济有效实现形式，保护成员的集体财产权和收益分配权。建立农村产

权流转交易市场，推动农村产权流转交易公开、公正、规范运行。坚持依法、自愿、有偿的原则，引导农业转移人口有序流转土地承包经营权。进城落户农民是否有偿退出“三权”，应根据党的十八届三中全会精神，在尊重农民意愿前提下开展试点。现阶段，不得以退出土地承包经营权、宅基地使用权、集体收益分配权作为农民进城落户的条件。

（十三）**扩大基本公共服务覆盖面**。保障农业转移人口及其他常住人口随迁子女平等享有受教育权利；将随迁子女义务教育纳入各级政府教育发展规划和财政保障范畴；逐步完善并落实随迁子女在流入地接受中等职业教育免学费和普惠性学前教育的政策以及接受义务教育后参加升学考试的实施办法。完善就业失业登记管理制度，面向农业转移人口全面提供政府补贴职业技能培训服务，加大创业扶持力度，促进农村转移劳动力就业。将农业转移人口及其他常住人口纳入社区卫生和计划生育服务体系，提供基本医疗卫生服务。把进城落户农民完全纳入城镇社会保障体系，在农村参加的养老保险和医疗保险规范接入城镇社会保障体系，完善并落实医疗保险关系转移接续办法和异地就医结算办法，整合城乡居民基本医疗保险制度，加快实施统一的城乡医疗救助制度。提高统筹层次，实现基础养老金全国统筹，加快实施统一的城乡居民基本养老保险制度，落实城镇职工基本养老保险关系转移接续政策。加快建立覆盖城乡的社会养老服务体系，促进基本养老服务均等化。完善以低保制度为核心的社会救助体系，实现城乡社会救助统筹发展。把进城落户农民完全纳入城镇住房保障体系，采取多种方式保障农业转移人口基本住房需求。

（十四）**加强基本公共服务财力保障**。建立财政转移支付同农业转移人口市民化挂钩机制。完善促进基本公共服务均等化的公共财政体系，逐步理顺事权关系，建立事权和支出责任相适应的制度，中央和地方按照事权划分相应承担和分担支出责任。深化税收制度改革，完善地方税体系。完善转移支付制度，加大财力均衡力度，保障地方政府提供基本公共服务的财力。

五、切实加强组织领导

（十五）**抓紧落实政策措施**。进一步推进户籍制度改革，是涉及亿万农业转移人口的一项重大举措。各地区、各有关部门要充分认识户籍制度改革的重大意义，深刻把握城镇化进程的客观规律，进一步统一思想，加强领导，周密部署，敢于担当，按照走中国特色新型城镇化道路、全面提高城镇化质量的新要求，切实落实户籍制度改革的各项政策措施，防止急于求成、运动式推进。各省、自治区、直辖市人民政府要根据本意见，统筹考虑，因地制宜，抓紧出台本地区具体可操作的户籍制度改革措施，并向社会公布，加强社会监督。公安部、发展改革委、教育部、民政部、财政部、人力资源社会保障部、国土资源部、住房城乡建设部、农业部、卫生计生委、法制办等部门要按照职能分工，抓紧制定教育、就业、医疗、养老、住房保障等方面的配套政策，完善法规，落实经费保障。公安部和发展改革委、人力资源社会保障部要会同有关部门对各地区实施户籍制度改革工作加强跟踪评估、督查指导。公安部和各地公安机关要加强户籍管理和居民身份证管理，严肃法纪，做好户籍制度改革的基础工作。

（十六）**积极做好宣传引导**。全面阐释适应中国特色新型城镇化发展、进一步推进户籍制度改革的重大意义，准确解读户籍制度改革及相关配套政策。大力宣传各地在解决农业转移人口及其他常住人口落户城镇、保障合法权益、提供基本公共服务等方面的好经验、好做法，合理引导社会预期，回应群众关切，凝聚各方共识，形成改革合力，为进一步推进户籍制度改革营造良好的社会环境。

国务院

2014 年 7 月 24 日

国务院关于调整城市规模划分标准的通知

国发〔2014〕51号

各省、自治区、直辖市人民政府，国务院各部委、各直属机构：

改革开放以来，伴随着工业化进程加速，我国城镇化取得了巨大成就，城市数量和规模都有了明显增长，原有的城市规模划分标准已难以适应城镇化发展等新形势要求。当前，我国城镇化正处于深入发展的关键时期，为更好地实施人口和城市分类管理，满足经济社会发展需要，现将城市规模划分标准调整为：

以城区常住人口为统计口径，将城市划分为五类七档。城区常住人口50万以下的城市为小城市，其中20万以上50万以下的城市为Ⅰ型小城市，20万以下的城市为Ⅱ型小城市；城区常住人口50万以上100万以下的城市为中等城市；城区常住人口100万以上500万以下的城市为大城市，其中300万以上500万以下的城市为Ⅰ型大城市，100万以上300万以下的城市为Ⅱ型大城市；城区常住人口500万以上1000万以下的城市为特大城市；城区常住人口1000万以上的城市为超大城市。（以上包括本数，以下不包括本数）

城区是指在市辖区和不设区的市，区、市政府驻地的实际建设连接到的居民委员会所辖区域和其他区域。常住人口包括：居住在本乡镇街道，且户口在本乡镇街道或户口待定的人；居住在本乡镇街道，且离开户口登记地所在的乡镇街道半年以上的人；户口在本乡镇街道，且外出不满半年或在境外工作学习的人。

新标准自本通知印发之日起实施。各地区、各部门出台的与城市规模分类相关的政策、标准和规范等要按照新标准进行相应修订。

国务院

2014年10月29日

居住证暂行条例

中华人民共和国国务院令第 663 号

第一条　为了促进新型城镇化的健康发展，推进城镇基本公共服务和便利常住人口全覆盖，保障公民合法权益，促进社会公平正义，制定本条例。

第二条　公民离开常住户口所在地，到其他城市居住半年以上，符合有合法稳定就业、合法稳定住所、连续就读条件之一的，可以依照本条例的规定申领居住证。

第三条　居住证是持证人在居住地居住、作为常住人口享受基本公共服务和便利、申请登记常住户口的证明。

第四条　居住证登载的内容包括：姓名、性别、民族、出生日期、公民身份号码、本人相片、常住户口所在地住址、居住地住址、证件的签发机关和签发日期。

第五条　县级以上人民政府应当建立健全为居住证持有人提供基本公共服务和便利的机制。县级以上人民政府发展改革、教育、公安、民政、司法行政、人力资源社会保障、住房城乡建设、卫生计生等有关部门应当根据各自职责，做好居住证持有人的权益保障、服务和管理工作。

第六条　县级以上人民政府应当将为居住证持有人提供基本公共服务和便利的工作纳入国民经济和社会发展规划，完善财政转移支付制度，将提供基本公共服务和便利所需费用纳入财政预算。

第七条　县级以上人民政府有关部门应当建立和完善人口信息库，分类完善劳动就业、教育、社会保障、房产、信用、卫生计生、婚姻等信息系统以及居住证持有人信息的采集、登记工作，加强部门之间、地区之间居住证持有人信息的共享，为推进社会保险、住房公积金等转移接续制度，实现基本公共服务常住人口全覆盖提供信息支持，为居住证持有人在居住地居住提供便利。

第八条　公安机关负责居住证的申领受理、制作、发放、签注等证件管理工作。

居民委员会、村民委员会、用人单位、就读学校以及房屋出租人应当协助做好居住证的申领受理、发放等工作。

第九条　申领居住证，应当向居住地公安派出所或者受公安机关委托的社区服务机构提交本人居民身份证、本人相片以及居住地住址、就业、就读等证明材料。

居住地住址证明包括房屋租赁合同、房屋产权证明文件、购房合同或者房屋出租人、用人单位、就读学校出具的住宿证明等；就业证明包括工商营业执照、劳动合同、用人单位出具的劳动关系证明或者其他能够证明有合法稳定就业的材料等；就读证明包括学生证、就读学校出具的其他能够证明连续就读的材料等。

未满16周岁的未成年人和行动不便的老年人、残疾人等，可以由其监护人、近亲属代为申领居住证。监护人、近亲属代为办理的，应当提供委托人、代办人的合法有效身份证件。

申请人及相关证明材料出具人应当对本条规定的证明材料的真实性、合法性负责。

对申请材料不全的，公安派出所或者受公安机关委托的社区服务机构应当一次性告知申领人需要补充的材料。

对符合居住证办理条件的，公安机关应当自受理之日起15日内制作发放居住证；在偏远地区、交通不便的地区或者因特殊情况，不能按期制作发放居住证的，设区的市级以上地方人民政府在实施办法中可以对制作发放时限作出延长规定，但延长后最长不得超过30日。

第十条　居住证由县级人民政府公安机关签发，每年签注1次。

居住证持有人在居住地连续居住的，应当在居住每满1年之日前1个月内，到居住地公安派出所或者受公安机关委托的社区服务机构办理签注手续。

逾期未办理签注手续的，居住证使用功能中止；补办签注手续的，居住证的使用功能恢复，居住证持有人在居住地的居住年限自补办签注手续之日起连续计算。

第十一条　居住证损坏难以辨认或者丢失的，居住证持有人应当到居住地公安派出所或者受公安机关委托的社区服务机构办理换领、补领手续。

居住证持有人换领新证时，应当交回原证。

第十二条　居住证持有人在居住地依法享受劳动就业，参加社会保险，缴存、提取和使用住房公积金的权利。县级以上人民政府及其有关部门应当为居住证持有人提供下列基本公共服务：

（一）义务教育；

（二）基本公共就业服务；

（三）基本公共卫生服务和计划生育服务；

（四）公共文化体育服务；

（五）法律援助和其他法律服务；

（六）国家规定的其他基本公共服务。

第十三条　居住证持有人在居住地享受下列便利：

（一）按照国家有关规定办理出入境证件；

（二）按照国家有关规定换领、补领居民身份证；

（三）机动车登记；

（四）申领机动车驾驶证；

（五）报名参加职业资格考试、申请授予职业资格；

（六）办理生育服务登记和其他计划生育证明材料；

（七）国家规定的其他便利。

第十四条　国务院有关部门、地方各级人民政府及其有关部门应当积极创造条件，逐步扩大为居住证持有人提供公共服务和便利的范围，提高服务标准，并定期向社会公布居住证持有人享受的公共服务和便利的范围。

第十五条　居住证持有人符合居住地人民政府规定的落户条件的，可以根据本人意愿，将常住户口由原户口所在地迁入居住地。

第十六条　居住地人民政府应当根据下列规定确定落户条件：

（一）建制镇和城区人口 50 万以下的小城市的落户条件为在城市市区、县人民政府驻地镇或者其他建制镇有合法稳定住所。

（二）城区人口 50 万至 100 万的中等城市的落户条件为在城市有合法稳定就业并有合法稳定住所，同时按照国家规定参加城镇社会保险达到一定年限。其中，城市综合承载能力压力小的地方，可以参照建制镇和小城市标准，全面放开落户限制；城市综合承载能力压力大的地方，可以对合法稳定就业的范围、年限和合法稳定住所的范围、条件等作出规定，但对合法稳定住所不得设置住房面积、金额等要求，对参加城镇社会保险年限的要求不得超过 3 年。

（三）城区人口 100 万至 500 万的大城市的落户条件为在城市有合法稳定就业达到一定年限并有合法稳定住所，同时按照国家规定参加城镇社会保险达到一定年限，但对参加城镇社会保险年限的要求不得超过 5 年。其中，城区人口 300 万至 500 万的大城市可以对合法稳定就业的范围、年限和合法稳定住所的范围、条件等作出规定，也可结合本地实际，建立积分落户制度。

（四）城区人口500万以上的特大城市和超大城市应当根据城市综合承载能力和经济社会发展需要，以具有合法稳定就业和合法稳定住所、参加城镇社会保险年限、连续居住年限等为主要指标，建立完善积分落户制度。

第十七条　国家机关及其工作人员对在工作过程中知悉的居住证持有人个人信息，应当予以保密。

第十八条　有下列行为之一的，由公安机关给予警告、责令改正，处200元以下罚款，有违法所得的，没收违法所得：

（一）使用虚假证明材料骗领居住证；

（二）出租、出借、转让居住证；

（三）非法扣押他人居住证。

第十九条　有下列行为之一的，由公安机关处200元以上1000元以下罚款，有违法所得的，没收违法所得：

（一）冒用他人居住证或者使用骗领的居住证；

（二）购买、出售、使用伪造、变造的居住证。

伪造、变造的居住证和骗领的居住证，由公安机关予以收缴。

第二十条　国家机关及其工作人员有下列行为之一的，依法给予处分；构成犯罪的，依法追究刑事责任：

（一）符合居住证申领条件但拒绝受理、发放；

（二）违反有关规定收取费用；

（三）利用制作、发放居住证的便利，收受他人财物或者谋取其他利益；

（四）将在工作中知悉的居住证持有人个人信息出售或者非法提供给他人；

（五）篡改居住证信息。

第二十一条　首次申领居住证，免收证件工本费。换领、补领居住证，应当缴纳证件工本费。办理签注手续不得收取费用。

具体收费办法由国务院财政部门、价格主管部门制定。

第二十二条　设区的市级以上地方人民政府应当结合本行政区域经济社会发展需要及落户条件等因素，根据本条例制定实施办法。

第二十三条　本条例自2016年1月1日起施行。本条例施行前各地已发放的居住证，在有效期内继续有效。

国务院关于深入推进新型城镇化建设的若干意见

国发〔2016〕8号

各省、自治区、直辖市人民政府，国务院各部委、各直属机构：

新型城镇化是现代化的必由之路，是最大的内需潜力所在，是经济发展的重要动力，也是一项重要的民生工程。《国家新型城镇化规划（2014—2020年）》发布实施以来，各地区、各部门抓紧行动、改革探索，新型城镇化各项工作取得了积极进展，但仍然存在农业转移人口市民化进展缓慢、城镇化质量不高、对扩大内需的主动力作用没有得到充分发挥等问题。为总结推广各地区行之有效的经验，深入推进新型城镇化建设，现提出如下意见。

一、总体要求

全面贯彻党的十八大和十八届二中、三中、四中、五中全会以及中央经济工作会议、中央城镇化工作会议、中央城市工作会议、中央扶贫开发工作会议、中央农村工作会议精神，按照“五位一体”总体布局和“四个全面”战略布局，牢固树立创新、协调、绿色、开放、共享的发展理念，坚持走以人为本、四化同步、优化布局、生态文明、文化传承的中国特色新型城镇化道路，以人的城镇化为核心，以提高质量为关键，以体制机制改革为动力，紧紧围绕新型城镇化目标任务，加快推进户籍制度改革，提升城市综合承载能力，制定完善土地、财政、投融资等配套政策，充分释放新型城镇化蕴藏的巨大内需潜力，为经济持续健康发展提供持久强劲动力。

坚持点面结合、统筹推进。统筹规划、总体布局，促进大中小城市和小城镇协调发展，着力解决好“三个1亿人”城镇化问题，全面提高城镇化质量。充分发挥国家新型城镇化综合试点作用，及时总结提炼可复制经验，带动全国新型城镇化体制机制创新。

坚持纵横联动、协同推进。加强部门间政策制定和实施的协调配合，推动户籍、土地、财政、住房等相关政策和改革举措形成合力。加强部门与地方政策联动，推动地方加快出台一批配套政策，确保改革举措和政策落地生根。

坚持补齐短板、重点突破。加快实施“一融双新”工程，以促进农民工融入城镇为核心，以加快新生中小城市培育发展和新型城市建设为重点，瞄准短板，加快突破，优化政策组合，弥补供需缺口，促进新型城镇化健康有序发展。

二、积极推进农业转移人口市民化

（一）**加快落实户籍制度改革政策**。围绕加快提高户籍人口城镇化率，深化户籍制度改革，促进有能力在城镇稳定就业和生活的农业转移人口举家进城落户，并与城镇居民享有同等权利、履行同等义务。鼓励各地区进一步放宽落户条件，除极少数超大城市外，允许农业转移人口在就业地落户，优先解决农村学生升学和参军进入城镇的人口、在城镇就业居住 5 年以上和举家迁徙的农业转移人口以及新生代农民工落户问题，全面放开对高校毕业生、技术工人、职业院校毕业生、留学归国人员的落户限制，加快制定公开透明的落户标准和切实可行的落户目标。除超大城市和特大城市外，其他城市不得采取要求购买房屋、投资纳税、积分制等方式设置落户限制。加快调整完善超大城市和特大城市落户政策，根据城市综合承载能力和功能定位，区分主城区、郊区、新区等区域，分类制定落户政策；以具有合法稳定就业和合法稳定住所（含租赁）、参加城镇社会保险年限、连续居住年限等为主要指标，建立完善积分落户制度，重点解决符合条件的普通劳动者的落户问题。加快制定实施推动 1 亿非户籍人口在城市落户方案，强化地方政府主体责任，确保如期完成。

（二）**全面实行居住证制度**。推进居住证制度覆盖全部未落户城镇常住人口，保障居住证持有人在居住地享有义务教育、基本公共就业服务、基本公共卫生服务和计划生育服务、公共文化体育服务、法律援助和法律服务以及国家规定的其他基本公共服务；同时，在居住地享有按照国家有关规定办理出入境证件、换领补领居民身份证、机动车登记、申领机动车驾驶证、报名参加职业资格考试和申请授予职业资格以及其他便利。鼓励地方各级人民政府根据本地承载能力不断扩大对居住证持有人的公共服务范围并提高服务标准，缩小与户籍人口基本公共服务的差距。推动居住证持有人享有与当地户籍人口同等的住房保障权利，将符合条件的农业转移人口纳入当地住房保障范围。各城市要根据《居住证暂行条例》，加快制定实施具体管理办法，防止居住证与基本公共服务脱钩。

（三）**推进城镇基本公共服务常住人口全覆盖。**保障农民工随迁子女以流入地公办学校为主接受义务教育，以公办幼儿园和普惠性民办幼儿园为主接受学前教育。实施义务教育“两免一补”和生均公用经费基准定额资金随学生流动可携带政策，统筹人口流入地与流出地教师编制。组织实施农民工职业技能提升计划，每年培训 2000 万人次以上。允许在农村参加的养老保险和医疗保险规范接入城镇社保体系，加快建立基本医疗保险异地就医医疗费用结算制度。

（四）**加快建立农业转移人口市民化激励机制。**切实维护进城落户农民在农村的合法权益。实施财政转移支付同农业转移人口市民化挂钩政策，实施城镇建设用地增加规模与吸纳农业转移人口落户数量挂钩政策，中央预算内投资安排向吸纳农业转移人口落户数量较多的城镇倾斜。各省级人民政府要出台相应配套政策，加快推进农业转移人口市民化进程。

三、全面提升城市功能

（五）**加快城镇棚户区、城中村和危房改造。**围绕实现约 1 亿人居住的城镇棚户区、城中村和危房改造目标，实施棚户区改造行动计划和城镇旧房改造工程，推动棚户区改造与名城保护、城市更新相结合，加快推进城市棚户区和城中村改造，有序推进旧住宅小区综合整治、危旧住房和非成套住房（包括无上下水、北方地区无供热设施等的住房）改造，将棚户区改造政策支持范围扩大到全国重点镇。加强棚户区改造工程质量监督，严格实施质量责任终身追究制度。

（六）**加快城市综合交通网络建设。**优化街区路网结构，建设快速路、主次干路和支路级配合理的路网系统，提升城市道路网络密度，优先发展公共交通。大城市要统筹公共汽车、轻轨、地铁等协同发展，推进城市轨道交通系统和自行车等慢行交通系统建设，在有条件的地区规划建设市郊铁路，提高道路的通达性。畅通进出城市通道，加快换乘枢纽、停车场等设施建设，推进充电站、充电桩等新能源汽车充电设施建设，将其纳入城市旧城改造和新城建设规划同步实施。

（七）**实施城市地下管网改造工程。**统筹城市地上地下设施规划建设，加强城市地下基础设施建设和改造，合理布局电力、通信、广电、给排水、热力、燃气等地下管网，加快实施既有路面城市电网、通信网络架空线入地工程。推动城市新区、各类园区、成片开发区的新建道路同步建设地下综合管廊，老城区要结合地铁建设、河道治理、道路整治、旧城更新、棚户区改造等逐步推进地下综合管廊建设，鼓励社会资本投资运营地下综合管廊。加快城市易涝点改造，推进雨污分流管网改造与排水和防洪排涝设施建设。加强供水管网改造，降低供水管网漏损率。

（八）**推进海绵城市建设**。在城市新区、各类园区、成片开发区全面推进海绵城市建设。在老城区结合棚户区、危房改造和老旧小区有机更新，妥善解决城市防洪安全、雨水收集利用、黑臭水体治理等问题。加强海绵型建筑与小区、海绵型道路与广场、海绵型公园与绿地、绿色蓄排与净化利用设施等建设。加强自然水系保护与生态修复，切实保护良好水体和饮用水源。

（九）**推动新型城市建设**。坚持适用、经济、绿色、美观方针，提升规划水平，增强城市规划的科学性和权威性，促进"多规合一"，全面开展城市设计，加快建设绿色城市、智慧城市、人文城市等新型城市，全面提升城市内在品质。实施"宽带中国"战略和"互联网+"城市计划，加速光纤入户，促进宽带网络提速降费，发展智能交通、智能电网、智能水务、智能管网、智能园区。推动分布式太阳能、风能、生物质能、地热能多元化规模化应用和工业余热供暖，推进既有建筑供热计量和节能改造，对大型公共建筑和政府投资的各类建筑全面执行绿色建筑标准和认证，积极推广应用绿色新型建材、装配式建筑和钢结构建筑。加强垃圾处理设施建设，基本建立建筑垃圾、餐厨废弃物、园林废弃物等回收和再生利用体系，建设循环型城市。划定永久基本农田、生态保护红线和城市开发边界，实施城市生态廊道建设和生态系统修复工程。制定实施城市空气质量达标时间表，努力提高优良天数比例，大幅减少重污染天数。落实最严格水资源管理制度，推广节水新技术和新工艺，积极推进中水回用，全面建设节水型城市。促进国家级新区健康发展，推动符合条件的开发区向城市功能区转型，引导工业集聚区规范发展。

（十）**提升城市公共服务水平**。根据城镇常住人口增长趋势，加大财政对接收农民工随迁子女较多的城镇中小学校、幼儿园建设的投入力度，吸引企业和社会力量投资建学办学，增加中小学校和幼儿园学位供给。统筹新老城区公共服务资源均衡配置。加强医疗卫生机构、文化设施、体育健身场所设施、公园绿地等公共服务设施以及社区服务综合信息平台规划建设。优化社区生活设施布局，打造包括物流配送、便民超市、银行网点、零售药店、家庭服务中心等在内的便捷生活服务圈。建设以居家为基础、社区为依托、机构为补充的多层次养老服务体系，推动生活照料、康复护理、精神慰藉、紧急援助等服务全覆盖。加快推进住宅、公共建筑等的适老化改造。加强城镇公用设施使用安全管理，健全城市抗震、防洪、排涝、消防、应对地质灾害应急指挥体系，完善城市生命通道系统，加强城市防灾避难场所建设，增强抵御自然灾害、处置突发事件和危机管理能力。

四、加快培育中小城市和特色小城镇

（十一）**提升县城和重点镇基础设施水平**。加强县城和重点镇公共供水、道路交通、燃气供热、信息网络、分布式能源等市政设施和教育、医疗、文化等公共服务设施建设。推进城镇生活污水垃圾处理设施全覆盖和稳定运行，提高县城垃圾资源化、无害化处理能力，加快重点镇垃圾收集和转运设施建设，利用水泥窑协同处理生活垃圾及污泥。推进北方县城和重点镇集中供热全覆盖。加大对中西部地区发展潜力大、吸纳人口多的县城和重点镇的支持力度。

（十二）**加快拓展特大镇功能**。开展特大镇功能设置试点，以下放事权、扩大财权、改革人事权及强化用地指标保障等为重点，赋予镇区人口 10 万以上的特大镇部分县级管理权限，允许其按照相同人口规模城市市政设施标准进行建设发展。同步推进特大镇行政管理体制改革和设市模式创新改革试点，减少行政管理层级、推行大部门制，降低行政成本、提高行政效率。

（十三）**加快特色镇发展**。因地制宜、突出特色、创新机制，充分发挥市场主体作用，推动小城镇发展与疏解大城市中心城区功能相结合、与特色产业发展相结合、与服务“三农”相结合。发展具有特色优势的休闲旅游、商贸物流、信息产业、先进制造、民俗文化传承、科技教育等魅力小镇，带动农业现代化和农民就近城镇化。提升边境口岸城镇功能，在人员往来、加工物流、旅游等方面实行差别化政策，提高投资贸易便利化水平和人流物流便利化程度。

（十四）**培育发展一批中小城市**。完善设市标准和市辖区设置标准，规范审核审批程序，加快启动相关工作，将具备条件的县和特大镇有序设置为市。适当放宽中西部地区中小城市设置标准，加强产业和公共资源布局引导，适度增加中西部地区中小城市数量。

（十五）**加快城市群建设**。编制实施一批城市群发展规划，优化提升京津冀、长三角、珠三角三大城市群，推动形成东北地区、中原地区、长江中游、成渝地区、关中平原等城市群。推进城市群基础设施一体化建设，构建核心城市 1 小时通勤圈，完善城市群之间快速高效互联互通交通网络，建设以高速铁路、城际铁路、高速公路为骨干的城市群内部交通网络，统筹规划建设高速联通、服务便捷的信息网络，统筹推进重大能源基础设施和能源市场一体化建设，共同建设安全可靠的水利和供水系统。做好城镇发展规划与安全生产规划的统筹衔接。

五、辐射带动新农村建设

（十六）**推动基础设施和公共服务向农村延伸**。推动水电路等基础设施城乡联网。推进城乡配电网建设改造，加快信息进村入户，尽快实现行政村通硬化路、通班车、通邮、通快递，推动有条件地区燃气向农村覆盖。开展农村人居环境整治行动，加强农村垃圾和污水收集处理设施以及防洪排涝设施建设，强化河湖水系整治，加大对传统村落民居和历史文化名村名镇的保护力度，建设美丽宜居乡村。加快农村教育、医疗卫生、文化等事业发展，推进城乡基本公共服务均等化。深化农村社区建设试点。

（十七）**带动农村一二三产业融合发展**。以县级行政区为基础，以建制镇为支点，搭建多层次、宽领域、广覆盖的农村一二三产业融合发展服务平台，完善利益联结机制，促进农业产业链延伸，推进农业与旅游、教育、文化、健康养老等产业深度融合，大力发展农业新型业态。强化农民合作社和家庭农场基础作用，支持龙头企业引领示范，鼓励社会资本投入，培育多元化农业产业融合主体。推动返乡创业集聚发展。

（十八）**带动农村电子商务发展**。加快农村宽带网络和快递网络建设，加快农村电子商务发展和“快递下乡”。支持适应乡村特点的电子商务服务平台、商品集散平台和物流中心建设，鼓励电子商务第三方交易平台渠道下沉，带动农村特色产业发展，推进农产品进城、农业生产资料下乡。完善有利于中小网商发展的政策措施，在风险可控、商业可持续的前提下支持发展面向中小网商的融资贷款业务。

（十九）**推进易地扶贫搬迁与新型城镇化结合**。坚持尊重群众意愿，注重因地制宜，搞好科学规划，在县城、小城镇或工业园区附近建设移民集中安置区，推进转移就业贫困人口在城镇落户。坚持加大中央财政支持和多渠道筹集资金相结合，坚持搬迁和发展两手抓，妥善解决搬迁群众的居住、看病、上学等问题，统筹谋划安置区产业发展与群众就业创业，确保搬迁群众生活有改善、发展有前景。

六、完善土地利用机制

（二十）**规范推进城乡建设用地增减挂钩**。总结完善并推广有关经验模式，全面实行城镇建设用地增加与农村建设用地减少相挂钩的政策。高标准、高质量推进村庄整治，在规范管理、规范操作、规范运行的基础上，扩大城乡建设用地增减挂钩规模和范围。运用现代信息技术手段加强土地利用变更情况监测监管。

（二十一）**建立城镇低效用地再开发激励机制**。允许存量土地使用权人在不违反法律法规、符合相关规划的前提下，按照有关规定经批准后对土地进行再开发。

完善城镇存量土地再开发过程中的供应方式，鼓励原土地使用权人自行改造，涉及原划拨土地使用权转让需补办出让手续的，经依法批准，可采取规定方式办理并按市场价缴纳土地出让价款。在国家、改造者、土地权利人之间合理分配“三旧”（旧城镇、旧厂房、旧村庄）改造的土地收益。

（二十二）**因地制宜推进低丘缓坡地开发**。在坚持最严格的耕地保护制度、确保生态安全、切实做好地质灾害防治的前提下，在资源环境承载力适宜地区开展低丘缓坡地开发试点。通过创新规划计划方式、开展整体整治、土地分批供应等政策措施，合理确定低丘缓坡地开发用途、规模、布局和项目用地准入门槛。

（二十三）**完善土地经营权和宅基地使用权流转机制**。加快推进农村土地确权登记颁证工作，鼓励地方建立健全农村产权流转市场体系，探索农户对土地承包权、宅基地使用权、集体收益分配权的自愿有偿退出机制，支持引导其依法自愿有偿转让上述权益，提高资源利用效率，防止闲置和浪费。深入推进农村土地征收、集体经营性建设用地入市、宅基地制度改革试点，稳步开展农村承包土地的经营权和农民住房财产权抵押贷款试点。

七、创新投融资机制

（二十四）**深化政府和社会资本合作**。进一步放宽准入条件，健全价格调整机制和政府补贴、监管机制，广泛吸引社会资本参与城市基础设施和市政公用设施建设和运营。根据经营性、准经营性和非经营性项目不同特点，采取更具针对性的政府和社会资本合作模式，加快城市基础设施和公共服务设施建设。

（二十五）**加大政府投入力度**。优化政府投资结构，安排专项资金重点支持农业转移人口市民化相关配套设施建设。编制公开透明的政府资产负债表，允许有条件的地区通过发行地方政府债券等多种方式拓宽城市建设融资渠道。省级政府举债使用方向要向新型城镇化倾斜。

（二十六）**强化金融支持**。专项建设基金要扩大支持新型城镇化建设的覆盖面，安排专门资金定向支持城市基础设施和公共服务设施建设、特色小城镇功能提升等。鼓励开发银行、农业发展银行创新信贷模式和产品，针对新型城镇化项目设计差别化融资模式与偿债机制。鼓励商业银行开发面向新型城镇化的金融服务和产品。鼓励公共基金、保险资金等参与具有稳定收益的城市基础设施项目建设和运营。鼓励地方利用财政资金和社会资金设立城镇化发展基金，鼓励地方整合政府投资平台设立城镇化投资平台。支持城市政府推行基础设施和租赁房资产证券化，提高城市基础设施项目直接融资比重。

八、完善城镇住房制度

（二十七）**建立购租并举的城镇住房制度**。以满足新市民的住房需求为主要出发点，建立购房与租房并举、市场配置与政府保障相结合的住房制度，健全以市场为主满足多层次需求、以政府为主提供基本保障的住房供应体系。对具备购房能力的常住人口，支持其购买商品住房。对不具备购房能力或没有购房意愿的常住人口，支持其通过住房租赁市场租房居住。对符合条件的低收入住房困难家庭，通过提供公共租赁住房或发放租赁补贴保障其基本住房需求。

（二十八）**完善城镇住房保障体系**。住房保障采取实物与租赁补贴相结合并逐步转向租赁补贴为主。加快推广租赁补贴制度，采取市场提供房源、政府发放补贴的方式，支持符合条件的农业转移人口通过住房租赁市场租房居住。归并实物住房保障种类。完善住房保障申请、审核、公示、轮候、复核制度，严格保障性住房分配和使用管理，健全退出机制，确保住房保障体系公平、公正和健康运行。

（二十九）**加快发展专业化住房租赁市场**。通过实施土地、规划、金融、税收等相关支持政策，培育专业化市场主体，引导企业投资购房用于租赁经营，支持房地产企业调整资产配置持有住房用于租赁经营，引导住房租赁企业和房地产开发企业经营新建租赁住房。支持专业企业、物业服务企业等通过租赁或购买社会闲置住房开展租赁经营，落实鼓励居民出租住房的税收优惠政策，激活存量住房租赁市场。鼓励商业银行开发适合住房租赁业务发展需要的信贷产品，在风险可控、商业可持续的原则下，对购买商品住房开展租赁业务的企业提供购房信贷支持。

（三十）**健全房地产市场调控机制**。调整完善差别化住房信贷政策，发展个人住房贷款保险业务，提高对农民工等中低收入群体的住房金融服务水平。完善住房用地供应制度，优化住房供应结构。加强商品房预售管理，推行商品房买卖合同在线签订和备案制度，完善商品房交易资金监管机制。进一步提高城镇棚户区改造以及其他房屋征收项目货币化安置比例。鼓励引导农民在中小城市就近购房。

九、加快推进新型城镇化综合试点

（三十一）**深化试点内容**。在建立农业转移人口市民化成本分担机制、建立多元化可持续城镇化投融资机制、改革完善农村宅基地制度、建立创新行政管理和降低行政成本的设市设区模式等方面加大探索力度，实现重点突破。鼓励试点地区有序建立进城落户农民农村土地承包权、宅基地使用权、集体收益分配权依法自愿有偿退出机制。有可能突破现行法规和政策的改革探索，在履行必要程序后，赋予试点地区相应权限。

（三十二）**扩大试点范围**。按照向中西部和东北地区倾斜、向中小城市和小城镇倾斜的原则，组织开展第二批国家新型城镇化综合试点。有关部门在组织开展城镇化相关领域的试点时，要向国家新型城镇化综合试点地区倾斜，以形成改革合力。

（三十三）**加大支持力度**。地方各级人民政府要营造宽松包容环境，支持试点地区发挥首创精神，推动顶层设计与基层探索良性互动、有机结合。国务院有关部门和省级人民政府要强化对试点地区的指导和支持，推动相关改革举措在试点地区先行先试，及时总结推广试点经验。各试点地区要制定实施年度推进计划，明确年度任务，建立健全试点绩效考核评价机制。

十、健全新型城镇化工作推进机制

（三十四）**强化政策协调**。国家发展改革委要依托推进新型城镇化工作部际联席会议制度，加强政策统筹协调，推动相关政策尽快出台实施，强化对地方新型城镇化工作的指导。各地区要进一步完善城镇化工作机制，各级发展改革部门要统筹推进本地区新型城镇化工作，其他部门要积极主动配合，共同推动新型城镇化取得更大成效。

（三十五）**加强监督检查**。有关部门要对各地区新型城镇化建设进展情况进行跟踪监测和监督检查，对相关配套政策实施效果进行跟踪分析和总结评估，确保政策举措落地生根。

（三十六）**强化宣传引导**。各地区、各部门要广泛宣传推进新型城镇化的新理念、新政策、新举措，及时报道典型经验和做法，强化示范效应，凝聚社会共识，为推进新型城镇化营造良好的社会环境和舆论氛围。

国务院

2016 年 2 月 2 日

附录Ⅱ：城镇化国际经验借鉴

他山之石，可以攻玉。探索中国特色新型城镇化的发展道路，各地既要紧密结合实际情况，因时、因势和因地制宜地推进各项工作，也要把握全球城镇化发展大势，充分借鉴其他国家和地区的城镇化经验，尽量少走错路和弯路，避免盲目跟风和“赶时髦”。根据国内外有关数据、报告和研究资料，现就世界上主要国家和地区可供参考的城镇化发展情况整理汇编如下。

一、世界趋势

1970—2014 年，世界城镇人口从 13.5 亿人增加到 38.6 亿人，城镇化率从 36.54% 提高到 53.39%。根据世界银行的预测，世界城镇人口到 2045 年将增加到 60 亿人。

城市发展对劳动力和资金形成了显著的“虹吸”效应，技术也更容易在城市中产生和集聚。目前城市区域产生的地区生产总值占全球总量的比重已经超过 80%。但国家间城镇化发展很不平衡，2014 年高收入国家城镇化率比中等收入国家和低收入国家分别高 31.62 个百分点和 50.88 个百分点。

主要国家中，日本城镇化率最高，2014 年达到 93.02%，而人口大国印度的城镇化率仅为 32.37%。

附表 1　部分国家和地区城镇化率（单位：%）

国　　家	1970	1980	1990	2000	2010	2014
全世界	36.54	39.32	42.88	46.61	51.48	53.39
高收入国家	68.78	71.77	74.10	76.53	79.78	80.65
上中等收入国家	32.45	36.57	43.39	50.63	57.95	61.83
中等收入国家	28.82	32.65	37.88	42.92	46.47	49.03
低收入国家	14.82	18.61	21.48	24.26	28.16	29.77
美国	73.60	73.74	75.30	79.09	80.77	81.45
日本	71.88	76.18	77.34	78.65	90.52	93.02
德国	72.27	72.84	73.12	73.07	74.29	75.09
俄罗斯	62.47	69.75	73.39	73.35	73.69	73.92
巴西	55.91	65.47	73.92	81.19	84.34	85.43
印度	19.76	23.10	25.55	27.67	30.93	32.37
韩国	40.70	56.72	73.84	79.62	81.94	82.36

数据来源：世界银行 World Development Indicators 数据库。

综合国际组织及研究机构的分析，未来世界城镇化发展总体上呈六大态势。

（一）世界城镇人口将持续较快增长

据联合国《世界城市化展望2014年修正版》预测，2014—2050年，世界城镇人口将从38.8亿人增加到63.4亿人，城镇化率将从54%提高到66%，其中较发达地区的城镇化率将从78.0%提高到85.4%，欠发达地区的城镇化率将从48.4%提高到63.4%。在此期间，预计世界城镇人口增长呈前高后低趋势，2014—2030年城镇人口年均增长1.66%，2030—2050年间年均增长1.13%。新增城镇人口将主要集中在欠发达地区的城镇，特别是亚洲和非洲。2014—2050年，中国和印度的农村人口减少将最为明显，预计分别高达3亿人和5200万人。

（二）人口向大城市集中的趋势仍将持续

预计到2030年，城镇人口居住在30万以下人口城市的比重为38.3%，30万—50万的为6.3%，50万—100万的为10.1%，100万—500万的为22.3%，500万—1000万的为8.6%，1000万及以上的为14.4%。与2014年相比，城镇人口居住在50万以下人口城市的比重将下降5个百分点，100万以上人口城市的比重将提高4.6个百分点，而1000万及以上人口城市增长仍然最快，将提高2.7个百分点。过去20年，亚洲是城镇人口增长最快的地区，2014年全球28个人口超过1000万的城市中，有16个在亚洲。预计到2030年全球人口超过1000万的城市数量将达到41个，将有24个在亚洲。

（三）城市圈和城市群将成为多数国家城镇化发展的重要方向

由于具有更强的辐射带动能力和集聚能力、更大的经济规模和更高的空间效率，城市圈和城市群将是未来多数国家城镇化发展的重要方向。随着经济全球化和信息化深入发展，单个城市越来越难以胜任参与国际竞争的重任，经济地理维度的国家竞争力日益体现在城市圈和城市群的数量与成熟度。从世界城镇化的历程来看，世界级城市群的发展与世界经济重心的转移密切相关。随着世界经济增长重心向亚太地区转移，中国正成为世界经济新的增长极，以京津冀城市群、长江三角洲城市群和珠江三角洲城市群等为代表的世界级城市群正在快速崛起。

（四）环境压力将随着城镇化发展越来越大

世界银行的报告指出，城市的经济增长和人口膨胀通常需要消耗更多的能源，从而可能对环境与气候变化带来负面影响。目前，大气污染已经成为城镇人口健康的主要环境威胁。联合国和世界银行致力于在2030年之前实现全球电力和清洁生活燃料的普遍供应。与此同时，自然灾害的危害伴随城镇化进程日益放大。2011年，全球人口在 100 万以上的城镇地区中，有 60% 的居民（总计约 8.9 亿人）生活在自然灾害风险较高的地区，面临洪水、干旱、风灾或地震等至少一种自然灾害。人口在 100 万以上的亚洲城市中，超过一半的城市位于自然灾害高风险区。随着产业和人口继续向城镇集聚，自然灾害对生命财产的危害将更大，各国城市在预防和应对自然灾害方面的投入也将更大。

（五）创新、绿色、智慧、人文城市建设将成为世界城市发展潮流

面对城镇化发展过程中普遍出现的产业支撑乏力、协调整合困难、资源短缺、环境破坏、文化缺失、社会矛盾多发等问题，许多国家开始更加注重城市内涵和品质的提升，积极探索各种新的发展思路。创新城市、绿色城市、智慧城市、人文城市等理念正在成为众多城市发展计划中的关键词。通过创新城市建设激活发展新动力，通过绿色城市建设提高可持续发展能力，通过智慧城市建设提升效率和便捷性，通过人文城市建设增强魅力，将成为引领未来城市发展的潮流。

（六）城市更新改造工作将会变得更复杂和更有挑战性

城市发展规划和发展定位时常随着情况的变化做出调整，城市更新改造因此也变得越来越普遍。由于城市更新改造涉及经济、社会、文化等多方面因素，单纯采取城市整修或拆建的方式将很难处理好城市改造和更新工作中的复杂性与多样性。随着城市改造和更新工作的推进，人们越来越需要谨慎考虑城市更新改造将会给文化、社会和经济方面带来哪些需要关注的结构性改变，同时也需要协调各方，让改造和更新地区的居民、企业经营者和土地所有者从自身的经济与社会利益出发，积极参与城市更新改造的整个过程。

二、一般规律

从全球来看，世界各国的城镇化发展呈现出一些共性的特征和规律。归纳起来，主要有以下五个方面。

（一）城镇化的阶段性明显，但各国发展路径不同

一般而言，城镇化发展过程可以分为初期、加速和成熟三个阶段。美国地理学家诺瑟姆研究发现，城镇化发展过程呈一条 S 形曲线，具有阶段性规律：当城镇化率超过 10% 以后，进入城镇化初期阶段，城镇人口增长较慢；当城镇化率超过 30% 以后，进入城镇化加速阶段，城镇化进程逐渐加快；当城镇化率超过 70% 以后，进入城镇化成熟阶段，城镇化速度趋缓或停滞。

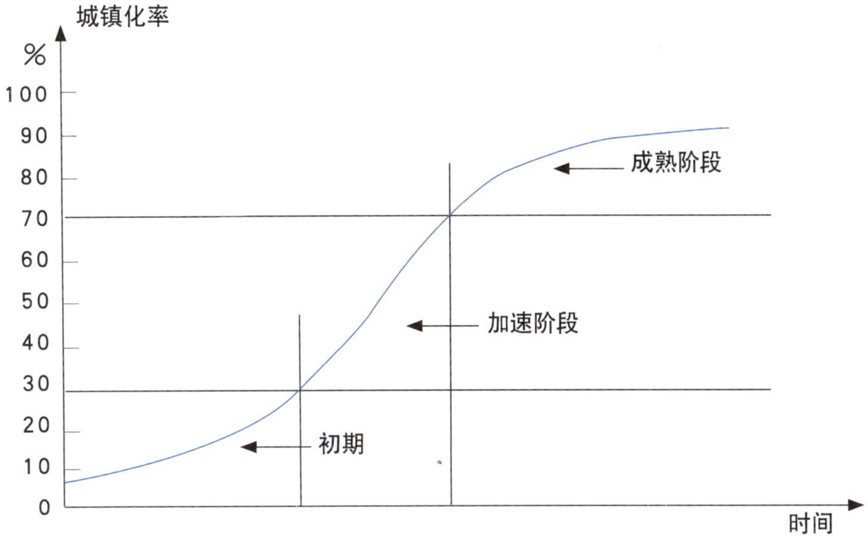

附图 1　城镇化发展的 S 形曲线

从全球看，18 世纪中期—19 世纪中期为城镇化兴起阶段，19 世纪中期—20 世纪中期为局部发展阶段，20 世纪中期至今为普遍发展阶段，主要发达国家率先完成了城镇化进程。

——英国。作为世界上最早启动城镇化的国家，英国城镇化率从 1750 年的 17%，提高到 1851 年的 54% 和 1901 年的 77%，用 150 多年时间基本完成了城镇化进程。近几十年城镇化率稳定在接近 80% 的水平。2014 年城镇化率为 82.35%。

——美国。从 19 世纪末开始，美国进入城镇化快速发展阶段，城镇化率从 1850 年的 15.3% 提高到 1920 年的 50.9% 和 1970 年的 73.6%，用 120 多年时间基本完成了城镇化进程。2014 年城镇化率达到 81.45%。

——日本。伴随着工业飞速发展，日本城镇化从 1920 年开始快速推进，1940 年城镇化率达到 37.17%，经过近十年的停滞后再次快速发展，城镇化率提高到 1955 年的 56.11% 和 1970 年的 71.88%，用 50 多年时间基本完成了城镇化进程。2014 年城镇化率达到 93.02%。

（二）城镇化与工业化密切相关，但不同阶段主导产业不同

从各国发展历程看，城镇化与工业化的关系有三种：一是城镇化与工业化同步发展，主要是美、日、欧等发达国家；二是城镇化超前于工业化，主要是巴西、阿根廷等拉美国家；三是城镇化滞后于工业化，主要是受城乡二元体制影响的中国。实践表明，城镇化与工业化同步协调发展，才能顺利推进城镇化乃至现代化进程，超前或滞后都将带来各种各样的问题。有专家对城镇化率与工业化率比值的合理区

间给出了 1.4—2.5 之间的参考范围。

但在城镇化发展的不同阶段，主导产业会有所不同。一般来看，当城镇化率超过 50% 后，工业增加值比重仍会继续增长，但工业就业比重增长迟缓甚至开始下降，城镇就业和农业转移劳动力更多靠服务业吸纳；当城镇化率达到 70% 左右后，工业增加值比重也开始增长迟缓甚至下降，服务业增加值开始逐渐超过工业增加值。[1]

附表 2　部分国家工业和服务业增加值比重（单位：%）

国家	增加值比重	1970	1980	1990	2000	2010	2013	2014
美国	工业	35.24	33.53	27.88	23.44	20.33	20.50	20.10*
	服务业	61.22	63.57	70.05	75.37	78.51	78.05	78.70*
日本	工业	43.53	39.03	37.52	31.12	27.54	29.76**	30.32**
	服务业	51.34	57.89	60.39	67.38	71.28	68.89**	68.36**
德国	工业	48.09	41.06	37.34	30.49	30.16	30.31	30.33
	服务业	48.24	56.54	61.17	68.23	69.12	68.90	68.99
俄罗斯	工业	—	—	48.35	37.95	34.70	35.95	35.82
	服务业	—	—	35.04	55.62	61.44	60.03	60.01
巴西	工业	38.30	43.83	38.69	27.73	27.36	24.38	23.41
	服务业	49.35	45.16	53.21	66.67	67.79	69.99	71.03
印度	工业	20.48	24.29	26.49	26.11	27.16	30.50	30.09
	服务业	37.57	40.32	44.48	50.76	54.64	50.87	52.08
韩国	工业	26.02	36.55	41.57	38.06	38.27	38.41	38.23
	服务业	44.72	47.28	49.49	57.31	59.26	59.25	59.42

数据来源：世界银行 World Development Indicators 数据库。

* 根据美国商务部经济分析局的统计数据计算。

** 根据日本内阁府发布的统计数据计算。

（三）大城市发展迅速，城市群是城镇化发展成熟的主体形态

1970—2014 年，全球城镇人口居住在 100 万及以上人口城市的比例提高了 10.7 个百分点，其中 1000 万以上人口城市增长最快，比例提高了 7.6 个百分点；而居住在 30 万以下人口城市的比例下降了 10.7 个百分点。预计到 2030 年，全球城镇人口居住在 100 万及以上人口城市的比例会持续提高，将占全球城镇总人口的 45.3%，居住在 30 万以下人口城市的比例会从 2014 年的 43.3% 下降至 38.3%。

[1] 根据国家统计局的数据，2013 年中国的城镇化率为 53.73%，同年中国的第三产业增加值便开始超过第二产业。不符合一般规律的主要原因在于中国东、中、西部所存在的巨大地区差异。

在合理规模范围内，城市越大，效率越高。但超过合理规模后，也会导致城市发展不经济，带来环境质量下降、地价房价上涨等问题。专家对合理规模给出了不同建议，有的认为是100万—200万，有的认为是100万—400万。实际上，城市最佳规模会因发展条件、技术水平和空间组织模式等不同而有所不同。

附表3 全球居住在不同规模城镇地区的人口及分布比例：1970—2030年

城镇地区规模（居民人口）	人口（百万人）			分布比例（%）		
	1970	2014	2030	1970	2014	2030
城镇地区	1350	3880	5058	100.0	100.0	100.0
1000万及以上	55	453	730	4.1	11.7	14.4
500万～1000万	106	301	434	7.8	7.7	8.6
100万～500万	245	827	1128	18.1	21.3	22.3
50万～100万	129	363	509	9.5	9.4	10.1
30万～50万	87	258	319	6.5	6.7	6.3
30万以下	729	1678	1938	54.0	43.3	38.3

数据来源：联合国《世界城市化展望2014年修正版》。

附表4 全球不同人口规模城市的数量变化表:1970—2030年

城镇地区规模（居民人口）	城市数量			
	1970	1990	2014	2030
1000万及以上	3	10	28	41
500万～1000万	15	21	43	63
100万～500万	126	239	417	558
50万～100万	186	294	525	731
30万～50万	227	412	679	832

数据来源：联合国《世界城市化展望2014年修正版》。

随着城镇化的发展和成熟，城市群通常会成为城镇空间的主体形态。城市群内的城市通过相互协调、资源整合、分工合作等手段促进区域协同和集聚发展，同城化效应十分明显。但城市的集聚并不是单向运动，许多发达国家的城市群发展呈现出“集中—分散—再集中”的趋势，经历了城镇化、逆城镇化和再城镇化的过程。

一般认为，目前世界已经形成六大城市群：美国东北部大西洋沿岸城市群（以纽约为中心）、北美五大湖城市群（以芝加哥为中心）、日本太平洋沿岸城市群（以东京为中心）、英国城市群（以伦敦为中心）、欧洲西北部城市群（以巴黎为中心）、中国长江三角洲城市群（以上海为中心）。这些城市群的经济集聚度和人口集聚度都很高。举例而言，美国东北部城市群和中国长江三角洲城市群分别仅占各自 1.5% 和 2.1% 的国土面积，但却集中了各自国家 24% 和 25% 的经济总量。英国城市群和日本太平洋城市群分别集中了全国 65% 和 69% 左右的人口。

（四）城镇化促进社会发展离不开包容性政策

城镇化是促进全民共享发展成果和现代文明的重要途径，包容性政策是保证这一途径能够有效发挥作用的重要前提。人口向城市集中，不仅能显著降低经济成本、增强创新活力，还将大大降低基础设施建设和公共服务供给成本。一项针对 171 个国家和地区的研究表明，人类发展指数与城镇化率之间存在显著的正相关性，2005 年城镇化率超过 60% 的 77 个国家中，只有 2 个国家人类发展水平低于 0.7（中等偏下人类发展水平）。长期来看，城镇化还有助于缩小城乡差距。虽然各国在城镇化早期都存在收入和福利差距扩大的现象，但随着城镇化的继续推进，城乡差距将趋稳直至逐渐缩小。在一国内部也可以看到，一般城镇化率较高的地区，城乡之间的差距也相对较小。

但是，高城镇化率并不必然意味着较高的社会发展水平，还需要辅以包容性政策。其核心特征主要包括权利公平、机会均等、规则公正、分配公平。如果一个国家在城镇化过程中，没有对公共服务、农村发展和资源环境等给予足够的重视，将会带来经济社会、城乡发展、人与自然的严重失衡，威胁到经济发展和社会稳定。经验表明，在工业化中期和城镇化快速发展阶段，最容易出现公共服务供给不足、社会管理跟不上、农业资源外流、农村趋于凋敝等状况，如果不能通过积极有效的包容性政策安排予以解决，将有可能陷入所谓的“中等收入陷阱”，拉美国家就是典型的例子。

（五）城镇化过程是城市文明加速普及的过程

有专家指出，城乡区域发展的物理差异也许最终无法消除，但可以通过城镇化所带来的文明程度统一而实现均衡发展。当城镇化率低于 30% 时，城市的辐射带动能力还比较弱，城市文明基本上只限于城市人口享有，即城市文明普及率一般也在 30% 以内；当城镇化率达到 30%—40% 时，城市文明普及率约为 40%—50%；当城镇化率超过 50% 时，城市文明普及率则达到 70% 以上，这个阶段是城市辐射带动能力最强、城市文明普及最快的时期；当城市化水平超过 70% 时，城市文明普及率有可能达到 90% 以上，甚至 100%，这意味着即使不住在城市里，同样可以享受到绝大部分甚至全部的城市文明建设成果。

三、经验教训

各国在城镇化发展中进行了很多探索，积累了不少各具特色、值得借鉴的经验，也有一些教训需要汲取。

（一）关于产业支撑

产业是城市繁荣的重要支撑，没有产业就没有城市，产业衰败将直接导致城市的衰落。按照比较优势确定产业发展重点，加强城市间分工协作，以创新驱动产业发展是城市可持续发展的必然选择。

——**产业发展与欧洲城市的兴起、衰落和再造。**欧洲早期的很多城市是因工业而兴起，英国兰开夏、法国里昂、德国埃森等都是当时的工业中心，在纺织、煤炭和冶金等产业的支撑下，迅速由不知名的小镇成长为当时著名的城市。但随着城镇化的发展，部分城市的经济却开始空洞化，引发了城市的衰落。为重塑城市竞争力，欧洲各国开始鼓励技术创新和产业发展，在信息技术和生产性服务业发展的支撑下，大城市成为生产性服务业、跨国公司总部、国际金融和商务中心高度集中的地区，原来出现“逆城镇化”趋势的瑞士、挪威、英国等国，又出现了明显的人口向大城市回流的“再城镇化”现象。

——**欧洲国家的创新城市建设。**欧洲不少城市采取了以凝聚创新资源和营造创新环境为导向的城市发展政策。伦敦通过成立“创新模范联合会”、实施“孵化器网络服务”计划、建立“创新群基金”和“知识码头”、成立“知识天使”组织和“伦敦创新中心”等举措，大力支持创新城市建设。欧盟把发展创新集群作为重要任务，提出要以公有科研机构、大学和企业为依托，建立公私伙伴合作机制，加快创建世界一流创新集群。欧盟还通过“知识区域计划”“创新行动计划”等加强对创新集群的支持，并成立“欧洲集群联盟”和“创新集群平台”，促进创新集群间的交流与合作。目前欧盟有近万个创新型产业集群，规模大、影响广的就有2000多个。

——**美国底特律和费城的衰落。**底特律曾是美国重要的港口城市和全球最大的汽车制造中心，但其经济发展过度依赖汽车制造业。随着产业比较优势的逐步丧失，底特律过去30多年流失了75%的制造业岗位，国际金融危机后失业率一度超过16%，人口从20世纪60年代的185万降至不到89万，成为美国过去50年来人口减少最多的城市。费城是美国第一个全国性金融中心、铁路运输中心和重要外贸港口，但产业结构与其北部的纽约、波士顿等城市十分相近。在与纽约的竞争中，费城败下阵来，导致其金融中心和运输中心的地位逐渐衰落，在东海岸城市中的地位也逐步下降。

专栏 1

纽约通过科技创新推动城市经济转型

“9·11”事件重创了纽约的金融业，纽约市政府开始意识到过度依赖金融业和房地产业的弊端。2008 年全球金融危机进一步暴露了纽约市这一发展模式的风险。经过这两次惨痛的教训，纽约市政府逐渐将科技创新作为城市经济转型发展的驱动力，从人才、信息平台和基础设施等方面扶持高科技产业的发展。

2011 年，纽约成立了由康奈尔大学和以色列工学院共建的研究生院，专门培养相关的高科技人才。为了促进高科技创业，纽约市政府还通过资助成立创业孵化中心并提供低租金的共享办公地点等措施，积极吸引全国乃至全球的优秀人才到纽约创业和工作。2014 年，纽约成为全世界第一个拥有顶级域名“.nyc”的城市。纽约市政府还与 IBM 等公司合作打造了“数字纽约”这一创业平台网站，促进投资者、创业公司和求职者之间的信息共享。此外，纽约市政府正致力于打造全世界最大的免费公共 WIFI 网络，街边老式的公共电话将被改造成现代化的信息中心与免费 WIFI 点。

根据纽约市政府公布的数据，科技创新及其与传统产业的升级换代相结合，每年为纽约提供近 30 万个工作岗位和大约 300 亿美元的工资收入。纽约因此得以持续保持全球领先者的地位。

（二）关于空间布局

城镇化空间布局主要有美加澳的低密度发展和欧洲的紧凑型发展两种模式，前者因对自然和文化破坏较大正逐渐接受“精明增长”理念的改造，后者则成为许多国家推崇的典范。

——**低密度发展的美国—加拿大—澳大利亚模式**。这些国家国土空间广袤，人口相对较少，城市建设中用地比较粗放。特别是二战后的几十年，美国在小汽车交通主导下的郊区化现象，导致城市空间发展模式由工业化时期市区边缘的高密度扩展转变为城市郊区的低密度蔓延。这虽然缓解了城市中心区的压力，但是也产生了交通阻塞、环境污染、侵占农田、传统社区文化丧失等一系列问题。正是看到了城市蔓延的弊端，美国提出了“精明增长”理念，试图重塑城市和郊区的发展模式。

——**集约紧凑发展的欧洲模式**。受国土面积有限等因素制约，欧洲的城镇化总体是高密度、功能混用和集约紧凑的。强调可持续利用土地，平衡处理城市、农村和居住用地需求，遏制城市扩张导致的生态系统脆弱、耕地减少、粮食减产等问题。为有效控制用地扩张，欧洲许多国家都设定城市发展边界。城市用地需求主要通过存量土地多功能利用和卫星城镇建设来满足。

（三）关于发展策略

在城市发展的过程中，主要有三种不同的策略。第一种是考虑到不同规模的城市都具有不可替代的作用，因此采取共同发展的策略；第二种是以大城市为核心发展城市圈或城市群的策略；第三种是基础设施先行的城市、城市圈或城市群发展策略。作为大中小城市和小城镇组合形态的城市群，正成为引导许多国家城镇化发展策略的重要方向。

——**不同规模城市的共同发展**。大城市是城镇化过程中最有吸引力、发展最快的。即使在基本实现城镇化的国家，大都市区人口仍在继续发展。1995 年以后，经合组织国家大都市区人口以每年 1% 的速度递增，其中凤凰城、亚特兰大和多伦多等人口增长率是平均值的几倍。实践中对大城市规模的控制往往很难奏效，但过于偏重大城市的发展也有问题。欧洲国家强调大中小城市和小城镇有序分布发展，形成合理的区域经济中心，避免密集建设超大城市。匈牙利的城镇化以首都布达佩斯为中心，但同时重点发展具有吸引力和竞争力的中小城市，引导不同城市在旅游、科技创新等不同领域形成特色和优势。英国十分重视小城镇发展，注重配套产业以及学校、医院等公共服务设施建设。

——**德国以大城市为核心的城市群规划和建设**。德国从 20 世纪 60 年代开始规划并建设城市群，先后形成 11 个城市群，涵盖主要商业、文化和政治中心，聚集了 70% 的人口。这些城市群以大城市为核心，与中小城镇有机结合，成为各具竞争力的产业功能区和经济社会发展重点区域。例如，柏林地区是国家政治核心，莱茵—鲁尔区是以信息和生物技术、可再生能源等新兴产业和高端服务业为主的新经济区，汉堡区主要从事远洋贸易及相关服务业，法兰克福主要发展金融和投资业，斯图加特及周边城镇形成了完整的机械制造和汽车产业链，萨克森三角带旅游业发达，慕尼黑区是德国电影业摇篮和南部巴伐利亚州的政治经济中心。

——**日本以交通网络建设为基础加强对城市群发展的引导**。日本政府通过对产业布局和城市空间组织进行有计划、分步骤的引导，有力推动了三大城市群的形成。1962—2007 年，日本共制定了 6 次国土综合开发规划，并制定大经济区综合开发规划，提出了优化国土空间开发格局、发展城市群的措施。在引导城市群发展过程中，日本特别重视交通网络的作用，加大了对城市群交通基础设施投资力度。1967 年，日本对三大城市群道路的投资额占全国的 57.3%。通过多年建设，在各个城市群之间和城市群内部形成了比较完备的综合交通体系，既对城市空间扩展发挥了指向性作用，也通过形成新的交通优势区位改变了城市群的区域条件和作用范围。

专栏 2

东京都市圈的发展策略

东京都市圈是国际著名的以首都为核心的城市圈，在分散城市功能、为首都“减负”方面，有许多成功的经验值得借鉴。

日本政府曾先后三次实施“城市副中心”战略，使副中心和中心城区一起承担起东京的城市功能，逐步形成了“中心区—副都心—周边新城—邻县中心”的多中心多圈层的城市格局，每个副都心的办公、购物、休闲、观光等功能一应俱全。

日本的“首都圈”是指东京都、埼玉县、千叶县和神奈川县这“一都三县”，狭义上的东京则仅指中心城区的 23 个区，所谓“首都功能的分散”主要是指从这 23 个区向外分散。由于城市功能过去主要集中在中心区，东京也曾面临交通拥堵常态化的问题，通勤过程甚至被称为“通勤地狱”。

东京分散首都功能主要是在内部建设“七大副都心”，在外部建设“三大新都心”以及建设新城和筑波科学城等措施来实现的。以著名的新宿副都心为例，这里自 1965 年开始建设，1991 年东京都政府搬迁至此。为了将人口和产业进一步从东京中心区域分散到周围的卫星城市，日本还建设了位于东京都邻县的“横滨 21 世纪未来港”、幕张、埼玉等三大“新都心”。这些新都心利用原来的工厂旧址或者填海造地搞开发，吸引了不少大企业总部入驻。“埼玉新都心”还分担了东京的部分行政功能。经过十年建设，2000 年 2 月，位于东京的办公机构开始向这里搬迁。进驻这里的行政部门包括法务省、厚生劳动省、防卫省等几乎所有中央省厅的关东地区派驻机构。除此之外，20 世纪 50 年代至 80 年代，日本还在东京等城市圈的郊外大力建设新城。首都圈的多摩新城、港北新城、千叶新城等都是代表案例。日本还向地方转移国立研究机构，其中最主要的措施是建设“筑波科学城”。

（四）关于公共服务

政府应为包括外来人口在内的城镇居民提供充足的公共服务。将为城市发展做出贡献的外来人群隔离在城市福利范围外，是导致社会不稳定的重要风险。

——**欧洲国家统一完善的公共服务体系**。在城镇化进程中，欧洲国家十分注重社会政策的配套，强调通过建立统一完善的社会保障体系，解决外来人口教育、医疗和养老保障等基本需求。英国、德国、意大利等实行全民公费医疗或全民医疗保险制度，城乡在社会保险、社会救助、社会福利等方面政策完全一致，各城市公共服务完善程度也相差无几。欧洲国家提倡多元文化、不同宗教包容共存，通过发展混合社区，促进外来人员特别是移民的社会融合，避免产生种族矛盾、阶层分化和贫民窟现象。

——**巴西的城市“贫民窟”及其治理**。在巴西的快速城镇化时期，大量农村人口短时间内集中流入圣保罗和里约等几个大城市，但这些城市基础设施和公共服务跟不上，社会保障也严重不足，大量进城农民长期游离于社会保障体系之外。进城农民强占山头、城乡结合部等公地，私搭乱建住所。据2010年人口普查，巴西有1140万人生活在贫民窟，占全国总人口的6%；占里约22%的人口约140万人生活在763个大大小小的贫民窟。这些贫民窟缺乏必要的设施、服务和管理，成为黑帮横行、暴力犯罪、毒品走私猖獗之地，对社会稳定构成严重威胁。为解决这些问题，巴西重新审视其社会政策，对城市贫民窟进行治理，并推出“家庭补助金”“巴西无赤贫”“关爱巴西”“在家就医”等一系列社会发展计划，涵盖就业、减贫、教育、住房、医疗卫生等各个领域。

——**南非的种族隔离政策**。为维护白人的特权与既得利益，南非出台一系列法律和政策，在政治、经济、地理和社会生活各领域，把黑人及其他非白人种族与白人分隔开来。在这些制度限制下，黑人和其他非白人被排除在白人居住区和报酬高的技术性就业岗位之外，只能涌入外围的非法棚户区和临时居住区。1957年的移民基本原则规定，只有出生在城市并在那里生活、连续10年都有工作、合法居住在城市15年没有离开过的班图族人，才有权在城市长期居住。1964年，限制进一步加强，所有居住在白人区的班图族人都被当成临时居民，随时可能被迫迁离。种族隔离政策使南非的种族矛盾激化，受到黑人的顽强反抗，南非为此付出了很大的社会代价，这一政策最终于20世纪90年代土崩瓦解。

（五）关于住房问题

住房是外来人口融入城市的最大门槛，公共住房的合理布局对避免不同群体的分隔至关重要。

——**英国解决住房困难问题的努力**。英国采取了一系列措施，包括：扩大和更新住房建设；允许公、私部门自建和购买住房；通过税收减免、租金控制和补贴等政策，帮助个人支付住房贷款或租金。针对低收入者，政府还推出共有房屋产权政策，低收入者可视情况购买部分产权，其余部分租用，待收入提高后再购买完全产权。

专栏 3

新加坡的“居者有其屋”计划

新加坡的住房保障制度始于20世纪60年代，通过设立专门机构统筹运作（政府建屋发展局）、强大的政策支持（住房公积金政策和政府扶持政策）以及严谨的住房分配和管理办法，新加坡政府在较短的时间内成功实现了建国初期“居者有其屋”的计划。

新加坡政府建屋局是新加坡政府组屋（即经济适用房）开发与建设的具体实施者。建屋局一方面负责帮助政府制定组屋发展规划和管理房屋，另一方面也是新加坡最大的房地产开发商，负责政府组屋的施工建设与出售出租。在政府的支持下，建屋局以远低于市场价格的成本获得土地，同时还获得政府的低息贷款用于开发。此外，建屋局的收支亏损由新加坡财政兜底。

在政策方面，新加坡的住房公积金制度规定，所有雇主和雇员都必须以雇员的工资为基数，根据法定的比率缴纳公积金。个人可以动用公积金储蓄购买政府组屋。同时，政府还以债券的形式获得公积金储备，然后通过贷款或补贴的形式支持建屋局的公共住房开发。此外，政府还给予低收入人群的购房者或租房者一定的补贴，以确保他们能够买得起或租得起政府组屋。

为确保政府组屋分配的公平，新加坡还实行了不同收入水平居民的购屋准入政策，并随着国民人均收入的提高而不断调整收入上限，以此确保80%以上的中低收入家庭都有购买政府组屋的资格。不符合资格的高收入水平家庭则需从房地产市场直接购买高价的私人住宅。政府明确规定每个家庭只能拥有一套政府组屋，相关的法律也严格限制炒买组屋。

特别需要一提的是，新加坡还较好地将其住房保障制度与民族政策结合起来：每一栋政府组屋都强制性地按照一定比例实行多民族混合居住，再通过统一的社区管理进一步促进各民族的相互尊重与交流融合。

——**波兰的“社会租赁住房”法案**。为应对城镇化带来的城市人口急剧膨胀、房价高企和低收入家庭购房难等问题，波兰政府制订了“社会租赁住房体系”法案，出台由政府、单位和个人共同出资建房的合作社制度以及鼓励私人租用土地建房等政策，为包括农村转移人口在内的中低收入者提供公租房和廉租房。

——**日本的保障性住房建设**。为解决外来人口融入城市的问题，日本采取了为中低收入家庭提供保障性住房、社会保险全覆盖以及强制性义务教育等一系列措施。

附表 5　日本八个五年计划期间保障房建设情况

计划期	计划建设量（千套）		实际完成量（千套）		保障房占比（%）
	总套数	保障房	总套数	保障房	
1966—1970	6700	2700	6739	2565	38.1
1971—1975	9576	3838	8280	3108	37.5
1976—1980	8600	3500	7968	3649	45.8
1981—1985	7700	3500	6104	3231	52.9
1986—1990	6700	3300	8356	3138	37.6
1991—1995	7300	3700	7632	4017	52.6
1996—2000	7300	3525	6812	3487	51.2
2001—2005	6400	3250	3493	996	28.5

数据来源：巴曙松，《房地产大周期的金融视角》，厦门大学出版社，2012 年。

——**美国鼓励不同收入人群混合居住的房租补助券**。美国政府为部分穷人提供的公共住房，往往集中在城市的某一个区域，带来了很多社会问题。20 世纪 60—70 年代，美国不得不拆除一些贫民窟中的建筑，最著名的案例是圣路易斯的布鲁特伊果住宅项目，政府出资建设的 33 栋住宅楼在建成仅 20 年后即被夷为平地。为促进不同群体混合居住，美国政府从 20 世纪 90 年代开始，向符合条件的低收入家庭发放房租补助券，受益家庭将家庭收入的 30% 作为房租，余下与市场房租之间的差额由政府补足。1994 年，美国住房保障部又开展 MTO（Moving to Opportunity）计划，规定部分低收入家庭只有迁移到贫困率低于 10% 的社区才能获得房租补助券。

（六）关于城市发展

城市发展的内容十分广泛，包括城市规划、环境保护、文化建设、城市管理以及基础设施建设等多个方面，需要在发展过程中对这些方面予以统筹考虑，并根据城市自身的情况找准发展的突破口和重点。

——**好的规划是城市健康发展的根本前提**。科学的发展理念、清晰的规划体系、广泛的公众参与和权威的执行效力，是好的城市规划必备的要素。

欧洲国家的城市规划科学而权威，德国是其中的典型代表。一是规划管理体系层次清晰。德国城市规划体系由联邦规划、州域规划、区域规划和市镇规划四个层次组成，覆盖从框架指导到具体建设各个环节，并将专业规划和行政管理有机结合。二是注重可持续发展和居民需求。德国的城市规划特别强调生态环境保护，在规划制定过程中，须聘请专业机构对土壤、地下水、生物群落、空气、噪声等进行检验和预测，并根据结果制定有关的规划控制指标。匈牙利的城市规划强调以居民需求为导向，使城市更宜居、更有吸引力。三是重视社会参与。德国有关法律规定“在制定空间规划时必须有公众参与”“在负责空间规划的联邦部内部必须建立一个咨询委员会”，委员除来自规划部门外，还必须来自经济、农业和林业、自然保护和景观维护、雇主、雇员以及体育领域。四是赋予法律效力，维护规划权威性。德国四个层次的规划都有相应法律和条例指导，构成了一个完整的规划法律体系，基本杜绝了随意修改城市规划、任意突破城市规划的现象。

美国新奥尔良因规划缺陷而带来的严重后果彰显了尊重自然、保护生态环境的重要性。新奥尔良是美国南部的重要城市，近年来多次遭受飓风、洪水等自然灾害侵袭，这与其地理位置和城市规划密切相关。该市地处密西西比河三角洲，河流冲击形成的湿地和植被本可以保护其免受飓风袭击，但伴随着城市扩张，密西西比河两岸筑起了越来越高和越来越长的堤坝。堤坝和运河网络对湿地和植被带来了毁灭性影响，使新奥尔良处于一个危险的漏斗底部。2005 年 8 月，卡特里娜飓风冲毁了新奥尔良的防洪堤，该市 80% 的城区被洪水淹没，造成 1833 人死亡，经济损失约 1250 亿美元。

——**资源环境是城市可持续发展的重要基础**。人口和经济的高度集聚，使城市资源环境压力不断加大。许多国家开始推进以化解资源环境瓶颈制约、促进可持续发展为目标的绿色城市建设。

发达国家在城镇化过程中都不同程度地面临着城市环境的污染。20 世纪全球

8 大环境公害事件，有 6 件发生在城镇化快速推进的日本和美国。20 世纪 50—60 年代，日本人口迅速向大城市集中，由于基础设施发展相对滞后，城市水质、大气、噪声污染现象严重，而汽车的普及更加重了大都市区的环境污染程度。美国也同样受到汽车尾气和工业污染导致的光化学烟雾的困扰。1943 年 9 月，洛杉矶发生了世界上首次光化学污染事件。

欧洲国家也是如此。为改变这种状况，欧盟先后出台严厉政策，细化环评标准，在治理大气、交通、噪声和工业污染等城市环境问题方面，形成了一整套政策法规和措施。近年来，欧盟还提出了一系列建设绿色城市的举措。一是大力推行绿色建筑，出台《建筑能效指令》，设立建筑物能效最低标准，鼓励巧妙使用玻璃和创新空气流通系统，减少建筑物照明、取暖和空调的能源需求，并设立“绿色建筑项目”提供资助。二是鼓励绿色出行，要求成员国制定城市可持续交通计划，利用经济杠杆推广公共交通，鼓励骑自行车和步行，发布“欧洲绿色汽车倡议”。三是积极应对气候变化，支持各城市通过“市长契约”等倡议减少碳排放，发布 2050 低碳经济路线图、能源路线图和交通路线图，提出欧洲主要城市 2050 年完全禁止汽油车和柴油车，2030 年城市普通燃油车辆减半。四是推动技术创新和绿色就业，推广采用生态友好型技术的项目，并设立基金予以支持，欧盟“2020 战略”更是将创新的绿色增长作为提升竞争力的核心。

——**文化是城市的灵魂**。保护历史和文化遗产，维护城市人文特色，丰富城市文化内涵，塑造城市“性格”和“品牌”，是提高城市品质的内在要求。

欧洲国家十分重视历史文化遗产保护，《马斯特里赫特条约》确定采取保护文化古迹的行动，《里斯本条约》进一步将此确定为优先目标。欧盟还设立专门项目，对重新利用废弃军事古迹、修复中世纪城堡等进行资助。意大利罗马坚持使城市建设和发展远离历史文物古迹，明确划定了历史文化保护区域界线，编制历史文化遗产保护规划，并制定专门的保护政策。

欧洲国家强调在保护历史遗迹与文化传统的前提下，兼顾城市功能扩展和旅游资源利用，努力维护城市人文特色。英国伦敦出台专门的文化发展战略规划，明确了发展文化创意城市的定位和思路。一是积累文化财富，开展全球合作，增进城市居民在文化方面的认同感和自豪感。二是开拓公园、图书馆、街道等公共文化场所。三是保证居民都能够参与城市文化生活，使文化不仅仅是精英的领地。四是保护文化多样性，发展文化产业，营造文化环境，确保年轻人有机会发挥其创意、技能和活力。

——**现代化的管理是城市平稳运行的重要保障。**适应城市社会特点的管理机制、稳固的社区基础和信息化的管理手段，是提高城市管理水平的重要内容。

欧洲国家倡导“新合作主义”治理理念，坚持按“小政府大社会”原则开展社会治理，加大城市政府向基层社区分权，政府职能由管理转变为政策引导和公共服务，努力在基层化解不同利益群体之间的矛盾。

美国的社区建设和治理很有特色，主要表现为以社区委员会为核心、公民广泛参与的自治模式。政府通过行政立法手段，制定规范管理和扶持社区发展的制度框架，并通过减免税收、提供拨款和低息贷款、设立社区发展基金等方式进行资助。各类实体和个人都积极参与社区发展，非营利组织和服务机构通过提供教育、金融等各项公共服务满足社区需要，并促进社区就业增长。全美共有超过 1600 所社区大学，面向社区居民提供专门教育、就业及工作技能培训。7000 多家社区金融机构向社区中小企业提供信贷融资。2.9 万家企业合资入股基于社区的合作企业，覆盖农业、电力、电信、医疗照顾、住宅、零售和育儿等多个行业。

信息技术的应用能够有效提高城市管理效率。2004 年，韩国政府发布《数字时代的人本主义：IT839 战略》，提出建设无所不在的“智慧城市”计划，并于 2006 年启动了以首尔为代表的“智慧城市”建设，核心是通过建设遍布整个城市的互联网，使市民可以随时随地使用或办理各项社会服务。欧盟 2011 年启动总预算 100 亿—120 亿欧元的“智能城市计划”，并在 2012 年投入 8100 万欧元，设立了城市智能交通、绿色能源等多个示范项目，2012 年又启动了“智能城市和社区创新伙伴行动计划”。

——**低成本、可持续的基础设施融资是城市发展的重要保障。**不断创新投融资方式，开拓政府融资渠道，鼓励社会主体参与基础设施建设是解决这一问题的重要举措。

市政债是美国地方政府最重要的融资方式。美国的市政债是以政府信用为担保，由州、城市、县及其他授权代理机构发行的债券。市政债的出现使城市基础设施得以较快发展。目前，美国每年市政债的规模都稳定在地区生产总值的 15%—20% 之间。在相当长时间内，州与地方政府长期债券多是一般责任债券。20 世纪 50 年代后，收益债券开始大量出现。近年来，收益债券债务占市政债券的比例维持在 60% 左右。

英国不断创新融资方式，探索出建设—经营—转让（BOT）、私人融资计划（PFI）、公私合伙制（PPP）等资金筹集模式。上世纪 90 年代起，英国改革公共领域，鼓励私人资本通过竞标承担公共事务，形成以私人融资为主的低成本与高质量的公共产品供给体系。企业持政府经营许可自主运营，政府不直接介入，仅在法律框架下进行监管。

在世界主要城市地铁运营公司中，香港地铁是为数不多的能够保持盈利的公司之一，其精髓在于"地铁+物业"的运行模式：由地铁公司和政府达成协议，支付土地价格给政府以获得地铁周边的物业开发权，实施地铁与物业的联动开发，利用地铁的便利使周边土地升值，利用物业开发收益补贴地铁建设成本，使项目获得合理回报。

基础设施的建设必须适度。美国的斯托克顿就是因城市过度扩张和"政绩工程"而破产的。斯托克顿毗邻旧金山湾区，支柱产业是房地产和信息产业。上世纪90年代和本世纪初，该市经济繁荣，为吸引更多居民到该市居住，市政府以赤字财政、发行债券等方式进行市政建设，修建大型市政工程。每届政府为取悦选民都不断借债和花钱，而不考虑政府还债能力，使财政赤字不断攀升，负债高达7亿美元。近年来，在经济不景气的冲击下，债务负担越来越难以承受。2012年6月，因无法补上2600万美元财政缺口，该市不得不启动破产重组，成为美国有史以来规模最大的破产城市。

（七）关于城乡关系

处理好城乡关系对城镇化健康发展至关重要。忽视农业农村的发展，不仅会导致城乡差距拉大，也会使城市发展陷入困境，进而影响城镇化进程的顺利推进。城乡均等的公共服务和对农村发展的政策支持是促进城乡协调发展的关键。

——**巴西和墨西哥等国陷入"中等收入陷阱"的城乡关系根源。**巴西由于片面强调城市扩张，忽视农村发展，长期对农村投入不足，导致城乡发展出现巨大差异，大量贫困农民涌入城市。这些农民一方面由于缺乏专业技能，难以适应现代化大工业的要求；另一方面由于失去土地，难以重返农村，结果在城市产生大量"贫民窟"。墨西哥也是如此，自20世纪60年代中期开始实施重工轻农的进口替代发展战略后，国家对农业的投资不断减少，对农产品价格和市场的保护与支持力度不断减弱，农业生产因此从高速增长陷入长期停滞，大量农民破产或被迫放弃农业生产到城市谋生，形成了因农村经济衰败而不得已的快速"被城镇化"。如图9—2所示，城镇化率很高但农业劳动生产率偏低的国家，经济发展表现都欠佳。

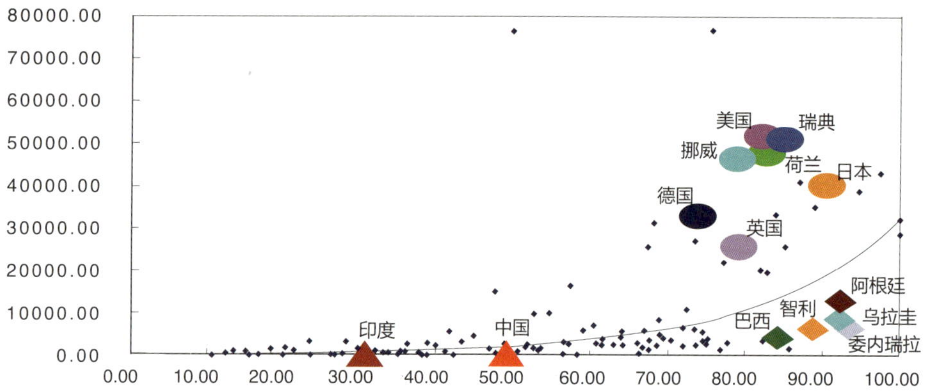

附图 2　2010 年各国农业劳动生产率与城镇化率散点图[1]

——**德国推进公共服务均等化和城乡协调发展的政策**。一是对农业地区进行政策倾斜。建立小城镇发展援助机制，实施财政拨款、投资补贴、信贷担保、低息贷款、农产品价格支持、专项资金扶持等政策，大力推进农业和农村发展。二是完善社会保障制度。制定法律法规，从就业、住房、医疗、贫困救助等多个方面对包括进城农民在内的国民权益进行全方位保护。三是加强教育。包括义务教育和职业教育，提升进城农民适应现代产业的能力，使其顺利融入城市生活。

——**韩国的“新村运动”**。韩国自 1970 年开始发起“新村运动”，并将其上升到以工补农、城市反哺农村的国家战略高度，进行系统全面规划，分阶段、分步骤推进。通过加大财政投入、提供财政补贴和低息贷款等手段重点推进农村基础设施建设以及改善农民的居住条件，并下大力气推动农业发展、增加农民收入。

——**日本的农村经济振兴**。二战后，日本政府从产业振兴角度切入，以促进农业发展为主线，制（修）订了《农业基本法》《农业现代化资金筹措法》《农地法》和《农振法》等一系列法律，采取了推进农业现代化、提高农业生产率、扩大农户经营规模和增加农民收入等多项举措。20 世纪 90 年代，日本又出台了《食品 · 农 · 农村基本法》以及《山区振兴法》等法律，并制定了具体实施计划，将农村振兴列为重要内容，采取的措施包括：支持山区和半山区农民从事农业生产，增加农村基础设施投入以吸引年轻人留在农村和新的农业劳动者进入农村，制定地域性产业重振计划以推进农村、山村及渔村地区振兴，设立“农村建设专项费”，鼓励农村地区发展非农产业，建立城市与农村共存和双向交流机制等。

[1] 横轴为城镇化率，纵轴为农业生产率。

四、重要理念

各国在推进城镇化过程中，从城镇化的理念、发展模式和推进措施等方面都进行了探索。基于他们的探索，结合相关理论研究，我们对一些概念的内涵进行了梳理和总结。

（一）创新城市

从国外研究文献看，创新城市的英文表述有两种，一种是 Creative City，其内涵侧重于创意；另一种是 Innovative City，侧重于城市创新。后者是国外目前研究创新城市最主流的表述，主要是将创新作为城市经济发展的驱动力，并将社会发展的新理念和新思想融入城市发展过程中。牛津大学詹姆斯·西米从经济地理的角度进行了实证研究，探索创新与集聚的内在关系。英国伦敦大学规划学教授彼得·霍尔认为创新源自于不同文化的融合、不同思想的碰撞和不同人的交流，强调时间和机遇对创新城市构建的重要性。

一般认为，创新城市主要有四种类型，包括：文化创新城市，如法国巴黎、英国伦敦和芬兰赫尔辛基等；工业创新城市，如美国堪萨斯、英国哈德斯菲尔德和韩国大田等；服务创新城市，如美国纽约、德国柏林和日本东京等；科技创新城市，如印度班加罗尔、美国硅谷、加拿大渥太华等。虽然国内外城市发展的程度存在差异，对创新城市的研究角度也不同，但普遍认为创新城市是城市发展的新模式，创新要素禀赋是一个城市能否成为创新城市的基本前提，创新要素的空间聚集能力是创新城市形成的保障。

（二）智慧城市

智慧城市是依托物联网、云计算、新一代移动通信、宽带接入、下一代互联网等新一代信息技术，构建城市运行的综合信息化管理体系，实现城市规划设计科学化、基础设施智能化、社会管理精细化、公共服务便捷化和产业发展现代化。通过智慧城市建设，不断提高城市的宜居性、宜业性和可持续性。

专栏 4

美国、欧洲、韩国和日本智慧城市建设的若干做法

一、美国：培育新兴产业

美国政府计划免费向每个家庭配发智能电表，通过信息通信技术，解决

日益老化的电力系统问题。这一举措并非仅为发展智能电网及智能电表，基于智能电表这一基础设施，培育更多新兴服务才是最终目的。就像美国互联网平台架构完善后，很快诞生了 Google 等巨头互联网服务公司一样，美国同样希望充分挖掘智能电表的作用，创造能源领域的商业新机会。

二、欧洲：节能减排

欧盟计划制定 2013 年以后的“后京都议定书框架协议”，以强化气候问题的应对之策，并提出在 2020 年相对于 1990 年，实现温室气体减排 20%、将可再生能源的使用比率提高 20%、节能 20%。为了实现这三个 20% 目标，欧盟在各大城市推广了竞争模式。各大城市纷纷启动智慧城市建设示范项目，最具效果的示范项目将获得在欧洲各国间推广的大力扶持。

三、韩国：基础设施出口

人口较少的韩国向来谋求产业出口的各种机会。备受关注的“济州岛项目”就是以韩国企业为主，计划将整个岛屿建设成智慧城市，目的是向海外推广建设模式，承揽建设工程。建成后的济州岛智慧城市，主要作用亦将成为一个面向海外市场的展示窗口。

四、日本：四个主题

在世界范围内陆续启动的智慧城市建设的巨大市场面前，日本认为，如不尽快发展，在智慧城市基础设施建设领域，将输给欧美企业。为此，日本启动的建设项目较多，涉及面较广。主题涵盖“新能源汽车”“智能电网”“智能家庭”“节能环保”等多个领域。

智慧城市需要具备全面透彻的感知、宽带泛在的互联、智能融合的应用以及以人为本的可持续创新等四大特征。新一代信息技术和开放的城市创新生态，是推动智慧城市逐步形成的两大推动力。本质上，智慧城市是一种城市发展的新思维，也是城市治理和社会发展的新模式、新形态，其主要建设内容包括：打造智慧能源体系、构建智慧通信系统、建立智慧交通运输体系、健康与社会福利服务的智能化、创建智能公共安全体系等。

专栏 5

首尔智慧城市建设的 U-City 计划

2006—2016 年，韩国政府以首尔为代表实施了智慧城市建设计划，该计划被称作 U-City（Ubiquitous-City，即无处不在的城市），其主要任务是了解水、空气和交通状况，操控家中的电子电器设备，甚至是追踪未成年子女的动向，网络的无处不在为企业带来了崭新的商业机会和无穷无尽的想象力。

首尔 U-City 建设的具体内容

<table>
<tr><th></th><th>远景策略</th><th>关键任务</th></tr>
<tr><td rowspan="5">FIRST
五大应用
范畴</td><td>亲民政府</td><td>1. 建设 U 化行政复合都市
2. 提供行动公众服务
3. 建设 U 化投票系统</td></tr>
<tr><td>智慧科技园区</td><td>1. 建设 U-City 整合管理中心
2. 建设智慧交通网络
3. 完成电子护照入境监控系统</td></tr>
<tr><td>再生经济</td><td>1. 运用 U 化技术发展与扩张商业模式
2. 推广 U-Payment 的运用</td></tr>
<tr><td>安全社会环境</td><td>1. 建设智慧型紧急网络系统
2. 食品与药品来历追溯系统
3. 建立无人化保安巡逻系统</td></tr>
<tr><td>丰富便利的生活</td><td>1. 提供 U 化身份辨识卡
2. 提供 U 化家庭生活</td></tr>
<tr><td rowspan="4">BEST
四项关键
建设</td><td>平衡全球领导地位</td><td>1. 吸引 U-IT 全球领先公司进驻
2. 支援企业全球化标准制定工作
3. 巩固 U-City 与 U 化产业</td></tr>
<tr><td>生态工业建设</td><td>1. 培养五个关键性策略产业
2. 吸引 U 化产业聚集的龙头企业
3. 提供工业测试平台服务</td></tr>
<tr><td>现代化社会建设</td><td>1. 健全 U-City 基本规范与政策
2. 提升 U 化服务、避免数位落差</td></tr>
<tr><td>透明化技术建设</td><td>1. 落实 U-IT839 策略政策
2. 开发 U 化服务核心技术</td></tr>
</table>

（三）绿色城市

绿色城市是绿色经济在城市范畴内的延续，目前还没有一个统一的定义。但绿色城市应当具有以下几项功能：一是控制疾病和减轻健康负担；二是减少危险废弃物；三是为所有市民营造高品质的城市环境；四是最大限度地避免向郊区转移环境成本；五是确保在促进可持续消费方面取得进展。

不同国家、不同城市从城市形态、土地利用、交通模式以及城市管理等方面对绿色城市建设进行了探索，其特点归结为以下四个方面：一是城市布局紧凑，主要是集约化的土地利用和土地功能的混合使用；二是优先发展公共交通和非机动交通，降低私人小汽车的使用率；三是生态城市，保持和维护生态系统平衡，倡导可再生的绿色能源、生态化的建造技术等；四是生态管理与可持续发展的经济。

专栏 6

新加坡的“花园城市”建设

作为世界著名的“花园城市”，新加坡的城市环境被人们广为称道。早在 1965 年建国初期，新加坡政府就确立了建设“花园城市”的规划目标，并设立了未来 40—50 年的发展规划。在土地资源十分紧缺的情况下，提出了人均 8 平方米绿地的指标，并要求见缝插绿，大力发展城市空间立体绿化，不断提高城市的绿化覆盖率。

新加坡政府虽然每十年修编一次城市建设规划，但始终坚持实践“花园城市”的理论。资料显示，新加坡于 20 世纪 60 年代提出绿化净化新加坡，大力种植行道树，建设公园，为市民提供开放空间；70 年代制定了道路绿化规划，加强环境绿化中彩色植物的应用，强调特殊空间（灯柱、人行过街天桥、挡土墙等）的绿化，绿地中增加休闲娱乐设施，对新开发的区域植树造林，进行停车场绿化；80 年代提出种植果树，增设专门的休闲设施，制订长期的战略规划，实现机械化操作和计算机化管理，引进更多色彩鲜艳、香气浓郁的植物种类；90 年代提出建设生态平衡的公园，发展更多各种各样的主题公园，引入刺激性强的娱乐设施，建设连接各公园的廊道系统，加强人行道的遮阴树的种植，减少维护费用，增加机械化操作。

进入 21 世纪，面向未来，新加坡又提出对城区公园干道、森林区的林间道路、海岸线的海岸公路、郊区公路、主要出入口的迎送公路等 5 种主题街道，进行城市空间立体绿化景观设计。近年新加坡政府还发起一次新规划活动，主张建造更高的楼宇，即向上发展，而不是横向发展，以便保护历史建筑物、丛林区和红树沼泽地等。与此同时，新加坡采取各种优惠政策鼓励发展阳台绿化和屋顶花园，如向在高楼建造花园的发展商颁发“城市花园奖”，放宽对阳台空间的限制，使屋主可以创造“空中花园”。

根据总体规划，新加坡将大约3000公顷的树林、候鸟栖息地和沼泽地规划为自然保护区，同时建设了一大批公园和绿地。据统计，新加坡的公园数达340个；在每个集镇区，都规划有面积10公顷的公园；在居民区，每隔500米就会有一个公园。现今新加坡绿化面积占到国土的45%，绿化覆盖率达到80%以上，已经成为名副其实的“花园城市”。

（四）低碳城市

低碳城市的理念主要包括低碳经济发展、低碳生活方式和低碳社会建设三方面的内容。它不仅强调城市从依赖碳基能源的发展模式转变为节能环保的低碳经济发展模式，更注重彻底革新城市居民的生活方式理念与城市管理的目标。从低碳城市建设的具体手段来看，发达国家过去一直努力通过环保税制和法律法规促进能源的低碳化，通过推行节能住宅和家用节能设施实现建筑的低碳化，通过发展新能源汽车、公共交通系统和快速轨道交通促进交通的低碳化，通过可持续消费和生产服务战略实现居民消费的低碳化。

（五）海绵城市

海绵城市强调以水为核心构建和完善城市的生态系统，充分利用自然山体、河湖湿地、耕地、林地、草地等生态空间，提升水源涵养能力，缓解雨洪内涝压力，促进水资源循环利用。鼓励单位、社区和居民家庭安装雨水收集装置。大幅度减少城市硬覆盖地面，推广透水建材铺装，大力建设雨水花园、储水池塘、湿地公园、下沉式绿地等雨水滞留设施，让雨水自然积存、自然渗透、自然净化，不断提高城市雨水就地蓄积和渗透比例。

数据表明，在正常气候条件下，海绵城市可以截留80%以上的雨水用于涵养水源和补充地下水。海绵城市通过城市植被、湿地、坑塘、溪流的保存与修复，可以明显增加城市绿地，减少城市热岛效应，并且推动地方自循环，从而达到调节城市小气候与改善城市人居环境的效果。海绵城市使得城市与自然环境不再是两个独立的个体，人、城市与自然和谐相处。

专栏 7

德国海绵城市建设的基本经验

得益于发达的地下管网系统、先进的雨水综合利用技术和规划合理的城市绿地建设，德国的“海绵城市”建设颇有成效。

德国的城市都拥有现代化的排水设施，不仅能够高效排水排污，还能起到平衡城市生态系统的功能。以首都柏林为例，其地下水道长度总计约 9646 公里。分布在柏林市中心的管道多为混合管道系统，可以同时处理污水和雨水；而在郊区，主要采用分离管道系统，即污水和雨水分别在不同管道中进行处理。这样做的好处是可以提高水处理的针对性，提高效率。

近年来，德国开始广泛推广“洼地—渗渠系统”，使各个就地设置的洼地、渗渠等设施与带有孔洞的排水管道相连，形成了分散的雨水处理系统。低洼的草地能短期储存下渗的雨水，渗渠则能长期储存雨水，从而减轻城市排水管道的负担。

德国的雨水利用技术经过多年发展已日臻成熟，目前主要的城市雨水利用方式有 3 种：一是屋面雨水集蓄系统，收集的雨水经简单处理后，可用于家庭、公共场所和企业的非饮用水；二是雨水截污与渗透系统，道路雨洪通过下水道排入沿途大型蓄水池或通过渗透补充地下水；三是生态小区雨水利用系统，小区沿着排水道修建可渗透浅沟，表面植有草皮，供雨水径流时下渗。

德国许多城市的市中心都有面积巨大的城市公园以调节城市局部气候、保持水土和地下水蓄积。例如，慕尼黑英国花园，面积约 410 公顷；柏林市中心的蒂尔加滕公园，面积约 210 公顷。此外，许多大型建筑物停用或废弃后，德国政府会考虑将其合理规划成城市绿地或公园。例如，滕伯尔霍夫机场停用后，柏林市政府就将其规划成一座面积为 300 多公顷的城市公园。

目前，柏林市的部分议员正在考虑通过补贴措施鼓励柏林市民参与建设“绿色屋顶”，以通过水分蒸发控制城市温度升高，而且“绿色屋顶”能吸收更多雨水，在强降雨情况下减轻城市管道的压力。专家评估认为，这项屋顶绿化工作如果能达到一定密度，未来至少可以留住 60% 的降雨。

（六）人文城市

建设人文城市要求适应城市人群基本生活需求、社会发展需求和精神价值需求，也可以延伸为关于城市发展质量的多个评价维度，如人文景观、人文环境、人文素养、人文关怀等。人文城市理念还强调促进人与人之间的友好交流，强调促进人与过往文化和历史的交流。让城市居民重新认识自己所在城市真正的、具有独特存在价值的文化风貌和文化魅力，并使之成为构成城市品牌的核心内容，是实践人文城市理念的核心目的。这些人文情怀会让城市充满家园的温馨，是关乎城市品质的关键因素。

（七）包容城市

联合国人居署在《世界城市报告》中提出了“包容城市”的主题，并将其作为世界城市发展的新目标。包容城市强调城市发展在经济、社会、治理、文化等领域的均衡与统一，强调城市发展过程公平与效率的内在一致，强调城市不同主体发展权利的同质均等性。“包容城市”概念的提出与发展，有助于解决城市特别是全球性大都市内部由于要素快速流动带来的社会“碎片化”问题，弥合所谓的“城市鸿沟”。包容城市的建设，要通过提供均等的商业和就业机会、制定有利于穷人的经济政策，促进经济发展；为所有的城市居民提供充足的住房、良好的基础服务、均等的社会福利设施和满足人们基本需要的公共产品；保障公民权利和自由，扩大民众的社会政治活动参与度，使其更好地参与民主决策；促进社会融合，鼓励城市多样性。

（八）开放街区

这一概念主要由法国建筑师克里斯蒂安·德·鲍赞巴克提出。传统的低密度和相对分散的封闭街区带有很强的功能分区和社会等级分层的色彩，这种城市规划思想给人们的生活、工作、文化、人际、娱乐、交通等方面带来诸多问题。20 世纪 60 年代以来，封闭街区的各种弊端日益凸显，因此西方国家在街区设计方面越来越强调尊重生活需求的多样性和复杂性，其核心特征包括：建筑单体之间保持一定的独立性、街区和单体建筑之间更加细密的道路网、高密度和相对集中的小街区或小地块、更加和谐与亲密的邻里社区。

（九）城市病

所谓“城市病”，是指在城市发展过程中，人口过度向大城市集聚，超过了工业化和城市经济社会发展水平，进而引起人口膨胀、交通拥堵、环境恶化、资源短缺、住房紧张、就业困难、贫困等一系列问题。国外经验表明，快速城镇化阶段往往是各种城市病的凸显期。城市病是几乎所有国家曾经或正在面临的问题，但城市病的轻重可以因政府重视程度和管理方法的差异而有所不同。拉美国家的城市病比发达国家更严重。

专栏 8

东京整治城市交通拥堵的主要做法

一、规划与教育

引导城市从单一中心结构向多中心结构转变的规划，是从根源上治理城市交通拥挤的重要举措，对城市交通具有标本兼治的双重效果。东京在交通安全教育方面一直持之以恒，努力培养国民强烈的遵守交通规则的自觉意识，这对缓解城市交通拥堵也非常重要。

二、建立立体快速轨道交通网络

除了线路多，换乘方便、准时和经济是东京地铁的一大特点，99% 的线路换乘均可在 3 分钟内完成。东京轨道交通便捷还体现在出口数量多，许多地铁的出口直通当地的著名设施、大型企业或政府部门，在疏导客流、提升轨道交通的吸引力方面效果显著。据统计，目前在东京市民的交通出行总量中，使用轨道交通系统出行的占 86%，每天运送旅客 2000 多万人次，在早高峰期的市中心区，91% 的人乘坐轨道交通工具，而乘坐小汽车的仅为 6%。

三、限制私家车

东京主要通过征收高额税费政策以期达到小汽车的合理使用。在日本养车需要交纳的税目较多，目前主要有消费税、汽车取得税、汽车重量税、轻型汽车税、燃油税、柴油交易税和石油天然气税等 9 个税目，其中的大部分费用需要由消费者自己承担。除高额税费外，在日本，如果私人想购买汽车，必须先持有停车位合同，停车费用非常高昂。违章乱停车也是造成道路拥堵的重要原因之一。由于停车费太贵，东京的乱停车现象一直比较严重，本就两条车道的道路往往变成了单车道，进而加重了拥堵程度。对此，东京政府采取了严厉的处罚措施。

四、建设道路支线

在道路建设方面，东京都厅治安本部专门负责治堵对策的研究人员，每当观察到一条容易造成堵塞的道路，马上就会研究是否可以在旁边建设支线。东京有 330 多条经过改造的支线。此外，政府对道路施工和地下埋设工程也非常慎重，通常需要经过多方协调，反复论证，尽可能避免重复开挖，防止发生交通和施工事故。

五、技术手段

在技术手段方面，日本 ITS 智能交通系统将道路、驾驶员和车辆等系统有机地结合在一起，并借助于系统的智能化技术，驾驶员可以实时了解道路、交通以及车辆的状况，以最为安全和经济的方式到达目的地，减少交通事故及交通挤塞情况，同时节省能源和保护环境。

（十）微城市

“微城市”是一些发达国家在建设城市新区时逐渐形成的发展理念。“微城市”能够很好地将城市原有的历史、文化、民族、建筑、生活、休闲等特点保留或联系起来，并且基本具备现代城市的全部功能，具有中密度、高舒适的特征，强调适度密集和节约土地的同时，体现一种紧凑而高效的城市形态。

功能上，“微城市”将商业办公、星级酒店、文化产业、电子商务、高端居住、医疗、教育、城市广场、自然景观等集于一体，将“自然、便利、集约、可持续、文化、科技”的理念融入其中，从而形成一个微缩但完善的城市生态系统。不同于传统的城市功能分区开发，微城市强调混合功能发展，重点突出核心产业引导与就业优先。

环境上，“微城市”充分利用阳光、空气、水流、绿树等自然素材进行景观和空间设计，打造与大自然亲密接触的“绿色都市”。人们在“微城市”内既能享受清新的自然景观，又能在步行生活圈内享受到社区生活的安逸，不用乘坐交通工具出行即可一并满足居住、工作、购物、休闲等日常的生活需求，同时通过便捷的互联网等信息技术手段保持与外界的沟通与交流。

（十一）混合功能发展

混合功能发展是相对于过去城市规划建设中过于强调功能分区的弊端提出的，要求居住、工作、商用等多种功能在同一区域内的合理组合。现代混合功能发展模式大规模出现在20世纪60年代的北美城市，经过几十年的发展，已经成为实现城市可持续发展的一种规划范式。它不仅是欧洲“紧凑城市”的重要内容，也是北美“新城市主义”和“精明增长”的组成要素。在发展低碳经济、建设低碳城市的大趋势下，混合功能发展提供了一个可以整合其他可持续要素的框架，如紧凑发展、公交导向、步行尺度和多样性等，以形成高品质、高效率、低排放的城市空间。

（十二）公交引导城市发展

公交引导城市发展（TOD）模式，是指以公共交通为导向，以主要公交车站（包括轨道交通、快速公交车站以及主要公交换乘枢纽）为中心，在周边合理的步行范围内进行中、高密度用地开发，混合居住、就业、商业和公共用地等多种土地用途，并创造出适合非机动交通和公共交通的出行环境，实现各个城市组团紧凑开发、有机协调的城市开发模式。公交引导城市发展模式能产生多方面的效益，主要包括：为人们（特别是弱势群体）提供更多的出行选择、减少能源消耗、降低空气污染、集约使用土地、促进经济发展、减少城市基础设施投入和改善社区活力等。

这一理念产生于 20 世纪 90 年代，但以公交来引导城市发展的做法在国际上已经有相当长的历史，并有不少成功案例，如斯德哥尔摩、哥本哈根、新加坡、东京、中国香港、苏黎世、慕尼黑、库里提巴等。最早的 TOD 概念由美国学者彼得·卡尔索普提出，作为一种与传统蔓延式发展相对立的规划概念，从与公共交通相结合的建筑设计和建设实例中演化而来。一个典型的 TOD 模式由以下几种用地功能结构组成：公交站点、核心商业区、办公 / 就业区、公共 / 开敞空间、住宅区和次级区域。

专栏 9

以公共交通为导向的开发案例：日本东急电铁沿线

东急电铁是一家擅长于城市开发建设的民间铁路会社，自 20 世纪前叶开始，由东京市中心向郊外铺设铁路的同时，还进行了沿线的住宅开发。东急沿线地区（东急线经过的 17 个地区）的面积约为 490 平方公里（约为曼哈顿的 8 倍），约有 526 万人。人均应税收入约为日本全国平均值的 1.5 倍，沿线消费支出规模约为 8 兆 2774 亿日元。该地区居民生活相对富裕且拥有较高的知识水平。

东急电铁的沿线开发模式是：在市中心的始发、终点站设置写字楼与百货商场，在郊外站点设置大学、游乐园与购物中心。再通过在途中站点附近设置住宅楼，这样不论昼夜、平日或是节假日，沿线居民都可以双向地利用铁路交通。

东急电铁沿线开发的典型例子就是二子玉川地区。该地区位于东急田园都市线的沿线地区，距离市中心非常近，从涩谷乘坐快车不过 10 分钟的车程，而多摩川沿岸又有着非常丰富的自然景观。作为新一代的高密度紧凑型城市，在车站附近合理地配置了商业设施、写字楼、酒店、公寓、电影城、多功能报告厅等。与市中心截然不同的环境优势，职场、住宅、娱乐都近在咫尺的生活方式，十分舒适的先进写字楼等，这些都是吸引企业入驻的魅力所在。沿线人口增加带来稳定的月票收入，以及沿线集客设施顾客增加带来的月票以外的收入，都有所增长。此外，铁路与房地产的利润也随之增长。

（十三）精明增长

2000 年，美国规划协会联合 60 家公共团体组成了“美国精明增长联盟”，确定精明增长的核心内容是：用足城市存量空间，减少盲目扩张；加强对现有社区的重建，重新开发废弃、污染工业用地，以节约基础设施和公共服务成本；城市建设相对集中，密集组团，生活和就业单元尽量拉近距离，减少基础设施、房屋建设和使用成本。总之，“精明增长”最直接的目标就是控制城市蔓延，在拓宽满足经济社会发展用地需求途径的基础上控制土地粗放利用，实现“城市有边界的增长”。

美国“精明增长在线”提出10项规划原则：混合式多功能的土地利用；垂直的紧凑式建筑设计；能在尺寸样式上满足不同阶层的住房要求；步行式社区；创造富有个性和吸引力的居住场所感觉；增加交通工具种类选择；保护空地、农田、风景区和生态敏感区；加强对现有社区的利用和发展；做出可预测、公平和产生效益的发展决定；鼓励公众参与。